魏晋南北朝至隋唐时期：海上丝绸之路的逐步发展

陈支平　王子今　主编
涂　丹　刁培俊　著

2023年・厦门

图书在版编目（CIP）数据

魏晋南北朝至隋唐时期:海上丝绸之路的逐步发展/陈支平,王子今主编;涂丹,刁培俊著.--厦门:鹭江出版社,2023.12
（中国海上丝绸之路通史）
ISBN 978-7-5459-1970-7

Ⅰ.①魏… Ⅱ.①陈…②王…③涂…④刁… Ⅲ.①海上运输一丝绸之路一研究一中国一魏晋南北朝时代-隋唐时代Ⅳ.①K203

中国版本图书馆CIP数据核字(2022)第254107号

审图号：GS（2023）658号

中国海上丝绸之路通史（第一辑）
WEIJIN NANBEICHAO ZHI SUITANG SHIQI HAISHANG SICHOUZHILU DE ZHUBU FAZHAN
魏晋南北朝至隋唐时期：海上丝绸之路的逐步发展
陈支平　王子今　主编
涂　丹　刁培俊　著

出版发行：鹭江出版社
地　　址：厦门市湖明路22号　　邮政编码：361004
印　　刷：恒美印务（广州）有限公司
地　　址：广州南沙开发区环市大道南334号　　联系电话：020-84981812
开　　本：787mm×1092mm　1/16
插　　页：4
印　　张：22.5
字　　数：311千字
版　　次：2023年12月第1版　　2023年12月第1次印刷
书　　号：ISBN 978-7-5459-1970-7
定　　价：150.00元

总 序

任何一种文明都是在与其他文明的交融对话中不断发展的。作为世界上最古老的几个文明之一，中华文明在历史长河中既扮演了文明传播者的角色，也不断从其他文明中汲取各种养分。在这种文明交往的世界体系中，中华文明既壮大发展了自身，也为世界文明的进步作出了重大贡献。

长期以来，学界对中国社会文明史的研究，主要侧重传统农业社会发展史方向，对中国海洋发展史的关注度则相对薄弱。这一方面是因为中国自古以来就是一个“以农立国”的国度，历代社会的经济基础及意识形态，基本上围绕“农业”展开；另一方面是因为历代统治者为了政权的巩固与社会的稳定，往往把从事海上活动的人群视为对既有社会形态的威胁，经常实施诸如禁止出海活动的法令。在这些因素的作用下，中国的海洋文明发展史以及由此开拓出的海上丝绸之路的历史与文化，必然受到历代政府与士大夫们的漠视，甚至备受打击。

中国是一个临海国家，从北到南，大陆海岸线长度约一万八千千米。事实上，在这样的地理优势之下，我们的先民很早就开始从事海洋活动。这种活动除了延续至今的海洋捕捞、海洋养殖之外，还不断通过国家、社会的不同领域与层面向外延伸，寻求与外界的联系和发展。可以说，中国海洋文明存在于“海—陆”一体的结构中。中国既是一个大

陆国家，又是一个海洋国家，中华文明具有陆地文明与海洋文明双重性格。中华文明以农业文明为主体，同时包容游牧文明和海洋文明，形成多元一体的文明共同体。中华民族拥有源远流长、辉煌灿烂的海洋文化和勇于探索、崇尚和谐的海洋精神。没有古代中国的海洋文明，也就谈不上近代中国海权的旁落；没有古代中国的海洋文明，也就没有当代中国海权的复兴。我们不能因为中国在近代落伍和被欺凌、被打压，就否认中国传统海洋文明的辉煌。①

中国的先民正是在长达数千年的不断探索、实践之下，才让中国的海洋文明发展史在世界文明史上留下光辉的篇章。

一、对中国海洋发展的回顾

中国先民在上古时期进行的海洋活动，应该是沿着海岸线进行海洋捕猎和滩涂养殖活动。在不断与大海搏击与互相适应的过程中，逐渐形成了辉煌灿烂的海洋文化和勇于探索、崇尚和谐的海洋精神。中华海洋文明是中华原生文明的重要组成部分，与中华农业文明几乎同时发生。在汉武帝平定南越以前，东夷、百越等海洋族群创造的海洋文明仍是一个独立的系统。

早期中华海洋文明的逐渐形成，伴随着海上活动区域的日益扩大。有学者指出，中国历史文献中的百越族群，与人类学研究的南岛语族属于同一范畴，两者存在亲缘关系。百越族群逐岛漂流航行的活动范围，是从东海、南海几经辗转到达波利尼西亚等南太平洋诸岛，百越族群是大航海时代以前人类最大规模的海上移民。东夷、百越被纳入以华夏文明（即内陆文明、农业文明、大河文明）为主导的王朝统治体系后，海洋文明逐渐被进入沿海地区的汉族移民承继、涵化，和汉化的百越后裔

① 杨国桢、王鹏举：《中国传统海洋文明与海上丝绸之路的内涵》，《厦门大学学报（哲学社会科学版）》2015 年第 4 期。

一道，铸造了中华文明的海洋特性，拉开了海上丝绸之路的帷幕。[①] 由于中国沿海传统渔业和养殖业在中国历代社会经济中所占份额较小，因此，中国的海洋文明发展历史，主要体现在向海外发展并且与海外各地相互连接的海上丝绸之路上。

从现有的资料看，中华民族海洋先民与世界其他民族的交流，早在公元前10世纪时就已产生。由于地处亚欧大陆，东临大海，中国在早期的对外交流中，率先开辟西通西域、东出大海的两条主要通道，中华文明与世界文明交往基本格局的雏形自此形成。

《山海经》中提到"闽在海中"，这是一种传说。但是"闽在海中"的传说，是数千年来中国南方民族与东亚民族长期交往的历史记忆。"闽"是福建地区的简称。福建地区处于陆地，何谓"海中"？这一传说实际上说明了我国东南沿海地区面向大海以及宝岛台湾在东南海洋中的特殊地理位置，乃至中国东南沿海地区与南洋各地包括南岛语族居民长期交融的文化互动关系。这种关系无疑就是后来海上丝绸之路的先声。

中国北方有"箕子入朝鲜"的记述，称公元前1066年，周武王灭商，命召公释放箕子，箕子率5000人前往朝鲜。公元前3世纪末，朝鲜历史上第一次记载了"箕氏侯国"。《史记》记载，箕子在周武王伐纣后，带着商代的礼仪和制度到了朝鲜半岛北部，被那里的人民推举为国君，并得到周朝的承认，史称"箕子朝鲜"。现代谱系学的研究成果证实，现今许多朝鲜人和韩国人的祖先来自华夏地区。

春秋战国时期有"徐福东渡日本"的记载。徐福东渡，一直被公认为华夏民族及其文化传入日本的重要历史事件。《史记·淮南衡山列传》记载了徐福东渡事件，后又有徐福在日本平原、广泽为王之说。徐福东渡日本，促成了一代"弥生文化"的诞生，并为日本带去了文字、农耕和医药技术。据统计，日本的徐福遗迹有50多处。

春秋战国时期文献多数缺失，至今留存的文献记载十分有限，但是从上述传说和记述中，我们可以了解到中国古代先民并没有辜负大海的恩

① 杨国桢：《海洋丝绸之路与海洋文化研究》，载李庆新主编《海洋史研究（第七辑）》，社会科学文献出版社，2015。

赐。在当时生产力低下、航海技术相当原始的情况下，他们仍不断地尝试循着大海，向东面和东南面拓展，谋求与海外民族的联系与合作。

汉唐时期是中国历史上的强盛时期，社会生产力得到长足的进步，交通工具特别是航海技术有了空前的提升，中外文化交流也进入稳步发展阶段。强盛的国力和丰富多彩的文化，吸引着东亚各国前来学习，唐代的政治文化制度对东方邻国的政治文化体制产生了直接的影响。可以说，汉唐时期中国闻名于世的陆上丝绸之路和海上丝绸之路已经形成，中国海洋发展史进入了一个崭新的阶段。

公元前138年，张骞出使西域，这是丝绸之路开通的先声。东汉永元九年（97），西域都护班超派遣甘英出使大秦，扩大华夏文化对西域的影响，也丰富了汉人对西域的认识。陆上丝绸之路开辟以后，中国的丝织技术随丝织品输入西方，促进了中外文化交流和贸易往来，加强了西汉与西域地区的联系。

与此同时，自中国沿海起始的海路，西达印度、波斯，南及东南亚诸国，北通朝鲜、日本。公元前2世纪到公元前1世纪，西汉王朝的使节已在南海航行。中国古籍《汉书·地理志》最早提到的中西海路交通的路线是："自日南（今越南中部）障塞、徐闻（今广东徐闻）、合浦（今广西合浦）船行可五月，有都元国；又船行可四月，有邑卢没国；又船行可二十余日，有谌离国；步行可十余日，有夫甘都卢国。自夫甘都卢国船行可二月余，有黄支国……平帝元始中，王莽辅政，欲耀威德，厚遗黄支王，令遣使献生犀牛。自黄支船行可八月，到皮宗；船行可二月，到日南、象林界云。黄支之南，有已程不国，汉之译使自此还矣。"①《汉书·地理志》所记载之海上交通路线，实为早期的海上丝绸之路，当时海船载运的"杂缯"，即各种丝绸。到2世纪60年代，罗马帝国与东汉通过海上丝绸之路发生联系。三国时期的吴国曾派遣朱应、康泰出使南海，促进了中国与南海诸国的联系。5世纪，中国著名旅行家法显由陆上丝绸之路前往印度，回国时取道海上丝绸之路，经师子国（今斯里兰卡）、耶婆提（今印度尼西亚苏门答腊岛一带）回国。此时，

①《汉书》，中华书局，1962，第1671页。

海上交通已相当频繁，中国与东南亚地区、印度洋地区已有广泛联系，特别是来自中国与印度的僧人为弘扬佛法，交往更为密切。这一时期，中国与阿拉伯半岛、波斯湾地区之间也有一定规模的海上交流活动。

唐朝是海上丝绸之路的大发展时期。隋唐五代时期，与中国通商的国家有赤土、丹丹、盘盘、真腊、婆利等。中唐之后，西北地区丝绸之路阻塞，华北地区经济衰落，华南地区经济日益发展，海上交通开始兴盛。这一时期，海上丝绸之路的繁荣程度远远超过了陆上丝绸之路。与中国通商的国家有拂菻、大食、波斯、天竺、师子国、丹丹、盘盘、三佛齐。航路是以泉州或广州为起点，经过海南岛、环王国、门毒国、古笪国、龙牙门、罗越国、室利佛逝、诃陵国、个罗国、哥谷罗国、胜邓洲、婆露国、师子国、南天竺、婆罗门国、信度河、提罗卢和国、乌剌国、大食国、末罗国、三兰国。同时，唐代即有唐人移民海外。其中，唐代林氏始祖渡海至韩国，繁衍至今约有 120 万人。2001 年，韩国林氏到泉州惠安彭城村寻根谒祖，传为佳话。

中国宝岛台湾以其雄踞东南海中的地理位置，在中国海洋文明发展史及对外交通的海上丝绸之路中扮演着无可替代的角色。最新考古发掘资料证实，以台北地区十三行文化遗址为代表，在距今 1800 年至 400 年之间，台湾是联结中国大陆与海外的一个重要中转站。这里出土的文物，既有来自大陆的青铜器物，也有来自南亚地区甚至更远区域的玻璃器皿。这些出土文物充分说明，我国东南地区及台湾地区在唐宋时期就已经成为我国海上丝绸之路的重要港口与据点。

隋唐时期我国海洋文明发展的一个重要标志，是中国文化向周边国家传播。隋唐时期是我国专制集权发展的鼎盛时期，政治、经济、文化均较为发达，与邻近诸国往来频繁，互相影响，对我国及邻近各国的经济、文化发展，具有积极的推进意义。唐贞观十七年（643），李义表、王玄策出使印度，天竺迦摩缕波国童子王要求将《道德经》翻译成梵文。他们归国后，唐太宗命玄奘等完成翻译，王玄策在第二次出使印度时，即将翻译好的《道德经》赠送给童子王，并赠送了老子像。这是迄今为止最早的有文字可考的关于《道德经》传入印度的记述。不仅如此，侨居中国的波斯人、阿拉伯人亦受中国文化的熏陶。当时的长安可

谓亚洲各国留学生聚集的地方，也是世界文化传播中心。

汉字作为世界上使用人数最多的文字，对日本、朝鲜、韩国、越南、哈萨克斯坦等亚洲诸国均产生过深远且重大的影响。日本民族虽有古老的文化，但其本族文字则较晚出现。长期以来，日本人民以汉字作为传播思想、表达情感的载体，称汉字为“真名”。公元5世纪初，日本出现借用汉字的标音文字——“假名”。公元8世纪时，以汉字标记读音的日本文字已较为固定，其标志是《万叶集》的编定。日本文字的最终创制由吉备真备和弘法大师（空海）完成。他们两人均曾长期留居中国唐朝，对汉字有很深的研究。前者根据标音汉字楷体偏旁创造了日文“片假名”，后者采用汉字草书创造日文“平假名”。尽管自公元10世纪起，假名文字开始在日本盛行，但汉字的使用却并未因此废止。时至今天，已在世界上占据重要地位的日本文字仍保留着1000多个简体汉字。

朝鲜文字称谚文。它的创制和应用是古代朝鲜文化的一项重要成就。实际上，中古时期的朝鲜亦如日本，没有自己的文字，使用的是汉字。新罗统一后稍有改观，时人薛聪曾创造“吏读”，即用汉字表示朝鲜语的助词和助动词，辅助阅读汉文书籍。终因言文各异，“吏读”无法普及。李朝初期，世宗在宫中设谚文局，令郑麟趾、成三问等人制定谚文。他们依中国音韵，研究朝鲜语音，创造出11个母音字母和17个子音字母，并于1443年编成“训民正音”公布使用，朝鲜从此有了自己的文字。

公元10世纪以前，越南是中国的郡县。秦、汉、隋、唐均曾在此设官统辖，故越南受中国文化的影响较深。越南独立后，无论是上层人士的交往，还是学校教育、文学作品创作，均以汉字为工具。直至13世纪，越南才有本国文字——字喃。字喃是以汉字为基础，用形声、假借、会意等方法创制的表达越南语音的新字。15世纪时，字喃通行越南全国，完全取代了汉字。

不仅文字，唐代的政治制度同样对东亚各国产生了不小的影响。科举制度和三省六部制是中国古代政治制度的重要组成部分，也是支持官僚政治高度发展的两大杠杆。科举制度和三省六部制萌芽于汉代，建立于隋唐，不仅影响了东亚世界政治制度的发展，还促进了西方文官制度的建立。在唐代，有不少来自朝鲜、安南（今越南）、大食（今阿拉伯）等国的留学人员参加中国的科举考试，其中尤以朝鲜人为多。公元9世纪初，朝鲜半岛还处于百济、新罗、高句丽并立的三国时代，新罗的留唐学生十分向往中国的科举制度，并且来中国参加科举考试。821年，新罗学生金云卿首次在唐朝科举中登第。截至唐亡的907年，新罗学生在唐登第者有58人。五代时期，新罗学生及第者又有32人。958年，高丽实施科举制度。日本也于8世纪时引进中国的科举制，建立贡举制。唐会昌五年（845），唐王朝允许安南同福建、黔府、桂府、岭南等地一样，每年选送进士7人、明经10人到礼部，同全国各地的乡贡、生徒一起参加科举考试。科举制度虽然最早产生于中国，但其声望及影响并非仅囿于中国。从其诞生之日起，历朝历代就有不少外国学子到中国学习和参加科举考试，绝大多数人学有所成，像桥梁一样促进了国与国之间在文化、教育等方面的交流，为增进中国人民与其他各国人民的友谊作出了不可磨灭的贡献。他们的历史功绩永载中国海洋文明发展史及中外文化交流史史册。

新罗受唐文化影响最深。当时入唐求学的新罗学子很多，仅840年一年，从唐朝回国的新罗留学生就有100余人。他们学成归国后，协助新罗统治者仿效唐朝的政治制度，建立起从中央到地方的行政组织。8世纪中叶，新罗仿效唐朝改革了行政组织，在中央设执事省（相当于唐朝的中书省），在地方设州、郡、县、乡。日本也是与唐朝有密切来往的东亚国家之一。仅在唐朝一代，日本就派遣了12批遣唐使团到中国学习，次数之多，规模之大，时间之久，学习内容之丰富，可谓空前，推动了中日文化交流的第一次高潮。通过与中国的不断交往，日本在政治、经济、军事、文化、生产技术以至生活风尚等方面都受到中国的深刻影响。其中，影响最大的是646年日本的大化改新。日本在这次革新中充分借鉴了唐朝经验，建立了以天皇为中心的中央集权国家，官吏任免权收归中央。这次改革还仿效唐朝的三省六部制，在中央设立相应机构，各司其职，置八省百官。从649年“冠位十九阶”的制定到701年《大宝律令》、718年《养老律令》的先后制定，全新的封建官僚体制取

代了贵族官僚体制（现在日本的中央部级还称作“省”）。同一时期，安南所推行的文教制度和选拔人才政策也与隋唐几乎相同。世界五大法系之一——“中华法系”的代表《唐律疏议》，对越南法制史有重大影响。中国政治制度对东亚、南亚国家的影响一直延续到宋明时期。

佛教传入中国，经过中国文化的滋养，再传入东亚各国，对东亚各国的宗教文化产生了深刻影响。鉴真先后 6 次东渡到达日本，留居日本 10 年，辛勤不懈地传播唐朝多方面的文化成就。唐代前期和中期以后，新罗留学生研习当时盛行的天台宗、法相宗、律宗、华严宗、密宗和禅宗。

唐朝时期，中国的典籍源源不断地传入东亚各国，形成了一个高潮。日本飞鸟、奈良时代甚至出现了当时举世罕见的汉书抄写事业。日本贵族是最早掌握汉字和汉文化的社会阶层。日本平安时代（794—1192）是贵族文化占主流的时代。这一时代的贵族，包括皇室在内，均以中国文明为榜样，嗜爱汉籍，对唐诗推崇备至。平安时代初期，嵯峨天皇敕令编撰了《凌云集》和《文华秀丽集》两部汉诗集，开启其后三百年间日本汉文化发达之先河。

唐代国学等汉籍传入东亚各国，形成了一条通畅的“书籍之路”。早期“书籍之路”航线从中国江南始发，经朝鲜半岛，再至日本列岛，这是与东亚海上丝绸之路相辅相成的文化传承之路，构建了东亚文化交流的新模式。

宋元时期中国海洋文明发展史在更广阔的范围展开。一方面，在传统“朝贡贸易”的刺激下，民间从事私人海上贸易的情况不断出现；另一方面，理学成为中国儒学的新形态，很快成为东亚各国的道德文化范本。中国禅宗的兴盛也深深地影响着周边各国。中国的“四大发明”进一步影响世界，中国与东南亚各国的往来日渐密切，与非洲的联系也日益紧密。

宋元时期，儒学向亚洲国家传播，对东亚及东南亚产生深远的影响。对东亚的影响主要是朱子学和文庙制度的东传。四书五经等儒家经典的思想和智慧传到朝鲜、日本和越南，这些教化中国民众的核心精神也深深影响着东亚各国。在朝鲜，高丽王朝的安珦于 1290 年将《朱子全书》抄回国内后，白颐正、禹倬等人开始不遗余力地在朝鲜发扬程朱理学。他们的后学李齐贤、李穑、郑梦周、郑道传等人，成了推动朝鲜朱子学发展的中流砥柱。日本的朱子学传播伴随着佛教的交流。日本僧人俊芿曾带回朱熹的《四书章句集注》等著作，日本僧人圆尔辩圆曾持朱熹的《大学或问》《中庸或问》《论语精义》《孟子精义》等著作回国。同时，宋朝僧人道隆禅师曾赴日以儒僧身份宣传理学，元朝僧人一宁禅师赴日宣传宋学，培养了一大批禅儒兼通的禅僧，如虎关师炼、中岩圆月、义堂周信等。15世纪末朱子学在日本形成三大学派：萨南学派、海南学派和博士公卿派。在越南，陈圣宗于绍隆十五年（1272）下诏求贤才，能讲四书五经之义者，入侍帷幄。于是，越南出现了一批积极传播朱子学的先驱，如朱文安、黎文休、陈时见、段汝谐、张汉超、黎括等。黎朝建立后，仍然大力提倡朱子学，将朱子学确立为正统的国家哲学。

宋元时期，除了朝鲜、日本、越南等经过海路与中国交往，并且产生文化影响力之外，东南亚各国也同中国产生了直接的联系。例如泰国，宋朝曾于1103年派人到罗斛国，1115年罗斛国的使者正式来到中国，罗斛国与中国建立友好关系。罗斛先后五次（分别于1289年、1291年、1296年、1297年和1299年）派遣使者出访元朝。1238年，泰族首领马哈柴柴查纳亲王后裔坤邦克郎刀创建了以素可泰为中心的素可泰王国（《元史》中称“暹罗”），历史上称作素可泰王朝。宋元时期，泰国医生使用的药物中，30%为中药。他们也采用中医望、闻、问、切的诊治方法。中国的针灸术也流行于泰国。再如缅甸。缅甸蒲甘国1106年第一次遣使由海路入宋，于1136年第二次遣使由陆路经大理国入宋。纵观整个元代，缅甸至少13次遣使至元朝，元朝向缅甸遣使约6次。1394年，明朝在阿瓦设缅中宣慰司，与阿瓦王朝关系密切。再如柬埔寨。真腊是7—16世纪柬埔寨的国名。公元616年2月24日，真腊国遣使贡方物。苏利耶跋摩二世在位时（1113—1150），曾两次遣使来中国访问。真腊国分别于1116年、1120年、1129年遣使入宋，宋朝廷将“检校司徒”称号赐予真腊国王。1200年，真腊遣使入宋赠送驯象等礼品。宋宁宗以厚礼回赠，并表示真腊“海道远涉，后勿再入贡”。1295年，元成宗

（铁穆耳）派遣使团访问真腊，周达观随行。回国后，他写下了《真腊风土记》。唐宋时期中国与老挝的交往在史书中几乎没有记载。元朝曾在云南边外设老丫、老告两个军民总管府。1400年至1613年间，中、老两国互相遣使达43次，其中澜沧王国遣使入明34次，明朝向澜沧王国派遣使节共9次，并在澜沧王国设“军民宣慰使司”。960年，占城国悉利胡大霞里檀遣使李遮帝入宋朝贡。982年，摩逸国（今菲律宾群岛一带）载货至广州海岸。1003年、1004年、1007年，蒲端王其陵遣使来华“贡方物”。1011年，蒲端王悉离琶大遐至遣使入宋“贡方物”。1372年，吕宋（位于菲律宾北部）遣使来贡。1003年，三佛齐王思离朱罗无尼佛麻调华遣使入宋。宋元时期，随着中国海洋文明及海上丝绸之路的发展，中国与东南亚各国建立了比较稳定的联系。

15世纪初叶，郑和船队开始了史诗般的航行；16世纪之后，中国沿海贸易商人也拼搏于东西洋的广阔海域。世界东西方文明在这一时期产生了直接的碰撞与交流。中国文化在面对初步全球化格局的挑战时，演绎了许多可歌可泣的历史篇章；中华文明在新的碰撞交流中，将自身的影响力扩大到全球。中国海洋文明发展的历史又向前迈进一步。

中国明代前期郑和下西洋，体现了中国古代航海技术的最高水平。自永乐三年（1405）开始，一支由200余艘“巨舶”、27000余人组成的庞大舰队在郑和的带领下踏上了海上征程。在近30年的航行中，郑和船队完成了人类史无前例的壮举：先后7次跨越三大洋，遍历世界30多个国家。这支当时世界上最强大的海上舰队的足迹，东达琉球、菲律宾和马鲁古海，西至莫桑比克海峡和南非沿海的广大地区，定期往返，到达越南、马来西亚、斯里兰卡、印度、沙特阿拉伯等30多个国家和地区，最远曾达非洲东部、红海、麦加，并有可能到过澳大利亚、新西兰和美洲。1904年，郑和下西洋500年后，梁启超在《新民丛报》发表《祖国大航海家郑和传》，请国人记住这位“伟大的航海家”，说“郑君之初航海，当哥伦布发现亚美利加以前六十余年，当维哥达嘉马发现印度新航路以前七十余年”。而郑和与带给美洲、非洲血腥殖民主义的西欧航海家最大的不同，则是其宣扬“宣德化而柔远人”的和平贸易理念。这支秉持明太祖“不征”祖训的强大海军，不仅身负建立朝贡贸易的重任，也扮演了维持海洋秩序，使“海道清宁”的角色。在感慨这支强大的海军因明朝廷内外交困不得不中止使命，中国失去在15世纪开始联结世界市场的机会之余，我们还应思考郑和与他史诗般的跨洋航行留给我们的启示：是不是只有牺牲人性与和平的殖民主义才是“全球化”的唯一可行路径？我们的海洋、我们的世界，能否建立起一个以“仁爱”“和平”的理念联结在一起的政治秩序？

15世纪中叶，肩负中国官方政治使命的郑和航行虽然画上了句号，但以中国为核心的东亚海洋贸易网络的勃兴与发展却从未停止。郑和船队对东亚、南亚海域的巡航，为中国历代沿海居民打开了通向大洋的窗口，而明朝海禁政策导致朝贡贸易的衰落，更刺激了民间海外贸易的大发展，最终迫使明朝廷做出“隆庆开关”的决定，民间私人海外贸易获得了合法的地位。东南沿海各地民间海外贸易进入了一个新时期。此时，中国沿海海商的足迹几乎遍及东亚和东南亚各国，其中日本、吕宋（今菲律宾）、暹罗（今泰国）、满剌加（今马六甲）等地为当时转口贸易的重要据点。他们把内地的各种商品，如生丝、丝织品、瓷器、白糖、果品、鹿皮及各种日用珍玩运销海外，换取大量白银及香料。由于当时欧洲商人已经染指东南亚各国及我国沿海地区，这一时期的海外贸易活动实际上也是一场东西方争夺东南亚贸易权的竞争。16世纪至17世纪上半叶，以闽粤商人为主的中国商人集团在与西方商人的竞争和抗衡中始终占有一定的优势，成为世界市场中非常活跃的贸易主体。随着国内外商品市场的发展，作为交换媒介的货币也发生了重要变化，自唐、五代以来一直流行于民间的白银，随着海外贸易中大量白银货币的入超，最终取代了明朝的法定钞币，成为通行的主要货币。

繁盛的海外贸易对增加明朝廷的财政收入具有无可替代的重要作用。实际上，明朝已经成为当时的世界金融中心。明代后期及清代前期，中国与世界已经紧密地联系在一起。中国商人奔走于东西洋之间，促进了中国与亚洲各国的经济和文化交流。公元15世纪之后，来自欧洲的商人及传教士群体，纷纷来到亚洲，更是与中国的商人发生了直接的交往。

万历时期，即16世纪末、17世纪初，欧洲陷入经济萧条，大西洋

贸易衰退，以转贩中国商品为主的太平洋贸易发展为世界市场中最活跃的部分。中国商品大量进入世界市场，在一定程度上缓和了世界市场贵金属相对过剩与生活必需品严重短缺的不平衡状态；因嗜好中国精美商品而掀起的“中国热”，刺激和影响了欧洲工业生产技艺的革新，促进了经济的发展。中国商品为17世纪西方资本主义的兴起作出了不可磨灭的贡献。

16至18世纪，“中国热”风靡西方世界，欧洲人沉浸在对东方文明古国心驰神往的迷恋之中。思想家们开始思索西方与东方、欧洲与中国之间的深层次交流。欧洲的启蒙运动思想家们正是在这样一种氛围中，援引儒家思想，赞美中国。中国悠久的历史和发达的文明令欧洲人欣羡不已。为欧洲带来有关中国的信息从而引发热潮的人，主要是16—18世纪持续不断地来到中国的耶稣会士。由于此时的陆上丝绸之路已经衰败，从陆路来到中国，交通相当不便，于是海上交通便成为15世纪以后西方人来到中国的主要通道。换言之，中国的海洋文明发展史，在15世纪以后开始逐渐向世界各地延伸。

明末清初时期，中西之间的文化交流达到了前所未有的深度与广度，呈现出第三次高峰。在此时期，来华天主教传教士，尤其是耶稣会士，充当了重要的文化交流桥梁。一方面，在传播天主教教义的动机的驱使下，西方传教士译介了大量的西方科学文化知识，使明清时期的中国知识界对“西学”有了初步的了解和认识；另一方面，通过定期撰写书信报告、翻译中国典籍等方式，传教士也将中国悠久灿烂的文化及中国现状介绍到欧洲，致使17—18世纪的欧洲“中国热”经久不衰。可以说，这一时期中西文化的接触和交流，对东西方社会的发展和进步都产生了重要的影响。这个时期中国文化比较系统地传入欧洲，对18世纪欧洲社会文化转型和正在兴起的启蒙运动产生了重大影响。18世纪中叶，启蒙运动在欧洲兴起。启蒙思想家在继承古希腊、古罗马以来西方理性主义精神遗产，尤其是近代实证论、经验论的同时，也把眼光投向了中国，他们发现了在2000年前（公元前5世纪时）就已清晰地阐述了他们想说的话的伟大哲人——孔子。在耶稣会士从中国带回的各种知识中，没有哪一样像孔子的思想那样引发欧洲知识界的热烈研究与讨论，而与之相关联的，对中国的理性主义、文官制度、科举制度和法律的探讨，更是直接成为欧洲启蒙运动的重要灵感。许多著名的启蒙思想家，对孔子及中华学说赞扬不已。如伏尔泰从儒学的“人道”“仁爱”思想和儒家道德规范的可实践性看到了他所寻求的理想社会的道德理论和道德经验。莱布尼茨惊呼：“东方的中国，竟然使我们觉醒了！”孟德斯鸠从中国的儒学中看到了伦理政治对君主立宪的必要性。百科全书派的代表人物曾经赞扬中国是世界上唯一把政治和伦理道德相结合的国家。

18 世纪以来，西方的工业革命确立了资本主义制度的坚固基础，殖民化的欲望日益增强。传统的中华古国，在西方列强坚船利炮的冲击下，陷入了深重的危机。然而，富有包容性和创新性的中国海洋文化，在逆境中不断寻求变革之路，探索着文化的新生与重构。以鸦片战争为标志，在西方现代文明的冲击之下，中华文明遭遇空前危机，其主体性地位不断被质疑，中华文明向海外扩展的内在动力也大为减弱。然而，中华文化内在的包容性与创新性，激发了一代又一代的中国人，特别是知识分子群体。中国的仁人志士从未停止对中华民族复兴之路的探索。他们勇于直面危机，努力探索，求新求变，从而推动中华文化的自我调整和现代化嬗变。中华文明面对的是“三千年未有之大变局”，中国长期的文化优势和文化优越感被西方殖民主义的强势文化不断消解。因此，伴随着西方历次的殖民战争，许多中国人在阵痛之后开始了文化自觉和文化反思。这种文化自觉和文化反思最集中的表现即对西方先进科学技术和社会科学理论的引进传播，最终孕育了 20 世纪初的新文化运动，这成为中国近代名副其实的启蒙运动。

无论是林则徐、魏源等人的“师夷长技以制夷”，还是洋务派人士的“师夷长技以自强”；无论是维新派人士的“立宪救国”，还是资产阶级革命派的“民主共和”；无论是以“民主”和“科学”为旗帜的新文化运动，还是以马克思主义为旗帜的中国共产党领导的新民主主义革命，无不体现出中国传统文化勇于面对逆境的韧劲。当然，逆境中的复兴之路，是十分艰辛、曲折的。仁人志士在不断的探索及实践中，最终找到“只有社会主义才能救中国”的伟大真理。

近代中国文化在中外文化交流中虽然身处逆境，但是其顽强的生命

力，使这一时期中华文明的海外交流和传播从未间断，并且呈现出某些新的传播特征。从对外经济往来的层面说，西方的经济入侵，固然使中国传统经济受到了很大的冲击，但是善于求新求变的中国民众，特别是沿海一带的商民们，忍辱负重，敢于向西方学习，尝试改变传统的生产格局，发展工农业实业经济，拓展海外贸易，取得了良好的成效，从而为中国现当代社会经济的转型与发展奠定了不可忽视的基础。

从文化层面看，20 世纪初中国遭受的巨大浩劫，牵动东西方文明交流向更深入的方向走去。中国知识分子在吸收西方近代知识智慧的同时，深刻地反思中国传统文化的精髓与糟粕，继而为国家和民族的命运奋起反抗。在中学西传的过程中，以在传统海商聚居地出生的辜鸿铭、林语堂为代表的晚清知识分子的贡献很大。这一时期，中国古典文明的现代意义虽然在国内受到质疑和批判，但是在西方社会依然被广泛关注。中国传统的儒家经典、古典诗歌、明清小说在这一时期仍被大量译介到西方。许多汉学家如葛兰言、高本汉等对此都有专业的研究。

在近代中外文化交流中，海外华侨群体也作出了杰出贡献，如创办华文报刊、华文学校等，提倡华文教育。华文教育无形中扩大了中文社会的影响力，促进了中国文化与南洋本土文化的交流，同时也使南洋居民在一定程度上认识和了解了博大精深的中华文化。

随着明清时期特别是近代以来中国民间群众移民海外数量的增加，这一时期中国文化的对外传播形成了某些值得注意的新特征，这就是遍布世界各地的“唐人街”的形成与传播。近代中国文化在中外文化交流中虽然处于逆境，但中国商民在海外的发展从来没有停止，中国文化的海外交流和传播一直没有间断，中国的一些文化习惯，如中国茶文化传到西方之后，依然表现出强大的影响力，成为西方的一种流行文化。而华侨华人对世界各地经济发展的贡献，更是世界各国人民有目共睹的。

近代以来，中国人民的艰辛探索终于迎来了中华人民共和国的诞生。新中国成立之后，殖民主义文化被彻底抛弃，中华文明及其深厚的海洋文化发展潜力得到全面的复苏与拓展，中国与世界各地的经济交往以前所未有之势蓬勃发展，中华文化在中西文化交流中展现出前所未有的自觉和自信。特别是改革开放以来，随着中国综合国力和国际话语权的不断提升，中华文明及海洋事业在国际事务与中西文化交流中，表现出强大的拓展动力和趋势。中华海洋文化及中国海上丝绸之路，再次焕发出独特魅力，不断地延伸创新，影响世界，成为中国走向世界的最强音。

纵观中国海洋文明发展的历史过程，以及中华海洋文化与世界文化的交流历史，既有畅行的通途，也有布满艰辛的曲折之路。无论是唐宋时期由朝贡体系促成的政治制度、礼仪制度、文字文学、宗教信仰等的向外传播，还是宋明以来中国沿海商民的私人海上贸易和华侨移民，都对世界文明的进步与世界经济的发展作出了重要贡献。即使是在以往被人们忽视的科学技术领域，英国著名汉学家李约瑟（Joseph Needham）在其著作《中国科学技术史》一书中，对中国古代科学技术为世界所作的贡献作出了很高的评价。当然，近代以来，中华文明以及中国海洋文明的发展，备受压抑，历尽磨难，但始终葆有顽强的生命力、特有的文化魅力和世界影响力。当改革开放的春风吹遍神州大地的时候，中华文化更是在频繁的交流中不断丰富发展，体现出越来越鲜明的包容性格和进取精神。这一历史发展过程也充分证明，中华文明作为世界文明花坛中的一朵奇葩，必将在今后的历程中更加绚丽多彩。在全球化日益显著的今天，我们有责任也有义务让包括中国海洋文明在内的中华文明在继承中不断发扬光大，为整个世界文明的发展与和谐共存贡献力量。

二、对中国历代政府海洋政策的反思

中国历代政府所推行的海洋政策，无疑对各个时期海洋事业的发展与迟滞，产生了极为重要的作用。众所周知，欧洲中世纪以来，西方各国争相向海外发展势力，在全世界包括东方各地争夺势力范围。在这一系列的海外扩张过程中，国家的海洋政策起到了至关重要的推进作用。西方国家一直是海商、海盗寻求海外势力范围的坚强后盾。然而，中国历代政府的海洋政策与此截然不同。秦汉以来，中国历代政府关于海洋事务的政策基调，基本上围绕所谓的朝贡体系展开。到了近代，中国积贫积弱，朝贡体系因而备受海内外政治家与学者的非议乃至蔑视。

秦汉以来的朝贡体系无疑是中国历代对外关系的基石。近现代以来，人们诟病这一外交体系主要因为两个方面：第一，中国历代政府以朝贡体系为主的外交方式，把自身置于“天朝上国”或“宗主国”的地位，把交往的其他国家视为“附属国”；第二，中国历代朝贡体系下的外交，是一种在经济上得不偿失的活动，外国贡品的经济价值有限，而中国历代朝廷赏赐品的经济价值大大超出贡品的经济价值。

进入近现代时期，由于西方列强的侵略及中国自身发展的迟滞，中国沦为“落后挨打”的半封建半殖民地社会。在许多西方人和日本人的眼里，中国是一个可以随意宰割的无能国度。在这种观念的影响下，西方人和日本人探讨中国近现代以前，特别是中国历代的朝贡体系时，就不免带有某种先入为主的偏见，嘲笑中国历代的朝贡外交体系是一种自不量力、自以为是的“宗主国”虚幻政策。与此同时，20 世纪中国学界普遍沉浸于向西方学习的文化氛围中，相当一部分学者也就自然而然地接受了这种带有蔑视和嘲笑意味的学术观点。因此，近现代以来国内外学者对明朝朝贡体系的批评，存在明显的殖民主义语境。与此形成鲜明对照的是，同时期大英帝国所谓“日不落帝国”及其后的美国霸权主义，却很少受到世人的蔑视与取笑。

中国历代朝贡体系之下的外交在经济上得不偿失的观点，很大程度上受 20 世纪四五十年代以来关于中国封建社会内部是否已经出现资本主义萌芽问题讨论的影响。由于受到西方学界的影响，中国大部分学者希望自己比较落后的祖国能够像西方的先进国家一样，走上资本主义社会这一有历史发展规律可循的道路。而发展资本主义社会的前提是商品经济、市场经济及对外贸易经济的高度发展。于是，在这样的学术背景下，20 世纪五六十年代，中国历史学界探讨明清时期的商品经济、市场经济及海外贸易等领域，取得了不错的成绩。人们发现，西方国家在资本原始积累的过程中，对外关系、对外贸易以及海外掠夺，对这些国家的资本主义经济发展和社会变革起到了至关重要的助力作用，反观中国传统朝贡体系下的经济贸易，得不偿失，未能给中国资本主义的萌芽和发展提供丝毫的帮助。然而，从纯经济的角度来评判中国历代的朝贡体系，实际上严重混淆了明朝的国际外交关系与对外贸易的应有界限。

毋庸讳言，中国历代的朝贡外交体系是承继中国两千年来“华夷之别”的传统文化价值观而形成的。这种朝贡外交体系，显然带有某种程度的政治虚幻成分。同时，它又只是一种国与国之间的政治外交礼仪而已。这种朝贡式外交礼仪中的所谓“宗主国”与“附属国”，也只是一种名义上的表述，两者的关系并不像欧洲中世纪国家那样，必须以缴纳实质性的贡赋作为联系纽带。因此，我们评判一个国家或一个朝代的外交政策及其运作体系，并不能仅仅因为它的某些虚幻观念和经济上的得失，就武断地给予负面的历史判断。如果我们要比较客观和全面地评判中国历代的对外关系，就应该从确立这一体系的核心宗旨及其实施的实际情况出发，同时参照世界上其他国家对外关系的历史事实，进行综合分析，如此才能得出切合历史真相的结论。

中国历代对外朝贡体系的确立，是建立在国与国、地区与地区之间和平共处的核心宗旨上的。这一点我们在明朝开创者朱元璋及其儿子明成祖朱棣关于对外关系的一系列谕旨中就不难发现。朱元璋在《皇明祖训》中明确指出：“四方诸夷，皆限山隔海，僻在一隅，得其地不足以供给，得其民不足以使令。若其自不揣量，来扰我边，则彼为不祥。彼既不为中国患，而我兴兵轻伐，亦不祥也。吾恐后世子孙，倚中国富强，贪一时战功，无故兴兵，致伤人命，切记不可。”[①] 洪武元年(1368)，朱元璋颁诏于安南，宣称：“昔帝王之治天下，凡日月所照，无有远迩，一视同仁，故中国尊安，四方得所，非有意于臣服之也。”从这个前提出发，中国对外关系的总方针就是要“与远迩相安于无事，以共享太平之福”[②]。永乐七年（1409）三月，明成祖朱棣命郑和下西洋，“敕谕四方海外诸番王及头目人等……祇顺天道，恪守（遵）朕言，循理（礼）安分，勿得违越；不可欺寡，不可凌弱，庶几共享太平之福”。[③] 在这种对外关系的总方针下，明初政府开列了朝鲜、日本、大小琉球、安南、真腊、暹罗、占城、苏门答腊、西洋、爪哇、彭亨、百

①《皇明祖训》条章，载《四库全书存目丛书》，齐鲁书社，1996。

②《明太祖实录》卷三四。

③ 郑鹤声、郑一钧：《郑和下西洋资料汇编》上册，齐鲁书社，1980，第99页。

花、三佛齐、浡泥，以及琐里、西洋琐里、览邦、淡巴诸国，皆为“不征诸夷国”。[①] 在与周边各国的具体交往过程中，朱元璋本着中国自古以来的政策，主张厚往薄来。在一次与琐里的交往中，他说道：“西洋诸国素称远番，涉海而来，难计岁月。其朝贡无论疏数，厚往薄来可也。”[②] 明初奉行的一系列对外政策和措施，充分体现了明朝政府在处理国际关系中所秉持的不用武力，努力寻求与周边国家和平共处之道的基本宗旨。

在寻求国与国之间和平共处的核心宗旨的前提下，明朝与周边的一些国家，如朝鲜、越南、琉球等，形成了宗主国与附属国的关系，这也是不争的事实。但这种宗主国与附属国关系的形成，更多是承继以往历朝的历史因素。纵观全世界中世纪以来宗主国与附属国的关系，就会发现，宗主国与附属国的关系基本上是通过三种途径形成的：一是通过武力征服强迫形成，二是通过宗教关系或是民意及议会的途径形成，三是在传承历史文化的条件下通过和平共处的途径形成。显然，在这三种宗主国与附属国关系中，只有第三种，即以和平共处方式形成的宗主国与附属国的关系，是最经得起历史检验和值得后世肯定的。中国历代建立起来的以和平共处为核心宗旨的宗主国与周边附属国的关系，正是这样一种经得起历史检验和值得后世肯定的对外关系。正因为如此，纵观历史，虽然这些附属国会不时发生内乱等极端事件，历经政权更替，但无不以得到明朝中央政府的册封为荣，即使是叛乱的一方，也都想方设法得到明朝中央政府的承认。可以说，当这些附属国发生内乱，明朝中央政府基本上采取充分尊重本国实际情况的原则，从道义上给予正统的一方支持，以稳定附属国的国内情势，维护区域和平局面。当遭遇外患陷入国家危机的时候，这些附属国也经常向明朝求援。其中最典型的例子，就是万历年间朝鲜遭到日本军阀丰臣秀吉侵略时，明朝政府应朝鲜王朝的求援，派出大量军队，帮助朝鲜王朝抵抗日本军队的进攻，最终把日本军队赶出朝鲜，维护了朝鲜王朝的领土完整和国家尊严。尤其值

① 郑一钧：《论郑和下西洋（修订本）》，海洋出版社，2005，第 9 页。

②《明史》卷三二五《外国六·琐里》，中华书局，1974，第 8424 页。

得一提的是，在这场规模不小的抗倭战争中，明朝政府不但派出军队参战，而且所有的战争经费都由明朝政府从财政规制中支出，“糜饷数百万”[①]。作为宗主国，明朝对附属国朝鲜的战争支援，完全是无偿的。

在历代对外朝贡体系中，中国对外国朝贡者优渥款待，赏赐良多。而这些朝贡者，来自东亚、南亚甚至中东的不同国家与地区，带来的所谓贡品，更多是作为求得明朝中央政府接待的见面礼，仅是“域外方物”而已。作为受贡者的明朝政府，对各国的所谓贡品并没有具体的规定。因此，明朝朝贡体系中的外国“贡品”，是不能与欧洲中世纪以来宗主国与附属国之间定期、定额的“贡赋”混为一谈的。明朝朝贡体系中的“贡品”，随意性、猎奇性的成分居多，缺乏实际经济价值。因此，如果单纯从经济效益衡量，当然是得不偿失。但是这种所谓的经济上的“得不偿失”，实际上被我们近现代时期的许多学者无端夸大了。明朝政府在接待来贡使者时，固然实行“厚往薄来”的原则，但无论是“来”还是“往”，其数量都是比较有限的，是有一定规制的，基本上仅限于礼尚往来的层面。迄今为止，除了郑和下西洋这种大型对外交往行为给国家财政造成一定的压力之外，我们还看不到中国历代正常朝贡往来中的“厚往薄来”对政府的财政产生过不良的影响。即使有，也是相当轻微的，因为所谓“厚往”，仅仅只是礼物和人员接待费用而已。明朝政府对一般来贡国国王的赏赐，基本上是按照本朝“准公侯大臣”的规格施行的。[②] 如果把这种“得不偿失”与万历年间援朝抗倭战争的军费相比，只能算是九牛一毛！万历年间支援朝鲜的抗倭战争，从根本上说，是为了维护地区的和平与稳定，而不是为了维持朝贡体系。

从更深的层面来思考，我们判断一个国家或一个时期的对外政策是否正确，不能仅仅以经济效益作为衡量得失的主要标准。国与国之间的外交关系和国与国之间的经济贸易关系，固然有必然的联系，但又不完全等同，外交关系与贸易往来必须有所区分，不能混为一谈。在 15 至 16 世纪以前欧洲国家所谓的“大航海时代”尚未来临，在世界的东方，

① 《明史》卷三二二《外国三・日本传》，第 8358 页。

② 郑一钧：《论郑和下西洋（修订本）》，第 13 页。

明朝可以说是这一广大区域中最大，也是最为核心的国家。作为这一广阔区域中的大国，对维护这一区域的和平稳定是负有国际责任的。假如这样一个核心国家，凭借自身的经济、军事优势，四处滥用武力，使用强权征服其他国家，那么这样的大国是不负责任的，区域的和平与稳定是不可能长久存在的。从这样的国际关系理念出发，明朝历代政府所奉行的安抚周边国家、厚往薄来，以和平共处为核心宗旨的对外朝贡体系，正是体现了明朝作为东方核心大国的责任担当。事实上，纵观世界历史，所有曾经或现在依然是区域核心大国的国家，在与周边弱小国家和平相处的过程中，由于肩负维护区域和平稳定的义务和责任，在经济上必须承担比其他周边弱小国家更多的负担，这几乎是一种必然的现象。换句话说，核心大国所承担的政治经济责任，同样是另外一种“得不偿失”。但是这种“得不偿失”，是作为区域大国承担区域和平稳定责任的重要前提。另一方面，明朝作为东亚区域最大、最核心的大国，在勇于承担国际义务与责任的同时，被周边国家视为“宗主国”或“中国”，因而自视为“天朝上国”，也是十分顺理成章的事情。如果我们时至今日依然目光短浅地纠缠在所谓“朝贡体系”贸易中“得不偿失”的偏颇命题，那就大大低估了中国历朝历代政府所奉行的和平共处的国际关系准则。这种国际关系准则，虽然带有某些“核心”与“周边”的“华夷之别”的虚幻成分，但对中国的历史延续性及其久远的历史意义，至今依然值得我们欣赏和思考。

我们若明白自秦汉以来中国历代政府所施行的“朝贡体系”，实质上只是一种政治上的外交礼仪，就不难想象中国历史上历代政府所认知的世界，仅局限在亚洲一带，应该是建立在一种和谐相处的氛围之内的。由于中国是这一时期亚洲最大又最有实力的国家，建立以中国为核心的亚洲世界，也就顺理成章地成为政策制定的依据了。

我们再从秦汉以来至明清时期中国海洋政策的纵向面来考察。秦汉以来至隋唐时期，中国与海外各地的经济贸易活动相对稀少，有限的贸易也基本上被局限在“朝贡贸易”的圈子之内。宋代之后，经济层面的活动，包括私人海外贸易活动，才逐渐兴盛起来。因此，宋代是中国历代政府执行对外海洋政策的一个重要转折期。从秦汉以迄隋唐，由于海上私人贸易活动比较罕见，政府制定的对外海洋政策基本着眼于政治与文化外交的层面。与周边许多国家政治与文化体制较为落后的情形相比，中国的政治与文化体制有较为突出的优势。政府把对外海洋政策着眼于政治与文化的层面，并不会对中国的政治与社会统治产生不良后果。因此，在这个时期内，国家政府对政治体制与文化形式的输出，往往采取鼓励的方式。而这种对外海洋政策，在一定程度上促进了隋唐时期中国政治制度向朝鲜、日本、越南等邻近国家的传播。以文化形式向外传播，扩散的范围将更为广阔。因此，我们可以说，宋代以前，中国政府的对外海洋政策与民间的对外联系基本上是吻合的。

但是到了宋代，情况有了很大的改变。一方面，随着与周边国家和地区经济交往的增多，沿海一带出现了不少私人海上贸易现象。这种私人海上贸易活动已经超出了“朝贡体系”所能约束的范围，政府自然把这种活动视为“违禁走私”活动，政府的主要思考点在于确保社会环境和政治统治的稳定。南宋时期著名学者兼名臣真德秀在泉州担任知州时有一项重要事务，就是布置海防，防范海上贸易活动，即所谓“海盗”活动，剿捕流窜于海上的“盗贼”。很显然，从宋代开始，政府的海洋政策出现了两种相互矛盾的走向：一方面继续维持以往的“朝贡体系”，另一方面对民间海上私人贸易活动严加禁止，阻挠打击。

宋朝廷禁止和打击民间私人海上贸易的做法，被后世的统治者们延续下来。特别是到了明代，这种做法对海洋贸易的阻碍作用愈加突显。从明代中叶开始，东南沿海商民从事海上私人贸易已经成为经济发展的趋势。特别是到了15世纪之后，世界局势发生了重大变化，处于资本主义原始积累阶段的欧洲人开始向世界的东方进发，“大航海时代”已经到来。这就使得15世纪之后的明朝社会，被迫进入一个前所未有的“世界史”的国际格局之中。[①] 从比较世界史的视角来观察，明初中国国力鼎盛的时期，正是欧洲“黑暗”的中世纪。西方出现资本主义的曙光，和明中叶以降中国社会经济与文化思潮新旧交替的冲动几乎同时到来。

① 陈支平：《从世界发展史的视野重新认识明代历史》，《学术月刊》2010年第6期。

随着欧洲资本主义原始积累的步步推进，早期殖民主义者跨越大海，来到亚洲东部的沿海，试图打开中国社会经济的大门，谋取资本原始积累的最大利润。差不多在同一时期，伴随中国明代中期社会经济特别是商品市场经济的发展，中国商人也开始尝试突破传统经济格局和官方朝贡贸易的限制，冒险走出国门，投身到海上贸易的浪潮之中。

16世纪初，西方的葡萄牙人、西班牙人相继东航，分别以满剌加、吕宋为根据地，逐渐扩张势力至中国的沿海。这些欧洲人的东来，刺激了东南沿海地区商人的海上贸易活动。嘉靖、万历时期，民间私人海上贸易活动冲破封建政府的重重阻碍，取代朝贡贸易，并迅速兴起。中国海商的足迹几乎遍及东亚、东南亚各国，其中尤以日本、吕宋、暹罗、满剌加等地作为转口贸易的重要据点。他们把内地的各种商品，如生丝、丝织品、瓷器、白糖、果品、鹿皮及各种日用珍玩等，运销海外，换取大量白银及香料等回国出售。由于当时欧洲商人已经染指东南亚各国及我国沿海地区，因此这一时期的海外贸易活动，实际上也是一场东西方争夺东南亚贸易权的竞争。中国沿海商人，以积极应对的姿态，扩展势力至海外各地。研究中国明代后期东南亚海上贸易的学者普遍认为，17世纪前后，中国的商船曾经遍布南海各地，从事各项贸易，执东西洋各国海上贸易的牛耳。

明代中后期不仅是中国商人积极进取，应对“东西方碰撞交融”的时期，而且随着这种碰撞交融的深化，中国的对外移民也成了常态。在唐宋时期，虽说中国的沿海居民中也有迁移海外者，但数量有限且非常态，尚不能在迁移的地方形成具有一定规模的华侨聚居地。而拥有真正意义上的海外移民并且形成华侨群体的年代，应是始于中国明朝时期。这种情况在福建民间的许多族谱中多有反映，譬如泉州安海的《颜氏族谱》记载，该族族人颜嗣祥、颜嗣良、颜森器、颜森礼及颜侃等五人，先后于成化、正德、嘉靖年间到暹罗经商并侨寓其地至死。《陈氏族谱》记载该族族人陈朝汉等人于正德、嘉靖年间到真腊经商且客居未归。再如同安汀溪的黄姓家族，成化年间有人去了南洋，繁衍族人甚众。永春县陈氏家族则有人于嘉靖年间到吕宋经商并定居于当地。类似的例子很多，举不胜举。[①] 到中国明代后期，福建、广东一带迁移国外的华人，已经逐渐向世界各地拓展。印度尼西亚的巴达维亚城是荷兰东印度公司所在地，1619年前当地华侨不足四百人。不到十年，即截至1627年，该城华侨已达三千五百人，而其中大多数是来自福建漳州、泉州的移民。又据有关记载，从明代中后期始，中国的丝绸、瓷器等商品已由中外商人贩运到墨西哥等拉美地区，一些广东商民甚至在墨西哥的阿卡普尔科等地从事造船业或其他行业的生产经营活动。[②]

这些移居海外的华人，为侨居地早期的开发与经济繁荣作出了较大的贡献，如福建巡抚徐学聚所说："吕宋本一荒岛，魑魅龙蛇之区，徒以我海邦小民，行货转贩，外通各洋，市易诸夷，十数年来，致成大会。亦由我压冬之民，教其耕艺，治其城舍，遂为陕区，甲诸海国。"[③] 对于这一点，即使是西班牙殖民者也不得不承认。如马尼拉总督摩加在16世纪末宣称："这个城市如果没有中国人确实不能存在，因为他们经营着所有的贸易、商业和工业。"一位当时的目击者胡安·科博神父（Father Juan Cobo）亦公正地说："来这里贸易的是商人、海员、渔民，他们大多数是劳动者，如果这个岛上没有华人，马尼拉将很悲惨，因为华人为我们的利益工作，他们用石头为我们建造房子，他们勤劳、坚强，在我们之中建起了最高的楼房。"[④] 一些菲律宾史学家对此也作出了公正的评价，《菲律宾通史》的作者康塞乔恩（Joan de la Concepcion）在谈到17世纪初期的情况时写道："如果没有中国人的商业和贸易，这些领土就不可能存在。"如今仍屹立在马尼拉的许多老教堂、僧院及碉堡，大多是当时移居马尼拉的华人所建。约翰·福尔曼（John Foreman）在《菲律宾群岛》一书中亦谈道："华人给殖民地带来了恩惠，没有他们，生活将极端昂贵，商品及各种劳力将非常缺乏，进出口贸易将非常窘

---

① 王日根、陈支平：《福建商帮》，香港中华书局，1995，第117—119页。

② 黄国信、黄启臣、黄海妍：《货殖华洋的粤商》，浙江人民出版社，1997，第144页。

③ 徐学聚：《报取回吕宋囚商疏》，载《明经世文编》卷四三三《徐中丞奏疏》。

④ Teresita Ang See, *Chinese in the Philippines*, vol. 1, Manila, 2018, p. 137.

困。真正给当地土著带来贸易、工业和有效劳动等的是中国人，他们教给这些土著许多有用的东西，种植甘蔗、榨糖和炼铁，他们在殖民地建起了第一座糖厂。"①

移居印度尼西亚的华人同样为巴达维亚的发展与繁荣作出贡献。荷兰东印度公司在到来的第一个世纪里，不但使用了华人劳力和华人建筑技术建造巴达维亚的城堡，而且把城里的财政开支都转嫁到华人农民的税收上，凡城市的供应、贸易、房屋建筑，以及巴达维亚城外所有穷乡僻壤的垦荒工作都由华人来承担。② 荷兰东印度公司在 17 世纪下半叶才把糖蔗种植引进爪哇，在欧洲市场上它虽然不能与西印度的蔗糖竞争，但它取得了印度西北部和波斯的大部分市场，并且还出售到日本，而这些新引进的糖蔗的种植工作几乎是由华人承包的。③ 因此，英国学者博克瑟（C. R. Boxer）曾说："假如马尼拉的繁荣应归功于移居那里的华人的优秀品质，那么当时作为荷兰在亚洲总部的巴达维亚的情况亦一样。华人劳工大多数负责兴建这座城市，华人农民则负责清除城市周围的村庄并进行种植，华人店主和小商人与马尼拉的同胞一样，占据零售商的绝大部分。我们实事求是地说，荷兰东印度公司对其首府的迅速兴起应极大地感激这些勤劳、刻苦、守法的中国移民。"④ 到了清代以至民国时期，庞大的华侨华人群体，更是为世界各地的社会经济发展作出了不可磨灭的贡献。

15 世纪至 17 世纪，固然是西方殖民主义者向世界各地扩张的时期，但其时东方的中国社会，中国商人以积极进取的姿态，同样把自己的活动范围向海外延伸。这种双向碰撞交融的历史进程，无疑从另一个源头上促进了"世界史"大概念的形成与发展。因此可以说，15 世纪至 17

---

① John Foreman, *The Philippine Islands*, London, 1899, p. 118.

② J. C. Van Leur, *Indonesian Trade and Society*, The Hague, 1960, pp. 149, 194.

③ John F. Cady, *Southeast Asia: It' s Historical Development*, New York, 1964, p. 225.

④ C. R. Boxer, Notes on Chinese Abroad in the Late Ming and Early Manchu Periods Compiled from Contemporary Sources (1500—1750), in *Tien Hisa Monthly*, 1939 Dec., vol. 9, no. 5, pp. 460—461.

世纪的中国社会，同样是推进“世界史”格局形成的重要组成部分。

明代中后期，也就是16—17世纪，东西方的经济与文化碰撞，中国沿海商民积极应对西方所谓“大航海时代”的来临，这本来是中国海洋发展的绝佳时机。但遗憾的是，中国政府并未像西方政府那样，成为海洋商人寻求拓展海外势力范围的坚强后盾，而是采取了相反的政策措施——禁绝打击。由于受到政府禁海政策的压制，中国明代东南沿海地区的商人不得不采取亦盗亦商的经营行为。从中世纪世界海商发展史的角度来考察，亦商亦盗的武装贸易形式，也是中世纪以至近代西方殖民者海商集团所采取的普遍形式。不同的是，西方殖民者的海盗行径大多得到本国政府的支持。“大航海时代”的葡萄牙人、西班牙人、荷兰人，都以本国政府的支持和强大的武装为后盾，企图打开中国沿海的贸易之门。① 而中国海商集团的武装贸易形式，是在政府的压制下不得不采取的一种自我保护措施。在中国政府的压制下，东南海商的武装贸易形式虽然能够在中国明代后期这一特定的历史空间中得以发展，但最终不能长期延续并发展下去。终清之世，中国东南海商再也未能形成一支强大的武装力量。从国际贸易的角度看，这也是中国海商逐渐失去东南海上贸易控制权的重要原因之一。16世纪至19世纪中叶，中国的海商只能在政治与社会的夹缝中艰难行进。

中国历代朝贡体系虽然奉行与周边国家地区和平共处的宗旨，但这种仅着眼于政治仪式层面的外交政策，忽略了文化层面的外交交流（这里的文化层面，主要指带有意识形态的宗教、信仰、教育及生活方式等）。而这种带有政治仪式意味的外交政策，将随着政治的变动而变动，缺乏长久的延续性。因此，到17世纪后东亚及中东的政治版图发生变化时，中国对南亚、西亚以至中东的政治影响力迅速衰退。

通过对中国历代政府对外海洋政策的分析，我们不难了解到，中国历代政府所制定的对外海洋政策，主要围绕政治稳定展开，海洋经济的发展，基本上不能进入政府决策者的考量之中。虽然说政府也在某些场

① 毛佩琦：《明代海洋观的变迁》，载中国航海日组委会办公室、上海海事大学编《中国航海文化论坛》（第一辑），海洋出版社，2011，第268页。

合、某些时段对民间海上私人贸易设立管理机构并予以课税等，但是这些行为大多是被动的，是为了更有效地管制民间的“违禁”贸易行为。这种“超经济”的对外海洋政策和“朝贡体系”维系了中国与周边地区，也就是亚洲地区近两千年和谐共存的国际关系，使亚洲不曾出现像欧洲中世纪那样国与国之间攻伐不断的混乱局面。另一方面，国家政府对民间海上私人贸易活动的禁绝压制，也在一定程度上阻碍了中国海洋文明发展史的顺利前进。

三、宋明以来中国海上丝绸之路发展的两种路径

正如前文所论述的，在中国的海洋文明发展史上，宋代是一个关键的转折期。宋代以前，中国的海洋事务基本上在政府的“朝贡体系”下施行。而宋代以后，特别是明代以来，民间从事海上私人贸易活动的现象日益增加，最终大大超出国家政府“朝贡体系”控制下的经济活动范围。从中国海洋活动的范围看，唐宋时期中国的海洋活动及文化的对外传播，主要局限在亚洲相邻国家以至中东地区，和欧洲等西方国家的联系及对其的影响，是间接的，且相对薄弱。但是到了明代，情况就不一样了。双方不但在贸易经济上产生了直接并带有一定对抗性的交往，而且由于西方大批耶稣会士的东来，双方在文化领域也产生了直接的交往。

明代中叶之后，伴随世界地理大发现和新航路的开通，西方的思想文化及科学技术也日渐向外传播。而明代嘉靖、万历时期社会经济发展，海外贸易引发对传统商品扩大再生产和改革工艺的要求，迫切需要科学技术的创新和总结。欧洲耶稣会士带来的西方科技，如天文、历算、火器铸造、机械制造、水利、建筑、地图测绘等知识，又以其新奇和实际的应用刺激了讲究实学的士大夫的求知欲望。在这双重因素的交互推动下，出现了一股追求科技知识的新潮，产生了一次小型的“科学

革命”①。这种思想文化与科学技术的变化，充分地体现了这一时期中国文化与西方文化直接碰撞和交融的初步成果，同时也折射出当时的中国社会在面对新的世界格局调整时，是以一种包容开放的心态来与西方展开交流的。

正因为如此，尽管当时西方耶稣会士是带着传教目的来的，而且对所谓“异教徒”文化往往怀有某种程度的蔑视心态，但是在较为开放的中国社会与文化面前，这批西方耶稣会士敏锐地意识到中国传统文化的博大精深，所以他们中很少有人用轻视的眼光看待中国文化。由于有了这种较为平等的文化比较心态，明代后期来华的耶稣会士们，在一部分中国上层知识分子的协助下，开始较为系统地从事向欧洲译介中国古代文化经典的工作，竭力把中国的政治、经济、社会的基本状态及文化的基本内涵，介绍到西方各国。在这种较为平等的中西文化交流与文化传播中，中国的文化在西方获得了应有的尊重。

到了清代中期，中国政府采取了较为保守封闭的对外政策，尤其是对思想文化领域的交流，逐渐采取压制的态势。在这种保守封闭的政策之下，中国文化的对外传播受到了一定的阻碍。更为重要的是，随着西方资本主义革命的不断胜利和工业革命的巨大成功，“欧洲中心论”的文化思维已经在西方社会牢固树立。欧洲的政治家和知识分子也逐渐失去了对中华文化的敬畏之心。直至近代，虽然说仍然有一小部分中外学人继续从事翻译介绍中国文化经典的工作，但是在绝大部分西方人士的眼里，所谓中华文化，只是落后民族的低等文化。尽管他们的先哲也许在不同的领域提及并赞美过中国的儒家思想，然而到了这个时候，大概也没有多少人肯承认他们的高度文明思想跟远在东方的中国儒家文化有什么瓜葛。时过境迁，18 世纪以后，中国以儒家经典为核心的意识形态文化在世界文化整体格局中的影响力大大下降，对外传播的作用日益衰微。

但是我们还必须看到，随着宋元以来民间私人海上经济活动的不断

① 杨国桢、陈支平：《明史新编》，傅衣凌主编，人民出版社，1993，第 427—432 页。

加强，沿海一带的居民也随着这种海上活动的推进，不断地向海外移民。这就促使中国海洋文明发展与海上丝绸之路形成了两种不同的路径，一种是由政府主导的"朝贡体系"和由知识分子主导的以传播儒家经典为核心的意识形态文化，另一种是随沿海商民迁移海外而传播出去的与一般民众生活方式相关的基层文化。

据文献考察，宋明以来，特别是明代以来，中国迁居海外的移民基本上来自明代私人海上贸易最发达的地带，往往是父子、兄弟相互传带的家族式移民。1571 年，西班牙殖民者进抵菲律宾群岛并构建了以马尼拉城为中心的殖民据点，积极开展与东亚各国的贸易往来，采取吸引华商前来贸易的政策，前往菲律宾岛的华商日渐增多，其中不少人定居下来。明代福建官员描述："我民往贩吕宋，中多无赖之徒，因而流落彼地不下万人。"① 有的记载则称这些沿海商民"流寓土夷，筑庐舍，操佣贾杂作为生活"，"或娶妇长子孙者有之，人口以数万计"。② 到了清代，中国东南沿海人民往海外的迁移活动，基本上呈不断递升的状态。随着国际交往的扩大和资本主义市场的网络化，中国海外移民的数量及所涉及的地域均比以往有所增长。到了近现代，中国东南沿海海外移民的足迹，已经遍布亚洲之外的欧洲和美洲各地，甚至到了非洲。

这种家族、乡族成员连带的海外移民方式，必然促使他们在海外新的聚居地较多地保留祖地的生活方式。于是，家族聚居、乡族聚居生活方式的延续，民间宗教信仰的传承，风尚习俗与方言的保存，文化教育与娱乐偏好的追求，都随着一代又一代移民的言传身教，顽强地延续下来。这种由民间传播至海外的一般民众的生活方式，逐渐在海外形成了富有中国特色的文化象征。因此，我们在回顾中国以儒家经典为核心的意识形态文化在明代后期向西方传播的同时，绝不能忽视明代中后期以来一般民众生活方式对外传播的文化作用及意义。当近代以来中国的意识形态文化在西方人眼里日益衰微的时候，以往被人们忽视的由沿海商

① 张燮：《东西洋考》卷五，载《东洋列国考》，中华书局，1981，第 91 页。

② 顾炎武：《天下郡国利病书》卷九三《福建三》，广雅书局光绪二十六年刊本，第 13 册。

民迁移海外而传播出去的一般民众的基层文化传播途径，实际上成了18世纪以后中华文化向海外传播的主流渠道。

虽然说从16—17世纪以来，中国东南沿海居民不断地、大批地向世界各地移民，形成华侨群体，并在自己的居住国形成具有中华文化特征的社会文化氛围，但是我们还必须看到，这种由下层民众传播到世界各地的中华文化，无论是宗教信仰、生活习俗，还是文化教育及艺术娱乐，基本上都是在华人的小圈子里打转，极少扩散到华人之外的族群当中去。也就是说，中华文化在海外的这种传播，不太可能对华人之外的群体乃至国家、地区产生重要的影响力。

中国历代的对外关系，基本上是遵循两条道路开展的：一是王朝政府的朝贡体系，一是宋代以来民间海外贸易与对外移民的系统。如前所述，王朝的朝贡体系，关注的是政治礼仪外交，宋代以后缺乏带有国家层面的文化输出和传播。而宋明以来的民间海洋活动，关注的是经济问题，民间文化输出的目的在于维系华人小群体和谐相处的稳定局面，极少往政治层面上去思索，因此这种民间文化的输出，影响力极其有限。也就是说，中国海上丝绸之路的发展模式，自宋代以来，严重缺失了国家层面的对外文化传播与输出。反观15世纪以来西方殖民者的东扩，在庞大的商业船队到来的同时，天主教的传教士也不断涌入，想方设法地在东方世界包括中国在内的广大民众之中传播西方的宗教信仰与意识形态。时至今日，西方天主教、基督教对中国社会的渗透，依然十分强大。有些东亚国家，如韩国，其民众对基督教的信仰大大超出了以往对东方佛教的信仰。起源于中东地区的伊斯兰教，同样也是如此。本来，华人移民率先进入东南亚地区，但是后来的伊斯兰教徒，充分利用和扩展与东南亚国家和地区上层阶层的交往，使伊斯兰教在东南亚地区得以迅速传播，如今东南亚地区的许多居民被伊斯兰教同化。伊斯兰教文化在这些地区后来居上，占据了统治地位。虽然有少部分中国学者一厢情愿地认为明代前期郑和下西洋对东南亚地区的伊斯兰教传播起到了重要作用，但是这种论点的历史依据，大多是属于现代的，很难得到东南亚

地区伊斯兰教系统文献的印证①，基本上属于自娱自乐、自说自话的范畴。

在中国历代海洋事业及海上丝绸之路的发展历程中，文化传播与输出的缺失，极大地限制了中国对周边国家特别是东南亚国家和地区的整体影响。尽管中国历代政府希望通过朝贡体系谋求与周边国家的和平共处，中国海外移民也对居住国社会经济的发展作出了重大的贡献，但是由于文化上的隔阂，使得无论是中国与周边国家、地区的关系，还是华侨华人与当地族群的关系，都处于比较尴尬的境地。就东南亚地区百余年的发展情况而言，华侨华人在经济上为当地的发展作出了重大的贡献，但是经济上越成功，对当地的贡献越大，往往越难与当地族群形成亲密和谐关系，二者之间的隔阂始终存在。一旦这些国家或地区出现政治上、经济上的波动，当地族群往往把社会、政治及经济上的怨恨发泄到华侨华人群体上。百余年来，东南亚地区是华侨华人人数最多的地区，同样居住在这些地区的其他外来族群，却很少受到血腥的排斥，唯独华侨华人，不时受到当地政府或当地民众的排斥、攻击与屠杀。这其中的原因当然是十分复杂的，但是我们不得不认识到，中国海上丝绸之路在发展历程中忽视了文化的传播与输出，造成不同国家与地区之间文化上的隔阂，无疑是其中一个重要的因素。

中国的海洋文明发展历史及中国海上丝绸之路历史的前进道路，虽然在18世纪之后受到一定的挫折，但是其整体发展趋势并没有发生明显的改变，中国通过海上丝绸之路与世界的联系，始终保持波浪式的前进态势。而随着中国改革开放的大踏步前进，到了21世纪，中国发展包括“海上丝绸之路”在内的“一带一路”重大倡议日益坚定。“建设丝绸之路经济带和21世纪海上丝绸之路的战略构想，兼顾陆地与海洋，是建立在中国既是一个陆地国家，又是一个海洋国家的历史土壤上，统筹陆海

---

① 如孔远志先生是主张郑和下西洋时向东南亚地区传播伊斯兰教的学者，但是他也承认：“海外现有的关于郑和在海外传播伊斯兰教的记载，尚缺乏有力的佐证。”参见孔远志：《论郑和与东南亚的伊斯兰教》，载中国航海日组委会办公室、上海海事大学编《中国航海文化论坛》（第一辑），第81页。

大格局、全方位对外开放的大手笔。它秉承和平合作、开放包容、互学互鉴、互利共赢的精神，通过政策沟通、道路联通、贸易畅通、货币流通、民心相通等一系列规划项目和实践，促进沿线国家深化合作，建设成一个政治互信、经济融合、文化包容的利益共同体、命运共同体和责任共同体。这个构想本身就是对传统中华文明的传承和弘扬。21世纪海上丝绸之路建设不是简单的经济过程、技术过程，而是文明的进步过程。仅仅靠资金的投入和技术的推广是不够的，需要正确的理论指导和历史经验教训的借鉴。因此，忽视基础研究并不可取，挖掘海洋文明史资源，深化中国海洋文明史研究，推动历史研究与当代研究的互通互补，不仅是提高讲好海洋故事能力的必要条件，更是推进中国文明的现代转型，建设海洋强国的内在诉求。”① 正因为如此，我们今天梳理中国海洋文明发展历史与中国海上丝绸之路历史的前进脉络，其现实意义是不言而喻的。

四、我们撰写“中国海上丝绸之路通史” 的基本思路

中国海洋文明的发展及由此形成的中国海上丝绸之路，不仅给中国的社会经济与文化增添了不断奋进的鲜活元素，同时也为世界文明注入了不可或缺的源头活水。自现代以来，中外学界的不少学者都对中国的海洋文明发展史及海上丝绸之路历史文化进行过诸多探讨解析。但是迄今为止，学界对中国海洋文明发展史及海上丝绸之路历史文化的研究，主要侧重中国对外交通史、中国海外贸易史和中外文化交流史等领域。而对中国海洋文明发展史及海上丝绸之路的另外一种发展路径，即上面论及的以往被人们忽视的由沿海商民从事的海洋事业，以及由此迁移海外并传播到世界各地的基层文化的传播途径的研究，是缺失的。中国的海洋文明发展史及海上丝绸之路历史文化，从根本上讲，是由从秦汉以来一代又一代的民众构筑起来的。我们今天探讨和解析中国海洋文明发

① 杨国桢、王鹏举：《中国传统海洋文明与海上丝绸之路的内涵》，《厦门大学学报（哲学社会科学版）》2015年第4期。

展史及海上丝绸之路历史文化，理应将较多的关注点放在构筑这一光辉历史与文化的下层民众上。近年来，随着中国海洋意识的提升，学界对中国海洋文明发展史及海上丝绸之路历史文化的讨论和学术研究日益增多，涌现出诸多富有见识的学术论述，其中以杨国桢先生主编的“海洋与中国”丛书、“海洋中国与世界”丛书和“中国海洋文明专题研究”丛书最具规模。这三套丛书用很大篇幅探讨、剖析了海洋文明与海洋文化中一般民众的生活方式及基层文化，使中国海洋文明发展史和海洋社会经济史的研究更贴近海洋草根文化的本源真实。

近年来，学界还组织出版了一些以“海上丝绸之路”为主题的研究成果，这其中有清华大学出版社出版的《海南与海上丝绸之路》、厦门大学出版社出版的“海上丝绸之路研究丛书”、世界图书出版社出版的“海上丝绸之路断代史研究”丛书和安徽人民出版社出版的“南方丝绸之路研究丛书”。在这几种有关海上丝绸之路研究的图书中，《海南与海上丝绸之路》是地域性研究著作，而厦门大学出版社出版的“海上丝绸之路研究丛书”则是专题性研究成果的汇集。这些专题性研究成果的出版，将进一步推进对海上丝绸之路历史文化的研究，扩展我们对海上丝绸之路的考察视野，具有良好的学术意义。然而，这批著作过于注重专题性的叙述，因此也缺乏对中国海上丝绸之路历史文化的整体把握。世界图书出版社出版的“海上丝绸之路断代史研究”丛书，比较简要地概述了从秦汉至明清时期中国海上丝绸之路的演变历史。但是这一历史叙述基本建立在中国本土立场上展开，对海上丝绸之路涉及的其他区域及华侨华人在世界上的伟大贡献，基本上未涉及，这不得不说是一个很大的遗憾。因为海上丝绸之路是世界性的，我们无法忽视中国海上丝绸之路与沿路各地的相互联系。正是这种联系，使其成了真正意义上的海上丝绸之路。

回顾近 30 年中国学界对中国海洋文明发展史及海上丝绸之路历史文化的研究，不难发现以往对中国海洋文明发展史和海上丝绸之路历史文化的研究，更多是建立在宏观概念的探讨与专题性分析上。需要指出的是，在当前国家提倡“一带一路”重大倡议时，社会上乃至学界的一部分人，蹭着国家重视海洋意识的热度，赶着海上丝绸之路的时髦，提出了一些脱离中国海洋文明发展真实历史的观点，正如杨国桢先生所批评的：“现在一些研究成果，对海洋的历史作用的认识存在分歧。一种认为传统中国是一个陆权国家，海洋并不重要，现代国家的发展要重建陆权。一种急于表达中华海洋文明是世界领跑者、优秀角色，提出中国或福建是世界海洋文明发源地，近代以前至少15世纪以前是海洋之王……这些现象的出现，是中国海洋史学发展不成熟的表现。一些声音很高的人本身对历史毫无素养，写的书是‘非历史的历史研究’，他们看了一些历史论著就随意拔高观点，宏观架构出理论体系，当然会对社会产生误导。比如最近在海峡两岸引起轰动的南岛语族问题，考古学界、人类学界、语言学界的研究成果，把他们的一部分来源追溯到我国东南沿海或台湾地区。于是台湾有人说：‘台湾是人类文明发源地。’福建有人说：‘福建是世界海洋文明的发源地。’这是真的吗？我认为史学界应该重视，开展讨论，辨明是非。这类问题还有不少，不宜视而不见。”①

从这样的思考出发，我们认为有必要撰写一系列比较全面又清晰体现中国海洋文明发展史及海上丝绸之路历史文化的著作，尤其是能在一定程度上反映历代中国商民从事的海洋事业，以及由此迁移海外而传播到世界各地的一般民众基层文化传播途径。当然，要使我们的这系列著作能够达到这样一个目标，涉及三个方法论的问题，有必要在这里与大家逐一探讨。

首先，作为中国海洋文明发展的全史性著作，叙述书写的边界在哪里？所谓中国海洋文明发展通史，顾名思义，要叙述的是与海洋相关联的社会经济活动。但是我们不能赞同有些学者把中国的海洋文明发展史局限在海洋之中发生的历史事件。在本文的开章伊始，我们对中国的海洋历史形成这样的认识：中国海洋文明存在于“海—陆”一体的结构中。中国既是一个大陆国家，又是一个海洋国家，中华文明具有陆地与海洋的双重性格。中华文明以农业文明为主体，同时包容游牧文明和海洋文明，形成多元一体的文明共同体。中华民族拥有源远流长、辉煌灿

---

① 朱勤滨：《海洋史学与“一带一路”——访杨国桢教授》，《中国史研究动态》2017年第3期。

烂的海洋文化和勇于探索、崇尚和谐的海洋精神。中国海洋文明发展的这种“海—陆”一体的结构，决定了其与大陆文明的发展，具有天然的、不可分割的联系。从某种意义上讲，中国的陆地文明与海洋文明是相互促进、相互制约、相辅相成的。二者的发展历程，是无法断然割裂的。基于这样的思考，我们对叙述中国海洋文明发展历史边界的整体把握，并不仅限于发生在海洋当中的活动，而是从较为宏观的视野考察中国历代海洋活动中陆地与海洋的各方关系，从而更加全面地描述中国海洋文明发展的基本概貌。

其次，我们撰写的这部中国海洋文明发展通史，既然是基于中国海洋文明存在于“海—陆”一体结构的观点之上，那么这一极为宏观的审视所牵涉的领域又未免过于空泛和难于把握。为了更集中地体现中国历代海洋活动的主体核心部分，我们认为，在中国海洋文明发展历史的进程中，人的作用始终是第一位，海洋社会的核心是海洋活动中的人。“在海洋发展历史上，不同的海上群体和涉海群体塑造了不同的海洋社会模式，如古代的渔民社会、船员社会、海商社会、海盗社会、渔村社会、贸易口岸社会等等。他们有各自的身份特征、生计模式，通过互动结合，形成不同风格的群体意识和规范。海洋史就是要去研究海洋社会中的结构、经济方式，及其孕育的海洋人文。”① 我们只有更加深入与全面地反映历代人民在中国海洋文明发展进程中所发挥的无与伦比的历史作用，才能更加贴近中国海洋文明发展历史与文化的真实面貌，还原出一个由历代人民艰苦奋斗创造出来的历史本真。当然，要较为全面且如实地描述历代人民在中国海洋文明发展历程中所扮演的角色及其所发挥的作用，就必须深入地剖析历代人民所秉持的生活方式的方方面面，举凡社会、经济、精神、宗教信仰、文化教育、风俗习尚等，都是我们这部著作所要体现的重要内容。

再次，我们这部中国海洋文明发展史，虽然把论述的核心放在海洋活动中的“人”，但是中国自秦汉以来就是一个中央集权制国家，国家

① 朱勤滨：《海洋史学与“一带一路”——访杨国桢教授》，《中国史研究动态》2017 年第 3 期。

制度对政治、社会、经济、文化等各个方面都具有不可替代的强制力，而传承了两千多年的儒家文化等上层意识形态，同样也对中国历代的政治、社会、经济、文化等各个方面的发展起到不可忽视的影响作用。中国的海洋文明发展进程同样也是如此，无论是汉唐时期政府主导的“朝贡体系”，还是宋明以来民间私人海上贸易与海外移民的兴起，无不在相当程度上受到国家政府的制度设计和制度约束，从而在不同程度上影响着中国海洋文明发展的历史进程。特别是明清以后，国家政府对民间私人海上贸易活动及海外移民活动基本采取了压制的政策，对中国海洋文明的国际化进程产生了一定的阻碍作用。中国历代政府与中国海洋文明发展的这种复杂又多元的关系，以及中国传统儒家文化、道德观念对中国海洋文明发展历程所产生的影响力，无疑是我们在探讨中国海洋文明发展史及中国海上丝绸之路历史文化时应关注的内容。

最后，关于中国海洋文明发展历史，虽然最初海洋活动的产生是基于海岸线上的生产生活活动，如捕捞、养殖以及沿着海岸线的短途商业活动等，但随着海洋活动的扩展与进步，中国的海洋活动势必从海岸线走向大海，走向东南亚、南亚、中东以至欧洲、美洲各地。因此，中国海洋文明发展史，无疑是中国海洋活动不断向大海拓展活动空间的历史，而这一历史发展进程，就不单单涉及中国一个国家或地域的问题，而是涉及双向的国际问题。我们现在论述中国海洋文明发展史，总是脱离不了中国海上丝绸之路的话语，这正说明了中国的海洋文明发展史，是与中国海上丝绸之路的发展史紧密联系在一起的。海上丝绸之路是亚洲海洋文明的载体，不是中国一家独有的。从文化视角出发，海上丝绸之路可阐释为“以海洋中国、海洋东南亚、海洋印度、海洋伊斯兰等海洋亚洲国家和地区的互通互补、和谐共赢的海洋经济文化交流体系”。在某种意义上，海上丝绸之路是早于西方资本主义世界体系出现的海洋世界体系。这个世界体系以海洋亚洲各地的海港为节点，自由航海贸易为支柱，经济与文化交往为主流，包容了各地形态各异的海洋文化，形成和平、和谐的海洋秩序。中国利用这条海上大通道联通东西洋，既有主动的，也有被动的成分；沿途国家加入海上丝绸之路的运作，不是中国以武力强势和经济强势胁迫的。从南宋到明初，由于造船、航海技术

的发明和创新，中国具有绝对的海上优势，但中国并不利用这种优势追求海洋权力，称霸海洋。所以海上丝绸之路自开辟后一直是沿途国家交往的和平友善之路，直到近代早期欧洲向东扩张，打破了亚洲海洋秩序，才改变了海上丝绸之路的和平性质。海上丝绸之路作为历史的符号，覆盖了西太平洋和印度洋的地理空间，代表传统海洋时代和平、开放、包容的精神和文化。① 从这样的思路出发，我们对中国海洋文明发展史的认识，应该是具备国际视野的。从某种意义上或许可以说，中国的海洋文明发展史，也是我们海洋先民的足迹不断地向海外跋涉迈进的历史。这一点，同样是我们在这系列专著中力求表达的一个重要部分。

从以上的学术思路出发，我们撰写的“中国海上丝绸之路通史”丛书，应该是一套能充分体现中国历史上海洋事业与海上丝绸之路的纵向发展与横向发展的全方位的史学著作。也就是说，这批著作一方面较详尽地阐述了中国自先秦至民国时期海上事业与海上丝绸之路的发展概貌，另一方面也对各个历史时期中国海洋事业与海上丝绸之路发展阶段的主要特征进行专题性研究。其次，我们必须把研究的视野从中国本土逐渐向世界各地延伸，而不能局限于中国本土，不能仅仅以中国人的眼光来审视这一伟大的历程。我们必须追寻我们华侨先人的足迹，他们不惧汹涌的波涛，走向世界各地，从而为中华文化的对外传播，为世界各地的社会发展作出巨大的贡献，他们与祖籍家乡保持紧密联系、始终与祖籍家乡同呼吸共命运。中国海洋文明发展史与海上丝绸之路历史与文化的世界性，是该系列专著要表达的一项重要内容。其三，以往对中国海洋文明发展史及海上丝绸之路的研究都只关注社会经济活动，而事实上中国海洋事业与海上丝绸之路的发展演变过程除了包含社会经济活动，还包含文化、思想、教育、宗教等方方面面的上层建筑领域的内涵。因此，该系列专著还包括政治制度、文化精神等方面的内容，探索中国海洋社会经济发展的基本历程及其与文化等上层建筑领域的相互关系，寻找中国海上丝绸之路的文化意义及其对世界的重要贡献。

---

① 杨国桢、王鹏举：《中国传统海洋文明与海上丝绸之路的内涵》，《厦门大学学报（哲学社会科学版）》2015 年第 4 期。

当然，要比较全面而清晰地反映中国海洋文明发展史及海上丝绸之路历史文化，并不是一件简单的事情，没有一定的篇幅，是不足以反映中国海洋文明发展史及海上丝绸之路历史文化的全貌的。因此，我们联络了厦门大学、中国人民大学、闽南师范大学、福建中医药大学、闽江学院等多所高等院校的研究学者，分工合作，组成撰写20卷作品的研究队伍。我们从中国海洋文明发展史及海上丝绸之路历史文化的纵向和横向两个方面，进行多视野、多层次的探讨，经过三年多的努力，终于完成了这套数百万字的著作。我们希望这套专著能把两千年来的中国海洋文明发展史及海上丝绸之路历史文化，特别是把从事海洋事业、构筑海上丝绸之路的一般民众艰辛奋斗的历史，以及把中国传统文化传播到世界各地，推动世界文明多元化前进的本真面貌，呈现给广大读者。

我们深切知道，要全面深入地呈现中国海洋文明发展史及海上丝绸之路历史文化，单凭这样一套专著是远远不够的。由于我们的学力有限，这部多人协作完成的专著一定还存在不少缺点和错误。我们希望借这套专著的出版问世之机，向各位方家学者求教，希望得到方家学者的批评指正，以促使我们改进，并与海内外有意于研究中国海洋文明发展史及海上丝绸之路历史文化的同仁们一道探索，一道前进，共同促进中国海洋文明发展史及海上丝绸之路历史文化的学术研究更上一层楼。

陈支平

2022年10月

目
录

前言

中国魏晋南北朝时期（220—589）虽然长期处于分裂割据状态，但中原地区仍存在较为固定的农业区，特别是江南经济的快速发展、南方政权积极经略海洋的政策，以及造船和航海技术的不断进步，为海上丝绸之路[①]的开辟提供了有利条件。有关丝绸之路，学者指出，西方古典作家曾记载东汉时期马其顿商人来华一事。其中，德国地理学家李希霍芬不仅据此复原了这些商人所行的路线，还将这条横跨欧亚大陆、连接

① 参阅李希霍芬《中国——亲身旅行的成果和以之为根据的研究》第一卷导言（Ferdinand von Richthofen，*China*，*Vol*. 1，*Einleitender Teil*，Reimer，1877），第497—498页。丹尼尔·沃：《李希霍芬的“丝绸之路”：关于一个概念的考古》（Daniel C. Waugh，“*Richthofen's 'Silk Roads': Toward the Archaeology of a Concept*”，The Silk Road，Vol.5/1，2007），第4页。梅尔等：《重构丝绸之路：古代东西贸易的新研究》（Victor H. Mair，Jane Hickman，Colin Renfrew eds.，*Reconfiguring the Silk Road*：*New Research on East-West Exchange in Antiquity*，University of Pennsylvania Press，2014）。徐朗：《“丝绸之路”概念的提出与拓展》，《西域研究》2020年第1期。王坤霞、杨巨平：《流动的世界：〈厄立特里亚航海记〉中的海上贸易》，《西域研究》2017年第1期。杨巨平教授认为，现在世界上公认的丝绸之路主干线有三条：一是绿洲丝绸之路，一是海上丝绸之路，一是草原丝绸之路。参阅其主编的《古国文明与丝绸之路·绪论》，中国社会科学出版社，2021，第10页。

东地中海地区与黄河流域的陆上商路命名为“丝绸之路”这一“卓越的描述（eine meisterhafte Schilderung）”。这一术语反映出丝绸在古代中西贸易中的重要地位。李希霍芬虽然最先使用“丝绸之路”一词，却并未将它作为研究重点，而且他认为丝绸之路具有明显的年代局限性。但其后的学者如赫尔曼、斯文·赫定等人则直接继承了“丝绸之路”的说法，并大力推动这一术语内涵、外延的丰富、扩大，至今已成为古代欧亚大陆东西方之间海陆交通要道的总称和文明交流的代名词。还有学者认为，印度洋是海上丝路的中央地带，它通过红海、阿拉伯半岛、阿拉伯海沟通了地中海世界与印度之间的海上商路。印度洋上的东西方贸易早在公元前三千纪就已经开始，在波斯帝国和希腊化时期得到更大的发展。罗马帝国时期，通过熟练利用季风气候的特点，人们能够从红海出发经过印度洋直航印度；同时造船业、航海技术与港口建设也有所进步，这些条件都大大推动了东西方物产的跨区域流通。从埃及到印度之间，事实上形成了一个物质文化双向“流动的世界”，从而为海上丝路的全线贯通奠定了基础。① 孙吴、东晋和南朝政权，积极发展同南海诸国的贸易往来，海上航线经中南半岛海域，穿越马六甲、印度洋后，向西延伸至波斯湾。占据中原的北方政权，与朝鲜半岛、日本建立了密切的往来关系。中国同日本列岛之间的海上交通进一步加强，并开辟了黄海航路。这一时期，在秦汉时期发展的基础上，陆上的丝绸之路虽时有阻隔，但仍有进一步的发展和延续。丝路的贸易和文化传播也有所发展，南北朝时期与萨珊波斯、中亚的往来，在商贸和文化交流领域有较多表现，譬如中国丝绸的外销、蚕丝技术的西传、瓷器的外销与西方仿制中国瓷器所展现出的异域风格、纸张和造纸术的外传等等。与此同时，在域外胡风东渐的背景下，外来生物物种、毛皮织物、金银币和器皿、装饰品和豪华奢侈品等器物，医学与医药、天文历法与数学、制糖

① 本书有关魏晋南北朝时期经济发展状况，主要参考高敏主编《魏晋南北朝经济史》，上海人民出版社，1996；田昌五、漆侠总主编《中国封建社会经济史》第二卷《魏晋南北朝隋唐五代卷》（朱大渭、张泽咸分卷主编），齐鲁书社、台北文津出版社，1996。

技术等科学知识，器皿纹饰、音乐舞蹈等艺术形式，也都对丰富中华传统文化产生了较多影响。此外，佛教、景教、天主教、摩尼教、犹太教、伊斯兰教等域外宗教，以及由佛教影响下所派生的石窟、佛塔建筑、佛教造像、佛教绘画等宗教艺术，在此前后已渐露端倪，当此之时则更多地传入中国内地，与本土文化发生了更为广泛的互动融合。抑或可以说，在很大程度上，这一时期的中外经济文化交流，对双方产生的影响都是相当深刻的。①

就丝绸之路的史迹而言，魏晋南北朝时期在两汉陆路丝绸之路发展的基础上，因政权频繁更迭，战乱繁复，失于更进一步开拓和推进，故而呈现出相对低迷的境状。海上丝绸之路亦然。我们立足于今天而回望这一段历史，本着有一份材料说一份话的原则，在充分汲取方豪、沈福伟、张维华、周一良、陈高华、陈尚胜等专题研究学养的同时②，也尽力参考唐长孺、周一良、王仲荦、韩国磐、郑佩欣等前辈学者的断代研究成果，努力将吉光片羽、断烂朝报般的既往痕迹加以梳理，尽力还原这一议题视域下的历史面相，也就不得不借助大历史观搜讨文献的方法来处理。我们秉持深入细致而又严谨创新的学术研究理念，期待在这股“海丝文化”热潮下，努力为“推动中国与世界的政治、文化、经济等各领域的交流与协作关系，扩大中华文化在世界的影响力”而奉献菲薄之力。希冀努力从国际性的视野开拓新的研究领域，避免“海丝”学术研究流向功利化和庸俗化。③

有关这一议题的先行研究成果，学者或认为，8 至 14 世纪的海上丝

---

① 张国刚：《中西文化关系通史：从张骞到郑和》两卷本，北京大学出版社，2019，第 70—431 页。对于既有成果研究较多的宗教文化领域，本书取他详我略之策，避免掠人之美。

② 此类成果主要包括，方豪：《中西交通史》，岳麓书社，1987。沈福伟：《中西文化交流史》，上海人民出版社，1985。周一良：《中外文化交流史》，河南人民出版社，1987。张维华：《中国古代对外关系史》，高等教育出版社，1993。陈高华、陈尚胜：《中国海外交通史》，台北文津出版社，1997，今据中国社会科学出版社再版本，2017。

③ 陈支平：《关于“海丝”研究的若干问题》，《文史哲》2016 年第 6 期。

绸之路，既体现了东西方的物质生产和物质交往，又体现了精神生产和精神交往。经由海上丝绸之路所发生交往关系的人和物，都是中外传播的媒介；借此传播媒介所传递的种种信息，因其模糊性和变幻性，引发双方的无限想象。海上丝绸之路所引发的物质交往和精神交往，是西方人对传统中国认知观念转变的重要原动力。这种建构在浪漫主义想象基础上的"东方形象"是一个复合体，既有形而下的贸易和战争，又有形而上的哲学、宗教和艺术，二者互为交织，既是复杂的历史进程，也有复杂的传播活动。我们可以据此较好地阐释海上丝绸之路从形而下到形而上，又从形而上到形而下传播活动的变化过程。①

隋唐时期的海上丝绸之路及其周边的历史，学界已有较多的研究成果，今举其要者撮述如下，或可略见学术延展之痕迹。正如学者所已揭示者，所谓丝绸之路，至少包含陆路上的丝绸之路和海上丝绸之路两个领域。1877 年，德国地理学家李希霍芬在其《中国——亲身旅行的成果和以之为根据的研究》第一卷中首次提出了"丝绸之路"的概念，他将中国长安与中亚之间的交通往来路线称为"丝绸之路"。1910 年，德国学者赫尔曼在《中国与叙利亚间的古代丝绸之路》一书中，从文献角度对丝绸之路作了进一步的阐述，揭示了这一概念的更多内涵和边界。②在我国，1943 年 2 月 24 日的《申报》首先使用了"丝绸之路"一词。随后其概念不断深化和扩展，出现"沙漠路""绿洲路""草原路"等支线，还有以交换物品分类的"玉石之路""香料之路""皮毛之路"等。虽然"丝绸"不是整个历史阶段中西贸易的大宗商品，"丝绸之路"也出现了多种称谓，但还没有哪一个称谓或名称能够替代"丝绸之路"。就寓目所见，我国汉唐史学界的研究成果，更多集中在陆路丝绸之路这一范畴。

---

① 郑学檬：《唐宋元海上丝绸之路和岭南、江南社会经济研究》，《中国经济史研究》2017 年第 2 期；毛章清、郑学檬：《8 至 14 世纪海上丝绸之路的跨文化传播考察》，《厦门大学学报（哲学社会科学版）》2017 年第 4 期。

② 刘进宝：《"丝绸之路"概念的形成及其在中国的传播》，《中国社会科学》2018 年第 11 期。此前，刘迎胜先生也有很周延的界定，参阅其《丝绸之路》，江苏人民出版社，2014，第 315—321 页。

其实，学界除了冠名“丝绸之路”的著作之外，切实在陆路领域对丝绸之路进行更拓展性深入研究的，有荣新江《丝绸之路与东西文化交流》《中古中国与粟特文明》《中古中国与外来文明》等三部论文集①，尤其是《丝绸之路与东西文化交流》所收论文，可以让我们更多地了解到丝绸之路研究的最前沿成果。荣新江教授认为，丝绸之路是一条活的道路，丝路上的文化交流是流动性的。其中，有汉文化的西渐和外来宗教文明的东传，也有外来物质文明对中国的贡献。当然，他的更多研究，还是取径于陆路丝绸之路的研究。

郑学檬先生认为：一，汉唐以来海上贸易地点是从南往北位移的，唐五代海上丝绸之路的重要港口，除广州外，还没有其他相对固定的“始发港”和“终点港”。二，唐五代与南海诸国贸易的主要问题有：(1)唐五代海上丝绸之路东段航路以“广州通海夷道”所记的航线为经常性航线；(2) 唐五代时期海上丝绸之路的航行，仍以天文导航为主，指南针只是辅助导航手段；(3) 8至10世纪，波斯、阿拉伯商人等组成的“波斯舶”，经营着中短途贸易、转口贸易；朝贡贸易带动了香料贸易，也成就了阿拉伯商人。三，海上丝路开通之日，也是东西方文化交流开始之日。佛教、伊斯兰教等相继经海上丝绸之路传入中国岭南、江南，随之而来的是阿拉伯、印度、南海各国的音乐、绘画、雕塑、文化习俗，也渐渐浸染岭南、江南。②

此外，自以下有关先行研究，本书汲取了很多学养。谨按出版前后为序，同一部书或有再版者，只取其一；外文的著作，若有中译本，则以后者为序。早期的成果，譬如向达著《唐代长安与西域文明》，生活·读书·新知三联书店1957年初版，河北教育出版社2001年再版。沈福伟著《中西文化交流史》，上海人民出版社1985年版，上海人民出

---

① 荣新江：《中古中国与外来文明》，生活·读书·新知三联书店，2014；荣新江：《中古中国与粟特文明》，生活·读书·新知三联书店，2014；荣新江：《丝绸之路与东西文化交流》，北京大学出版社，2015。

② 参阅郑学檬《唐五代海上丝路研究的若干问题补论》，《历史教学（下半月刊）》2016年第12期。

版社 2006 年版。周一良主编《中外文化交流史》，河南人民出版社 1987 年版。张维华主编《中国古代对外关系史》，高等教育出版社 1993 年版。陈高华和陈尚胜著《中国海外交通史》，台北文津出版社 1997 年版，2017 年中国社会科学出版社再版。黄时鉴著《黄时鉴文集》，上海中西书局 2011 年版，等等，但似均非以魏晋隋唐时期为主的通论性著作。我们汲取学养的部分，更多采自于他们的视野、角度和格局。再如，以研究元史享誉海内外的刘迎胜早期也著有《丝路文化·海上卷》和《丝路文化·草原卷》，浙江人民出版社 1996 年版，后又将二者合二为一，出版《丝绸之路》，江苏人民出版社 2014 年版，该书虽视野开阔，但他也非以魏晋隋唐时期为主展开论述，而是以元朝历史时期为主。对于这些具体展开研究的前行学术著作，譬如林悟殊：《波斯拜火教与古代中国》，台北新文丰出版公司，1995。陈炎：《海上丝绸之路与中外文化交流》，北京大学出版社，1996 年初版，2002 年再版。蔡鸿生：《唐代九姓胡与突厥文化》，中华书局，1998。沈福伟：《中国与西亚非洲文化交流志》，上海人民出版社，1998。林梅村：《汉唐西域与中国文明》，文物出版社，1998。薛克翘：《中国与南亚文化交流志》，上海人民出版社，1998。许序雅：《唐代丝绸之路与中亚历史地理研究》，西北大学出版社，2000。李凇：《长安艺术与宗教文明》，中华书局，2002。林悟殊：《唐代景教再研究》，中国社会科学出版社，2003 年初版，商务印书馆 2021 年再版时增加第二作者殷小平。葛承雍：《唐韵胡音与外来文明》，中华书局，2006。薛克翘：《中国印度文化交流史》，昆仑出版社，2008 年初版，中国大百科全书出版社，2017 年再版。葛承雍：《景教遗珍：洛阳新出唐代景教经幢研究》，文物出版社，2009。沈福伟：《丝绸之路中国与非洲文化交流研究》，新疆人民出版社，2010。龚缨晏：《20 世纪中国“海上丝绸之路”研究集萃》，浙江大学出版社，2011。张绪山：《中国与拜占庭帝国关系研究》，中华书局，2011 版。许序雅：《唐代丝绸之路与中亚史地丛考——以唐代文献为研究中心》，商务印书馆，2015。石云涛：《唐诗镜像中的丝绸之路》，中国社会科学出版社，2015。刘淼、胡舒扬：《沉船、瓷器与海上丝绸之路》，社会科学文献出版社，2016。广东省人民政府参事室、广东省人民政府文史研究馆：《广东海上丝绸之路史料

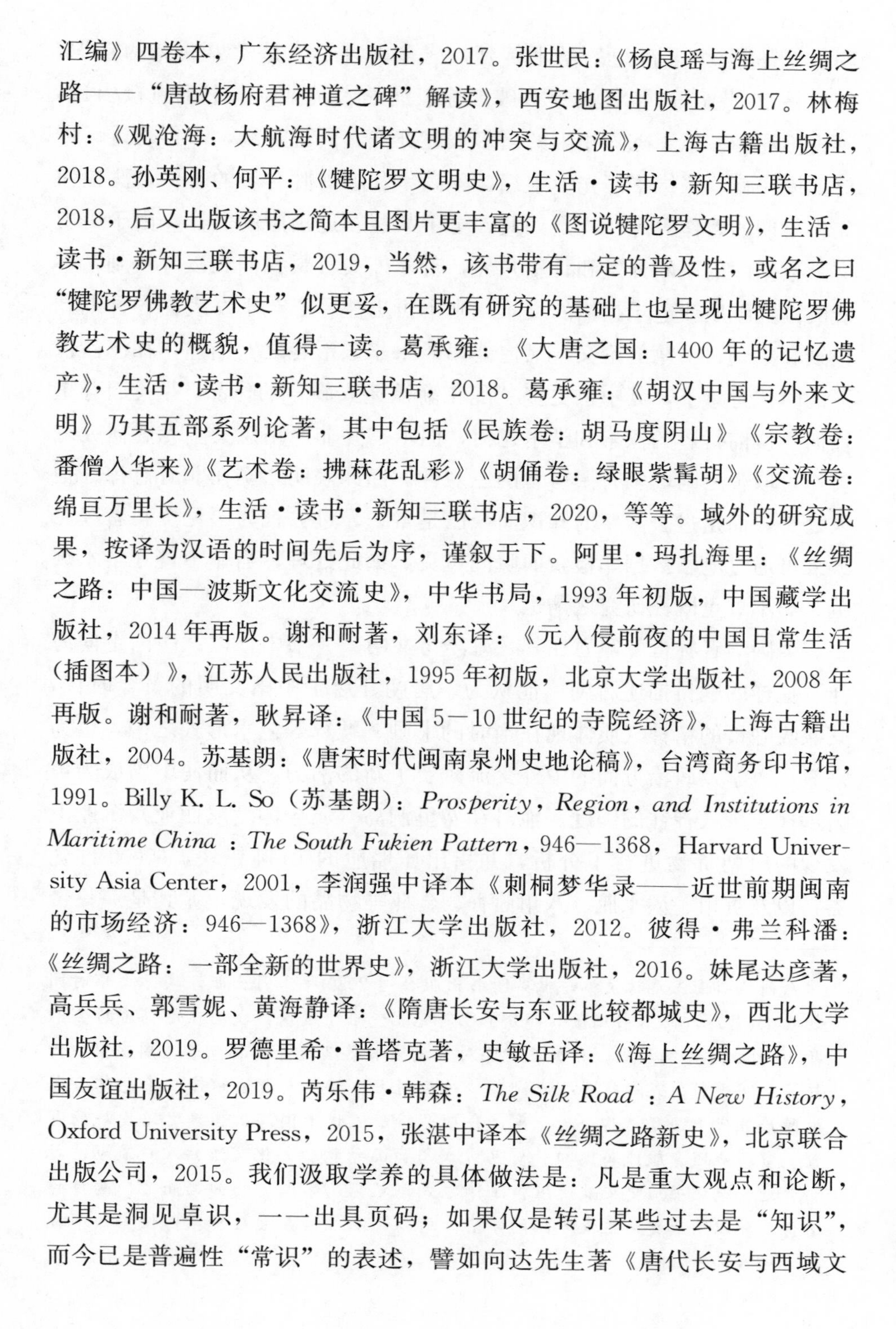

汇编》四卷本，广东经济出版社，2017。张世民：《杨良瑶与海上丝绸之路——“唐故杨府君神道之碑”解读》，西安地图出版社，2017。林梅村：《观沧海：大航海时代诸文明的冲突与交流》，上海古籍出版社，2018。孙英刚、何平：《犍陀罗文明史》，生活·读书·新知三联书店，2018，后又出版该书之简本且图片更丰富的《图说犍陀罗文明》，生活·读书·新知三联书店，2019，当然，该书带有一定的普及性，或名之曰“犍陀罗佛教艺术史”似更妥，在既有研究的基础上也呈现出犍陀罗佛教艺术史的概貌，值得一读。葛承雍：《大唐之国：1400 年的记忆遗产》，生活·读书·新知三联书店，2018。葛承雍：《胡汉中国与外来文明》乃其五部系列论著，其中包括《民族卷：胡马度阴山》《宗教卷：番僧入华来》《艺术卷：拂菻花乱彩》《胡俑卷：绿眼紫髯胡》《交流卷：绵亘万里长》，生活·读书·新知三联书店，2020，等等。域外的研究成果，按译为汉语的时间先后为序，谨叙于下。阿里·玛扎海里：《丝绸之路：中国—波斯文化交流史》，中华书局，1993 年初版，中国藏学出版社，2014 年再版。谢和耐著，刘东译：《元入侵前夜的中国日常生活（插图本）》，江苏人民出版社，1995 年初版，北京大学出版社，2008 年再版。谢和耐著，耿昇译：《中国 5—10 世纪的寺院经济》，上海古籍出版社，2004。苏基朗：《唐宋时代闽南泉州史地论稿》，台湾商务印书馆，1991。Billy K. L. So（苏基朗）：*Prosperity，Region，and Institutions in Maritime China ：The South Fukien Pattern*，946—1368，Harvard University Asia Center，2001，李润强中译本《刺桐梦华录——近世前期闽南的市场经济：946—1368》，浙江大学出版社，2012。彼得·弗兰科潘：《丝绸之路：一部全新的世界史》，浙江大学出版社，2016。妹尾达彦著，高兵兵、郭雪妮、黄海静译：《隋唐长安与东亚比较都城史》，西北大学出版社，2019。罗德里希·普塔克著，史敏岳译：《海上丝绸之路》，中国友谊出版社，2019。芮乐伟·韩森：*The Silk Road ：A New History*，Oxford University Press，2015，张湛中译本《丝绸之路新史》，北京联合出版公司，2015。我们汲取学养的具体做法是：凡是重大观点和论断，尤其是洞见卓识，一一出具页码；如果仅是转引某些过去是“知识”，而今已是普遍性“常识”的表述，譬如向达先生著《唐代长安与西域文

明》，历经半个多世纪的学术传延，诸多内容早已是学界共有的常识，即便是 20 世纪 50 年代属于石破天惊般的学术洞见，本书也直接引述，不再出注释。至于陈陈相因的诸多表述亦然，同理存焉，不再赘述。再譬如周一良、张维华等先生主编，陈高华和陈尚胜合著的著作，沈福伟先生早期的著作等等，均是如此。至于某些新近出版的著作，由于历史文献数据库的不断开发和日新月异，若非外文资料我们难以寻找到，不能阅读到纸质或电子扫描的文本，则不再出注释。至于发表在各种期刊报纸和集刊、书籍的论文，又岂能以硕果累累形容之？当然，在泥沙俱下的时代背景下，其中也更多“乱花渐欲迷人眼”的作品。[①] 我们尊重任何一位前行者的探索和学术建树，但本书并非严格意义上专题研究之著作，取舍之间，多有撰写者的主观性。谨此表明，实在非有意掠夺他人之美，而是过去多年的知识而今已是常识，过去视为罕见资料者今已人人可通过电子数据库检索而瞬间可见。如此处理，当非不遵守学术规范、非不尊重既往研究之谓也。

美国学者林肯·佩恩在其《海洋与文明》一书中，以“中国走向海洋”这样的题目描述唐朝。他认为，唐朝开启了中国文明的黄金时代，其兼收并蓄的精神气质体现在当时的书画、歌舞等艺术形式之中，也为宗教、哲学及政治方面的中外交流赋予了新的活力，从而使中国成为声名远播、令人神往的国度。他对在勿里洞岛（属今印度尼西亚）沉船上发现的唐朝货物进行了分析，并指出压船舱的 10 吨铅块，60000 件瓷器，以及货币、墨水瓶、八角茴香、金杯等物品的发现，尤其是一只带

---

① 该系列丛书由王元林主编，世界图书出版公司 2020 年 7 月出版，实际上市时间约在 12 月后，而本书稿核心部分早已写完。受限于疫情，我们在定稿前的 2021 年 10 月初方才购买到，稍加参考比对。该丛书秦汉魏晋南北朝卷，周永卫、钟炜著；明代卷，衷海燕著；清代卷，刘正刚著。谨按：由孟昭锋、王元林合著的隋唐五代十国卷，共分为 7 章，分别是隋唐五代十国海上丝绸之路发展的背景、贸易地域、航线与港口、贸易方式与商品结构、文化交流、人口流动、社会变迁。就该书历史文献使用和注释方式，尤其是学术史的回顾而言，两位作者似均非以隋唐史为主攻方向的学者。所以，本书稿在最后阶段，仅据该书优长者增入部分注释。

有唐朝干支纪年（对应时间为公元 826 年）的瓷碗，均可表明 1300 余年前唐朝在海上贸易中的重要性。他还阐述了唐朝远征朝鲜半岛、日本僧人与朝鲜商人、船只建造等问题，显现出这一时期中国海上丝绸之路的繁荣景象。[①] 作者在全球化视域下对隋唐两宋时期中国海上丝绸之路的描述，足可彰显出唐元王朝对于海外贸易和丝绸之路的重视程度，以及当时的发展与繁荣。要之，这一国际性议题的前行研究之繁富如远路者所遇之美不胜收的景致，参考未周者，在所难免，还祈明眼人谅宥。

① 林肯·佩恩：《海洋与文明》，陈建军、罗燚英译，四川人民出版社，2019，第 299—320 页。

第一章 魏晋南北朝时期海上丝绸之路的开辟

第一节 魏晋南北朝时期的历史时间和空间

魏晋南北朝时期，战乱不断，四方分裂割据，政权频繁更迭。政治制度带有浓厚的临时性和过渡性特征，经济在破坏与恢复发展的道路上曲折前进，门阀士族制度从极盛逐渐走向衰落。在战乱与迁徙中，南北各民族逐渐融合，匈奴、鲜卑、羯、氐、羌等部族融入中华民族主体，为隋唐时期统一的多民族国家的发展奠定了基础。

一、魏晋南北朝时期历史发展概况

东汉末年，阶级矛盾日益激化，统治集团内部的士大夫官僚、外戚与宦官之间矛盾重重，地方上，州牧、郡守拥兵自重。建安五年（200），官渡之战后，曹操实力大增，由此奠定了其统治北方的基础。建安十二年（207），曹操亲率大军远征乌桓，基本统一北方，随后把进攻矛头指向长江流域，准备乘胜统一全国。众所周知，此时中国南方主要由孙权、刘备等人拥据。建安十三年（208），孙权、刘备联军在赤壁之战中大破曹操军队，从此天下三分的格局初步形成，北方、西蜀和江东分别由三股势力割据。至 229 年，随着曹丕、刘备、孙权的先后称帝，魏、蜀、吴三国鼎立的局面完全形成。

曹魏政权后期，司马氏掌控军政大权。263年，司马昭派三路大军攻蜀，后主刘禅出降，蜀亡。265年，司马炎逼迫魏元帝退位，自己称帝，国号晋，都洛阳，史称西晋。279年，晋大举伐吴，直逼吴都建业；次年三月，吴亡，至此中国重新统一。晋武帝统治时期，经济逐渐恢复，社会较为安定，由此出现“太康之治”。但不久就爆发了统治集团内部争权夺利的“八王之乱”，社会遭到极大破坏，流民四起，内迁的各少数民族纷纷乘机建立独立政权。316年，匈奴人刘曜率兵攻下长安，愍帝出降，西晋灭亡。

西晋灭亡后，司马氏南渡，在江南重新建立政权，定都建康，史称东晋。420年，刘裕废恭帝司马德文，东晋灭亡，中国南方进入宋、齐、梁、陈四朝轮替的南朝时期。在北方，涌现出一批由各少数民族和汉族官僚地主建立的政权，相继有前赵、后赵、前燕、前凉、前秦、成汉、后燕、南燕、北燕、后秦、夏、西秦、后凉、南凉、北凉、西凉，史称十六国时期。386年，拓跋珪建立北魏政权，并迅速使之跃升为北方最强大的国家。北魏先后灭北燕、北凉，于439年统一北方。534年至535年，北魏先后分裂为东魏、西魏。东、西魏未能维持多久，很快被北周、北齐所取代。577年，北周灭北齐，统一北方。581年，杨坚代周称帝，改国号隋，于589年灭陈，结束了数百年的分裂割据局面。

长期的分裂割据使魏晋南北朝时期的政治制度带有浓厚的临时性和过渡性特征。秦汉以来形成的三公九卿官僚体系虽继续保留，但至此时，三公成为荣誉职衔，九卿职权卑落，作为决策、行政权力机构的尚书、中书、门下三省逐渐确立，三省制职官体系初具雏形，从而出现中央职官体系的双轨制特点。地方上，州郡佣兵，刺史、郡守多带将军号。同时，在州之上设立都督区，逐渐形成地方军区性质。随着都督领刺史、郡守日渐固定化，都督成为既统军事，又理民政的地方大员，地方政权军事化特点形成。军队来源上，鉴于东汉中叶以后豪强之家有控制百姓为私兵、部曲的现象，魏晋南北朝时期，为保证兵源，推行士家制，士兵专立兵籍，世代为兵，属世兵制范围，且士兵身份低于编户。十六国北朝时，各少数民族多实行部落兵制，本族平民专门当兵，虽亦属于世兵制范畴，但士兵身份高于被统治民族的编户。随着各少数民族的汉化程度不断加深，民族矛盾趋于缓和，各族百姓身份地位逐渐趋向平等，兵制逐渐趋于兵农合一的府兵制。选官制度上，推行九品中正制。由于汉末天下大乱，时局动荡导致人员流散，原有的乡举里选人才选拔制度推行困难，加之为争取世家大族的支持，曹丕采纳陈群建议，推行九品中正制，即选择"贤有识鉴"的中央官吏兼任本州、郡、县的大小中正官，负责查访本州、郡、县散处在各地的士人，按德才、门第，定为九品。吏部任官时，根据中正品评的等第，区别授以官职。九品中正制推行之初，既包括了"唯才是举"的精神，也包含了照顾世家大族的利益，尚能做到德才、门第并重。曹魏中期以后，中正官基本全由士族掌控，定品只重门第，不重德才。至西晋时，已经形成"上品无寒门，下品无势族"①的局面，九品中正制成为士族门阀垄断仕途的工具。

经济在破坏与恢复发展的道路上曲折前进。东汉末年的军阀混战，对社会生产，尤其是黄河中下游地区的社会生产造成极大破坏。面对这种情况，曹魏统治者采取了一系列恢复生产、发展经济的措施。一方面，利用军屯和民屯这种半强制性的方式将土地与劳动力有效结合起来；另一方面，在屯田区域以外大力招徕流民，颁布田租户调令，劝课农耕。随着农业生产的好转，北方的手工业、商业也有所恢复，为后来西晋统一全国奠定了物质基础。诸葛亮治蜀期间，全力"务农殖谷，闭关息民"②，并大力发展水利事业。手工业领域，盐、铁、织锦业发达，所产蜀锦驰名全国，远销吴、魏，成为军费的一大来源。江南地区，由于汉末中原大乱，北方流民大量南下，不仅为江南增加了劳动力，而且带来了先进的生产工具和技术，有效推动了江南的开发。山越人也在此时被孙吴政权征服，出山与汉人杂居。同时，孙吴政权屯田与水利开发并举，奠定了江南农业和水利发展的基础。手工业方面，吴国的冶铁、制瓷和造船业十分发达。海上交通方面，孙吴政权与南海诸国建立了正式的往来关系，对海上丝绸之路的发展起到重要推动作用。西晋时期，晋武帝司马炎力革前朝积弊，安定社会秩序，劝务农功，废除日渐破坏

①《晋书》卷四五《刘毅传》，中华书局，1974，第1274页。

②陈寿：《三国志》卷三三《蜀书·后主传》，中华书局，1959，第894页。

的民屯制度，颁行占田制，以改革土地、田赋管理制度，但也在制度上承认了士族地主依品占田、荫客、荫亲属等特权。东晋南朝统治者注重农业生产，关心流民安置，铁犁、牛耕逐渐普及，大量兴修农田水利，农作物种类增多，单位面积粮食产量有较大提高，各地农业普遍有所发展。手工业领域，纺织、冶铁、造船、制瓷和造纸业取得较大进步。农业和手工业的发展，有效促进了南方商业的活跃，建康、江陵、成都、番禺等地成为重要的商业城市。海外贸易和国内南北贸易进一步发展，商品市场初具规模。北朝由于长期战乱，农业生产遭到较大破坏，至北魏后期社会趋于安定，农业生产逐渐恢复并取得进一步发展，纺织业、矿冶业、煮盐业等手工业部门也在恢复中不断进步，商人地位也上升为与吏民同列，且可上书言事甚至做官，有效推动了商业的进一步发展与繁荣。

犁耕图画像砖

甘肃酒泉北戈壁滩魏晋墓出土的男子扬鞭驱牛犁耕画像砖。

门阀士族制度从极盛逐渐走向衰落。门阀士族制度作为地主阶级中的一个特权阶层，萌生于东汉，发展于三国，初步形成于西晋，东晋时期发展至顶峰，至南朝时逐渐衰落。东汉时期，大族名士凭借出身门第，在政治、经济、文化上享有种种特权。曹魏时，在九品中正制推行过程中对门第的日渐重视，逐渐形成了高门大族把持选举的现象，为门阀制度的形成铺平了道路。西晋时，司马氏在士族官僚的支持下，通过政变取得政权。因此，建国后通过制定五等爵制、依品占田、设立贵族学校“国子学”等方式，以法律、制度的形式，在政治、经济、文化各方面将世家大族的特权固定下来。东晋时，门阀士族几乎控制了全部朝政，“举贤不出世族，用法不及权贵”[①] 成为当时的政治、法律准则，琅琊王氏、颍川庾氏、谯国桓氏、陈郡谢氏等大族轮流执政，皇帝几乎无

① 司马光：《资治通鉴》卷九〇，中华书局，2012，第 2912 页。

实际权力，“晋主虽有南面之尊，无总御之实，宰辅执政，政出多门，权去公家，遂成习俗”①。经济上，东晋门阀士族的特权也大大超过西晋。南朝时，寒门势力不断上升，士族特权逐渐削弱。由于士族能够凭借门资“平流进取，坐致公卿”，在政治上愈加不思进取，享受高官厚禄却庸碌无能，朝廷政务处理逐渐转至寒门手中。南朝后期，高门士族虽仍属特权阶层，但已成为“政治僵尸”。十六国北朝的统治者虽然总体上对滞留北方的士族较为尊重，保留了他们一定的优越地位和基本权力，但由于北方强大的王权，士族势力受到较大限制，无法达到如南方士族那般左右王权的程度。北魏孝文帝改革，鲜卑贵族也被纳入门阀体制之中。北齐时，举秀才、州主簿、郡功曹，非士族右姓不在选列。西魏、北周一改魏晋以来选官“但取门资，多不择贤良”的做法，提出“不限荫资，唯在得人”的选举方式②，对门阀士族进行限制。总体而言，虽然至东晋以后士族门阀制日渐衰落，但其对政治、经济的影响一直持续至唐代。

二、魏晋南北朝时期的政治空间

魏晋南北朝时期，虽有西晋短暂的统一，但绝大多数年代处于分裂状态，秦汉开辟的疆域被各地割据政权分割，中国政治地理版图进入深度分裂、频繁动荡、反复重组的阶段。对立政权之间的征伐与战争，导致“疆境之守，彼此不常，才得遽失，则不暇存也”③。这一时期的疆域变迁之复杂、政治空间之特殊，既胜过此前统一的秦汉时代，也远胜此后统一的隋唐时期。

东汉末年，群雄割据兼并，初平三年（192），曹操被兖州地方官迎为兖州牧，开始割据兖州，并极力拉拢地方豪强以扩充实力。同年冬，在济北（今山东长清）打败青州黄巾军，“受降卒三十余万，男女百余

①《晋书》卷一一七《姚兴载记》，中华书局，1974，第2980页。

②《周书》卷二三《苏绰传》，中华书局，1971，第386页。

③《通典》卷一七一《州郡典》，中华书局，1988，第4459页。

万口，收其精锐者，号为青州兵”①，军事实力大增。建安元年（196），曹操势力扩展至豫州，并迎汉献帝至许（今河南许昌），从而在政治上取得“挟天子以令诸侯”的有利地位，其势力得以迅速发展。建安三年（198），曹操攻取徐州，十二年定河北，十九年又进取关中、陇右，北方局势底定，曹魏建国即基于此。与此同时，刘备、孙权两股势力羽翼也逐渐丰满。建安十六年，刘备以荆州牧入蜀，十九年定成都，二十四年平汉中，蜀汉规模遂建。兴平二年（195），孙策率部入江东，席卷六郡。后来，孙权又相继平定长江中游及岭南地区。至此，孙氏占据江东已六十年，成其霸业。三方纷争互扰，建置繁复，边境接壤之地，则频繁易手。赤壁之战后，天下三分格局初步形成。

220年，曹丕废汉献帝，自立为帝，国号魏，定都洛阳。次年，刘备在成都称帝，国号汉，史称蜀或蜀汉。222年，孙权在建业（今江苏南京）称吴王。229年称帝，国号吴。至此，三国鼎立局面完全形成。此后，三国之间虽不时发生战争，但疆域大致稳定。魏国与吴国的分界位于长江与淮河之间，即今大别山、湖北汉川至兴山一线；魏、蜀两国以大巴山、秦岭为界；吴、蜀两国分界大致位于今湖北西界、贵州务川至台江一带，以及广西西界和中越边界。

263年，魏大举攻蜀，蜀之汉中、武都、阴平三郡陷落，蜀军退守剑阁，魏军自阴平出奇兵，绕剑阁后，连克江油、涪城、绵竹，进围成都。十一月，后主刘禅出降，蜀亡，蜀之疆土尽为魏所有。265年，司马炎称帝，国号晋，定都洛阳。279年，晋大举伐吴，二十余万大军六路并进；次年，连克江陵、横江、西陵、乐乡、夷道、江安，武昌、夏口又随之降晋，“于是沅、湘以南，接于交、广，州郡皆望风送印绶”②。同年三月，吴主孙皓降晋，吴之疆土并入晋，三分至此归于统一。

西晋全盛时期，统有司（治洛阳）、兖（治廪丘）、豫（治陈县）、冀（治信都）、幽（治涿县）、平（治襄平）、并（治晋阳）、雍（治长安）、

---

① 陈寿：《三国志》卷一《魏书·武帝纪》，中华书局，1959，第9页。按：口，或作户。

② 司马光：《资治通鉴》卷八一，中华书局，2012，第2608页。

凉（治姑臧）、秦（治冀县）、梁（治南郑）、益（治成都）、宁（治滇池）、青（治临淄）、徐（治彭城）、荆（治江陵）、扬（治建邺）、交（治龙编）、广（治番禺）十九州。① 此后，秦、宁二州虽时置时废，荆、扬二州被两度分割，但西晋疆域总体不出此十九州的范围，大致与三国全部疆土相当。

西晋的统一维持时间较短。公元291年至306年间，持续16年之久的"八王之乱"给西晋统治带来了巨大危机，流民四起，正常生产无法进行，阶级矛盾和民族矛盾迅速激化。这一时期民族矛盾的产生，可追溯至东汉以来少数民族的内迁。至魏晋时期，少数民族内迁出现高潮。当时内迁的种族很多，主要有匈奴、鲜卑、羯、氐、羌五个民族，故被称为"五胡"。各民族内迁后，与汉人杂居，但同时也受到魏晋统治者的歧视与压迫。残酷的民族压迫，使各少数民族对汉族统治者怨声载道。西晋末年的"八王之乱"，恰好给他们提供了挑战汉族中央王权的极佳机会。在此期间，十几个政权先后在黄河流域、辽河流域和四川盆地建立起来，全国再度陷入分裂状态，这种情况一直持续到北魏统一，历史上将这些政权存在的134年间称为"十六国时期"。

十六国时期，政权频繁更迭，疆域变迁较为复杂。304年，李雄称成都王；306年称帝，国号大成；338年，李寿又改国号为汉，史称成汉。成汉所统区域包括今四川省除川西高原部分和汉中盆地西部。347年，东晋桓温来伐，李势出降，成汉亡。304年，刘渊在离石（今山西离石县）起兵反晋；308年攻占平阳（今山西临汾西南）；同年十月，刘渊称帝，国号汉；次年迁都平阳。316年，兵临长安，晋愍帝出降，西晋灭亡。汉将刘曜攻占关中，石勒攻占关东。317年前后，汉的疆域北至阴山、今桑干河、燕山一线，南至秦岭、淮河一线，西至黄河、陇东地区。但刘氏所建立的汉国很快分裂为前赵和后赵两个政权，其疆域也基本被两个政权所分割。318年，刘曜遣兵至平阳，灭靳氏，迁都长安，改国号为赵，史称前赵（319—329）。319年，石勒在河北称赵王，都襄

① 胡阿祥、孔祥军、徐成：《中国行政区划通史·三国两晋南朝卷（上）》，复旦大学出版社，2017，第39页。

国（今河北邢台），史称后赵（319—351）。329年，后赵灭前赵后，其疆域达到极盛，东临大海，西到今内蒙古河套地区，南逾淮、汉，北至今河北东北部、山西北部，设有司、洛、豫、兖、冀、青、幽、营、并、朔、雍、秦等12州，控制约100郡。350年，冉闵杀后赵傀儡皇帝石鉴和石虎五子，自立为帝，改国号曰魏，史称冉魏。352年，冉闵与前燕慕容儁大战于魏昌城（今河北无极），兵败被俘，后斩于龙城（今辽宁朝阳），冉魏亡。337年，慕容皝称燕王，定都昌黎郡（今辽宁义县），后迁都至龙城，史称前燕。前燕疆域最大时东至辽东半岛，北至今桑干河、燕山、内蒙古赤峰一带，南至淮河一带，西至今山西北部和沁水流域以东，区域内共设置平、幽、中、洛、豫、兖、青、冀、并等9州，下辖74郡。370年，前燕被前秦所灭。

与成汉、前赵、后赵同时期存在的政权，还有前凉（301—376），前凉为汉人张轨所建。张轨原为西晋凉州刺史，西晋灭亡后，张氏仍世代据有凉州，史称前凉，都姑臧（今甘肃武威）。其疆域以河西走廊为主，东起黄河，西至玉门关，南起祁连山，北至居延泽（今内蒙古额济纳旗），设有凉、河、沙、定、商、秦六州，下领32郡。376年为前秦所灭。

350年，苻健进入关中，占据长安，次年自称天王，国号大秦，史称前秦。至383年淝水之战前，前秦统一北方，统治区域南到淮河、今重庆万州以西长江一线，北到蒙古高原，西到今新疆吐鲁番盆地东部、祁连山、湟水流域、岷山、川西高原东部，东到辽东半岛，拥有司、雍、洛、秦、南秦、豫、东豫、并、冀、幽、平、凉、河、梁、益、宁、兖、南兖、青、北徐等20州，在十六国中疆域最广。淝水之战中，前秦大败，后燕、后秦、西燕、西秦、后凉等政权相继叛秦自立，前秦疆土锐减。385年，苻坚被姚苌所杀。394年，苻登兵败被杀，前秦被后秦所灭。

淝水之战后，姚苌于渭北起兵。384年，姚苌自称秦王，并于386年在长安称帝，国号大秦，史称后秦。灭前秦后，后秦大致据有河套以南、今陕西秦岭以北、山西西南部、宁夏大部和甘肃天水以东部分，拥有司、雍、秦、凉、河、并、冀、南秦等8州，下辖50郡。417年，东晋刘裕率军北伐，兵临长安，后秦主姚泓投降，后秦亡。与此同时，关东地区也先后出现了鲜卑慕容垂建立的后燕（384—407），都中山（今河北定县）；鲜卑慕容德建立的南燕（398—410），都广固（今山东益都）；汉人冯跋建立的北燕（409—436），都龙城。关中地区，除后秦政权外，还有匈奴铁弗部首领赫连勃勃建立的夏（407—431），都统万（今陕西横山）。河西走廊地区，民族成分复杂，先后出现了鲜卑首领乞伏国仁建立的西秦（385—431），都苑川（今甘肃榆中）；氐人吕光建立的后凉（386—403），都姑臧；河西卢水胡首领沮渠蒙逊建立的北凉（397—439）；鲜卑秃发乌孤建立的南凉（397—414），都廉川堡（今青海乐都）；汉人李暠建立的西凉（400—421），先后都敦煌、酒泉。

结束十六国混乱局面并完成北方统一的使命由鲜卑拓跋部完成。拓跋部发祥于东北大兴安岭地区，东汉末年逐渐南迁。315 年，拓跋猗卢即代王位，建立代国。376 年，拓跋什翼犍被前秦军队击败，代国灭亡。386 年，拓跋珪在各部酋长的拥戴下，在盛乐称王，重建代国。同年，改国号为魏，史称北魏。398 年，拓跋珪迁都平城，正式称帝。北魏从后燕、夏夺得大部分疆域，又先后灭北燕、北凉，至太武帝拓跋焘在位时基本统一北方。疆域大致北至今中蒙边界稍北，南至黄河以南，东到辽河以西，控制今大凌河下游，向西控制焉耆和鄯善一带，但未能扩展到西域其他地区。孝文帝改革期间，于 494 年迁都洛阳，改革虽使民族矛盾有所缓和，但阶级矛盾日益加剧。北魏末年，统治腐朽，各民族起义遍布北方各地，主要有北方边镇起义、河北起义、山东起义和关陇起义。528 年，河阴之变后，北魏统治摇摇欲坠。

534 年，高欢立元善见为帝，迁都邺，史称东魏（534—550）。535 年，宇文泰立元宝矩为帝，都长安，史称西魏（535—556）。东、西魏未能维持多久。550 年，高欢之子高洋废掉东魏，建立北齐（550—577）。557 年，宇文泰之子宇文觉也废掉西魏，建立北周（557—581），形成周、齐对立局面。大致而言，东魏北齐所据有的地区，北至沙漠，南至江淮，东至海，西部以黄河—河南洛阳一线与西魏北周为邻。西魏北周所据有的地区，东与东魏北齐为界，西至流沙，北至河套，南至巴蜀、云、贵和汉水流域。577 年，北周灭北齐，再次完成北方统一。581 年，

北周权臣杨坚废周静帝自立，国号隋。

西晋末年社会动乱之际，北方士族与流民纷纷南下。317 年，晋愍帝投降的消息传至建业，镇守建业的司马睿称王，并于次年称帝，是为晋元帝，都建康（即建业，因避晋愍帝司马邺讳改），史称东晋。东晋统治一百余年间，曾对北方进行几次大规模的军事行动，最早有祖逖北伐，其后较著名的有桓温三次北伐。383 年，苻坚大举伐晋，企图统一南北，但在淝水之战中被晋军大败，由此进一步确定了早已存在的南北对峙局面。东晋与各国之间的多次战争，使其疆域伸缩变动频繁。始终为东晋所统辖的唯有扬、江、湘、交、广五州及豫、徐二州的淮南与荆州的南汉区域。交州南境的日南郡，因遭林邑（今越南中部）侵扰，大部分被其占领，不得不撤至朱吾。关于东晋的疆域情况，钱大昕曾言："实土之广狭无常，建武、太宁，规抚粗定，始削于咸和，而旋振于永和，再蹙于宁康，而复拓于太元，三挫于隆安，而大辟于义熙。试即全晋十有九州论之，始终梗化者，唯秦、并、冀、幽、平五州，雍则兵威所加而不能守，凉则职贡所通而不能有，皆可置之不论。若夫青、梁、益、宁之始陷卒复，司、兖、豫之时得时失，即扬之江西、徐之淮北、荆之沔中，亦间或沦陷。疆场一彼一此，前史莫之详也。"①

420 年，刘裕废东晋恭帝司马德文，自立为帝，国号宋。宋承晋末疆域，东尽大海，北抵黄河，西至潼关，南及交州。刘宋"初强盛也，南郑、襄阳、悬瓠、彭城、历城、东阳，皆为宋氏藩轩"②，但其在与北魏的争夺战中屡屡败北，渐失河南地，防线也渐次由河北退至淮北，最后退守淮南。479 年，萧齐代宋，承袭宋末守淮之势，与北魏修好，疆域基本维持宋末局面。494 年，北魏迁都洛阳，进逼齐境。次年，齐失沔北、汉中诸郡县。至 498 年，雍州北境全失，齐军退守襄阳。500 年，齐豫州刺史裴淑业以寿阳降北魏，魏军渡淮南进，淮河作为抵挡胡骑南下的屏障渐失。502 年，萧衍建立梁朝，略承齐末 22 州之制，但是沿淮河一带战争不断，淮上之争迄未停止。梁武帝前期，梁朝国力尚强，统

---

① 洪亮吉：《东晋疆域志》，钱大昕序，中华书局，1991，第 1 页。

②《通典》卷一七一《州郡典》，中华书局，1988，第 4462 页。

治区域“南超万里，西拓五千”，在南朝中以此“三四十年，斯为盛矣”①。但548年的侯景之乱给梁朝统治沉重一击，梁末动荡使其版图大减，江淮、江汉、巴蜀之地丧失殆尽，梁之疆土仅限长江以南，巴峡以东之地。从此，南朝力量更加衰弱，南弱北强局面正式形成。557年，陈霸先代梁建陈。陈朝建国之初，萧詧继续占据江陵，萧勃割据岭南，江州及闽中等地的地方豪强各据一方，陈实际所辖范围不出江东千里。陈文帝时，运用剿抚并用之法，取得了豫章、晋安、临川等地的实际控制权。至此，巴蜀以东、长江以南皆为陈所有。573年，陈将吴明彻乘北齐大乱之际北伐，攻占吕梁、寿阳，一度占有淮、泗之地，陈的疆域达到极盛。北周灭北齐后，吴明彻再次北伐，在彭城之战中陈军主力覆灭，淮南之地尽没于周。587年，隋军大举南下，攻入建康，后主陈叔宝降，至此南并于北，疆土统一。

第二节　魏晋南北朝时期的海上交通

魏晋南北朝时期长期分裂割据的战乱状态，使濒海政权积极向海洋拓展，发展海上交通事业。地处江南的孙吴、东晋和南朝政权，同南海诸国交流频繁，逐渐开辟南海新航路，六朝时期成为中国古代航海的大发展时代。与此同时，北方政权也积极发展同朝鲜、日本的往来交流，并开辟了黄海航路。这一时期，中国同海外诸国的政治、经济、文化交流进入活跃期。

一、三国时期的海上交通

三国时期，魏、蜀、吴三国鼎立。吴国地处东南，占有渔盐舟楫之力，且拥有造船和航海优势。孙吴政权利用这些有利条件，积极开展海

① 姚思廉：《梁书》卷三《武帝纪下》，中华书局，1973，第97页。

上活动。汉末，中原动荡，苍梧（汉代在岭南所建七郡之一，今广西梧州）士燮家族分领交趾、合浦、九真、南海等郡太守之职，占据岭南半数以上疆土，成为割据一方的势力。建安十五年（210），孙权派步骘为交州刺史，但士燮家族仍掌握实权。吴黄武五年（226），士燮去世，其子士徽因背叛吴国自立。孙权派遣吕岱前往讨伐，士燮家族在地方上的势力被铲除。约黄武五年至黄龙三年（226—231），孙吴派遣宣化从事朱应、中郎康泰出使扶南（今柬埔寨），以了解南海诸国及印度风俗，开辟贸易航线，为稳定和进一步扩大南海贸易做准备。当时的扶南位于暹罗湾口，地处南中国海与印度洋的交通要冲，是南海地区的最大王国。3世纪初，扶南几乎控制了从交趾到马来半岛的所有土地。朱应、康泰出使扶南期间，正值苏物出使印度返国，天竺王差陈、宋等人随苏物到扶南，二人则乘此机会，向陈、宋等具问天竺土俗。朱应、康泰的扶南之行，“其所经及传闻，则有百数十国，因立纪传”[①]，朱应作《扶南异物志》，康泰作《扶南传》。这些传记虽已散佚，但部分内容散见于《水经注》《通典》《太平御览》等历史文献中，为我们了解南海诸国、天竺及大宛等国的风俗、民情、贸易等情况提供了宝贵信息。康泰与朱应的南海之行，有效加强了吴国与南海地区的联系。他们回国后，“又遣从事南宣国化，暨徼外扶南、林邑、堂明诸王，各遣使奉贡”。[②]

在孙吴政权派朱应、康泰出使南海诸国的同时，罗马帝国商人秦论来到交趾，并由交趾到达吴国都城建业，且受到孙权的亲自接见。据《梁书》卷五四《海南诸国传》记载：“汉桓帝延熹九年（166），大秦王安敦遣使自日南徼外来献，汉世唯一通焉。其国人行贾，往往至扶南、日南、交趾，其南徼诸国人少有到大秦者。黄武五年（226），有大秦贾人字秦论来到交趾，交趾太守吴邈遣送诣权。权问方土谣俗，论具以事对。时诸葛恪讨丹阳，获黝、歙短人，论见之曰：‘大秦希见此人。’权以男女各十人，差吏会稽刘咸送论，咸于道物故，论乃径还本国。”[③] 3

---

① 姚思廉：《梁书》卷五四《海南诸国传》，中华书局，1973，第789页。

② 陈寿：《三国志》卷六〇《吴书·吕岱传》，中华书局，1959，第1385页。

③ 姚思廉：《梁书》卷五四《海南诸国传》，中华书局，1973，第797—798页。

世纪时，大秦与东方的陆上交通受到安息阻挠，大秦商人寻求海路来到中国，很大程度上说明了大秦帝国对于与中国建立交往有着极大兴趣，而孙权的亲自接见及遣人护送，也显示出孙吴政权对与罗马帝国建立海上联系的积极态度。

孙吴立国后，在积极开拓南海航路的同时，还企图通过海道建立与日本、朝鲜半岛的联系，以扩大对外贸易，并以此牵制占据北方的曹魏。黄龙二年（230），孙权派遣将军卫温、诸葛直率领甲士万人，浮海求夷洲及亶洲。夷洲即今台湾岛，亶洲即今日本。据《三国志》卷四七《吴主传》记载："亶洲在海中，长老传言秦始皇帝遣方士徐福将童男女数千人入海，求蓬莱神山及仙药，止此洲不还。世世相承有数万家，其上人民，时有至会稽货布，会稽东县人（入）海行，亦有遭风流移至亶洲者。所在绝远，卒不可得至，但得夷洲数千人还。"① 可见，在孙权遣将之前，中国与日本已有某种程度的海上交往，但这种交往带有较大的偶然性，也无固定航路。正因如此，孙权才派遣卫温等人前往，以打通彼此航路。但卫温等人仅到达夷洲便返航了，另有一部分人到达朝鲜半岛，并与高句丽建立了联系。吴嘉禾三年（234），高句丽派员将这些人员护送回吴。次年，孙权派人出使高句丽，高句丽回赠马匹。嘉禾五年，孙权再次派员出使，但被辽东执斩送魏幽州，孙吴与北方的海上交通自此断绝。

北方的曹魏政权，在消灭了割据辽东的公孙氏政权后，不仅直接控制了朝鲜半岛，还与日本建立了密切的往来关系。魏景初二年（238），日本列岛的倭国女王卑弥呼派遣使者难升米等人到达魏国带方郡（今朝鲜黄海南道、黄海北道一带），由太守刘夏派官员护送至魏都洛阳，使者向魏明帝献"男生口四人，女生口六人，班布二丈二匹"。魏明帝封卑弥呼为"亲魏倭王"，赐金印紫绶，并以"绛地交龙锦五匹、绛地绉粟罽五（一作十）张、蒨绛五十匹、绀青五十匹"作为答谢，令特赐"绀地句文锦三匹、细班华罽五张，白绢五十匹、金八两、五尺刀二口、

① 陈寿：《三国志》卷四七《吴书·吴主传》，中华书局，1959，第1136页。

铜镜百枚，真珠、铅丹（船）各五十斤”。① 此后，中日之间的这种具有朝贡贸易性质的交往频繁进行，正始元年（240）、四年、六年、八年，双方又互相遣使往来。频繁的交往，使这一时期由魏国到日本的航路被记录下来。《魏书·东夷传》有一条较长的记载，曰：“倭人在带方东南大海之中，依山岛为国邑。旧百余国，汉时有朝见者，今使译所通三十国。从郡至倭，循海岸水行，历韩国，乍南乍东，到其北岸狗邪韩国，七千余里，始渡一海，千余里至对马国……又南渡一海千余里，名曰瀚海，至一支国……又渡一海，千余里至末卢国……东南陆行五百里，到伊都国……东南至奴国百里……东行至不弥国百里……南至投马国，水行二十日……南至邪马台国，女王之所都，水行十日，陆行一月……自女王国以北，其户数道里可得略载，其余旁国远绝，不可得详。次有斯马国，次有已百支国，次有伊邪国，次有都支国，次有弥奴国，次有好古都国，次有不呼国，次有姐奴国，次有对苏国，次有苏奴国，次有呼邑园，次有华奴苏奴国，次有鬼国，次有为吾国，次有鬼奴国，次有邪马国，次有躬臣国，次有巴利国，次有支惟国，次有乌奴国，次有奴国，此女王境界所尽。其南有狗奴国，男子为王，其官有狗古智卑狗，不属女王。自郡至女王国万二千余里。”② 这是我们寓目所及，首次见诸历史记载的东方航线，为了解魏晋时期中国北方地区海上航线提供了宝贵资料。

至于频见于文献中的“海上人”，如晋张华《博物志》卷二《异俗》、《太平御览·人事部》引《魏志》及引《孙绰子》，《晋书·孙绰传》与《北齐书》卷二《神武纪》下等等，或仅表明当时人居于濒海地带，至于他们是否远航贸易，则知之无多。③

---

① 陈寿：《三国志》卷三〇《魏书·乌丸鲜卑东夷传》，中华书局，1959，第857页。

② 陈寿：《三国志》卷三〇《魏书·乌丸鲜卑东夷传》，中华书局，1959，第854—856页。

③ 参阅鲁西奇《中古时代滨海地域的“水上人群”》，《历史研究》2015年第3期。

二、两晋南北朝时期的海上交通

从西晋统一到南北朝时期，南海航路上的中外贸易一直持续不断。南亚和东南亚国家通过派遣使者入贡，或直接由海商贩运舶货至广州，同中国进行贸易的国家日渐增多。据《梁书》记载：“海南诸国，大抵在交州南及西南大海洲上，相去近者三五千里，远者二三万里，其西与西域诸国接……晋代通中国者盖鲜，故不载史官。及宋、齐，至者有十余国，始为之传。自梁革运，其奉正朔，修贡职，航海岁至，逾于前代矣。”①

两晋时期，南海诸国前来通好者虽少，但交往并非完全断绝，扶南、林邑都曾遣使前来。如泰始四年（268），扶南、林邑各遣使来献；太康六年（285），扶南等十国来献；太康七年（286），扶南等二十一国遣使来献，等等。东晋义熙（405—418）初年，狮子国（今斯里兰卡）曾遣使献佛像，经十载乃至。与此同时，中国人也积极探索外部世界。东晋隆安三年（399），法显从长安出发西行求法，由陆路到达印度求得佛法后，于义熙十年（414）由海道返国。他乘船从印度顺恒河出海口至狮子国，再由此乘船到达耶婆提（位于今爪哇岛或苏门答腊岛），又换乘“商人大船”，“趣广州”，“常行时正，可五十日便到广州”，但因中途遇到风暴，漂至长广郡（今山东即墨）界牢山南岸。② 史载法显漂洋过海所乘“商人大船”，可容纳二百余人，载物十余吨，可见当时中国与南太平洋诸岛及印度洋沿岸的海洋

法显像

① 姚思廉：《梁书》卷五四《海南诸国传》，中华书局，1973，第783页。
② 法显撰，章巽校注：《法显传校注》，上海古籍出版社，1985，第171页。

贸易已经较为活跃。

南北朝时期，中外海上交通相较于两晋时期有了较大改观。南朝宋、齐之交，与中国海外贸易者“十有余国”。梁朝时更加发达，“航海岁至，逾于前代矣”。宋文帝元嘉年间，林邑屡屡侵犯刘宋边界。元嘉二十三年（446），宋文帝发兵征讨林邑，攻陷其都城，林邑臣服。经过此役，林邑元气大伤，不敢再犯，从此奠定了南朝政权掌握南海贸易的兴盛局面，南方诸国由海路来贡者大为增加。扶南、林邑多次遣使入贡，如扶南曾入贡宋三次，齐二次，梁十次，陈三次。印度洋沿岸的狮子国、天竺迦毗黎国等也多次派使臣来华。元嘉五年（428），狮子国国王刹利摩诃南给刘宋的书信中言：“虽山海殊隔，而音信时通。”迦毗黎国亦遣使宋文帝，表示“愿两国信使往来不绝”。马来半岛的婆皇（今马来西亚彭亨）、盘盘（今马来半岛北部）、丹丹（今马来西亚吉兰丹）、狼牙修（今泰国北大年一带），印度尼西亚群岛的诃罗单（位于今苏门答腊岛或爪哇岛）、阇婆婆达（位于今苏门答腊岛或爪哇岛）、干陀利（位于今苏门答腊岛）、苏摩黎（位于今苏门答腊北岸）、婆利（今巴厘岛）等，都曾遣使与中国通好。如元嘉十九年至大明八年（442—464），婆皇六次来华朝贡；盘盘国在宋元嘉、孝建、大明年间，梁大通、大同、大宝，陈太建、至德年间，多次遣使贡献方物；婆利于宋元徽元年（473）、梁天监十六年（517）、梁普通三年（522）三次遣使入贡，等等。梁朝萧绎所绘《职贡图》记录了当时前来通好的国家和地区使者的形象，包括来自南海诸国的林邑、中天竺、狮子国、狼牙修、婆利等，为这一时期的海外交通留下了珍贵资料。

两晋南北朝时期，中国海外贸易仍循汉代的航道和范围继续发展。南海存在两条主要航线：一条经过今马六甲海峡，来往于南中国海和印度洋之间；另一条则经过马来半岛的克拉地峡运河，在地峡两边港口登陆，再上船入海。地峡东边的港口顿逊，“东界通交州，其西界接天竺、安息徼外诸国，往还交市”①。地峡西边的港口拘利口，与顿逊相距十一里路程，《水经·河水注》引康泰《扶南传》曰：“发拘利口，入大湾中，

① 姚思廉：《梁书》卷五四《海南诸国传》，中华书局，1973，第787页。

正西北入，可一年余，得天竺江口，名恒水”。这一时期，来往于南海航线上的船舶，除中国海舶外，还有扶南船、昆仑舶（指来自南海地区的商船）、天竺舶、狮子国船和耶婆提船等。两汉时代、三国时期已经与中国建立往来的大秦，由于4世纪末分裂为东、西两部分，实力大减。自3世纪兴起的萨珊波斯王朝则逐渐强大，开始操控东西方贸易。这一时期，大秦、波斯与中国虽有海上联系，但主要是通过天竺或狮子国转运。在广东英德、曲江的南朝墓中发现的萨珊王朝的银币，可能是从事中转贸易的商人携带之物，当然也可能是个别波斯商人带来的。[①] 总体而言，由于这一时期航海技术仍比较落后，故中外海上贸易仍以近海地区为主，主要限于中南半岛、马来半岛、印度尼西亚群岛和印度次大陆等处。

这一时期，中国与朝鲜半岛和日本的海上交通在前代发展的基础上，由于各国政治局势的变动，又出现了新的特点。公元4世纪以后，朝鲜半岛出现了高句丽、百济、新罗三国鼎立的局面。位于半岛北部的高句丽和西南部的百济，在两晋南北朝期间多次派遣使节来华通好；位于半岛东南部的新罗，因地理位置关系，与江南交通不便，仅在梁朝遣使一次。位于朝鲜半岛东北部的日本，在三国时期与北方的曹魏政权曾多次互遣使者，往来频繁。但在西晋至东晋的近150年时间里，双方交往却出现了空白。这一时期，日本正处于邪马台国逐渐衰落，大和民族不断崛起的时候，而中国的西晋王朝因八王之乱而引起五胡入侵的混乱局面。两国国内形势的紧张与动荡，很大程度上限制了彼此间的交往。4世纪末至5世纪初，日本列岛基本处于大和政权的统治之下，国内基本实现统一，而此时中国的南方政权也相对较为安定。国内外形势的向好促使日本大和朝廷逐渐恢复与中国的海上交通往来。据《晋书》卷十《安帝纪》记载，义熙九年（413），“高句丽、倭国及西南夷铜头大师并献方物”。此后，日本与南朝政权的交往也屡屡见诸史籍，日本和南朝往来约60年间，共遣使8次。

中日两国间频繁的交往，推动了新航线的开辟。据《文献通考》卷

① 陈高华、陈尚胜：《中国海外交通史》，中国社会科学出版社，2017，第25页。

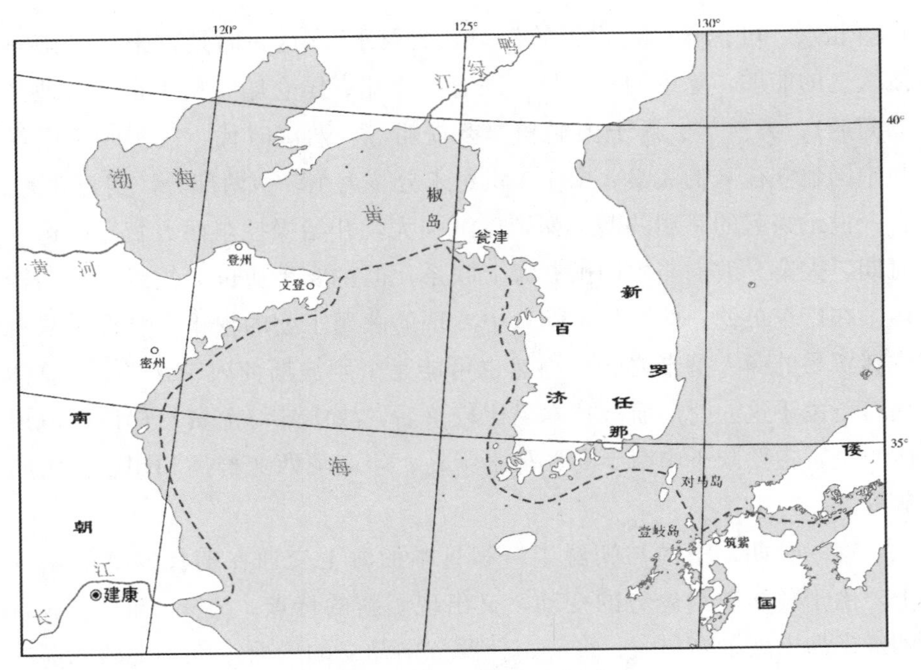

南朝时期中日航线示意图

三二四《四裔考·倭》记载：“倭人自后汉始通中国……其初通中国也，实自辽东而来……至六朝及宋，则多从南道浮海入贡及通互市之类，而不自北方”。所谓北道，是指三国时期曹魏时期日本使臣来中国所走的航道，即日本渡过“瀚海”（指对马海峡一带的玄海滩，也就是对马与朝鲜之间的海域）至朝鲜半岛，再沿朝鲜半岛西部及辽东半岛海岸线南下。东晋南朝时期，由于高句丽在朝鲜半岛北部崛起，且中国北方又为异族所盘踞，战火不断，故日本使者只能从日本渡海到朝鲜半岛西南部的百济，再从百济北部横渡黄海，到达山东半岛，然后沿山东和江苏海岸到达建康，即所谓南道，也称黄海航路。中日之间北道航路的进一步发展及南道航路的开辟，不仅有效推动了中国与日本、高句丽、百济、新罗等国的友好联系和贸易往来，而且说明继南海航路之后，海上丝绸之路的北部支线也得以开辟。

第三节　江南经济开发及海上丝绸之路的开辟

魏晋南北朝时期，地处中国南方的六朝政权（孙吴、东晋、宋、齐、梁、陈）因与北方对峙，比较注重经略海洋。南方较为安定的社会环境，以及北方人民的大量南迁，进一步加速了南方地区的开发。农业、手工业的发展，以及航海技术的进步，为海上丝绸之路的发展提供了有利条件。从广州出发，穿越马六甲海峡、印度洋，向西延伸至波斯湾的航线上，中国船、扶南船、昆仑舶、天竺舶等各国船只频繁往来，香药珍宝满舶，贸易活跃。

一、江南经济的开发

东汉末年，北方人民大量南下，不仅为江南带来大量劳动力，也将北方及中原地区先进的生产工具和生产技术带到江南，极大促进了江南经济的开发。与此同时，由于江南地区受战乱影响较小，社会环境相对安定，加之东吴、东晋和南朝政权推行一系列有利于发展经济的措施，故而魏晋南北朝时期江南地区的农业、手工业、商业取得了较快发展。其中，丝织业、制瓷业和造船业的发展尤为突出。这些皆为海外贸易的发展及海上丝绸之路的开辟奠定了经济基础。

东汉时期，江南已有一定的发展，牛耕之法和中原的水利灌溉事业得以推广，荆、扬二州人口从西汉时期的679余万增至1053余万，但其发展仍远远落后于黄河中下游，不少山区仍沿袭刀耕火种的生产方式。汉末中原大乱，北方人民大批南迁，为江南开发带来了劳动力和生产技术。孙吴政权统治时期，多次出征山越，大量山越人被迫出山。孙吴对山越的征服虽然是一种残酷的掠夺，但山越人出山与汉人杂居，客观上对江南的发展起到积极作用。与此同时，孙吴政权大力推行民屯和军屯

制度，稳定农业发展。东晋南朝的历代统治者也十分重视农业生产，以农业是否发展作为考核官吏的标准，注重流民和破产农民的安置；地方官充分利用江南河湖纵横交错的特点，兴修寿春龙泉陂、吴兴荻塘、襄阳六门堰等著名水利工程。

由于上述诸因素的共同推动，江南地区的粮食产量不断提高，作物种类增多。来自北方的麦、黍、粟、菽（豆类）等作物与水稻交错种植，大大提高了土地利用率和亩产量。南朝宋时，豫章郡的良田可达一亩二十斛；梁时，苍陵堰灌区平均亩产达到十斛。亩产量的大幅提升，使扬州三吴地区“地广野丰，民勤本业，一岁或稔，则数郡忘饥”[①]。南朝时，不仅太湖沿岸和钱塘江流域的三吴地区农业发展迅速，其他地区农业普遍有所发展。如荆州田图肥美，地跨“南楚之富”；襄阳地区“田土肥良，桑梓野泽，处处而有”[②]；益州土地肥广，号称“天府”；广州粮食交易，“多万箱之咏”；交州一年两熟，“恒为丰国”；等等。

人口的增加、农业的发展及战争的需要，推动了手工业的进一步发展。纺织领域，江南普遍植桑、养蚕、缫丝，丝绸的生产量激增。孙吴政权时期，许多农民把纺织作为副业，同时还设立“织络”一类专业作坊，拥有上千名女工匠，制造精致的丝织品。至东晋南朝时期，养蚕缫丝技术大大提高，豫章等地一年蚕四五熟，永嘉等地甚至出现一年八熟的记载。[③] 丝、绵、绢、布等成为南朝政府调税的主要项目，豫章一带妇女“勤于纺绩，亦有夜浣纱而旦成布者，俗呼为鸡鸣布”[④]；荆、扬二州的纺织业尤为发达，“丝、绵、布、帛之饶，覆衣天下”[⑤]，足见纺织业发展之兴盛。织锦业领域，益州久负盛名，“江东历代，尚未有锦，而成都独称妙，故三国时，魏则市于蜀，而吴亦资西道”[⑥]。刘裕灭后秦时，迁长安百工至江南，于建康立锦署，从此江南的织锦业开始逐步推

①《宋书》卷五四《孔季恭羊玄保沈昙庆传论》，中华书局，1974，第1540页。

②《南齐书》卷一五《州郡志下》，中华书局，1972，第281页。

③《太平御览》卷八二五《资产部五》引《永嘉郡记》，中华书局，1960。

④《隋书》卷三一《地理志》，中华书局，1973，第887页。

⑤《宋书》卷五四《孔季恭羊玄保沈昙庆传论》，中华书局，1974，第1540页。

⑥《太平御览》卷八一五《布帛部二》引《丹阳记》，中华书局，1960，第3624页。

广。刘宋时期，江南的织工、缝工还随日本使者东渡，对日本丝织技术和缝纫技术的提高，起到一定的促进作用。至南朝后期，江南的织锦业呈繁荣之状，富豪之家穿绣裙，着锦履，以彩帛作杂花，绫作服饰，锦作屏障，甚至用锦缘席边成为常见之事。

瑞鸟纹覆面

“富且昌宜侯王夫延命长”编织履

瑞鸟纹覆面和编织履均于1964年出土于新疆吐鲁番阿斯塔那墓。

冶铸业方面，以政府官营为主，冶铸技术不断提高。孙吴时期，冶铸业以武昌最为发达。225年，孙权曾在此采铜铁，造千口剑，万口刀；铜镜制造以会稽郡最为有名。至南朝时期，政府设有专官管理矿冶业，但也出现了不少私家冶铸作坊。当时江南最有名的冶铸作坊，属扬州的梅根冶和荆州的冶唐。铸造的器物，除兵器外，多为民间用具。梁朝时筑浮山堰时，用东西二冶铁器数千万斤，沉于堰所，可见当时铁器的产量已经相当高。冶铸技术上，已经使用水排鼓风，炼钢技术上出现灌钢法。齐梁时人陶弘景云：“钢铁是杂炼生鍒作刀镰者，铁精出煅灶中，如尘，紫色轻者为佳，亦以摩莹铜器用之。”① 生铁和熟铁混杂起来冶炼，生铁作为渗碳剂渗入熟铁中，经过反复淬炼，锻造成优质钢材，可用来制造刀、镰等器物，费工少，成本低，对生产发展具有积极意义。

制瓷领域，南方以青瓷为代表，胎质、釉色精美，品类繁多。吴国瓷器制作在汉代彩陶的基础上有显著提高，瓷器的胎质、釉色、纹制以及烧制技术都臻于完善，尤其是青瓷制造技术更为成熟。安徽亳县元宝坑曹操家属墓葬出土的青瓷碎片、南京孙吴甘露元年（265）墓出土的青

① 唐慎微：《证类本草》卷四《铁精》，华夏出版社，1993，第110页。

瓷羊、浙江绍兴孙吴永安三年（260）墓出土的带有铭文的明器谷仓通体青釉，无论是从质地、釉色，还是造型来看，都显示出当时的青瓷烧造技术已经达到相当高的水平。江苏宜兴西晋周处墓出土的青瓷熏炉，造型精巧，其胎、釉已与杭州出土的南宋官窑瓷器的化学成分接近。东晋南朝时，会稽郡（浙江绍兴）、江苏宜兴的丁蜀镇、江西丰城等是当时重要的青瓷产地，所烧造青瓷品种繁多，包括各类生活用品。制瓷技术在日臻成熟的同时，各制瓷产地也开始呈现出自己的烧造特点，如浙江的青莹、武昌的翠碧、福州的深腻、广州的闪黄等。这一时期的青瓷烧造，无论是在质量上，还是数量上，都超过了孙吴时期的水平。同时，自东晋开始，江南的瓷器成为海上丝绸之路的一项重要出口物资。丰富的出口物资，为海外贸易的持续发展提供了有力保障。

青瓷羊尊

1958年，江苏南京清凉山孙吴甘露元年墓葬出土。

造船领域，造船技术不断提高，船只规模不断增大。割据江南的各政权为了有效对抗北方劲敌的侵扰和兼并，十分注重发挥长江天堑的地理优势，积极发展水军，大力推动造船业的发展和造船技术的提高。孙吴政权在建安郡侯官（今福建福州市）设典船校尉，专门负责造船事宜，所造之船有的上下五层，有的可容纳士兵三千人。此外，临海横屿船屯（今浙江平阳）、广州番禺也是当时规模较大的造船基地。吴亡时，西晋政府接收的孙吴所造舟船超过五千艘，足见当时所造船只数量之多。东晋南朝时期，造船业在吴国的基础上又有较大发展。就其发展规模而言，据说东晋安帝时，建康一次风灾就毁坏了官商船万余艘。刘宋时的荆州作部，已能装战舰数百千艘。侯景乱梁时，有战舰千艘，称作“鸼舠”。据《梁书·王僧辩传》记载，该船“两边悉八十棹，棹手皆越人，去来趣袭，捷过风电”。这种船是一种高速的快艇，每只船配有160支桨，行驶起来速度如风电。当时民间的造船业也十分发达。《太平御览》卷七六九《舟部》引《南州异物志》称，孙吴所造船只，“大者二十余丈，高去水二三丈，望之如阁道，载六七百人，物出万斛”。至南朝时，大船可载二万斛，比之吴时，载重量超一倍之多。隋文帝灭陈后曾下令：“吴、越之人，往承弊俗，所在之处，私造大船，因相聚结，致有侵害。其江南诸州，人间有船长三丈以上，悉括入官。”① 可见，南朝时期民间私造大船现象之普遍。

随着农业和手工业的发展，魏晋南北朝时期江南地区商业的发展也十分活跃。长江沿岸以及三吴地区，大大小小的河道不仅把各个大城市连在一起，也把大城市同重要的农业生产区连在一起。吴都建业有建康大市和建康东市两大市。左思的《吴都赋》生动描绘了建业市场之繁华与商人之富庶，“水浮陆行，方舟结驷，唱棹转毂，昧旦永日。开市朝而并纳，横阛阓而流溢。混品物而同廛，并都鄙而为一。士女伫眙，商贾骈坒。纻衣絺服，杂沓丛萃。轻舆按辔以经隧，楼船举帆而过肆。果布辐凑而常然，致远游离与珂珹……富中之甿，货殖之选。乘时射利，财丰巨万。竞其区宇，则并疆兼巷；矜其宴居，则珠服玉馔”。至东晋南朝时，建康城内有四市，除东吴时设立的大市和东市外，又增加了北市和秣陵市，秦淮河北岸还有大市和十余所小市，以及众多专营性商品市场，是江南最大的商业城市。② 此外，京口（今江苏镇江）、会稽、吴郡、山阴、江陵、益州等地也是当时有名的商业城市，番禺是南海的区域市场和海外贸易中心。京口“东通吴、会，南接江湖，西连都邑，亦一都会”③；会稽、吴郡、余杭等地“商贾并凑”；山阴是两浙绢米交易中心，“征货贸粒”，商旅往来频繁；江陵亦是“荆州物产，雍、岷、交、

①《隋书》卷二《高祖纪下》，中华书局，1973，第43页。
②《太平御览》卷八二七《资产部七》引《丹阳记》，中华书局，1960，第3688页。
③《隋书》卷三一《地理志下》，中华书局，1973，第887页。

梁之会……良皮美罽，商赂所聚”[①]；益州“水陆所凑，货殖所萃”[②]；番禺与南海各国往来频繁，梁时海舶往往“每岁数至”，有时甚至“岁十余至”。

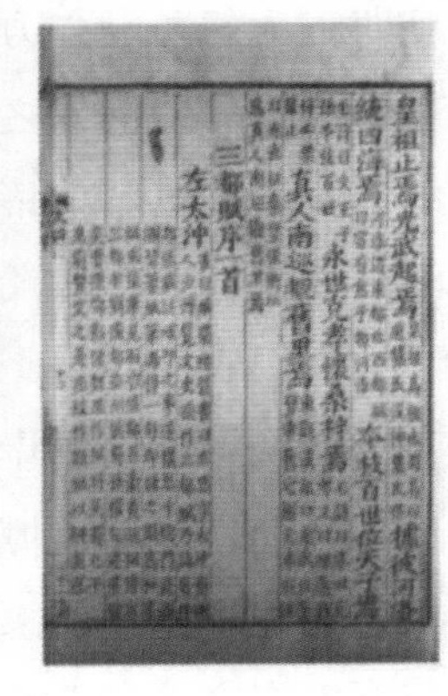

左思《三都赋》

除城市中列肆贩卖这类集中的大型市场外，不少地方为了方便农民交易，还设有临时集市的“草市”；军事行动时，各方为保证军队物资供应所设立的“军市”；各政权交界地为发展经济、获取生活用品和军事物资在边境进行的“互市”；等等。各类市场星罗棋布，遍布全国。为了加强市场管理，南朝历代政府不仅令地方官主管市场，有时还设有专门管理市场的官员，如“大市”设有“大市令”“刺奸”，甚至草市也设有“草市尉”。各级市场的设立，使自上而下的市场体系初步建立起来，商业日趋繁荣，越来越多的人加入商人队伍。至东晋南朝时，“人竞商贩，不为田业”[③]，经商者既有百姓，亦有官员，甚至还有皇亲贵胄。

二、海上丝绸之路的开辟

魏晋南北朝时期虽战乱不断，但江南地区的社会环境相对安定，农业稳步发展，纺织、冶铸、制瓷、造船等手工业技术水平不断提高，商业日趋繁荣，加之其濒临海洋的优越地理位置，皆为海上丝绸之路的开

---

①《南齐书》卷二五《张敬儿传》，中华书局，1972，第 471 页。

②《隋书》卷二九《地理志上》，中华书局，1973，第 830 页。

③《隋书》卷二四《食货志》，中华书局，1973，第 689 页。

辟与发展创造了良好条件。这一时期，南海新航路得以开拓，海上丝绸之路从中国东南沿海港口起航，延伸至中南半岛，穿越马六甲海峡、印度洋后，向西延伸至波斯湾地区。丝绸、香药、象牙、犀角、翡翠、明珠等成为这条航路上的重要商品。

这一时期，南方的六朝政权因与北方对峙，十分注重经略海洋。吴黄龙二年（230）正月，孙权遣将军卫温、诸葛直率领甲士万人浮海求夷洲、亶洲。黄武、黄龙年间，吕岱平交趾、九真，“又遣从事南宣国化，暨徼外扶南、林邑、堂明诸王，各遣使奉贡”①。朱应、康泰出使扶南，带回关于南海诸国贸易情况的宝贵信息。孙吴多次派遣使者出海，体现出统治者致力于发展海外交通，加强与南海诸国交往的意向。大秦商人到达吴国后，孙权盛情接待，并详细询问大秦的风土习俗，同样是出于发展同大秦海上贸易的考虑。统治者的重视，有力推动了海外贸易的发展和繁荣，以及新航路的开辟。三国时期，南海丝路的贸易范围从中南半岛逐渐扩大到菲律宾群岛。随着南海贸易的扩大，从广州经苏门答腊至印度、锡兰的贸易航线到东晋时已普遍使用。南朝时期，各政权与南海诸国的贸易往来进一步加强，东南亚和南亚诸国通过派遣使者入贡或由海商直接贩运至广州。有学者指出，“在晋代，这些国家同中国直接交往较少，所以中国史官没有什么记载。到南朝宋、齐时，有10多个国家同中国有直接来往，史书才陆续有记述。到了梁朝，南海国家中奉中国王朝的‘正朔’年号，向梁朝入贡。航海到中国者比前代更多了。”②南海航路上出现“四海流通，万国交会”，“舟船继路，商使交属”③ 的活跃景象。

自孙吴开始，六朝政府在福建侯官、浙江临海、广东番禺等地建立造船基地，所造船只频繁航行于南海一带。往来于南海航线上的船只，除中国船舶外，还有扶南船、昆仑舶、天竺舶等。南朝齐时，扶南王曾

---

① 陈寿：《三国志》卷六〇《吴书·吕岱传》，中华书局，1959，第616页。

② 陈高华、吴泰、郭松义：《海上丝绸之路》，海洋出版社，1991，第15页。

③《宋书》卷九七《蛮夷传》，中华书局，1974，第2380页，第2399页。

“遣商货至广州”[1]，用的就是扶南船。据《吴时外国传》记载：“扶南国伐木为船，长者十二寻（1寻为8尺，吴时1尺约23—25厘米），广肘六尺，头尾似鱼，皆以铁镊露装。大者装百人，人有长、短桡及篙各一，从头至尾，面有五十人作，或四十二人，随船大小。立则用长桡，坐则用短桡，水浅乃用篙，皆当上，应声如一。”[2] 昆仑舶为来自南海地区的商船，但魏晋南北朝史籍中并未指明具体的国家。昆仑人的特征是黑色卷发，《晋书》卷三二《后妃传下》“李太后”条，首次言及昆仑，曰：“时后为宫人，在织坊中，形长而色黑，宫人皆谓之昆仑。”《南齐书》卷三一《荀伯玉传》提到“度丝锦与昆仑舶营货，辄使传令防送过南洲津”。出使北魏的陈朝使臣在南归途中曾见过昆仑舶。昆仑很可能是包括扶南在内的南海地区部分国家的统称。又有天竺舶，佛教禅宗始祖菩提达摩于梁武帝时航海至中国乘坐的即是此种大舶，即天竺王“具大舟，实以珍宝，泛重溟，三周寒暑，达于南海”[3]。此外，从法显回国时在狮子国乘坐的商人大舶，到耶婆提又“随他商人大船”，应是狮子国船和耶婆提船。关于这些外国商船的大小及驱动形式，万震《南州异物志》记载云：“外徼人随舟大小，或作四帆，前后沓载之。有卢头木，叶如牖形，长丈余，织以为帆，其四帆，不正前向，皆使邪移相聚，以取风吹。风后者，激而相射，亦并得风力；若急，则随宜城减之。邪张相取风气，而无高危之虑，故行不避风迅激波，所以能疾。”[4]

三国以来，由于南方海上丝绸之路的开辟，中国使臣、商人、僧侣浮海远航至南海诸国，交州以南诸国与天竺、康居等国的使节、商人也频繁由海路来到中国。中国的丝绸、陶瓷、金银器和漆器通过广州、交州等港口远销海外，香药、象牙、犀角、珍珠、珊瑚、翡翠、明珠、吉贝、琉璃等域外商品不断输入中国。与此同时，印度的佛教文化东来，

---

①《南齐书》卷五八《扶南传》，中华书局，1972，第1014页。

②《太平御览》卷七六九《舟部二》引《吴时外国传》，中华书局，1960，第3411页。

③《释氏稽古略》卷二引《正宗记》，《大正大藏经》本，《原国立北平图书馆甲库善本丛书》本，国家图书馆出版社，2013，第648册第209页。

④《太平御览》卷七七一《舟部四》引《南州异物志》，中华书局，1960，第3415页。

中国的造纸、酿酒、养蚕、灌溉等技术传入南海国家，中国同南亚、东南亚的经济、文化、科技交流不断加强。

魏晋南北朝时期，中国通过南海航路同各国进行贸易，向外输出的商品以绫、绢、丝、绵等丝织品为大宗。法显归国途经狮子国时，看到商人在玉佛前供奉中国出产的白绢扇，勾起思乡之情。可见，中国的丝织品在当时已贩卖至狮子国。作为地处印度洋航路交通要冲的狮子国，每年有许多船只前往海外港口，将从东方市场获取的丝绸、陶瓷及其他物产，转售至马拉巴尔（今印度西海岸）、迦利阿那（今印度孟买附近）、波斯、希腊等地，再从这些地方购买商品转运回东方。可见，南海航路的中外贸易是多方共同参与的接续式贸易。这种贸易形式既弥补了航海技术尚不够发达、难以远距离直航的不足，也丰富了海洋贸易的商品类型。在丝织品等中国商品远销海外的同时，中国的造纸术、纺织技术、灌溉用的水车等传入越南，酿酒和养蚕等技术传至老挝。

通过海上丝绸之路，域外的香药、珍宝及地方物产等大量输入中国。孙吴时期，割据交州的士燮每次派员出使东吴，“致杂香、细葛，辄以千数，明珠、大贝、琉璃、翡翠、玳瑁、犀、象之珍，奇物异果，蕉、邪、龙眼之属，无岁不至”。[①] 南朝时期，丝路贸易更趋繁荣。马来半岛的婆皇、丹丹、盘盘、狼牙修，印度尼西亚群岛的诃罗单、阇婆婆达、干陀利、婆利，南亚次大陆的天竺、狮子国等纷纷遣使入贡。例如，梁普通三年（522），婆利国国王频伽复遣使珠贝智，“贡白鹦鹉、青虫、兜鍪、琉璃器、吉贝、螺杯、杂香药等数十种”。丹丹国，梁中大通二年（530），其王遣使，“谨奉送牙像及塔各二躯，并献火齐珠、古贝、杂香药等”。梁大同二年（536），“复遣使献金、银、琉璃、杂宝、香药等”。[②] 在这些输入中国的域外奇珍异货中，要数南海地区出产的香药最具代表性，因而越来越受到中国人的欢迎，进口香药种类越来越丰富。《太清金液神丹经》卷下记述了沉香、鸡舌香、青木香、苏合香、安息香等进口香药，“众香杂类，各自有原。木之沉浮，出于日南。都

① 陈寿：《三国志》卷四九《吴书·士燮传》，中华书局，1959，第1192—1193页。

② 姚思廉：《梁书》卷五四《海南诸国传》，中华书局，1973，第794页、第796页。

梁青灵，出于典逊。鸡舌芬箩，生于杜薄。幽兰茹来，出于无伦。青木天竺，郁金罽宾。苏合安息，薰陆大秦。咸自草木，各自所珍。或华或胶，或心或枝。唯夫甲香，螺蚌之伦。生于歌伦，句稚之渊。葳蕤月支，硫黄都昆。白附师汉，光鼻加陈。兰艾斯调，幽穆优钱，余各妙气，无及震檀也”。[①] 从这些记载可见，魏晋南北朝时期南海航路的中外贸易与汉代相比，规模更大，商品种类更为丰富。

随着南海新航路的开辟与发展，域外科技也随之传入中国。孙吴时期，西方玻璃和玻璃烧造技术已传入中国。东吴人万震的《南州异物志》记载了制作玻璃的原料和方法，“琉璃本质是石，欲作器，以自然灰治之。自然灰状如黄灰，生南海滨。亦可浣衣，用之不须淋，但投之水中，滑如苔石，不得此灰，则不可释”[②]。20 世纪 50 年代，湖北五里墩 121 号西晋墓出土了一些玻璃碗残片。据考古学家考证，这种透明度较高的玻璃碗可能是孙吴时期从海路传入长江流域，或为萨珊波斯烧造。[③] 东晋葛洪《抱朴子内篇 · 论仙》又记载：“外国作水精碗，实是合五种灰以作之，今交广多有得其法而

东晋磨花玻璃杯

1970 年南京象山东晋王氏家族墓地 7 号墓出土，器型、纹饰和工艺均为罗马式。

---

①《太清金液神丹经》卷下，明正统十年刻本，参阅陈高华、陈尚胜《中国海外交通史》，中国社会科学出版社，2017，第 27 页。

②《太平御览》卷八〇八《珍宝部七》引《南州异物志》，中华书局，1960，第 3591 页。

③ 王仲殊：《试论鄂城五里墩西晋墓出土的波斯萨珊朝玻璃碗为吴时由海路传入》，《考古》1995 年第 1 期。

铸作之者。"[1] 可见，东晋时期两广和越南等地已从域外引进了玻璃碗的制造技术。由于世界各地烧造玻璃所用的助溶剂不同，地中海东岸、波斯、古罗马为钙钠玻璃，古代中国内陆为铅钡玻璃，而两广和越南则为印度钾钠玻璃。[2]

中外文化交流方面，魏晋南北朝时期正处于一个开放、传播与吸收并举的对外交流的活跃期。其中，佛教东来最具代表性。据不完全统计，魏晋南北朝时期，印度等国来华弘扬佛法的僧侣有70余人。《高僧传》中记载了当时从海路来华的僧人13人。东晋时，狮子国国王遣使到江南赠送玉佛。刘宋、萧梁时期，狮子国多次遣使来华贡献方物。同时，佛教文化中的狮子、佛塔等也随之传入中国。这一时期，中国僧侣前往印度、狮子国等地取经近90人。这些僧侣大多是学问僧，对于促进中国同印度、狮子国等南亚国家的文化交流作出了贡献。其中，贡献较大的是中国名僧法显。东晋隆安三年（399），法显从长安出发，沿河西走廊西行求法。后乘船顺恒河出海口，至狮子国，再由此乘船经耶婆提、占城取海道回国。其所著《佛国记》记录了古代中亚、印度、南海诸国的地理、历史、风土人情，促进了中国同这些国家的相互了解和文化交流。印度佛教传入中国后，又经中国再次东传至日本。

第四节　魏晋南北朝时期的港口

魏晋南北朝时期是中国古代海上交通的大发展时期，中国南北方濒海地区出现了一批重要港口。由于南海新航路的开辟与发展，交州、广州成为当时重要的海外贸易交通港，每岁外国商船往来数次，宝货充舶。除交、广二州外，晋安、梁安、鄮县、建康、会稽等也是当时东南

① 王明：《抱朴子内篇校释》，中华书局，1986，第22页。

② 林梅村：《观沧海——大航海时代诸文明的冲突与交流》，上海古籍出版社，2018，第4页。

沿海地区的对外交通港。北方的近海水运也形成了登州、东莱、成山、不其、沓渚、三山浦等新兴重要海港。

一、南方诸港口

魏晋南北朝时期，由于中国南方地区社会环境相对稳定，江南经济不断开发，航海和造船技术取得较大进步，加之六朝政权采取积极经略海洋的政策，南方的海外贸易港有了较大发展，其中以交州港和广州港最为突出。

三国时期，孙吴政权在东南建立，为扩大经济来源，壮大自身实力，积极发展海外贸易，尤其重视交、广二州与南海诸国的友好贸易往来。原交州地辖广阔，包括今广东、广西及越南中、北部。黄武五年(226)，孙权分交州的南海、苍梧、郁林三郡立广州，以交趾、日南、九真、合浦四郡为交州。不久，二州虽又合并，但吴永安七年（264）再次分为交、广二州。由于交、广二州地处海上交通要冲，地理位置和自然条件优越，吸引大量海外来华商舶在两地停泊，“至于南夷杂种，分屿建国，四方珍怪，莫此为先。藏山隐海、瓌宝溢目，商舶远届，委输南州，故交、广富实，牣于王府”。[①] 由于交、广二州在海外贸易中的重要地位，其支付方式以金、银为主，其流通手段相较于全国大部分地区更为发达，“梁初，惟京师及三吴、荆、郢、江、湘、梁、益用钱，其余州郡，则杂以谷、帛交易。交、广之域，全以金、银为货”。[②]

交州，地处南海与印度洋航线的必经之地，作为中国南海沿岸的进出港口，南海诸国和大秦等国来华使者、商旅等，多由此登陆。自汉武帝以来，交趾则为南海诸国来华朝贡的必经之道。东汉时，大秦和印度首次遣使来华，也经由此道登陆。可见，自汉代起，交趾已是中国南方的重要港口。据《梁书》记载：“海南诸国，大抵在交州南及西南大海洲上……汉元鼎中，遣伏波将军路博德开百越，置日南郡。其徼外诸国，自武帝以来皆

① 萧子显：《南齐书》卷五八《东南夷传》，中华书局，1972，第1018页。
②《隋书》卷二四《食货志》，中华书局，1973，第689页。

朝贡。后汉桓帝时，大秦、天竺，皆由此道遣使贡献。及吴孙权时，遣宣化从事朱应，中郎康泰通焉。”① 通过朱应、康泰“南宣国化”，扶南、林邑等国纷纷遣使来华，而交州亦是其必经之道。西晋末年，北方地区陷入动乱，大量北民避乱南迁，促进了南北经济技术与文化的融合发展。海上丝绸之路从此在三国至南北朝时期得到进一步发展。至东晋南朝时，交州“外接南夷，宝货所出，山珍海怪，莫与为比”②，“徼外诸国尝赍宝物自海路来贸货，而交州刺史、日南太守，多贪利侵侮，十折二三”③。此时，交州的港口主要有卢容（今越南承天省，治所在顺化附近，另说在广治省）、龙编（南朝时交州首府，故址在今越南北部）。与此同时，广州在这一时期的地位日趋突出，逐步成为南海航路的中心基地，超越交州，取代徐闻、合浦两港，成为海外贸易的重要港口。

广州在汉唐时代就是一个特别重要的城市，它位于珠江出海口，濒临南海，地处太平洋海上交通要冲，地理位置优越。公元前221年，秦国派遣50万大军南征百越，首次将濒临南海的岭南地区纳入帝国版图，并设置南海、桂林、象郡。秦汉之际，秦将赵佗乘北方动乱之际，在岭南建立南越国，主导南海交通与贸易。三国以后，随着南方地区的不断开发以及造船、航海技术的不断提高，广州港的地位迅速上升。尤其是在黄武五年（226），孙权分交、广二州之后，岭南地区的政治经济中心逐渐向广州方向转移，越来越多的船舶在广州港停靠，前来广州贸易的国家达十余个。其中，既有官方的遣使朝贡，顺便“赍杂物行广州贸易”④，也有众多民间海舶久停广州，往来求利。由于海外贸易日趋繁盛，孙吴政权曾在岭南推行以奇珍异物代替田户租赋的赋税征收办法，“田户之租赋，裁取供办，贵致远珍名珠、香药、象牙、犀角、玳瑁、珊瑚、琉璃、鹦鹉、翡翠、孔雀、奇物，充备宝玩，不必仰其赋入，以

---

① 姚思廉：《梁书》卷五四《海南诸国传》，中华书局，1973，第783页。

② 萧子显：《南齐书》卷一四《州郡志》，中华书局，1972，第266页。

③《晋书》卷九七《林邑传》，中华书局，1974，第2546页。

④ 萧子显：《南齐书》卷五八《东南夷传》，中华书局，1972，第1015页。

益中国也”。①

两晋时期，北方长期动乱，岭南地区社会环境相对安定，外国来华使臣、商旅等多循海道由广州登陆。例如，晋太康二年（281），大秦王遣使至京师洛阳，使臣即从广州登陆。据《艺文类聚》卷八五《布部》引晋殷巨《奇布赋及序》记载：“惟太康二年，安南将军广州牧滕侯作镇南方……大秦国奉献琛来，经于州，众宝既丽，火布尤奇。”随着东南沿海地区的不断开发，广州港成为当时市舶要冲，对外贸易十分繁盛，奇珍异宝汇集于此。另据《晋书》卷九〇《吴隐之传》记载：“广州包山带海，珍异所出，一箧之宝，可资数世。”南朝偏安南方，统治者对岭南地区的经营并未放松，广州在海外贸易中仍占重要地位。据《宋书》卷九七《蛮夷传》记载：“晋氏南移，河、陇敻隔，戎夷梗路，外域天断。若夫大秦、天竺，迥出西溟，二汉衔役，特艰斯路。而商货所资，或出交部，泛海陵波，因风远至。又重峻参差，氏众非一，殊名诡异，族别类殊。山琛水宝，由兹自出，通犀、翠羽之珍，蛇珠火布之异，千名万品，并世主之所虚心。故舟舶继路，商使交属。”可见，东晋以后，河、陇陆路交通被阻断，海路成为对外贸易的主要通道，广州港的地位进一步凸显。

魏晋南北朝时期，广州的主要码头除早期西部的泥城码头（位于今荔湾区东风西路、西场一带）外，又新增坡山码头和西来初地码头。坡山码头古称坡山古渡，位于今越秀区惠福西路的坡山下。西来初地码头，位于今荔湾区下九路北侧。梁普通七年（526），印度僧人达摩由水路第一次来中国，就是从西来初地码头登岸的，并在此建西来庵（后改称华林寺）。

华林寺

六朝时期，广州的海外贸易已经颇具规模。前来广州贸易通商的国

① 陈寿：《三国志》卷五三《吴书·薛综传》，中华书局，1959，第1252页。

家有十余个，主要有扶南、林邑、占婆（今越南南部）、大秦、天竺、狮子国、罽宾（今克什米尔）、顿逊（今泰国西南部）、狼牙修、婆皇、丹丹、盘盘、婆利、干陀利、诃罗单、阇婆婆达等。据不完全统计，这些海外国家通过广州口岸来华贡献方物的次数，扶南为21次、占婆27次、大秦1次、天竺4次、狮子国5次、狼牙修3次、婆皇7次、丹丹6次、盘盘9次、婆利3次、干陀利5次、诃罗单6次，共计12国97次。① 梁朝萧劢为广州刺史时，“岁中数献，军国所须，相继不绝。武帝叹曰：‘朝廷便是更有广州。’”。② 陈朝欧阳頠就任广州时，也曾经“献奉珍异，前后委积，颇有助于军国焉”③。就此可见，由于海外贸易的不断发展，广州不仅域外商品汇集，而且经济、政治地位日渐提升。

除南海航路上的交、广二州外，福建的晋安郡和梁安郡、浙江鄮县以及都城建康等，也是当时东南沿海地区的重要对外交通港。据《续高僧传》卷一《拘那罗陀传》记载，西天竺僧人拘那罗陀在南朝梁武帝时由南海来到中国，曾于晋安郡“欲泛舶往棱伽修”（即狼牙修）；于陈文帝时，“又泛小舶至梁安郡，更装大舶，欲返西国”；因追随学习者众多，暂时停留。不久，“发自梁安，泛舶西引，业风赋命，飘还广州”。据学者考证，梁安郡治所即今福建泉州。鄮县（今浙江宁波）在汉代已是重要港口。孙权遣卫温等率军出海求夷洲、亶洲，即“自会稽浮海”，鄮县即为会稽下辖三县之一。东晋南朝时，鄮县“东临巨海，往往无涯，泛船长驱，一举千里。北接青、徐，东洞交、广，海物惟错，不可称名”。④ 建康作为六朝都城，不仅是当时最繁华的都会，也是重要的港埠。建康城中的秦淮河，外能接大江，内可连青溪、运渎，南通破冈渎，城中水运四通八达，秦淮河两岸帆樯辐辏，商贾云集。左思《吴都赋》称其“水浮陆行，方舟结驷，唱棹转毂，昧旦永日”。分布在秦淮河北岸的大市和十几处小市，汇集了来自南海各国的香药、犀角、翡

① 王仲荦：《魏晋南北朝史》，上海人民出版社，2016，第670—686页。

②《南史》卷五一《吴平侯景传附子劢传》，中华书局，1975，第1262页。

③《陈书》卷九《欧阳頠传》，中华书局，1974，第159页。

④ 陆云：《陆云集》卷一〇《答车茂安书》，中华书局，1988，第175页。

翠、明珠等珍品。然而，建康并不是实际意义上的海港，它以发达的内河航运为主，不过当时的海船也可以沿长江行驶，直抵建康城下。如齐武帝时，便有昆仑舶到达建康，带来大量奇货。

据学者研究，六朝时期的会稽郡（今浙江绍兴一带）也存在频繁的海外贸易，有一条通往古代中日之间的海上航道，文献中频见的“亶州”与“货市”对此有所呈现。另据当时的造船技术与对风帆航海技术的掌握，可以推断这一海上航道畅通之可能。在这条海上航道上参与贸易的物品，大概有铜镜、瓷器、纺织品、纸品等等。这些贸易活动中，日本人所用的交易货币主要是绵。上述考察主要依据的资料是出土文物，《三国志》《隋书》和《宋书》等传统文献仅起到佐证之效。①

二、北方诸港口

魏晋南北朝时期，由于北方战乱频发，港口发展相较于南方而言较为缓慢且地位普遍下降。如春秋以来的著名港口琅琊港已日趋衰落，春秋战国之际称名的安陵（即灵山卫）、芝罘港则已几乎默默无闻。但较之于秦汉时期，北方的港口发展也显现出新的面貌，突出表现为新的重要港口的形成以及近海航线的开辟与延展。由于在这一时期，中国与日本、朝鲜半岛的交往较为频繁，所以山东半岛北部的登、莱成为北方地区的主要港口。

三国时期，山东半岛属曹魏辖地。虽然曹魏政权以陆军见长，但对于海上势力的培育亦不遗余力。山东半岛及渤海沿岸的青、兖、幽、冀四州，都建有专门的造船基地。其时，公孙渊割据辽东，景初元年（237）秋，魏明帝诏青、兖、幽、冀四州建造海船，欲讨伐辽东。次年，司马懿出兵辽东，屯粮于黄县（今山东龙口），在大人城（位于登州港西部），船从此出。黄县，即东莱，东汉三国时为东莱郡治；大人城，为登州（今山东蓬莱）滨海之地。据《元和郡县图志》卷一一《河南道

---

① 参阅王铿《六朝时期会稽郡的海外贸易——以古代中日之间的一条海上航道为中心》，收入李伯重、董经胜主编《海上丝绸之路——全球史视野下的考察》，社会科学文献出版社，2021，第24—44页。

七》“黄县”条记载：“大人故城，在县北二十里。司马宣王伐辽东，造此城，运粮船从此入。”[1] 可见，这里是山东半岛往返辽东最近便的港口，因此成为曹魏伐辽东的水军战略基地。曹魏灭辽东政权后，朝鲜半岛南部诸国与曹魏的交通联系再次打通，山东半岛成为联系中原地区与朝鲜半岛、日本列岛的主要通道，登州成为北方中外交通的重要海港。这一时期的中日航路，基本走的是秦汉以来的古航道，即从洛阳出发，经陆路到达登州，从登州入海。此外，曹魏和东吴之间虽南北对峙，但仍进行着商旅贸易，登州港在其中起着重要作用。

两晋时期，后赵四处攻伐，为了对燕发动战争，特别加强海上运输，登州港再现繁忙的军事运输之况。晋成帝咸康四年（338），“赵王虎遣渡辽将军曹伏将青州之众戍海岛，运谷三百万斛以给之；又以船三百艘运谷三十万斛诣高句丽。使典农中郎将王典帅众万余屯田海滨，又令青州造船千艘，以谋击燕”。咸康六年，“赵王虎命司、冀、青、徐、幽、并、雍七州之民，五丁取三，四丁取二，合邺城旧兵，满五十万，具船万艘，自河通海，运谷千一百万斛于乐安城”。至咸康七年十月，“赵横海将军王华帅舟师自海道袭燕安平，破之”[2]。南北朝时期，由于战乱不断，经由登州港的军事活动愈加频繁。据《南朝宋会要·兵·海师》记载，延和元年（432）秋，北魏伐燕，燕王遣朱修之南下建康求救。朱修之受命后，即乘船“浮海至东莱，遂还建康”。又如，刘宋“泰始四年（468），虏围青州，明帝所遣救兵（陆军）并不敢进，乃以沈文静为辅国将军，海道救青州”。这次用兵亦当经过登、莱港口。

除作为海上军事用兵基地外，两晋南北朝时期，登、莱港口亦有诸多使节、商旅频繁往来。例如，西晋初年，倭国仍“遣使重译入贡”，但此后由于中国战乱频繁，朝鲜半岛政局动荡，中、日、朝之间的海上交通往来一度濒临断绝。东晋末年，朝鲜半岛、日本的使节往来逐渐恢复。南北朝时期，这一交往逐渐密切，日本、高句丽、百济、新罗等国

① 李吉甫：《元和郡县图志》卷一一《河南道七》，中华书局，1983，第313页。

② 司马光：《资治通鉴》卷九六，晋成帝咸康六年秋九月、咸康七年冬十月，中华书局，2012，第3039、3046页。

使节往来中国仍主要从登、莱两港登陆。据《宋书》卷九七《蛮夷传》记载，南朝宋时，高句丽“每岁遣使”，“贡献不绝”；百济亦“每岁遣使奉表，献方物”；日本列岛的倭国（大和国）也“世修贡职”。同时，北方政权与高句丽、百济等国也往来密切。据《魏书》记载，直至东魏武定末年，高句丽的“贡使无岁不至”；百济、新罗也屡屡遣使入贡。这些贡使大多从登、莱港口入贡。民间方面，商旅贸易往来虽受战争影响较大，但仍持续不断。如东魏孝静帝兴和三年（541），连年战争使商民大量失业，纷纷内迁，财政困难严重。为挽危局，丞相高欢“命诸州滨河及津、梁皆置仓积谷以相转漕，供军旅，备饥馑。又于幽、瀛、沧、青四州，傍海煮盐，军国之费，粗得周赡”①。这一措施充分发挥了四州产盐重地的优势，不仅促进了经济发展，也带动了临近港口贸易的活跃与繁荣。地处山东北部的登、莱诸港，因临近盐场，港口运量大增，船只往来频繁。同时，由于战乱所导致的大规模移民，也一定程度上推动了登、莱港口的繁荣。如晋元帝太兴二年（319），东莱郡守因与青州刺史发生矛盾，恐祸及乡民，“与乡里千余家浮海归崔毖”②。后赵时，由于统治残暴，山东半岛商民经由登州南迁、北移者众多。如掖县人苏峻因不满后赵政权的压迫，亦“率众浮海”，乘船经登州大洋、成山，沿海岸南下赴广陵。南北朝时，因战祸从登州港出海避乱的人员仍然众多，而且大多迁移至社会环境相对安定的南方。

除登、莱两港外，山东半岛的成山、不其，辽东半岛的沓渚、三山浦也是魏晋南北朝时期的重要港口。成山，今山东半岛成山角，位于莱州文登县西北 95 千米处，是南北航线上的必经之地，战略价值极高。《史记·封禅书》记载：“成山斗入海，最居齐东北隅，以迎日出云。”《汉书·武帝纪》亦记载：西汉太始三年（前 94），汉武帝曾经“行幸东海……幸琅琊，礼日成山”。可见，秦汉之际，成山已成为时人浮海远

① 司马光：《资治通鉴》卷一五八，梁武帝大同七年十二月，中华书局，1956，第 4909 页。

② 司马光：《资治通鉴》卷九一，晋元帝太兴二年十二月乙亥，中华书局，1956，第 2875 页。

游的重要之地。三国时期，魏明帝太和六年（232），东吴人周贺、裴潜从辽东乘船返回，魏将田豫设伏于成山角，偷袭吴船。可以说，迟至三国时期，成山已成海港。不其，位于今山东青岛北部，是两晋南北朝时期南方政权进出青州最理想的水陆交通转换地。据《资治通鉴》记载，宋明帝泰始年间，北魏将领慕容白曜围历城，又进围东阳，刘宋欲救青州，派崔僧祐为辅国将军，“将兵数千从海道救历城，至不其，闻历城已没，遂降于魏”。四年（468）八月，又派沈从静“自海道救东阳，至不其城，为魏所断”。①

位于辽东半岛南端的沓渚和三山浦，在后燕、北燕等政权的经营下逐渐兴起。沓渚，又称沓津、马石津，今辽宁旅顺。孙吴嘉禾二年（233），孙权派张弥、许晏、贺达等将兵万人到达辽东，即停驻于此。公孙渊上表魏主曹叡称：“贼众本号万人，舒、综伺察，可七八千人，到沓津……遣将韩起等，率将三军，驰行至沓。”② 东晋咸和九年（334），晋廷派御史王齐、谒者徐孟赴辽东册封慕容皝，船自建康出发，出大江至大海，至登州大洋；东北行，过大榭岛、鬼歆岛、乌湖岛，北渡乌湖海，船下马石津。可见，魏晋时期，沓渚已是南北通航的重要港口。三山浦，又称三山，位于今山东半岛掖县以北25千米海中。东汉末，山东登州与辽东海路畅通，经三山避黄巾战乱流徙到辽东者众多，例如名士邴原、管宁、王烈、刘政、太史慈等都曾经此流寓至辽东。《三国志》卷四七注引《邴原别传》记载，邴原避地辽东，“后原欲归乡里，止于三山”，“一年中往归原居者数百家，游学之士，教授之声不绝”。孔融在给邴原的信中曾言：“顷至来至，近在三山……奉问榜人舟楫之劳，福祸动静告慰。”③ 由此观之，自东汉末年开始，三山浦与山东之间的海上往来已较为频繁，且是一个文人荟萃的海港，此后逐渐发展成为山东通航辽东、朝鲜半岛和日本的必经港口。

---

① 司马光：《资治通鉴》卷一三二，宋明帝泰始四年三月、八月戊子，中华书局，2012，第4144、4146页。

② 陈寿：《三国志》卷八《魏书·二公孙陶四张传》，中华书局，1959，第256页。

③ 陈寿：《三国志》卷一一《魏书·邴原传》，中华书局，1959，第353页。

第二章
隋唐时期的历史时间和空间

隋朝立国后，结束了自东汉末年以来三百余年的分裂割据局面，再次建立了统一的中央集权制国家。为了巩固统一的政权，隋朝统治者在政治和经济上采取了一系列整顿和改革措施，有力推动了统一的多民族国家的政治发展和经济繁荣。唐代隋而立，在继承前朝制度的基础上，进一步完善政权机构建设，规范赋役制度，健全兵制，稳定边疆，由此开启了政治清明、民生安定、经济繁荣、疆域辽阔的大唐盛世。

第一节　隋唐历史发展概况

隋唐两朝作为我国中古时代的极盛之世，不仅结束了长期以来的分裂割据局面，重建了大一统的国家，而且改革和规范了魏晋南北朝以来较为混乱的典章制度，为有效的全面治理奠定了良好的制度文明。政治上，确立三省六部的中央官制，推行兵农合一的府兵制，中期以后更新为募兵制，创立以科举为主的人才选拔机制；经济上，颁布均田令作为土地分配制度，推行租庸调制作为赋役征收制度，以及中期以后两税法的全面推行，有效巩固了政治统治，推动了经济发展，改善了百姓生活。

一、隋朝建国与其政治统治、经济发展

隋朝的建立者杨坚是弘农华阴人（今陕西华阴人），其五世祖杨元

寿与宇文泰的祖上同为北魏武川镇军人。杨坚的父亲杨忠，为独孤信部下得力干将，北周开国功臣，位至柱国大将军，拜大司空，封隋国公。杨坚承袭父爵，北周宣帝时，官至大司马、大前疑等要职。其妻为独孤信之女，女儿杨丽华为宣帝宇文赟的皇后。可以说，杨坚不仅是关陇贵族集团的重要人物，又是皇亲国戚，政治地位极高。

大象二年（580）五月，在位不到两年的宣帝宇文赟突然病逝，时宇文赟年仅八岁的儿子宇文阐继位，是为静帝。杨坚在郑译、刘昉等典掌机密的近臣及汉士族地主的支持下，以宣帝皇后之父的身份，假称受遗诏辅政，自称“假黄钺左大丞相”，都督内外军事。至此，北周的最高权力，实际上已经落入杨坚手中。随后，杨坚先后击灭了相州总管尉迟迥、益州总管王谦、郧州总管司马消难等地方势力的反抗，并大肆杀戮北周宗室，尽灭宇文氏之族，完全掌控了北周政局。

北周静帝大定元年（581）二月，杨坚代周称帝，改国号“隋”，建元开皇，建都长安，是为庙号隋文帝者也。次年，以长安旧城狭小，在汉长安城东南的龙首原（今陕西省西安市及城东、城南、城西一带）营造大兴城，即为新长安城。杨坚称帝后，便开始积极准备统一南北的工作。鉴于新生政权尚未完全巩固，隋统治者采取了稳定北疆、徐徐南图的策略。

隋文帝杨坚像

传阎立本作，绢本设色，为《历代帝王图卷》之一，现藏美国波士顿美术馆。

突厥汗国自北朝后期迅速崛起，至北周时期已占领了东至大兴安岭、西至撒马尔罕、南至长城塞上、北至贝加尔湖的大片领土，成为隋朝北部边疆的重大威胁。至隋初，汗国境内形成了五

六个大的割据势力。为此，隋文帝采取了长孙晟提出的“远交而进攻，离强而合弱”的策略，利用突厥的内部矛盾，进行分化瓦解。开皇二年（582），突厥沙钵略可汗打着为北周复仇的旗号，纠集40万大军，大举南下攻隋，接连进犯武威、天水、安定（今甘肃泾川北）、金城（今甘肃兰州）、上郡（今陕西富县）、弘化（今甘肃庆阳）、延安等地，一路大肆杀掠，“六畜咸尽”①。开皇三年（583），隋文帝任命卫王杨爽，河间王杨弘，上柱国豆卢绩、窦荣定，尚书左仆射高颎，尚书右仆射虞庆则等为行军元帅，分道出兵，抗击突厥。四月，卫王杨爽率领部将与沙钵略可汗主力会战于白道（今内蒙古呼和浩特北），突厥大败，损失惨重。军事上的失败，加速了突厥各部的矛盾，引发了突厥内部的进一步分裂。同年，突厥正式分裂为东、西突厥两个汗国，双方连年战争，力量不断削弱，再难与隋抗衡。此时，占据青海、甘肃等地的吐谷浑，乘周、隋改朝换代之际，于开皇元年（581）出兵进攻凉州，三年（583）进攻旭州。两次出兵均被隋军击退，遂后则不敢来犯。至此，隋朝北部边疆的后顾之忧逐渐解除。

随着北部边疆威胁的解除，以及新生政权的日臻巩固，取缔后梁，尤其是灭陈，开始被隋文帝提上日程。早在西魏恭帝元年（554），西魏军攻破江陵（今湖北荆州），杀梁元帝萧绎，立梁武帝孙萧察为傀儡皇帝之后，领有江陵沿江三百里之地的梁政权已成为西魏、北周的附庸，史称后梁。开皇七年（587），后梁主萧琮至大兴城入朝隋文帝，被留不使归，隋朝派兵进驻江陵，后梁亡。开皇八年（588）三月，隋文帝下诏历数陈后主罪状，从舆论上制造伐陈时机。十月，隋文帝下令伐陈，任命晋王杨广、秦王杨俊和信州总管杨素为行军统帅。杨广出六合，杨俊出襄阳，杨素出信州，荆州刺史刘仁恩出江陵，蕲州总管王世积出蕲春，庐州总管韩擒虎出庐江，吴州总管贺若弼出广陵，青州总管燕荣率水军出东海，总计兵力51.8万人，八路大军浩浩荡荡大举攻陈。因隋、陈双方力量对比悬殊，加之陈后主陈叔宝昏聩无能、荒淫无度，隋军攻陈一路势如破竹。开皇九年（589）正月，贺若弼自广陵引兵渡江，攻下京口（今江苏镇

①《隋书》卷八四《突厥传》，中华书局，1973，第1866页。

江），韩擒虎夜渡采石，攻下姑孰（今安徽当涂），两路并进，以钳形之势，夹击建康。钟山一战，贺若弼击溃陈朝主力军，韩擒虎自新林（今江苏南京市西南）直趋朱雀桥，攻入台城，陈后主被俘，陈朝灭亡。至开皇十年（590），陈朝的残余势力先后被隋军击溃，岭南诸州也皆归附于隋。自东晋十六国以来270余年的分裂割据局面，到此告一段落，南北复归统一。

为了巩固统一，加强集权统治，隋朝统治者在政治上进行了一系列的整顿和改革。

其一，改革中央和地方官制。在中央职官制度方面，废除了北周的周礼六官制度，恢复魏晋以来行用的三省制度。三省，即中书省、门下省和尚书省。中书省，因避隋文帝父亲杨忠讳，改称内史省，为决策机关，长官称令（监）；门下省为审议机关，长官称纳言；尚书省为执行机关，长官称令、左右仆射，下设吏部、礼部、兵部、度支（后改称民部）、都官（后改称刑部）、工部。三省六部制度自隋定型，该制度将相权一分为三，把决策和执行机构分开，对于加强皇权、稳定政局、维护统一起到了积极作用，是中国古代官制史上的重大变革。三省之外，又设秘书省和内侍省，合称五省。秘书省掌国家图书典籍，位高职闲；内侍省掌宫廷内部事务，长官由宦官担任。此外，还设有御史台掌监察，长官为御史大夫。大业三年（607），又新置谒者台和司隶台，掌传达命令和巡察京畿内外，与御史台合称三台，以加强对百官的控制和纠察。地方官制上，裁减冗官，并省地方行政机构。隋初，依然延续北齐、北周时期的州、郡、县三级制，但因南北朝以来郡县设置数量多且滥，开皇三年（583），隋文帝下令取消郡一级行政机构，改为州、县两级制，并且合并部分州县，裁减冗员，大大节省了政府开支，提高了行政效率。大业三年，隋炀帝改州为郡，变州、县两级制为郡、县两级制，同时并省诸郡，改变了南北朝时期郡县“倍多于古”“地无百里，数县并置”的情况[①]，全国共存190郡、1255县。并省州县、裁减冗官，一方面缩减了地方行政组织，节省了政府开支，减轻了百姓负担；另一方面强化了中央对地方的控制，加强了皇权统治，提高了行政效率。

---

①《隋书》卷四六《杨尚希传》，中华书局，1973，第1253页。

其二，罢九品中正制，创立科举制。魏晋以来，士族把持政权，选官以九品中正制为考核、品评机制，作为推荐人才的中正官皆由该州郡世家大族、贵族官僚担任。北朝后期，士族把持选官的局面发生变化，选举不再全凭门第，开始注重才学。西魏时，苏绰替文帝起草的六条诏书中提到："今之选举者，当不限资荫，惟在得人。"① 此后，"周氏以降，选无清浊"②。开皇三年（583），中央正式下令停止那些"操人主之威福，夺天朝之权势"的州郡中正官选举品评之权。开皇七年（587），朝廷下令：诸州岁贡三人，又考试秀才。据《隋书》卷二《高祖纪》记载，开皇十八年（598），又诏："京官五品以上及总管、刺史，并以志行修谨、清平干济二科举人。"但是，由于选拔标准的抽象以及甄选官员的主观性，采用地方官推荐人才的方式在操作上仍存在一定流弊。为此，隋炀帝时再行改革，"始建进士科"③。进士科的创置，使科举取士的方式越来越制度化，重才学轻门第成为新的人才选拔标准，打破了魏晋以来选举皆受士族门阀操控的局面。越来越多的庶族地主开始参与到国家管理中，加速了社会流动，优化了人才选拔机制，扩大了人才选拔范围，提高了国家行政效率。

其三，府兵制的发展。魏晋以来，推行兵、农分离的军事制度。西魏、北周建立府兵制初期，府兵仍不事耕作，府兵的军籍和编户齐民的民籍分开管理。北周建德二年（573），始募百姓充当府兵，府兵制和均田制逐渐结合在一起，逐渐趋向"兵农合一"化。开皇十年（590），隋文帝下诏："凡是军人，可悉属州县，垦田籍账，一与民同；军府统领，宜依旧式。"④ 此举改变了以往兵民分治的现象，实现了兵民共籍，军人亦可授田，且可免除租调。府兵制与均田制的结合，大大增加了府兵员额。西魏建立之初，府兵不满五万。北周灭齐后，府兵亦不超过二十万。至大业八年（612），隋征高句丽时，动员的府兵和募士人数超过一百三十万。关于府

---

①《北史》卷六三《苏绰传》，中华书局，1974，第 2234 页。
②《隋书》卷五六《卢恺传》，中华书局，1973，第 1384 页。
③《通典》卷一四《选举二·历代制中》，中华书局，1982，第 343 页。
④《隋书》卷二《高祖纪》，中华书局，1973，第 35 页。

兵的统帅方面，沿用“魏、周十二大将军之遗制”①，设置十二卫，每卫各置大将军一人，将军二人，以总府事，各卫总隶于皇帝。各卫所统军府，为府兵的基本单位，称骠骑府；大业三年（607），改称鹰扬府，是为唐折冲府的前身。隋朝在府兵制度上的改革，使府兵制与均田制进一步结合起来，扩大了兵源，巩固了府兵的经济基础，同时将府兵的统帅权集中于皇帝手中，进一步加强了中央集权统治。

政治上的一系列整顿和改革措施，对于隋政权的巩固和安定起到了积极作用。为了恢复生产、稳定民生、繁荣经济，隋统治者采取了授民田、轻徭役、薄赋税、核户籍、铸钱币等一系列发展经济的措施。

第一，均田令的颁布和实施。隋文帝继位之初，即着手整顿均田制。隋朝的均田令很大程度上继承了北齐的制度，具体规定为：一夫授露田八十亩，妇人四十亩，丁男另有桑田或麻田二十亩，是为永业田。奴婢依良人办法受田，官僚地主家的奴婢受田，按其地位高低限制在六十人至三百人之间。丁牛一头受田六十亩，限四头。这一法定受田数目在地多的宽乡尚可如数分配，但在人多地少的狭乡则很难分配到规定数目。例如，开皇十二年（592），因“京辅及三河，地少而人众，衣食不给”②，隋文帝命群臣商议，皆无良策，只得遣使四出均天下之田，结果狭乡每丁仅能受田二十亩，老人和孩子则更少。大业五年（609），隋炀帝诏天下均田，但此次均田的情况，史无明文记载，各地实行如何，结果不详。从均田令的颁布和实施情况看，很多均田户的实际受田数和规定的受田数存在较大差距，其根本原因在于均田制实施得不够彻底，均田制分配给人民的土地只是政府所能支配的土地和一些无主荒地，官僚地主的大土地所有制并没有根本改变。但是，均田制的实行，使农民多少获得了一些土地，一定程度上改变了农民缺田少地的情况，大大提高了农民的生产积极性，有力推动了抛荒土地的开垦，不仅增加了百姓收入，稳定了民生，而且有效保障了国家的赋税来源。

第二，改定赋役制度。隋朝的赋役制度与均田制相适应，具体规定

---

①《通典》卷二八《职官十·将军总叙》，中华书局，1988，第782页。

②《隋书》卷二四《食货志》，中华书局，1973，第682页。

为：18岁以上男为丁，60岁以上为老，丁需负担赋役，老则免除赋役。租调负担，以一床（即一夫一妻）为单位，每岁出租粟三石，调绢一匹，另加棉三两；不宜植桑之处，则改出调布一端（时六丈为一端），麻三斤；未婚丁男或奴仆，租调减半。力役负担，仍依北周制度，成年男丁每岁服力役一个月（即十二丁兵）。因隋初“承西魏丧乱，周、齐分据，暴君慢吏，赋重役勤，人不堪命，多依豪室，禁网隳紊，奸伪尤滋”[①]，隋文帝采纳高颎的建议，以轻徭薄赋来争夺劳动人手。开皇三年（583），朝廷下令，减绢调一匹（四丈）为二丈，军、人（民）以21岁成丁，比过去18岁成丁课役延迟了三年，又减岁役一个月为20天。开皇十年（590），朝廷又下令“百姓年五十者，输庸停防”[②]，即允许50岁以上的百姓纳布或绢来代役。隋炀帝即位后，“是时户口益多，府库盈溢”[③]，于是又免除妇女及奴婢、部曲之赋，男子以22岁成丁。三次赋役改革，不仅减轻了百姓的负担，增加了农民的剩余劳动时间，而且使荫蔽在世家大族庄园之下的大量依附民，有机会解放出来成为均田户，有力推动农业生产的发展，充实国家府库。

第三，检查户口、核定户等。南北朝时期，户口隐漏现象十分严重。隋朝建立后，政府为了严格户口检查，在畿内以五家为保，设有保长，五保为闾，设有闾正，四闾为族，设有族正；畿外保之上为里，设有里正，里以上为党，设有党长，以加强基层社会的管理[④]。开皇三年（583），隋文帝下令州县“大索貌阅”，依照本人体貌，核实户口登记之真伪，以防虚报年龄、诈老诈小，逃避赋役。一旦查出户口不实者，则里正、党长流配远方。同时，鼓励相互检举告发不实之户。又令大功亲（即堂兄弟）以下析户分居，各立户籍，以防包庇。经过此次户口检括，“计账进四十四万三千丁，新附一百六十四万一千五百口”[⑤]。大业五年

①《通典》卷七《食货七·丁中》，中华书局，1988，第156页。
②《隋书》卷二四《食货志》，中华书局，1973，第682页。
③《隋书》卷二四《食货志》，中华书局，1973，第686页。
④ 罗彤华：《唐代的伍保制》，台北《新史学》第8卷第3期，1997。
⑤《隋书》卷二四《食货志》，中华书局，1973，第681页。

(609)，经裴蕴建议，再次貌阅户口，“诸郡计账进丁二十四万三千，新附口六十四万一千二百”①。经过这两次大规模的貌阅户口，共检括出隐漏人口228万余。开皇五年（585），高颎又建“输籍法”，规定每年正月五日，由县令出查，令百姓五党或三党为一团，根据标准定户等上下。如此，则把户口和百姓应纳税额核定一清，有效避免了逃避赋税和任情舞弊的现象。更重要的是，国家所定税额较世家大族对佃客的剥削为轻，因此吸引了大批佃客脱离世家大族的荫庇，自归为国家编户。国家编户人数的激增，不仅扩大了国家的财政收入，同时又削弱了豪强大族的势力，从而加强了中央集权，促进了社会生产发展。

第四，统一钱币和度量衡。开皇初年，隋统治区内行用钱币十分混乱。关陇地区通行北周五行大布、永通万国钱和北魏所铸太和五铢钱，梁益地区杂用古钱交易，山东地区杂用北齐常平五铢钱，河西地区仍行用西域金银钱。钱币的不统一，严重影响了商品交换，妨害了全国经济和政治统一。杨坚称帝后，即令全国改铸五铢钱。开皇三年（583）四月，“诏四面诸关，各付百钱为样。从关外来，勘样相似，然后得过；样不同者，即坏以为铜，入官”②。开皇四年、五年，又严禁用他钱，“自是钱货始一，所在流布，百姓便之”③。灭陈之后，又废陈朝旧钱，在江南地区推行五铢钱，至此全国通行的钱币逐渐统一起来。隋王朝在统一货币的同时，还统一了度量衡，颁布开皇新制，市场交易，依此为标准。此后，又依据冀州刺史赵煚所造铜斗铁尺，颁行天下。钱币和度量衡的统一，便利了商品交换，刺激了手工业、商业的发展，有助于全国在经济上的统一。

总体来看，隋朝的建立，结束了魏晋南北朝以来长期分裂割据的局面，中国复归统一，民族融合进一步加强。统治者推行的一系列巩固统治、发展经济的措施，不仅打击了豪族势力，强化了中央集权，减轻了百姓负担，恢复了社会生产，而且为盛唐繁荣统一局面的开启奠定了重要基础。

---

①《隋书》卷六七《裴蕴传》，中华书局，1973，第1576页。

②《隋书》卷二四《食货志》，中华书局，1973，第691页。

③《隋书》卷二四《食货志》，中华书局，1973，第692页。

二、唐朝建立及其政治、经济的发展

唐朝的建立者李渊出身于关陇贵族，其祖父李虎为西魏八柱国之一，北周开国功臣，追封唐国公。其父李昺，北周时官至柱国大将军、安州总管，袭封唐国公。李渊为李昺长子，七岁时袭爵唐国公，隋文帝的独孤皇后为其姨母，因此深受隋文帝、隋炀帝重用，历任刺史、郡守、卫尉少卿等职。大业十一年（615），他被任命为山西河东慰抚大使；十三年初，又被任命为太原留守，据守北方重镇。

隋炀帝末年，农民起义遍及全国，黄河下游及江淮之间几乎皆被起义军控制。李渊镇守的太原为隋王朝在北方控制的三大重要据点之一。大业十二年（616），隋炀帝自洛阳去江都后，北方局势急转直下，且统治集团内部也开始离心离德。见隋政权大势已去，李渊利用镇压农民起义的借口，大肆募集兵士，秘密策划起兵，欲乘机取隋而代之。大业十三年（617）七月，李渊打着废昏立明、安定隋室的口号于太原起兵，率军三万向长安进发。大军一路沿汾水南下，八月攻下霍邑，全歼隋将宋老生部，又接连攻下临汾、绛郡，成功渡过黄河，西进关中。在西进期间，关中的李渊亲族积极响应起兵，军队迅速发展到二十余万人。十一月，李渊军攻破长安，立炀帝孙代王杨侑为傀儡皇帝（隋恭帝），遥尊在江都的隋炀帝为太上皇。李渊自称大丞相，封唐王，大都督内外诸军事。次年三月，隋炀帝在江都兵变中被杀；五月，李渊废杨侑而自立，定国号为唐，年号武德，定都长安（今陕西省西安市），李渊是为唐高祖。

唐王朝建立后，在稳定关中局势的同时，积极向四方扩展势力，并利用武力和分化瓦解的手段，逐步消灭各地武装力量。武德元年（618）十一月，李世民率军大破薛举之子薛仁杲，占领陇西地区；二年，唐朝利用李轨集团的内部矛盾，推翻其政权，不战而取河西五郡；三年，灭刘武周军，平定山西，尽复河东之地。三大割据势力被消灭，基本解除了西北、东北方向对关中地区的威胁，并使秦、晋之地连成一片；同年七月，李世民率军进攻割据洛阳的王世充；四年五月，窦建德出师救王世充被唐军击败，王世充被迫降唐；四年十月，唐军在李孝恭、李靖的率领下平荆州，萧铣降唐；五年，唐军消灭了林士弘在豫章建立的楚政权。此外，武德四年至七年（621—624），唐军又先后镇压了河北地区的刘黑闼、割据鲁南的徐圆朗、冀北的高开道，以及江南的辅公祏等起义军。至此，中原、长江中下游及岭南之地尽为唐王朝所有。贞观元年（627），盘踞于恒安镇（今山西大同）的苑君璋，摆脱突厥可汗的羁縻，归附唐朝。二年，乘突厥内乱之际，唐出兵围攻朔方，消灭了突厥册立的“解事天子”梁师都。至此，唐朝基本完成了全国的统一。

唐高祖李渊像

南薰殿历代帝王像之一，台北故宫博物院藏。

唐朝建立之初，因隋末战乱的影响，人口锐减，生产遭到极大破坏。据《旧唐书》卷一八五《良吏上·陈宾君》记载，唐太宗曾感慨：“隋末乱离，毒被海内，率土百姓，零落殆尽，州里萧条，十不存一。”为了尽快安定百姓生活，恢复社会经济，统治者采取了一系列革除积弊、缓和阶级矛盾的措施。

政治方面，李渊入关之初，即“约法十二条，唯制杀人、劫盗、背军、叛逆者死，馀并蠲除之”①，以严管军队纪律、整饬社会秩序，同时废除了隋朝的一些严刑苛法，并于武德七年（624）颁布了相对于隋律更为宽松的《武德律》。经济方面，武德二年（619），初定租庸调法，“每丁租二石，绢二丈，绵三两，自兹以外，不得横有调敛”②。六年，又颁

①《通典》卷一六五《刑法三·刑制下》，中华书局，1988，第4243页。

②《唐会要》卷八三《租税上》，中华书局，1955，第1530页。

布《简徭役诏》和《禁止迎送营造差科诏》两道诏令，规定各地州县，非有别敕，不得动辄征发百姓徭役，使民休养生息，以求家给人足。七年，重新颁布均田令和赋役令，不仅使农民在战争期间获得的土地合法化，流亡者得以复归版籍，而且重新规定了较之隋炀帝时期轻得多的赋役额度，同时发展了以绢代役的制度，为社会生产的恢复和发展提供了制度保障。

随着政权日臻巩固、社会日趋稳定，统治集团内部的权力之争日益激化。秦王李世民由于在统一战争中战功卓越，实力和声望不断提升，由此引起其兄太子李建成和其弟齐王李元吉的猜忌。武德九年（626）六月四日，李世民先发制人，率长孙无忌、尉迟敬德、侯君集等人，设伏于长安太极宫北面的玄武门，射杀了一同参加早朝的李建成、李元吉，并迫使唐高祖立其为太子，发动夺权政变，史称“玄武门之变”。八月八日，唐高祖禅位于李世民，次年改元贞观，李世民是为唐太宗。唐太宗在位的二十三年间，励精图治，在唐高祖建制的基础上，采取了一系列稳定政治、发展经济的措施，以完善国家制度，巩固中央集权，安定百姓生活。

唐太宗李世民像

南薰殿历代帝王像之一，台北故宫博物院藏。

第一，加强政权机构建设。唐代的政权机构建设，在隋的基础上进一步调整和补充，并将其发扬光大。中央政务机构主要有三省、六部、一台、九寺、五监。三省之中，中书主起草诏令。门下主审议诏令，为决策机构。门下省若发现中书所拟诏令中有所违失，有权驳正，封还中书重新拟定。尚书省是执行机构，下辖吏、户、礼、兵、刑、工六部，负责贯彻各项诏敕和政策。唐太宗十分重视三省制度，多次告诫臣下应严格遵守，按照制度办事，不要迁就皇帝个人意见。一台，即御史台，唐朝中央最高监察机构，长官为御史大夫，下设台院、殿院、察院，主掌“刑法典章，纠正百官之罪恶”①。九寺，由秦汉九卿发展而来，即太常寺、光禄寺、卫尉寺、宗正寺、太仆寺、大理寺、鸿胪寺、司农寺、太府寺，主掌国财、珍馐、器械、皇族、车马、刑狱、外宾、仓储、库藏等事务。五监，即少府监，掌百工技巧；军器监，掌兵器制造；将作监，掌宫室修建及工匠之政；都水监，掌山泽、河渠之政；国子监，掌儒学训导之政。地方上，唐代仍实行州、县两级制，州设刺史，县设县令。贞观十三年（639），全国共有358个州、1511个县。为了加强对地方的控制，唐太宗于贞观初年依据山川形势之便，将全国划分为10道，以监察巡视地方州县。县以下地方基层组织有乡、里，以百户为里，五里为乡，每里设里正一人，负责“按比户口，课植农桑，检查非违，催驱赋役”②，以加强对基层社会的控制。③

第二，整顿健全府兵制度。唐朝建立后，继续沿用隋代的府兵制。武德二年（619），唐高祖分关中为十二道，置十二军，称“统军府”。贞观十年（636），唐太宗对府兵制进行整顿，改军府为“折冲府”。折冲府大都根据军府所在地各自为名，有上、中、下三等之分，上府1200人，中府1000人，下府800人。每府置折冲都尉一人，及左右果毅都尉各一人。折冲府下有团，每团200人，设有校尉；团下有旅，每旅100人，设有旅正；旅下有队，每队50人，设有队正；队下有火，每火10人，设有火长。府兵大都从均田户中选拔充任，每三年挑选一次，称为“拣点”。“拣点之法，财均者取强，力均者取富，财力又均，先取多丁”，④

①《新唐书》卷四八《百官志三》，中华书局，1975，第1235页。

②《通典》卷三《食货三·乡党》，中华书局，1988，第63页。

③ 上述参考白钢主编，俞鹿年著《中国政治制度通史·隋唐五代卷》，人民出版社，1996。刘后滨：《唐代中书门下体制研究：公文形态、政务运行与制度变迁》，齐鲁书社，2004。该书对中书门下的研究，从角度和方法上都有新的推进。

④《唐律疏议》卷一六《擅兴律》，“拣点卫士征人不平”条，中华书局，1983，第302页。

21岁及龄入役，60岁满龄退役，入役时需自备行装、武器、军粮，赋役期间本身免租调。府兵平日在各府驻地从事农业生产，只有在每年冬季的十一月至折冲府指定的地点进行集中军事训练，实行兵农合一制。此外，府兵还需轮番到京师宿卫，去防戍处所防戍，或是出征打仗。凡有征伐，则由朝廷临时任命高级将领统帅作战。战争结束后，“兵散于府，将归于朝”①，以防止将帅拥兵跋扈，有利于加强中央集权和维护国家统一。②

第三，注重人才培养和选拔。唐朝对于人才培养十分重视，在继承南北朝教育制度的基础上，进一步扩大充实，设有官学和私学两大系统。中央官学主要是“六学二馆”。六学，指国子学、太学、四门学、律学、书学和算学，隶属于国子监。国子监置国子祭酒一人，各学置博士、助教和直讲，以教授生徒。贞观十四年（640），“增筑学舍千二百间，增学生满二千二百六十员”，选名儒充任学官，“于是四方学者云集京师，乃至高丽、百济、新罗、高昌、吐蕃诸酋长，亦遣子弟请入国学，升讲筵者至八千余人”。③ 二馆，指隶属于门下省的弘文馆和隶属于东宫的崇文馆，皇族勋戚子弟才有资格入馆学习，可称之为“宫廷学院”。地方官学由京都学、都督府学、州学、县学、市镇学、里学组成，以九经为主要修习内容。官学之外，“许百姓任立私学”，多由未仕士人或退休官僚招徒授业。这些学成士子主要通过科举考试参与国家人才选拔。科举分为常举和制举两种。常举主要有秀才、明经、进士、明法、明算、道举、童子等科。其中，明经、进士两科最为主要。明经科主考的帖经以死记硬背为主，进士科主考的诗赋则需要独立思考，故中明经易，中进士难。因此，有“三十老明经，五十少进士”之说，进士登科亦被称为“登龙门”。制举是由皇帝亲自主持的考试，不常举行，取人极少，科目多临时设置，较重要的有贤良方正科、直言极谏科、博学宏

①《新唐书》卷五〇《兵志》，中华书局，1975，第1328页。

② 以上可参阅杜文玉《唐代军事史》，军事科学出版社，1998。

③ 司马光：《资治通鉴》卷一九五，唐太宗贞观十四年二月丁丑，中华书局，1956，第6153页。

辞科等。科举制度通过开科取士的统一方式选拔人才，相较于九品中正制更为公平和进步，不仅沉重打击了门阀士族势力，为庶民阶层提供了晋升的机会，而且对于提高官吏素质、改善吏治具有积极意义。①

第四，着力恢复社会经济。唐太宗继位之初，社会经济凋敝，民生亟待恢复。据记载，“自京师及河东、河南、陇右，饥馑尤甚，一匹绢才得一斗米”，致使百姓“东西逐食”。② 为此，唐太宗在修明政治的同时，还注重社会经济的恢复。在稳步推行从武德七年（624）开始实施的均田令和租庸调制的基础上，推行了一系列去奢省费、轻徭薄赋的措施，不仅使无主荒地得以开垦，百姓有田可耕，而且减轻了赋役压力，改善了农民处境，使百姓得以休养生息。经过短短几年的发展，至贞观三年（629），“关中丰熟，咸自归乡，竟无一人逃散”③；四年（630），“天下大稔，流散者咸归乡里，米斗不过三、四钱”④。随着农业生产的日渐恢复，社会秩序日趋稳定，为商业的发展提供了安定的社会环境，“商旅野次，无复盗贼，囹圄常空，马牛布野，外户不闭。又频致丰稔，米斗三四钱，行旅自京师至于岭表，自山东至于沧海，皆不赍粮，取给于路”⑤。虽然史家的记录多有溢美之词，但总体上反映了贞观年间的治世局面。

承唐太宗“贞观之治”的局面，唐高宗李治继位时，政治清明、社会安定、经济发展蒸蒸日上。唐高宗前期，在长孙无忌、褚遂良、李绩等贞观老臣的保驾护航下，对内统治稳定，对外战争不断取得胜利。自显庆五年（660），唐高宗身染重病，风旋头重，目不能视，开始让武则天协助裁决政事。由于武则天处理政务得当，至麟德元年（664），发展到唐高宗“每视事，则后垂帘于后，政无大小，皆与闻之，天下大权，

---

① 参阅吴宗国《唐代科举制度研究》相关部分，辽宁大学出版社，1992；今据该书再版本，北京大学出版社，2010。

②《贞观政要》卷一《政体第二》，中华书局，2011，第 53 页。

③《贞观政要》卷一《政体第二》，中华书局，2011，第 53 页。

④ 司马光：《资治通鉴》卷一九三，唐太宗贞观四年十二月甲寅，中华书局，1956，第 6085 页。

⑤《贞观政要》卷一《政体第二》，中华书局，2011，第 53 页。

悉归中宫"[①] 的局面。弘道元年（683），唐高宗病逝，太子李显继位，是为唐中宗。次年，武则天废中宗，另立四子李旦为皇帝，是为唐睿宗。载初元年（689）9 月，武则天再废睿宗，宣布改唐为周，自称皇帝，以洛阳为神都，改元天授。

武周代唐过程中，遭到了士族势力的强烈反对。唐高宗和武则天大力扶植庶族势力，依靠新兴的庶族力量沉重打击了士族阶层。武周建立后，武则天更是利用酷吏大力清洗反对势力，欲"尽诛皇室诸王及公卿中不附己者"[②]，以李唐宗室为首的关陇贵族元气大伤，庶族官僚实力迅速增长。在人才选拔上，武则天首创皇帝亲自策问举人的殿试制度；长安二年（702），又开武举，广泛延揽人才。此外，她还创立了"自荐"和"试官"制度，鼓励官员和百姓自荐，以求选拔更多可用之才。同时，武则天特别重视农业生产，多次发布劝课农桑令，命人编撰农书颁行天下，以指导农业生产，且将农业政绩的好坏作为地方官升迁的重要标准。在其统治期间，社会经济持续发展，府库丰盈。长安四年（704），"神都帑藏储粟，积年充实，淮海漕运，日夕流行"[③]。人口也迅速增长，永徽三年（652），全国户数 380 万，经唐高宗、武则天两朝发展，至神龙元年（705），增加到 615 万余户，仅半个世纪，增长近一倍。

先天元年（712），唐玄宗继位，结束了武则天退位之后动荡的局面，经过一系列针砭时弊的改革，迎来了"开元盛世"的辉煌时期。政治上，他裁汰冗官，整顿吏治。武则天时代由于选官滥杂，造成官僚机构膨胀。尤其是中宗复位以后，由于韦皇后、安乐公主等大肆卖官，官吏员额急剧增多，西京、东都各置两吏部侍郎，每年选官达数万人，导致政府开支巨大，人民负担加重。唐玄宗继位后，停废闲散诸司，精简机构，纠正官吏滥冗现象。同时，严格把控官吏铨选，颁布《整饬吏治

---

① 司马光：《资治通鉴》卷二〇一，唐高宗麟德元年十二月戊子，中华书局，1956，第 6343 页。

②《旧唐书》卷一八三《武承嗣传》，中华书局，1997，第 4729 页。

③《唐会要》卷二七《行幸》，中华书局，1955，第 518 页。

诏》，规范官吏考核机制，并从法律上杜绝冗官滥吏，以保证行政效率。经济上，改革征税机制，助力农业生产。一方面，针对数量庞大的食封贵族和封户，导致“国家租赋，大半私门，私门资用有余，国家支计不足”[①] 的情况，唐玄宗登基后，在取消食封贵族特权的同时，规定封主的租调改归国家统一征收，再由朝廷拨发给各封主，此举不仅抑制了食封贵族的势力，增加了朝廷的赋税收入，也减轻了部分百姓的负担。另一方面，开元九年（721），面对武周以来均田制被日趋破坏，土地兼并和农户逃亡现象日益严重的情况，唐玄宗任命宇文融为劝农使，赴各地检田括户，使流亡百姓重新回到均田上去，既增加了政府收入，又缓解了阶级矛盾。[②] 同时，为了给百姓创造更好的耕作条件，唐玄宗一朝，全国各地大力兴修农田水利工程、大兴屯田，耕地面积不断增加，耕作条件不断改善，是时府库丰盈、海内富实。

经过一百余年的恢复发展，唐朝的国势至玄宗时期发展至鼎盛，社会稳定，经济繁荣，四海升平。但在富强繁盛的表象之下，潜藏着深刻的社会危机，大唐的基业正在被逐渐腐蚀。自天宝年间开始，唐王朝的政治危机日益突显。唐玄宗从原来的励精图治转向奢靡腐败，致使奸佞掌权，官场变得十分黑暗。唐初已露端倪的土地兼并至玄宗朝也严重恶化，“开元之季，天宝以来，法令弛坏，兼并之弊，有逾于汉成、哀之间”[③]，“王公百官及富豪之家，比置庄田，恣行吞并……致令百姓无处安置”[④]。面对均田制的日趋破坏，朝廷曾多次下令禁止土地兼并，并进行大规模的检田括户，但兼并之势始终无法有效遏制。随着均田制被破坏，府兵制难以为继，为了弥补兵源不足，开元年间，募兵制日益发展起来，并最终取代府兵制。[⑤] 由于唐玄宗穷兵黩武、喜立边功，导致军

①《唐会要》卷九〇《缘封杂记》，中华书局，1955，第 1644 页。

② 杨际平：《隋唐均田、租庸调制下的逃户问题——兼谈宇文融括户》，《中国社会经济史研究》1986 年第 4 期；高敏：《唐宇文融括地、括户史实考辨》，《社会科学战线》1990 年第 4 期。

③《通典》卷二《食货二・田制下》，中华书局，1988，第 32 页。

④《册府元龟》卷四九五《邦计部・田制》，凤凰出版社，2006，第 5623 页。

⑤ 张国刚：《唐代兵制的演变与中古社会变迁》，《中国社会科学》2006 年第 4 期。

事格局由“内重外轻”转变成“内轻外重”，藩镇势力不断膨胀，离心力不断增强，为“安史之乱”的爆发埋下了隐患。

天宝十四年（755）十一月，安禄山在范阳起兵叛乱，由此揭开了地方割据势力长期与唐中央争夺统治权的序幕。在回纥军队的介入下，广德二年（764）初，唐军平定了持续七年之久的叛乱。历经此乱，唐朝统一、繁盛的景象不再，藩镇割据愈演愈烈，边患不断，经济萧条。①

天宝年间敦煌县差科簿

发现于敦煌莫高窟，现藏于法国国家图书馆。差科簿是唐代地方政府征发徭役的依据。

为了恢复遭战乱破坏的社会经济，增加财政收入，唐政府推行了一系列改革措施，其中两税法的实施效果较为显著。本已遭到破坏的均田制，在安史之乱的催化下，逐渐土崩瓦解，与之相对的租庸调制也难以为继，农户大量逃亡。为了弥补财政亏空，政府先后出台许多新的税收项目，导致赋税制度日趋混乱。为了整顿赋税征收的混乱局面，增加政府收入，建中元年（780），唐德宗听从宰相杨炎的建议，废除租庸调制及一切徭役，改行两税法，即在原有地税和户税的基础上，统一按每户实有田亩和资产征税，每年分夏、秋两季交纳。两税法的实行，改变了自战国以来以人丁为主的赋税制度，代之以资产为宗，有效扩大了纳税面，不仅缓解了政府的财政压力，也在一定程度上改变了贫富负担不均

① 张国刚：《唐代藩镇研究》，湖南教育出版社，1987；今据该书增订版，中国人民大学出版社，2010。

的局面，使动荡不安的政治局面逐渐稳定下来。[①]

两税法颁行之初，规定除两税之外，不得征收其他税，然而这种局面仅维持了较短的时间。此后不久，各种苛捐杂税又纷纷出台，加之钱重物轻等原因，百姓负担愈加沉重。与此同时，土地兼并日益严重，导致富者田连阡陌，贫者无立锥之地，大量农民失去土地，衣食无着。腐朽的统治，黑暗的社会，百姓的凄苦，导致阶级矛盾一触即发。唐末农民大起义接连爆发，尤其是黄巢起义[①]，影响极大。该起义虽然没能推翻唐政权，却使唐朝国力大衰，"郡将自擅，常赋殆绝；藩镇废置，不自朝廷"[②]，唐王朝至此已名存实亡。

第二节　隋唐时期的政治空间

隋朝建立后，统一南北，积极向四方拓展，中原王朝的疆域大致恢复到汉代的范围。唐代隋而立，不仅将隋末以来的割据势力悉数消灭，恢复了隋全盛时期的版图，并且进一步开疆拓土，在边疆地区先后设置六个都护府和若干边州都督府。至唐高宗龙朔年间，唐朝的统治疆域达至极盛。但安史之乱以后，唐朝对于边疆地区的控制力逐渐丧失，实际

① 有关唐朝两税法的制度设计与具体实行，学界尚存争论。参阅陈明光《"量入制出"与两税法的制税原则》，《历史研究》1986年第1期；陈明光：《论唐朝两税预算的定额管理体制》，《中国史研究》1989年第1期。陈明光：《试论唐后期的两税法改革与"随户杂徭"》，《中国社会经济史研究》1994年第3期。陈明光：《唐代财政史新编》，中国财政经济出版社，1991年初版，1999年第2次印刷。陈明光：《从"两税外加率一钱以枉法论"到两税"沿征钱物"——唐五代两税法演变续论》，《魏晋南北朝隋唐史资料》第25辑，2009。郑学檬主编：《中国赋役制度史》，厦门大学出版社，1994年初版；上海人民出版社，2000年新版。胡戟主编：《二十世纪唐研究·经济卷》之"赋役"部分（陈明光执笔），中国社会科学出版社，2002。

① 胡如雷：《唐末农民战争》，中华书局，1979。

②《旧唐书》卷一九下《僖宗纪》，中华书局，1975，第720页。

控制版图日趋缩小。

一、隋朝的统治疆域

公元581年，隋文帝杨坚代周称帝，建立隋朝。隋朝在继承北周疆域的基础上，分别于开皇七年（587）、九年，先后灭梁、平陈，统一南北，版图进一步扩大。大业元年（605）、五年，隋炀帝南平林邑，北定吐谷浑；六年，又将海南岛重新纳入中原王朝控制范围。此时，隋的统治疆域达到极盛。为了加强对地方的有效统治，隋朝统治者一方面变革南北朝时期较为混乱的州、郡、县三级地方制行政区划，改为州（郡）、县两级制，另一方面在新统治区内设置郡县，以使全国行政区的数量和分布更为合理，边疆统治更为巩固。

隋代周而立，继承了北周的疆域，而北周后期的疆域又是在灭北齐以后形成的，北齐、北周的建立又源自东魏、西魏，东、西魏又由北魏分裂而来，故要明确隋的疆域，首先需要了解北魏的疆域。北魏的统治疆域，据顾祖禹所著之《读史方舆纪要》卷四记载："北逾大碛，西至流沙，东接高丽，南临江汉。"北边的疆界大碛，即今内蒙古高原上的戈壁滩。神䴥二年（429），太武帝拓跋焘兵分两路攻打柔然，凯旋后"列置新民于漠南，东至濡源（即滦河之源，滦河发源于今河北省东北部围场县一带），西暨五原（今内蒙古包头市西北）、阴山，竟三千里"①，以此作为北部边疆的界线。为了防止柔然再度侵扰，北魏政府沿此界线以北，筑六镇以防之。六镇，即沃野（今内蒙古五原北）、怀朔（今内蒙古固阳西南）、武川（今内蒙古武川西）、抚冥（今内蒙古四子王旗东南）、柔玄（今内蒙古兴和西北）、怀荒（今河北张北县境）。此后，北魏的北边疆域虽有所变动，但大致仍以六镇为其北界。西边的疆界流沙，泛指今甘肃、新疆地区的沙漠地区。太平真君六年（445），北魏军队曾西进至鄯善，将西部边境拓展至今新疆若羌一带。但至西魏时，吐谷浑势力不断壮大，青海、甘肃等大片区域被其占领，西魏西界仅至今

①《魏书》卷四上《世祖纪》，中华书局，1974，第50页。

敦煌一带。北周后期，曾攻取吐谷浑部分土地，增置扶州（今四川松潘）、洮州（今甘肃临潭），但整体上没有太大变化。东部和南部疆界则较为明确，即东边疆域与高丽接壤，在今辽河一带；南临江汉，即南部疆域以长江为界。北魏至北周近二百余年间，虽然征伐不断，政权更迭频繁，各国间疆域也时有变动，但北周后期的疆域与北魏时期的版图相较并无太大变化。总体而言，东北方向以辽河为界，东临大海，南至长江，西南至云贵中部，西北达甘肃敦煌，北抵内蒙古五原县以北。隋代周后，继承了这一疆域范围。

隋朝立国之初，隋文帝即有并吞江南之志。此时，隋南部有西梁和陈两个政权，但西梁自梁宣帝萧察开始，已成为西魏、北周的附庸，灭西梁只是时机问题，能够对隋南部构成威胁的仅有陈政权。关于陈朝的疆域，据《隋书·地理志》记载："逮于陈氏，土宇弥蹙，西亡蜀、汉，北丧淮、肥，威力所加，不出荆、扬之域。"在南朝宋、齐、梁、陈四代中，陈的疆域最小。其边界东临大海，西至今湖北宜昌一带，南拥交、广二州，北至长江。开皇元年（581），隋文帝任命贺若弼为吴州总管，镇广陵；任命韩擒虎为庐州总管，镇庐江，潜为经略，伺机伐陈。次年，隋将邓孝儒乘陈皇位更迭之际，攻陈之甑山镇（今湖北汉川县东南）。陈军不敌，涢口（今湖北汉川县东北）、甑山、沌阳（今湖北汉阳县东）守将皆弃城逃走，司马消难曾于大象二年（580）七月降陈的九州八镇[①]尽归于隋。开皇三年（583），隋

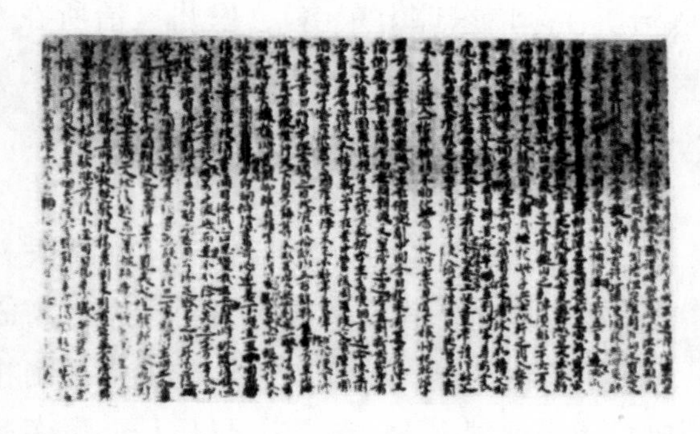

韩擒虎话本

甘肃敦煌莫高窟发现，现藏于英国国家博物馆。《话本》比较详细地描述了韩擒虎袭寨破阵、降服陈将任蛮奴、擒拿陈后主陈叔宝的故事，把他塑造成一个有智有勇的英雄。

① 九州，即郧、随、温、应、土、顺、沔、偎、岳九州；八镇，即鲁山、甑山、沌阳、应城、平靖、武明、上明、溳水八镇。

因北征突厥，暂时与陈修好，以解南部威胁。七年，隋借西梁主萧琮入长安之机，派兵进驻江陵，灭西梁，江陵沿江三百里之地皆并入隋。八年十月，隋文帝派八路大军攻陈。次年正月，建康被攻陷，陈后主叔宝被擒，陈灭。长江上游的军队得知建康被破，纷纷卸甲投降于隋，岭南诸州也皆归附于隋。平陈之后，陈的全部领土皆归于隋。

隋平陈之后，继续向南经略。仁寿二年（602），交州俚人李佛子叛乱，隋文帝派大将军刘方前往平叛。叛乱平定后，刘方被命南行经略林邑（位于越南中、南部），遭到林邑王梵志抵抗。大业元年（605）四月，刘方率军至林邑国都，林邑王弃城奔海，林邑国灭。隋朝在此地设置荡、农、冲三州，大业三年（607）改州为郡时，此三州又更为比景、象浦、海阴三郡。但由于距离遥远，隋朝鞭长莫及，对此地难以控制。加之隋军撤退后，林邑王梵志旋即返回，“复其故地，遣使谢罪，于是朝贡不绝”[①]。可以说，隋朝的南疆虽短暂到达林邑，但并未能够长期控制该地区。

隋朝在南方经略的又一重要成就，是将海南岛重新纳入中原王朝版图。元鼎五年（前112），西汉军队灭南越，汉武帝在海南岛设置珠崖（治所在今广东琼山东南）、儋州（治所在今海南省儋州市西北）二郡，海南岛首次为中原王朝所据。但至昭帝、元帝时，由于当地人民的反抗，两郡先后脱离西汉王朝统治。南朝梁、陈政权虽然在海南岛设置了崖州，但并未能有效控制。隋朝之所以能在海南岛重新设立行政区，将其划归中央，当归功于当地俚族首领冼夫人。冼氏世代为南越首领，至冼夫人时，她不仅在俚族人当中具有极高的威望，而且海南岛上的儋耳人也多归附于她。隋朝初年，冼夫人迎隋将入广州，效忠于隋。隋文帝册封她为谯国夫人，统辖六州兵马，海南岛即在这六州之中。冼夫人去世后，隋炀帝将其所管辖的区域收归中央，并于大业六年（610），在海南岛上设置珠崖、儋耳、临振三郡。此后，历代王朝对海南岛的行政管辖再未中断。

在北部地区，隋朝通过战争和分化瓦解相结合的措施，逐步消除了突厥势力对北部边疆的威胁。开皇三年（583），沙钵略可汗被隋打败，

①《隋书》卷五二《南蛮传》，中华书局，1973，第1832页。

突厥汗国分裂为东、西突厥，其实力开始逐渐削弱。开皇十九年（599），沙钵略可汗之子都蓝可汗因不满隋朝嫁安义公主于其弟突利可汗，于是兴兵攻打突利。突利战败降隋，隋朝封其为启民可汗。不久，都蓝可汗被其部下所杀，启民可汗完全占有东突厥故地，至此，东突厥与隋的关系更为紧密。仁寿三年（603），西突厥发生内乱，达头可汗不知所终，处罗可汗继位，隋统治者指使达头可汗之孙袭击处罗可汗。处罗可汗战败，于大业七年（611）降隋。隋朝在降服了东、西突厥之后，乘势从突厥人手中夺回河套地区，并设置五原、榆林等郡进行管理，将北部疆界扩展至阴山以北地区。

隋朝的西北部边疆，在开皇年间曾多次受到吐谷浑的侵扰。吐谷浑原是鲜卑慕容部的一支，在西晋末年鲜卑族大迁徙时，迁移至今青海地区，后征服当地的羌族，建立了吐谷浑国。据《周书》卷五〇《吐谷浑传》记载，公元5世纪时，其疆域拓展至今新疆东南部地区，辖境“东西三千里，南北千余里”，成为西部边陲的强大势力。[①] 隋朝初年，吐谷浑乘周、隋改朝换代之际，屡屡侵扰隋的西北边境。大业五年（609），隋炀帝派杨雄、宇文述率军大败吐谷浑，“自西平临羌城（今青海湟源湟水北岸）以西，且末（今新疆且末南）以东，祁连以南，雪山（昆仑山脉）以北，东西四千里，南北二千里，皆为隋有”[②]。随后，隋朝在吐谷浑故地设置鄯善（今新疆若羌）、且末、西海（今青海共和西北）、河源（今青海兴海东南）四郡，列置“郡县镇戍，发天下轻罪徙居之”[③]。大业六年（610），隋朝又在脱离突厥控制并已内附的新疆哈密地区设置伊吾郡。

隋朝建立后，经过一系列的战争，在灭西梁、平陈朝之后，又南平林邑，北击突厥，西定吐谷浑。至大业年间，隋的统治疆域空间扩大至

---

① 周伟洲：《吐谷浑史》，宁夏人民出版社，1985；广西师范大学出版社，2006；今据商务印书馆，2021。朱悦梅、康维：《吐谷浑政权交通地理研究》，中国社会科学出版社，2021。

②《隋书》卷八三《吐谷浑传》，中华书局，1973，第1845页。

③《隋书》卷八三《吐谷浑传》，中华书局，1973，第1845页。

"东西九千三百里，南北万四千八百一十五里。东、南皆至海，西至且末，北至五原，隋氏之盛，极于此也"①。

为了加强对所统治疆域的有效管理和控制，同时针对南北朝时期州郡数量增多、设置混乱、分布不均的情况，隋文帝于开皇三年（583），罢天下诸郡，以州统县，改三级制行政区划为二级制；同时，"别置品官，皆吏部除授，每岁考殿最"，以政绩定品级，加强对地方官的考核，并规定"刺史、县令三年一迁，佐官四年一迁"，② 从而使制度正规化，管理规范化。这次大规模整顿地方政区的地域范围基本上在长江以北。开皇九年（589）平陈以后，隋开始在江南地区进行改制，长江沿线地区进行得较为顺利，但岭南地区工作的推进却遇到了一些阻力。至开皇十年（590）甚至更晚的时候，废郡工作才得以完成。开皇十四年（594），改九等州县为上、中、中下、下四等，此举不仅减少了等级，缩小了差别，有利于简化行政管理，还有益于不同州县的发展。

隋文帝当政的二十余年间，疆域扩大，户口激增，故多次增置州县。至仁寿四年（604），全国共有州 303 个、县 1362 个。县数虽未及开皇初年，但州数已多出 50 余个。大业二年（606）春，隋炀帝遣十二使赴各地并省州县，此次共裁减 121 州、216 县。③《隋书》卷三《炀帝纪》曰"大业三年夏四月壬辰，改州为郡"，隋炀帝此次改州为郡并非简单的名称变化，而是实质内容的变更，罢州置郡，变刺史为太守，最高一级地方行政官员相较于之前降了一级。同时，又别置都尉以领兵，增设通守、郡丞以分太守之权，避免地方长官权力过大，以加强中央对地方，尤其是对边疆地区的管控。至大业五年（609），全国共存 190 郡、1255 县，平均每郡领县 6 个以上。隋炀帝在并省州县、罢州置郡之后，又设监察之官，正式建立地方政区巡查制度。据《隋书》卷二八《百官志》记载，隋炀帝时期置司隶刺史，分部巡查，"每年二月乘轺巡郡县，

---

①《隋书》卷二九《地理志上》，中华书局，1973，第 808 页。

②《隋书》卷二八《百官志》，中华书局，1973，第 792 页。

③ 参阅韩昇《隋文帝传》相关部分，人民出版社，1998。周振鹤主编，施和金著：《中国行政区划通史·隋代卷》，复旦大学出版社，2009，第 83—112 页。

十月入奏”，巡查内容类似于汉代的“六条问事”。此项制度若执行良好，则对于加强地方监管，强化和稳定中央集权大有裨益。但几年之后，隋炀帝又罢司隶台，仅留司隶，设从事之名，不为常员，未能很好地坚持这一原本设置有效的巡查制度。加之隋朝国祚较短，这一制度在加强隋代对所统疆域的管控方面效果不彰。但是，对唐代道及宋代路的设置产生了积极影响，并对后世有效监管地方提供了可资借鉴之举。

二、唐朝的疆域统治及其变化

618年，李渊建立唐朝，并很快成长为当时世界上最为强盛的国家之一。在中原王朝与周边少数民族政权争斗、融合的过程中，唐朝的疆域经历了由开拓、发展到极盛、收缩的过程。

唐朝开元之时，关中地区已尽为所有。为了巩固关中根据地，李渊将战争矛头首先对准了割据金城（今甘肃兰州）的薛举、薛仁杲，割据武威的李轨和割据马邑（今山西朔州）的刘武周，并于武德元年（618）至三年先后将其剪灭，尽取陇西、河西、河东之地。随后，唐朝全力经略中原和江南等地，至武德七年（624），中原、长江中下游及岭南地区皆纳入唐朝版图。贞观二年（628），唐太宗乘突厥内乱之机，灭掉了占领朔方的梁师都。至此，隋末以来的割据势力已全部被消灭，唐朝完成了统一。

为了加强对地方的有效管理，唐太宗在州、县制的基础上，于贞观初年将全国分为十道，派遣巡察使赴各道监察地方官员。据《唐会要》记载：“贞观元年（627）三月十日，并省州县，始因关河近便分为十道：一曰关内道、二曰河南道、三曰河东道、四曰河北道、五曰山南道、六曰陇右道、七曰淮南道、八曰江南道、九曰剑南道、十曰岭南道。”① 可见，唐太宗划分十道的目的，一方面是为监察地方，另一方面是为并省州县。神龙二年（706），选内外五品以上官员二十人为十道巡察使，两年一代，以巡查州县，具有临时差遣性质的诸道监察官成为常设官员。

①《唐会要》卷七〇《州县分望道》，中华书局，1955，第1231—1232页。

开元二年（714），称为十道按察采访处置使。至开元二十二年（734），分全国为十五道，各处设置采访处置使。乾元元年（758），改采访处置使为观察处置使，“掌所部善恶”。开元以后，方镇权力日重，节度使往往兼领观察处置使，割据一方。至此全国分为四十余道，一道即为一个军事割据区或行政区。唐初作为监控地方、加强中央统治的道，至唐末其性质已大为不同，其监察地方的职能逐渐丧失。①

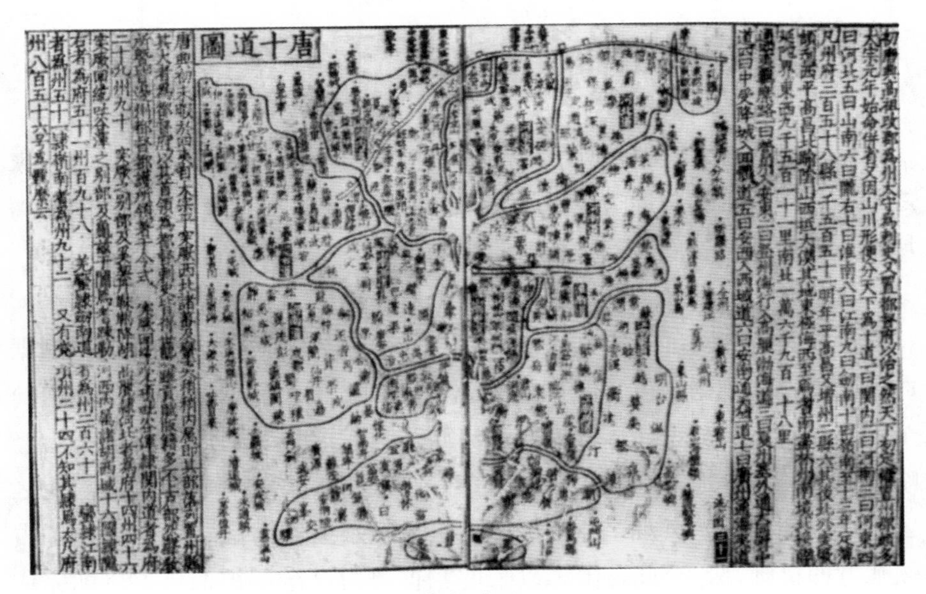

唐十道图

随着隋朝的覆灭，至唐朝初年，除海南岛以外，隋朝扩大的疆域不仅全部丧失，而且北部边疆频频受到突厥的侵扰，甚至连首都长安也受到威胁。但随着国内局势的稳定，唐朝很快转守为攻，积极恢复和开拓疆域，并在这一过程中促进了民族融合，推动了我国统一的多民族国家的进一步发展。

降及隋末，东突厥势力逐渐强大，历始毕、处罗、颉利三可汗，渐至鼎盛。其间不断向南侵扰，并操纵北方地区各方反隋势力，控制了中国北方大部分地区。唐朝建立后，东突厥仍不断向内地侵扰，颉利可汗

① 有关于此，请参阅胡如雷《李世民传》相关论述，中华书局，1984。

和突利可汗曾两度率军进犯关中，进逼长安。在这种形势下，唐朝统治者积极部署，伺机反击。贞观元年（627），东突厥遭受持续多年的旱蝗灾害和突发的雪灾，羊马多死，民大饥。恰逢此时，其内部又发生动乱，民众起义不断，内部矛盾不断激化。贞观二年（628），唐灭占据朔方且依附于东突厥的梁师都，实际上已经拉开了进攻东突厥的序幕。同年，盘踞于马邑、恒安的苑君璋见东突厥内乱，率部降唐。唐朝与东突厥的抗衡局势由此逆转，并将疆域推进至河套地区，势力进逼东突厥本部。贞观四年（630），唐太宗乘突厥内部分裂之时，派李靖、李绩为行军总管，统兵十万分路出击，奇袭定襄、云中，一举歼灭东突厥。至此，整个大漠以南，阴山南北，皆为唐所有。东突厥灭亡后，为了安置突厥降户，唐政府在东起幽州，西至灵州（今宁夏灵武县西南）一带，“分突利故所统之地，置顺、祐、化、长四州都督府，又分颉利之地为六州，左置定襄都督府，右置云中都督府”①，任用突厥贵族为刺史，管理突厥部落内部具体事务。

东突厥灭亡后，薛延陀汗国迅速强大，其领土东接室韦（今黑龙江），西至金山（即阿尔泰山），南接漠南，北临瀚海，回纥、拔也古、阿跌、同罗、仆固等部均受其奴役，一时成为漠北的强大势力，黄河以北的漠南突厥降户亦被其侵逼。为此，唐太宗于贞观十三年（639）扶植阿史那思摩，重建突厥政权，并命其率突厥降户迁于黄河以北，为唐保塞。同时，遣使告知薛延陀汗夷男，薛延陀在碛北，突厥在碛南，各守疆土，镇抚部落，“其逾分故相抄掠，我则发兵，各问其罪”②。虽然东突厥灭亡后，“斥土界至于大漠”③，即东突厥部分领土归于唐，但其时唐的北部边疆仍然不过碛口。薛延陀首领夷男因不满唐太宗令其与阿史那思摩各据漠南、漠北，于贞观十五年（641），命其子率精兵二十万向

① 司马光：《资治通鉴》卷一九三，唐太宗贞观四年四月戊戌，中华书局，1956，第6077页。

② 司马光：《资治通鉴》卷一九五，唐太宗贞观十三年七月庚戌，中华书局，1956，第6149页。

③《通典》卷一九七《边防十三·突厥上》，中华书局，1988，第5411页。

突厥进攻，最后迫使已经渡河北上的突厥族人十余万口，兵四万骑，退回套内（今内蒙古伊克昭盟）。唐朝应思摩之请，派大将李绩、薛万彻率步骑数万越过白道川至清山，大败薛延陀。贞观十九年（645），夷男死，其子多弥可汗继位，乘唐征辽东之机，发兵寇夏州。二十年，唐太宗遣使江夏王李道宗等分道并进击薛延陀，薛延陀国灭，其统治的漠北铁勒诸部回纥、拔也古、同罗等纷纷降唐。二十一年，唐朝在铁勒诸部置六府七州。同时，置燕然都护府（后改为瀚海都护府，不久再改为安北都护府），委任回纥酋长吐迷度为怀化大将军兼都督，统领铁勒六府七州。薛延陀灭亡后，留在漠北的东突厥残部推阿史那斛勃为君，称乙注车鼻可汗，建牙帐于金山以北。贞观二十三年（649），唐军袭击车鼻部，车鼻部众尽降。永徽元年（650），唐安置其部众于乌德鞬山，左厢部落置狼山州，右厢部落置浑河州，隶属于燕然都护府。至此，“突厥尽为封疆之臣”[①]，漠北铁勒诸部与阿尔泰山以北的突厥部落尽入唐朝版图。

唐高宗统治后期，突厥各部族因不满唐羁縻统治过程中经常役使突厥民众南征北战，纷纷开始暴动。永淳元年（682），突厥贵族骨咄禄利用本民族人民的反唐情绪，重建突厥政权，建牙于乌德鞬山，据有东突厥故地，称为后突厥汗国。骨咄禄可汗之弟默啜可汗在位时，拥兵40万，侵入西域地区，东西拓地万余里。在后突厥的强大威胁下，圣历元年（698），唐边疆退缩至“朔方军与突厥以河为境”的形势。突厥据有大河以北、漠南地区，而且常深入灵、原诸州，盗取唐监牧马。唐朝北疆出现空前大危机，疆界退缩至自太宗贞观初年东突厥降服以来的最南界限。垂拱年间，安北都护府南迁，先后置于同城和删丹西安城。景龙二年（708），时任朔方道大总管的张仁愿，乘突厥默啜可汗“悉众西击突骑施”，经营西域之际，“于河北筑三受降城，首尾相应，以绝其南寇之路”，唐向北“拓地三百余里，于牛头朝那山北，置烽候千八百所”[②]，

①《通典》卷一九八《边防十四·突厥中》，中华书局，1988，第5433页。

② 司马光：《资治通鉴》卷二〇九，唐中宗景龙二年三月丙辰，中华书局，1956，第6621页。

并将安北都护府移治西受降城（今内蒙古乌拉特中后旗西南乌加河）。从此，唐军势力跨过黄河，处于有效防卫和主动反攻的战略优势地位。景云二年（711），又置单于都护府。开元初年，唐为恢复旧疆一度与突厥展开激烈争夺。开元八年（720），双方疆域大致以阴山为界分治，唐朝重新控制了西起受降城以北的高阙，向东沿黄河北道、天德军、单于都护府一线以北，阴山以南的整个河套地区和今呼和浩特平原地区。这一局面一直持续至安史之乱爆发前。天宝四年（745），回纥怀仁可汗统兵击突厥，杀白眉可汗，后突厥政权灭亡，回纥拥突厥故地。回纥（元和四年改称"回鹘"）政权与唐一直保持密切关系。安史之乱爆发后，回纥两次派兵助唐，加速了安史集团的灭亡。开成五年（840），黠戛斯率10万骑入侵回鹘，破可汗城，杀可汗，回鹘汗国灭。在此之前，回纥统治中心一直在漠北。安史之乱以后，唐军据守的最北部边界虽一度废弛，但直至唐末始终能够维持在河套以北、阴山南麓的天德军城至振武军城一线。

西突厥在隋末唐初势力日盛，"控弦数十万，霸有西域"，焉耆、龟兹、于阗、疏勒等西域诸王国皆在其控制之下，"并遣吐屯一人监统之，督其征赋，西戎之盛未有也"①，唐朝与西域的联系被其隔绝。在灭东突厥后，唐朝与西突厥展开了争夺西域的斗争。贞观二年（628），西突厥发生内乱，分裂为弩失毕五部和咄陆五部，力量迅速削弱。四年，伊吾等七城胡人归附唐朝，唐在其地置西伊州，并将其作为进军西域的据点。九年，唐派兵降服吐谷浑，打通了向西域用兵的通道。十四年，唐平高昌，以其地置西州，并在交河城（今新疆吐鲁番西雅尔）设置安西都护府。显庆二年（657），唐军俘虏沙钵罗可汗，西突厥汗国灭亡，唐朝控制了整个西域地区。次年，迁安西都护府于龟兹都城伊逻罗城，统领龟兹、焉耆、疏勒、毗沙（即于阗）四都督府，称"安西四镇"。长安二年（702），武则天在天山以北增置北庭都护府。安西都护府和北庭都护府作为唐朝在西域的最高统治机构，前者统辖天山以南的塔里木盆地，即葱岭以西、楚河以南的广大中亚地区，后者统辖天山以北及巴尔

①《通典》卷一九九《边防十五·突厥下》，中华书局，1988，第5455页。

喀什湖以东、以南的广大游牧地区。[①] 唐朝统一西域后，不仅将疆域拓展至天山南北，而且有力保障了丝绸之路的畅通，有效促进了中外经济文化的交流与互鉴。

唐初，位于中国东北部的朝鲜半岛，高丽、百济、新罗三国鼎立。隋朝曾四次远征高丽均告失败。贞观十八年（644），唐太宗决意东征，命张亮率兵四万、战舰五百艘自莱州泛海进军平壤，命李绩率步骑六万至辽东，两军合势并进。次年，唐太宗亲征高丽，至九月因遇到天寒粮少的难题，只得班师回朝。唐高宗时，借新罗向唐求援之机，再度向朝鲜用兵。唐采取迂回战略，一方面派兵进扰高丽，一方面以大军进攻百济。显庆五年（660），唐派大将苏定方率水陆军十万从成山（今山东半岛东端）渡海，攻灭百济，唐在其地设置熊津等五都督府。乾封元年（666），高丽国内因争夺王位发生内乱，唐高宗趁机派李绩率军进攻。总章元年（668），唐军克平壤，高丽遂败。唐分其地为九都督府，四十二州，百县，置安东都护府于平壤。安东都护府辖境西起辽河，南至今朝鲜北部，东、北至海，包括今乌苏里江以东和黑龙江下游两岸直至出海口之地。后因统治不稳，上元三年（676），安东都护府内迁至辽东故城（今辽宁辽阳），次年又移至新城（今辽东抚顺北），后又迁至辽西。

开元年间，唐朝又在靺鞨族地区设置渤海都督府和黑水都督府，在室韦族地区设立室韦都督府，皆归安东都护府统辖。后因高丽故地南部被新罗占据，即渭水（今朝鲜大同江）以南为新罗所有，安东都护府辖境有所缩小，调整为北起黑龙江和鄂霍次克海，南至渤海和西朝鲜湾，东到大海和朝鲜北部，西部与契丹接壤。天宝二年（743），渤海、黑水和室韦三都督府改属于平卢节度使，安东都护府的辖区又限于高丽故地，且都护一职也改由平卢节度使兼任。上元二年（761），营州（今辽宁朝阳）北契丹被攻陷，平卢节度使被迫南迁，唐朝废除安东都护府，放弃对辽东地区的统辖。

隋朝末年，在南部边疆，萧铣率众起兵称王，东起九江、西至三峡、南到交趾、北抵汉川的广阔区域皆被其纳入势力范围。武德四年

① 葛剑雄：《中国历代疆域的变迁》，商务印书馆，1997，第90—92页。

(621)，李绩等率军攻破江陵后，萧铣投降，交州刺史邱和也随之归附于唐。次年，日南、郁林、宁越等郡也纷纷归降。至此，隋代的交趾之地复归于唐。为方便管理，唐高祖在此地设置交州总管府，后改为交州都督府。同时，随着唐政府对云贵地区统治的恢复，其管辖范围从今云南东北部、中部扩展至云南西部。调露元年（679），唐政府改交州都督府为安南都护府，治所设于宋平（今越南河内）。辖境北有今云南红河、文山两个自治州，南至越南河静、广平省界，西南至今老挝北汕一带，东有广西缘边一带。安史之乱后，安南都护府的西北境渐为南诏所有。

南诏原为居住于洱海四周的一支蛮族部落，永徽四年（653）开始建诏，因该部落在蛮族六诏中居于最南，故称南诏。7 世纪初，松赞干布统一青藏高原吐蕃诸部，但其后的统治者多次与唐朝展开激烈争夺，成为唐朝的一大劲敌。唐朝为了抵御吐蕃，阻止其军队南下，大力扶持南诏。在唐朝的扶持下，至南诏王皮逻阁时期，建立了统一的南诏国，都太和城（今大理市南）。开元二十六年（738），唐玄宗册封皮逻阁为云南王，南诏由此进入全盛时期，大致据有今云南及四川、贵州的一部分。此后，由于南诏扩展与唐朝的利益出现冲突，天宝九年（750），南诏攻下姚州都督府（治所于今云南姚安），与唐朝正式决裂。次年，南诏归附吐蕃。宣宗大中年间后期，安南都护府的北境逐渐被南诏占据。咸通元年（860）十二月，安南都护府的治所被南诏攻陷，两年后虽复归于唐，但次年再度被南诏攻陷。安南都护府与交州治所暂置于海门镇（今越南海防西北）。咸通七年（866），安南都护府旧治得以恢复，并设置静海节度使，由节度使兼领都护，终唐一代未废。①

① 关于隋唐时期疆域统治的问题，参阅顾颉刚、史念海《中国疆域沿革史》，商务印书馆，1999，第 126—145 页；童书业：《童书业中国疆域地理讲义》，天津古籍出版社，2008，第 44—47 页；葛剑雄：《中国历代疆域的变迁》，商务印书馆，1997，第 80—95 页；李晓杰：《疆域与政区》，江苏人民出版社，2011，第 96—125 页；胡啸：《中国历代疆域与政区》，辽海出版社，2014，第 45—52 页；周振鹤主编，施和金著：《中国行政区划通史·隋代卷》，复旦大学出版社，2009；周振鹤主编，郭声波著：《中国行政区划通史·唐代卷》，复旦大学出版社，2017；等等。

综而观之，至贞观初年，隋末以来的割据势力已全部肃清，全国完成统一。在核心区域稳固之后，唐朝开始向边疆地区拓展。经过太宗、高宗两朝的不断经略，唐军先后灭东突厥、薛延陀，破西突厥，降百济，定天山，灭高丽，逐渐控制漠南、漠北、西域、辽东等地。盛时其疆域“东至安东府，西至安西府，南至日南郡，北至单于府”①，较诸汉武帝时抑已过矣。安史之乱后，西域、辽东等地纷纷脱离唐的统治，唐朝疆界全面内缩。为了加强对所统治疆域的有效管理，唐政府采用了两套不同的平行系统。对于稳定的核心统治区，设置传统的州、县二级制行政机构，由中央派出官员进行直接管理；对于外缘边疆地区，设置羁縻州府，给予其较大的自治空间，由唐政府任命各部族首领进行间接管理。值得注意的是，这些边疆地区多系不同生产方式的交汇地带，人群流动性较大，其边界具有较大的模糊性和流动性特点，而这也是唐朝疆域在不同时期扩张与内缩的关键所在。

---

①《旧唐书》卷三八《地理志一》，中华书局，1975，第1393页。

第三章 隋唐时期的经济发展

隋唐时期，国家统一安定、繁荣昌盛、交通发达，陆上丝绸之路和海上丝绸之路便捷畅通。统治者对内采取轻徭薄赋、劝课农桑、整顿钱币、统一度量衡等措施，助力经济发展；对外秉持积极进取、开放包容、平等互利的理念，推动中外经济交流。在上述因素的共同作用下，隋唐两朝的农业、手工业、商业迎来了空前的大发展、大繁荣。一时间，仓廪丰盈、商贾辐辏，百货骈阗。①

第一节 隋朝经济发展

隋朝国祚虽短，但由于国家统一、纷乱结束，加之统治者推行了一系列恢复农业、稳定社会、繁荣商业的措施，所以其经济在北朝基础上有了较大发展。尤其是大运河的开凿，沟通了南北经济，使全国经济逐渐联系成为一个整体，长期以来发展迟缓的中国社会经济，迅速走上了繁荣和富足的道路。

---

① 有关唐朝时期经济发展的详细阐释，请参阅宁可主编《中国经济通史·隋唐五代经济卷》，经济日报出版社，2000；田昌五、漆侠总主编四卷本《中国封建社会经济史》之中朱大渭、张泽咸主编的第二卷，尤其是年发松撰写的部分，台北文津出版社、济南齐鲁书社，1996。

一、传统农业的持续发展

隋朝建立后，通过均田制、租调制的推行，以及在全国范围内检括户口工作的开展，为隋初农业生产的恢复和进一步发展创造了良好的制度和社会环境保障。隋朝农业的发展主要表现在农业人口的增长、垦田面积的扩大、水利工程的兴建和国家仓储的丰实等方面。

人口迅速增长。据杜佑《通典》记载，隋文帝杨坚夺取北周政权时，仅有户三百五十九万，有口九百余万。开皇九年（589）灭陈后得五十余万户，全国户数总计约四百一十余万。至大业二年（606），全国户数增至八百九十余万，人口四千六百余万。短短十七年间，共增长四百八十余万户。[①] 这一户数和人口数据的迅速增长，一方面是由于社会相对安定，生产力大大提高，经济日趋繁荣，所以人口繁殖快、自然增长率高。另一方面，与隋文帝在经济方面推行的各项改革措施密不可分，由于轻税之法、"大索貌阅"和"输籍法"的推行，国家不仅检括出许多逃亡农民，还从地主豪强隐占下夺得许多荫蔽户口。

垦田面积不断扩大。人口的大量增长，为农业生产提供了大批劳动力，因战乱被抛荒的土地得以开垦，耕地面积不断扩大。据《通典》记载，开皇九年（589），全国垦田数为一千九百多万顷；至大业年间，增长至五千五百八十万顷，二十年间增长两倍多。关于大业年间的垦田数据，曾被《通典》作者杜佑怀疑为是应受田数，而非新开垦耕地。这一记载虽不一定确切，但垦田面积扩大的事实却是可以肯定的。[②]

大量兴建水利工程。前代修建的诸多水利工程因战乱而年久失修，难以继续维持农业灌溉。隋统一后，地方官积极主持旧有工程的疏浚和新水利工程的建设。例如，寿州（今安徽寿县）的"芍陂旧在五门堰，

①《通典》卷七《食货七·历代盛衰户口》，中华书局，1988，第147页。

② 汪籛：《隋代户数的增长——隋唐史杂记之一》《史籍上的隋唐田亩数非实际耕地面积——隋唐史杂记之二》，均据汪籛《汪籛隋唐史论稿》，中国社会科学出版社，1981。

芜秽不修”，总管赵轧“劝课人吏，更开三十六门，灌田五千余顷，人赖其利”。[1] 兖州地区因沂水、泗水经常泛滥淹没农田，刺史薛胄指导当地百姓“积石堰之，使决令西注，陂泽尽为良田，又通转运，利尽淮海，百姓赖之，号为薛公丰兖渠”[2]。杨尚希任蒲州（今山西永济）刺史时，督导百姓“引瀵水，立堤防，开稻田数千顷，民赖其利”[3]。怀州（今河南沁阳）地区多盐碱地、沼泽地，刺史卢贲引导农民决沁水东注，修筑利民渠和温润渠，“以溉舄卤，民赖其利”[4]。各地水利工程的兴修，为农业的稳定持续发展提供了保障。

仓储不断丰实。随着均田制的大力推行，国家编户增多，加之垦田面积的扩大和水利工程的兴修，农业生产稳定、快速发展，社会财富不断积累，国家赋税收入大为增加。《隋书·食货志》称：时“户口岁增，诸州调物，每岁河南自潼关，河北自蒲坂（今山西永济西蒲州），达于京师，相属于路，昼夜不绝者数月”。为了存储大量赋调，以备不时之需，隋政府广置仓窖。开皇三年（583），隋文帝下诏，西自蒲、陕，东至卫、汴，沿黄河沿岸十三州，募丁运米。除在西京置太仓外，又于卫州（今河南汲县）置黎阳仓，洛州置河洛仓，陕州置常平仓，华州置广通仓，“转相灌注，漕关东及汾、晋之粟，以给京师”[5]。至开皇十二年（592），库藏皆满，“于是乃更辟左藏之院，构屋以受之”[6]，“京都及并州库布帛各数千万，而锡赉勋庸，并魏晋以降之未有”[7]。十七年，“户口滋盛，中外仓库，无不盈积”[8]。大业元年（605），营建东都，于宫城东建含嘉仓。次年，又于洛阳附近置洛口仓，在回洛城置回洛仓。洛口仓仓城周围二十余里，穿三千窖，窖容八千石；回洛仓仓城周围十里，

①《隋书》卷七三《赵轨传》，中华书局，1973，第1678页。
②《隋书》卷五六《薛胄传》，中华书局，1973，第1388页。
③《隋书》卷四六《杨尚希传》，中华书局，1973，第1253页。
④《隋书》卷三八《卢贲传》，中华书局，1973，第1143页。
⑤《隋书》卷二四《食货志》，中华书局，1973，第683页。
⑥《隋书》卷二四《食货志》，中华书局，1973，第684页。
⑦《通典》卷七《食货七·丁中》，中华书局，1982，第157页。
⑧《隋书》卷二四《食货志》，中华书局，1973，第672页。

穿三百窖，两仓共可储米二千六百余万石。这种规模宏大的仓窖，全国沿运河地区普遍设立，“储米粟，多者千万石，少者不减数百万石”①。至隋文帝末年，“计天下储积，得供五六十年”②。直至唐贞观十一年(637)，隋朝西京府库的库藏尚未用尽，足见隋朝仓储之丰盈。

二、传统手工业、矿冶业的发展

隋朝立国虽仅有三十八年，但在纺织、陶瓷、冶铁、造船等领域皆取得了显著进步。整体上看，隋文帝时期，以发展个体小农业生产及其家庭副业手工业、个体手工业经济为立国之本，使这一时期的手工业生产有了长足进步。至隋炀帝时期，则更多地从事宫廷建筑、豪华造船业和军事手工业的营造，虽在一定程度上推动了这些领域的技术进步，却给国家和百姓带来了沉重的经济负担。

有隋一代，无论是官府手工业，还是民间手工业，都取得了较大发展。隋朝主管官府手工业的最高机构为尚书省下的工部。太府寺下辖的机构负责管理生产官府所需物品。其中，左尚方署，掌车辇、织扇、胶漆、画镂等作；右尚方署，掌皮毛、胶墨、席荐等作；司染署，掌织纴、组绶、绫锦、冠帻并染色等作；掌冶署，掌铸金、银、铜、铁、涂饰、琉璃、玉作等作；甄官署，掌营砖、石、瓷、瓦等作。大业三年(607)，从太府寺中分出少府监，把原太府寺所辖左尚方署、右尚方署、司染署、掌冶署拨归少府监管理，另在少府监下置司织署、铠甲署和弓弩署。将作寺主要负责西安、洛阳两京宫殿和官廨的土木工程，下辖左校署，负责营构、木作、采材等事务；右校署负责版筑、涂泥、丹雘、烧石灰等事务。官府工匠，分住州郡，轮番给役。私营手工业涉及领域广泛，其中纺织业的发展最具活力。

纺织业的发展。在隋文帝鼓励发展个体小生产农业及其家庭副业手工业、个体手工业经济的基本国策下，通过广大农民和工匠的辛勤劳

---

①《通典》卷七《食货七・丁中》，中华书局，1982，第157页。

②《贞观政要》卷八《辩兴亡》，中华书局，2011，第563—564页。

作，隋代出现了诸多具有代表性的纺织手工业区域。北方的丝织业中心主要在河北、山东一带，如北齐曾在定州（今河北定县）置紬绫局。相州的丝织品“雕刻之工，特云精妙，士女被服，咸以奢丽相高”。开皇十五年（595），相州刺史豆卢通贡凌文布，隋文帝看后觉得太过精致，命焚之于朝堂，表示不提倡生产此类细绫。山东青州地区的丝织业也很发达。据《汉书·地理志》记载，自汉代开始，该地“织作冰纨绮绣纯丽之物，号为冠带衣履天下”。此外，例如江南的吴中和豫章（今江西南昌），出现了“一年蚕四五熟，勤于纺绩”的高产现象，豫章妇女“亦有夜浣纱，而旦成布者，俗呼为‘鸡鸣布’”。[①] 蜀郡“人多工巧，绫锦雕镂之妙，殆侔于上国”[②]，其在一般纺织品工序的基础上，再提花刺绣，使图案绚丽，富有立体感，系丝织品中的精品，也是蜀郡上贡京师的名优特产之一。[③]

胡王牵驼锦

1965 年新疆吐鲁番阿斯塔那高昌国延昌二十九年（隋开皇九年）唐绍伯墓出土。

瓷器烧造工艺的革新。隋代的制瓷业在青瓷和白瓷烧造方面，都取得了显著进步。青瓷的制造，选料更为精细，捏练技术有所改进，使瓷土得以较好的溶解，胶体物质增加，胎体较薄，可塑性和耐火性能增强，使瓷器在烧造过程中，变形和损坏率有所降低。河北磁县和河南巩义都是当时青

①《隋书》卷三一《地理志下》，中华书局，1973，第 886—887 页。

②《隋书》卷二九《地理志上》，中华书局，1973，第 830 页。

③ 魏明孔：《隋代手工业前后期生产重心变化及不同结局》，《中国经济史研究》2003 年第 4 期。

瓷烧造的重要产地。在安阳出土的开皇十四年（594）张盛墓和仁寿三年（603）卜仁墓中，许多生活用品和佣群等是青瓷烧造的，代表了当时青瓷烧造技术的发展水平。白瓷烧造技术在隋代也有显著进步，瓷器原料中普遍含有铁的成分，由于所含铁的氧化物在结构和分量上的不同，而使釉色各异。隋代工匠通过长期的生产实践，掌握了如何把胎料和釉料中铁的成分提炼出去，或控制在一定比例内，便能够烧制出色调比较稳定的白瓷。隋代白瓷的烧造地点主要在河南巩义铁匠炉村附近。在大业四年（608）李静训墓、大业六年姬威墓以及张盛墓中，出土了近百件白瓷，这批瓷器不仅胎质坚硬、色彩晶莹，而且造型生动美观。

（隋）白釉双龙柄联腹传瓶

（隋）白瓷黑彩色侍卫吏俑

造船技术的进步。隋灭陈时，杨素在信州“造大舰，名曰五牙”。据《隋书》卷四八《杨素传》记载，该舰“上起楼五层，高百余尺，左右前后置六拍竿，并高五十尺，容战士八百人，旗帜加于上。次曰黄龙，置兵百人”。五牙战船总长 55 米，船上置拍竿，可以击碎敌船，可谓造船技术的一大创新。崔仲方在上书论取陈之策时也建议多造战船，

"益、信、襄、荆、基、郢等州速造舟楫，多张形势，为水战之具"①。与此同时，民间造船技术也有较大发展。开皇十八年（598）春正月，隋文帝下诏："吴越之人，往承弊俗，所在之处，私造大船，因相聚结，致有侵害。其江南诸州，人间有船长三丈以上，悉括入官。"② 大业元年（605）三月，隋炀帝"遣黄门侍郎王弘、上仪同于士澄往江南采木，造龙舟、凤艒、黄龙、赤舰、楼船等数万艘"③。隋炀帝巡游江都时制造了数以千计的豪华船只，其所乘坐的龙舟，制造精美，装饰考究，功能齐全，规模巨大。龙舟身长约 67 米，高 15 米，宽约 17 米；船身分为 4 层，上层有正殿、内殿、东堂、西堂等，中间两层有 120 间房，底层供宦官等工作人员居住。据《大业杂记》记载，龙舟内"饰以丹粉，装以金碧珠翠，雕镂奇丽，加以流苏羽葆，朱丝网络"。皇后所乘坐的翔螭也有三层，规模宏大。加上专供妃嫔乘用的浮景，文武百官五品以上者乘坐的楼船，九品以上六品以下者乘坐的黄蔑舫，隋炀帝巡游时，浩浩荡荡数千艘船只"舳舻相接，二百余里"。④ 可见，隋代制造的在内河行驶的

隋代五牙舰复原模型

董钦造鎏金"弥陀铜像"

①《隋书》卷六〇《崔仲方传》，中华书局，1973，第 1448 页。
②《隋书》卷二《高祖纪下》，中华书局，1973，第 43 页。
③《隋书》卷三《炀帝纪上》，中华书局，1973，第 63—64 页。
④《隋书》二四《食货志》，中华书局，1973，第 686 页。

平底船的技术已达到较高水平。

矿冶业的进一步发展。隋代矿政的特点是全力发展铜矿。为了增强国家对经济的控制权，隋政府将铜矿的开采权全部收归国有，采用徭役的形式征发民众开采。因隋初钱币种类较为混乱，钱币大小轻重不一，而且币质低劣，故在隋文帝称帝后统一改铸五铢钱。新币的铸造，大大推动了铜矿的开采。冶铁方面，隋代也有较大发展。不仅“铸铁为农器兵刃，在所有之”，而且能够铸造大型铁器。在湖北当阳县玉泉寺，旧藏隋大业十一年（615）李慧达所铸，重达隋称三千斤的大铁镬。又据《集异记》记载，隋代澄空曾在晋阳（今山西汾西县）铸成高约24米的铸铁佛像。[①] 这两件皆为隋代铁器中的突出作品，此类巨型铁镬和铸铁佛像的铸造，充分说明了当时冶铸技术已达到较为先进的水平。

三、商业及其发展状况

政治上的统一促使全国市场持续扩大，农业生产和手工业生产的发展则使社会财富不断积累，钱币和度量衡的统一又推动了商品交换的顺利开展，大运河的开凿更沟通了南北经济，加之统治者推行一系列减免商税和扩大开放的政策，隋朝商业发展因之出现了繁荣景象，主要表现在以下几个方面。

城市商业繁荣。从首都到州县所在地的城镇，几乎都有繁荣的商业，其中尤以西京长安和东都洛阳最为著名。西京长安为王都所在，王侯富商云集，商业十分发达，城内有东西两市，东市称都会市，西市称利民市。因系国都所在，城内“俗具五方，人物混淆，华戎杂错”，不少居民“去农从商，争朝夕之利，游手为事，竞锥刀之末”。[②] 洛阳在北周末年一度建为东京，隋文帝也时常巡幸。隋炀帝继位后，又以洛阳为东都，“迁徙各州郭内人及天下诸州富商大贾数万家”于此，又曾命

① 参阅韩汝玢、柯俊主编《中国科学技术史·矿冶卷》，科学出版社，2007，第127—142页。

②《隋书》卷二十九《地理志上》，中华书局，1973，第817页。

“江南诸州，科上户分房入东都住，名为部京户，六千余家”。贵胄富贾云集于此，使洛阳的工商业迅速繁荣起来。运河开通后，洛阳成为南北货物集散地，商业更是欣欣向荣。洛阳城内有三市，东市名丰都，南市名大同，北市名通远。据《大业杂记》记载，丰都市“周八里，通门十二。其内一百二十行，三千余肆，甍宇齐平，遥望如一，榆柳交荫，通渠相注。市四壁有四百余店，重楼延阁，互相临映，招致商旅，珍奇山积”。大同市，周四里。通远市，“十二门，分路入市，市东合漕渠，市周六里，其内郡国舟船，舳舻万计”。隋炀帝为招徕蕃客，遂命“修饰诸行，葺理邸店，皆使甍宇齐正，高卑如一，环货充积，人物华盛”①。通过这些记载，足见隋代长安、洛阳商业之繁盛。

此外，其他城市的商业也十分繁荣。例如，丹阳（今江苏南京）为“旧京所在，人物本盛，小人率多商贩，君子资于官禄，市廛列肆，埒于二京”②；宣城、毗陵、吴郡、会稽、余杭、东阳等郡，“川泽沃衍，有海陆之饶，珍异所聚，故商贾并凑”；蜀郡“水陆所凑，货殖所萃”，成为西南重要商业中心；岭南之南海（今广东广州）、交趾，“各一都会也，并所处近海，多犀象、玳瑁、珠玑，奇异珍玮，故商贾至者，多取富焉”；荆州作为长江中游的重镇之一，“南控岷峨，东连吴、会，五方枕倚，四民昌阜”；蔡州（今河南汝南）“地接荆、郢，商旅殷繁”。③

对外贸易兴盛。隋朝的对外贸易，主要有西北内陆和东方海上两大贸易路线。以敦煌为总出发点的西北陆上交通贸易通道有三条，一是“北道”，在天山北路，从伊吾经蒲类海、铁勒部、突厥可汗庭，渡北流河水，到拂菻（即叙利亚）；二是“中道”，即天山南路北道，从高昌、焉耆、龟兹、疏勒，过葱岭，又经钹汗、苏对沙那国、康国、曹国、何国、大小安国、穆国到达波斯；三是“南道”，即天山南路南道，从鄯善、于阗、朱俱波、喝盘陀，越葱岭，又经护密、吐火罗、挹怛、帆

---

①《太平御览》卷一九一《居处部一九·市》引《两京记》，中华书局，1960，第924页。

②《隋书》卷三一《地理志下》，中华书局，1973，第887页。

③ 王仲荦：《隋唐五代史》，上海人民出版社，2016，第29页。

延、漕国，到达北婆罗门。① 为了发展西北陆上商业贸易，隋炀帝曾派裴矩驻于张掖，“监诸商胡互市，啖之以利，劝令入朝。自是，西域诸蕃，往来相继”②。东方海路，主要是与南海诸国以及日本、朝鲜半岛的贸易往来。经过隋文帝的治理，人物殷阜，国力富庶，到隋炀帝时已经具备余力向外发展。大业三年（607），隋炀帝“使屯田主事常骏使赤土国，致罗刹”。赤土国在南海中，位于加里曼丹岛南部。由于常骏的通使，南海诸国与中国往来更为密切，撰《隋书》者称其时“威震殊俗，过于秦汉远矣”③。大业十二年（616），婆利、丹丹、盘盘皆派遣使者来隋。次年，真腊国（柬埔寨吉蔑王国）也派遣使者来隋。南海（今广东广州）作为海上贸易的重要城市，“多犀象、玳瑁、珠玑，奇异珍玮，故商贾至多”④，不仅是当时南海诸国的最大口岸，也是通往西亚、欧洲海路上的主要港口。朝鲜半岛上的新罗、百济，以及日本，和隋朝的关系也大有增进。三国曾分别派使者与隋通好，彼此互赠方物。隋与海外诸国政治文化交流的日益紧密，推动了民间海外贸易的发展，长安、洛阳、扬州等城市外商云集。

商业资本雄厚。隋初，统治者推行了一系列鼓励工商业发展的政策。一方面，打破自秦汉以来的抑商政策，取消禁令，使民随意事工商。开皇元年（581）三月，“弛山泽之禁”；三年，“罢酒坊，通盐池、盐井与百姓共之，远近大悦”⑤。另一方面，减免商业课税，使民乐于从商。隋文帝即位后，不仅废除“入市之税”，而且随着官府盐铁专卖制度的废除，停止征收盐税和酒税。同时，严格市场管理，打击非法商业行为，禁止百官经商放贷，防止与民争利。在隋朝政府的鼓励下，不少百姓纷纷弃农从商。商业的繁荣，对外贸易的兴旺，使诸多商人获利丰厚，资本迅速膨胀起来。例如，岭南经营犀象、玳瑁、珠玑的商人，多

---

①《隋书》卷六七《裴矩传》，中华书局，1973，第1581—1582页。

②《隋书》卷二四《食货志》，中华书局，1973，第687页。

③《隋书》卷八二《南蛮传》，中华书局，1973，第1834—1835页。

④《隋书》卷三一《地理志下》，中华书局，1973，第887页。

⑤《隋书》卷二四《食货志》，中华书局，1973，第680页。

由此致富。鉴于从事贸易利润之丰厚，部分官员甚至不顾国家禁令，纷纷加入经商贸易的行列。大官僚杨素“负冒财货，营求产业……诸方都会处，邸店水硙并利，田宅以千百数”①。曾任营州大总管的袁世文，通过与北夷贸易，家资巨万。至大业年间，因经商而资财丰厚者日多。隋炀帝即位后，被迁至洛阳城内的富商大贾就有数万家，足见当时商人之富裕，商业资本之雄厚。

四、大运河的开凿及其在经济发展中的影响

至隋初，关陇地区的农业生产逐渐衰退，而江南地区经过东晋、南朝二百七十多年间劳动人民的辛勤开发，日趋成为富饶之地。然而，隋王朝的政治、军事中心仍在北方，所以沟通南北、南粮北运则显得尤为必要。而中国西高东低的地势，江河自西向东入海的自然状态，则为大运河的开凿提供了客观的便利条件。为了巩固中央集权、解决京师等北方众多官兵、民众的粮食和日用供给，隋朝政府开始开凿运河。

开凿运河的工作，在隋文帝时已经开始。鉴于“渭川水力，大小无常，流浅沙深，即成阻阂，计其路途，数百而已，动移气序，不能往复，汎舟之役，人亦劳止”，在粮食运输日益困难的情况下，开皇四年(584)，隋文帝命宇文恺“率水工凿渠，引渭水，经大兴城东至潼关，三百余里，名曰广通渠（为避帝讳，隋炀帝杨广即位后，改称富民渠），转运通利，关内赖之”②，以此加强关中与关东地区的经济联系。为进一步沟通江淮，开皇七年（587）四月，隋文帝又命“于扬州开山阳渎，以通运漕”③，但此次开凿历时较短，且规模不大，仅疏通而已，故至隋炀帝时仍需再度大规模地开凿。

隋炀帝即位后，利用天然河道和旧有渠道，开通了以东都洛阳为中心，北起涿郡（今北京），南到余杭（今浙江杭州）的大运河，开凿工

①《隋书》卷四八《杨素传》，中华书局，1973，第1292页。
②《隋书》卷二四《食货志》，中华书局，1973，第684页。
③《隋书》卷一《高祖纪上》，中华书局，1973，第25页。

程共分四段，规模之大，距离之长，开天辟地，前所未有。[1]

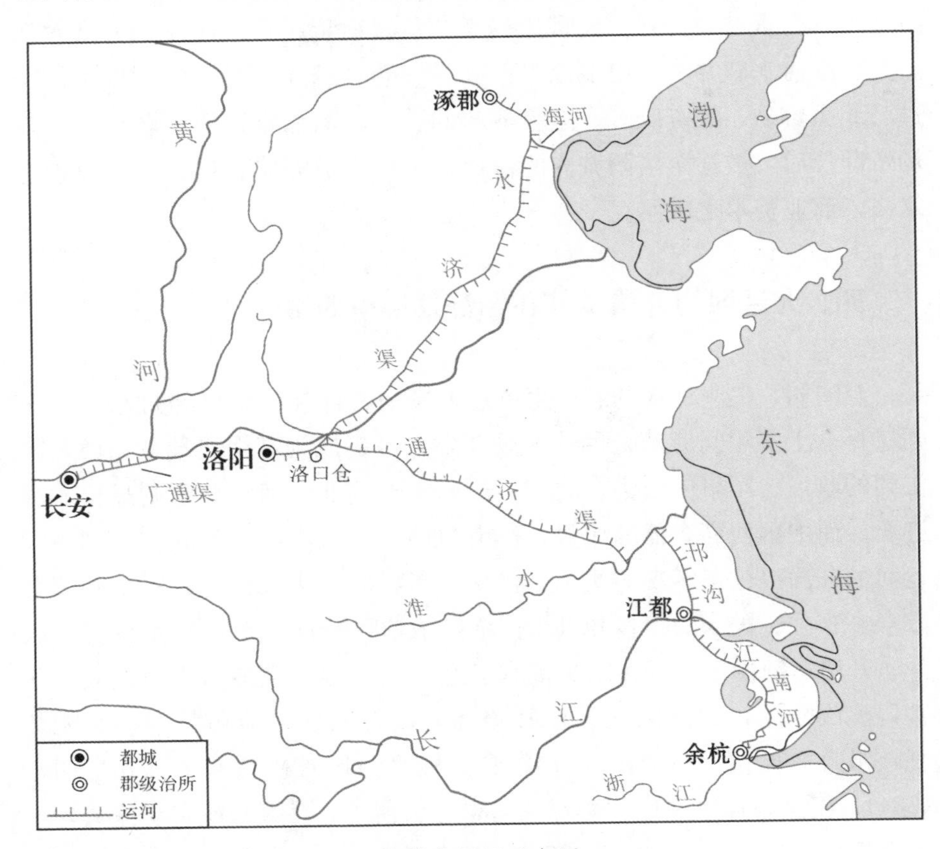

隋朝大运河示意图

第一段为通济渠。大业元年（605）三月，“发河南诸郡男女百余万，开通济渠，自西苑引谷、洛水于河，自板渚引河通于淮”[2]。整体看，通济渠大致分为三段，西段自洛阳城西的西苑，引谷水和洛水，东循阳渠故道注入黄河，此段主要由疏浚、加宽阳渠故道而成；中段自洛口至河阴县西的板城渚口（今河南荥阳东北），主要利用黄河的自然通道；东段起自板渚，引黄河水入汴梁，从大梁（开封）注入淮水，此段为新开凿渠道。在通济渠开凿以前，汴河由黄河流至开封以东的雍丘（今河南

① 参阅陈壁显主编《中国大运河史》，中华书局，2001。

②《隋书》卷三《炀帝纪上》，中华书局，1973，第63页。

杞县）附近，便东流至徐州，再南流与泗水同入淮河。此段运河开通以后，汴河由黄河流至雍丘一段，完全与旧日汴河河道相同，但到达雍丘附近后，直接从东南流至泗水，注入淮河，大大缩短了南北水路的运输线。通济渠的开凿由时任尚书右丞的皇甫议负责，历时仅170天，全长650多千米，渠广约67米，渠旁皆筑御道，广植榆树，自东都至江都，1000多千米，树荫相交。此渠开通后，连通了黄河与淮河，“公家运漕，私行商旅，舳舻相继”①，有效沟通了两京和江淮地区之间的联系。

第二段为山阳渎。在开凿通济渠的同时，隋炀帝于大业元年（605）又发淮南民十余万开凿邗沟。“自山阳（今江苏淮安）至扬子（今江苏仪征）入江，渠广约67米，渠旁皆筑御道，树以柳”②。由于旧邗沟入淮地点在山阳，故取名“山阳渎”。旧邗沟为春秋末年吴王夫差时所开，本是利用江淮之间的自然湖泊连接而成。后来由于自然地理环境的变化，如长江口的逐渐南移和海岸线的不断东迁，以及屡次人工改道，因此至隋时航道已有较大变化，且有些地段已经淤积，特别是扬州邗沟入江口的淤积和江岸南移。故此次整修重新开挖了一些重点地方，特别是入江地段，使入江口西移至江苏仪征的东南方。隋所开运河中，邗沟虽然是较短的一段，全长仅300千米，却将淮河与长江连接起来，确保了长江至洛阳航运的畅通，江淮物资得以顺利抵达关中。

第三段为江南河。大业六年（610）十二月，隋炀帝下令开凿江南河，“自京口（今江苏镇江）至余杭，八百余里，广十余丈，使可通龙舟，并置驿宫、草顿，欲东巡会稽”③。江南河是隋朝所开大运河中水路交通和航运条件最好的河段，依据其所流经区域的地形和水文条件，可分为三段。北段自今镇江到望亭，地势从西北向南倾斜，在汛期时江水内注，利于航行，冬春枯水季节，长江水位下降，则设置堰埭调节，以

① 李吉甫：《元和郡县图志》卷五《河南道一》，中华书局，1983，第137页。
② 司马光：《资治通鉴》卷一八〇，隋炀帝大业元年三月辛亥，中华书局，1956，第5618—5619页。
③ 司马光：《资治通鉴》卷一八一，隋炀帝大业六年十二月己未，中华书局，1956，第5652页。

维持运道水量；中段自望亭至平望，地势平缓，可依赖太湖调节水位；南段由杭州至嘉兴，地势自西南向东北倾斜，其水位主要取决于西湖，不足则引钱塘江水补给。当时江南河的开凿是对原有河道的疏浚、拓宽和加深，由此沟通起长江和钱塘江，江南地区大量的物资财富，可通过此渠再经邗沟、通济渠，源源不断地输送至洛阳、长安。

京杭大运河苏州段遗迹

第四段为永济渠。大业四年（608）正月，隋炀帝“诏发河北诸郡男女百余万，开永济渠，引沁水，南达于河，北通涿郡”①。永济渠南接黄河，北抵涿郡，全长1000多千米，也是利用自然水道开凿而成。该段运河自今河南武陟引沁水到黄河北岸（今巩县洛口），向北引沁水入卫河，到达今河南汲县附近，入曹操所开白沟到馆陶，入西汉黄河故道支流屯氏河与大河故渎，至沧州入清漳水，在独流镇则另辟新道折向西北入今永定河到达涿郡蓟县。据《隋书》卷六八《阎毗传》记载，永济渠虽是因“将兴辽东之役，自洛口开渠达于涿郡，以通漕运”而开凿，但运河开通以后，不仅加强了关中地区与黄河中下游地区的联系，也促使南北地区更加密切地联系起来，从而对国家统一和经济文化产生重大而深远的影响。②

大运河的开凿，自大业元年（605）起至大业六年（610）止，前后仅用六年时间，这对当时的生产力水平而言，无疑是一项高速度、高效率的工程。运河开通后，黄河、淮河、长江、钱塘江四大水系得以联系起来，大大缩短了南北交通距离，便利了南北沟通与联系。该工程不仅

①《隋书》卷三《炀帝纪上》，中华书局，1973，第70页。

② 陈璧显：《中国大运河史》，中华书局，2001，第115—122页。

实现了江南地区粮食便捷、快速的北运，有效解决了长安、洛阳两京的粮食短缺问题，还为南北物产交流提供了畅通渠道，大大促进了南北经济交流与发展，并由此催生了一批运河沿线商业城市的兴起与繁荣。例如，通济渠南端的扬州逐渐成为当时著名的经济中心。值得一提的是，大运河的开凿不仅仅利在隋朝。在海运尚未开通，以及陆上交通尚未采用新式工具以前，它一直是沟通我国南北经济的大动脉，并对文化交流和政治统治起到了积极作用。正如晚唐文学家皮日休在一首诗中所言："尽道隋亡为此河，至今千里赖通波。若无水殿龙舟事，共禹论功不较多。"

第二节　唐朝经济发展

唐朝建立后，国家长期统一稳定，政治清明，百姓安定，为经济发展提供了良好的外部环境。加之唐前期统治者推行的一系列有利于百姓休养生息的政策，农业生产迅速恢复和发展，手工业技术不断提高，生产规模不断扩大，商业繁荣，商人足迹遍布全国，甚至域外。大运河的疏浚和使用，不仅方便了南粮北运，同时也加速了南方地区的开发，有效推动了南北经济的交流与发展。

一、均田制、租庸调制的变革及其与传统农业的持续发展

唐承隋制，不仅继续推行均田制，并在隋的基础上，以轻徭薄赋的思想改革赋役制度，颁布实施租庸调制，使大量无地农民重新回到土地上，成为国家编户，为农业生产提供了稳定的劳动力来源。与此同时，唐前期统治者大力鼓励农业发展，劝课农商，并以法律手段保证"不夺农时"，以保障农业生产的顺利进行。至开元、天宝年间，国家出现了"耕者益力，四海之内，高山绝壑，耒耜亦满"[①] 的大发展局面。

① 元结：《元次山集》卷九《问进士》，中华书局，1960，第 140 页。

唐王朝在取得均田制推行较为巩固、府兵员额较为充足的关中、河东地区之后，迅速统一了全国。随着全国统一，妥善安置百姓，增加国家编户，成为唐朝统治者亟须解决的问题。经历战争之后，较多公私土地成为无主荒地，不少世家大族也在战争中被削弱或丧失了兼并土地的力量，这些为重新推行均田制创造了条件。

武德七年（624），唐高祖下令颁布均田令。对于百姓受田，均田令规定：21岁至59岁的丁男、16岁至20岁的中男，每人受田100亩；其中，80亩为口分田，死后归还政府，20亩为永业田，可传予子孙。非户主的老男、笃疾者、废疾者，各给口分田40亩，寡妻妾各给口分田30亩。黄、小、中、丁男子及老男、笃疾者、废疾者、寡妻妾当户者，各给永业田20亩。[①] 道士给口分田30亩，女冠、僧、尼各给口分田20亩。杂户受田同于百姓，官户只受口分田，减百姓之半。以工商为业者，永业田、口分田各减百姓之半给之，在人多地少的狭乡，则不授给。一般妇女、部曲、奴婢则不再受田，耕牛也不再列入受田范围。

对于贵族官僚受田，唐承隋制，规定官吏皆受永业田。“其永业田，亲王百顷，职事官正一品六十顷，郡王及职事官从一品各五十顷，国公若职事官正二品各四十顷，郡公若职事官从二品各三十五顷，县公若职事官正三品各二十五顷，职事官从三品二十顷，侯若职事官正四品各十四顷，伯若职事官从四品各十顷，子若职事官正五品各八顷，男若职事官从五品各五顷”。勋官授田情况为“上柱国三十顷，柱国二十五顷，上护军二十顷，护军十五顷，上轻车都尉十顷，轻车都尉七顷，上骑都尉六顷，骑都尉四顷，骁骑尉、飞骑尉各八十亩，云骑尉、武骑尉各六十亩。其散官五品以上同职事给，兼有官爵及勋俱应给者，唯从多，不并给”。贵族官僚的永业田，因亩数较多，难以从本就土地不足的狭乡进行调拨。因此，唐政府规定，“所给五品以上永业田，皆不得狭乡受，任于宽乡隔越射无主荒地充。其六品以下永业，即听本乡取还公田充，

①《通典》卷二《食货二・田制下》，中华书局，1982，第29页。

愿于宽乡取者亦听”。[1] 此外，职事官还按照品级不同授予多少不等的职分田[2]，租佃收租作为官员俸禄的补充，离任后必须移交下一任官员。各级官府亦有多少不等的公廨田，租佃收租以充官府的办公费用。但职分田和公廨田的土地所有权皆归国家。[3]

对于土地买卖问题，唐政府有详细规定。政府授给的土地，在无特殊情况下，不准私自买卖、租赁或抵押，“违者财没不追，地还本主”，“若从远役外任，无人守业者”，才可把土地租赁或抵押给他人。而官员的永业田和赐田“欲卖及贴赁者，皆不在禁限”，可以自由买卖。[4] 同时，百姓合法迁移和家贫无力丧葬者，准许出卖永业田。口分田也可在受田者愿意迁往宽乡以及卖充住宅、邸店、碾硙等情况下，听任私卖。对于买田的数量，唐政府规定不得超过本人应受田亩的法定数额。

唐代的均田制与前代相比，出现了一些新的变化。一是受田对象中增加了杂户、官户、工商业者和僧道，反映了这部分人群身份地位的上升以及寺观经济的发展。二是取消了对一般妇女、部曲、奴婢，以及耕牛的授田，一定程度上反映了妇女社会地位的下降，以及门阀士族势力的衰落。三是官僚贵族受田的数额更高，规定更为详细，推动了地主土

---

①《通典》卷二《食货二·田制下》，中华书局，1982，第29—30页。

②《通典》卷二《食货二·田制下》，中华书局，1982，第31页。

③ 对于隋唐时期的均田制，杨际平先生学有所本，标新立异，别有新解，参阅其早期著作《北朝隋唐均田制新探》，岳麓书社，2003；杨际平：《论北朝隋唐的土地法规与土地制度》，《中国社会科学》2021年第2期。他认为，北朝隋唐《地令》或《田令》只是土地法规，属于上层建筑的范畴，并不决定土地所有制的性质。北朝《地令》既有授田与土地还受条款，又有不触动各户原有土地，进行户内调整，实际上无还无受条款。这是土地国有理想与土地私有现实矛盾冲突的结果，是当时情势所必然。实施《地令》时，北魏、北齐都是双轨制：对代北鲜卑拓跋族聚居区来说确实是普遍授田制，而对以汉族为主的聚居区，则只是限田制，同时也是一种户籍登记制度。隋唐两朝，因鲜卑族已经不再是统治民族，因而对鲜卑族也就不再实行特殊的土地政策。隋唐时期未见按《田令》规定给吏民实际授田与土地还受的实例。与此相反，可直接反映未曾实际授田与土地还受的实例，历史文献中却存在很多。

④《通典》卷二《食货二·田制下》，中华书局，1982，第31—32页。

地所有制经济的进一步发展。四是对于土地买卖的限制进一步放松，永业田和口分田在一定情况下均可买卖，为大土地所有制及土地兼并的发展提供了便利。唐代的均田制虽和前代一样，所受田地仅限于国家掌握的无主荒地，并未触动地主官僚的私有土地。但随着人口的增长，以及日益严重的土地兼并问题，百姓受田愈发不足，均田制愈发难以推行。但唐前期均田令的推行，无疑使大量无地或少地农民获得了一定数量的田地，提高了农民生产的积极性，有助于社会经济的恢复和发展。

随着均田令的颁行，唐代的赋役制度在前代的基础上亦随之调整。唐代的租庸调制，不再按前代一夫一妇（一床）为课征单位，而是重新规定，凡均田户，无论其家受田多寡，均按丁交纳定额的赋税，并服一定的徭役。①“课户每丁租粟二石，其调随乡土所产绫、绢、絁各二丈，布加五分之一。输绫、绢、絁者绵三两，输布者麻三斤”，“凡丁岁役二旬，有闰之年加二日，无事则收其庸，每日三尺，布加五分之一”。② 也就是说，课户每丁每年向国家纳粟二石，称作租。桑蚕之乡，每丁每年输绫、绢或絁二丈，附加绵三两；麻布之乡，输布二丈五尺，附加麻三斤，称作调。每丁每岁服徭役二十天，是为正役，若不应役，则每丁可按照每天纳绢三尺或布三尺五分的标准，交足二十天的数额以代役，称作庸或输庸代役。若国家需要，“有事而加役者，旬有五日免其调，三旬则租、调俱免”③。关于租庸调缴纳的时间，唐政府规定，“凡庸、调之物，仲秋而敛之，季秋发于州。租则准州土收获早晚，量事而敛之，仲冬起输，孟春而纳毕”④。如果出现水、旱、虫、霜等严重自然灾害，农作物损失十分之四以上，免纳租；损失十分之六以上，免纳租调；损失十分之七以上，租庸调全免。⑤

纳庸代役制度的推行，使农民能够有更多的时间从事农业生产，不

①《通典》卷七《食货七·丁中》，中华书局，1982，第155页。
②《唐六典》卷三《尚书户部》，中华书局，1992，第76页。
③《唐六典》卷三《尚书户部》，中华书局，1992，第76页。
④《唐六典》卷三《尚书户部》，中华书局，1992，第76页。
⑤ 唐长孺：《三至六世纪江南大土地所有制的发展》，上海人民出版社，1957。

违农时，有效保障了生产的顺利进行。赋役蠲免制度的出台，很大程度上减轻了农民的压力，增强了其抗灾能力，有利于农业生产的再恢复，同时也维护了社会安定。可以说，唐前期租庸调制的实施，极大地改善了农民处境，推动了社会生产力的恢复和发展，具有一定的积极作用。自唐高宗、武则天之后，土地买卖愈发盛行，百姓受田数量日少，田场分割愈加零碎，均田制渐趋废败，农民大量破产，与之相对应的租庸调制也难以为继，调整赋税制度势在必行。建中元年（780），在宰相杨炎的建议和推动下，唐德宗下令改行两税法，统一按实有田亩和资产征税，改变了中国自战国以来以人丁为主的赋税征收制度。关于两税法的具体内容，前文已述，兹不赘言。

唐朝前期，在均田制和租庸调制的有效推行下，农业生产逐渐得以恢复。与此同时，唐政府十分重视农田水利灌溉，在工部之下设水部司，置水部郎中、员外郎各一人，“掌天下川渎、陂池之政令，以导达沟洫，堰决河渠，凡舟楫、灌溉之利，咸总而举之”①。又设都水监为事务机关，置都水使二人，掌河渠修浚及灌溉事宜。为防范水利工程遭到破坏，唐政府还制定了相应的法律。如《唐律》的“杂律”中规定，“诸盗决堤防者（注云：谓盗水以供私用），杖一百”，“诸不修堤防及修而失时者，主司杖七十”。据统计，在唐前期的130余年间，共兴建水利工程160多项，分布于全国广大地区，灌溉面积不可胜计。

与水利事业的发展相对应，唐代的灌溉工具也有了很大改进。除了前代已有的桔槔、辘轳、翻车等仍在普遍使用外，连筒、桶车、筒车、水轮等新工具相继被发明、应用。所谓连筒，即将粗竹的内节打通，使本末相连，用以饮水，其不仅能够用于平地，还能架越涧谷，引水而至，又能激而高起数丈，注之池沼。桶车、筒车和水轮则是三种不同形式的水车。桶车“以木桶相连，汲于井中”②；筒车形状类似纺车，在其四周缚以竹筒或木筒，利用水力推动，将水汲至高处；水轮即为利用水

①《唐六典》卷七《尚书工部》，中华书局，1992，第225页。

② 李昉等：《太平广记》卷二五〇《邓玄挺》引《启颜录》，中华书局，1961，第1936页。

力运转的翻车，其制有卧轮、立轮之别，可视水势不同，灵活取用，其日夜不止，绝胜踏车。这些新式灌溉工具的广泛应用，大大提高了灌溉效率。除灌溉工具的改进外，唐代人民在丰富农业生产经验的基础上，还改进了其他农业生产工具。其中，最具代表性的是改直辕犁为曲辕犁。直辕前及牛肩，曲辕只需连接到牛身后的犁盘即可，缩短了犁辕长度，使犁架变轻，便于控制，且能够自由转动，只用一头牛牵引即可，既节省了畜力，又提高了耕作效率。曲辕犁的发明奠定了我国后来长期使用的旧式步犁的基本形制。[①]

《天工开物·乃粒》中所载水转筒车

随着水利灌溉事业的普遍发展，以及农业生产工具的极大改进，粮食单位面积产量不断提高，户口数日益上升，耕地总面积不断增加。据《新唐书·地理志》记载，河东道龙门县（今山西河津）东南11.5千米处有十石垆渠，贞观二十三年（649）筑，溉田良沃，亩收十石。这一记载虽有所夸张，但通过唐德宗时陆贽的记录，可以推断当时粮食单位亩产量应在两石以上，比汉代的亩产量有了很大提升。户口方面，武德年间，全国有户二百余万，贞观中增至三百万，天宝年间全国实有户数达一千三四百万。[②] 若一户平均以五口计算，当时全国的人口数约为六七千万。耕地方面，大量荒地得以开垦，唐初“自伊、洛以东，暨乎海岱，灌莽巨泽，苍茫千里，人烟断绝，鸡犬不闻，道路萧条”[③] 的现象，至开元、天宝年间，已被四海之内布满耒耜的盛景所取代，甚至河湟、

① 郑学檬：《中国古代经济重心南移和唐宋江南经济研究》之《技术进步和唐代江南的水利、农业》，岳麓书社，2003，第65—94页。

②《通典》卷七《食货七·丁中》，中华书局，1982，第157页。

③《旧唐书》卷七一《魏徵传》，中华书局，1973，第2560页。

河套、天山南路等边远地区，农业生产也有了一定发展。农业生产的发展，粮食产量的增多，使物价长期维持在较低的价格。高宗麟德二年(665)，“比岁丰稔，米斗至五钱，麦、豆不列于市”①。唐玄宗开元以后，物价仍比较稳定。从开元十三年（725）起，“东都斗米十五文，青、齐（斗米）五钱，粟三钱”②，一直至天宝末年，“两京米斗不至二十文，面三十二文，绢一匹二百一十二文”③。经过一百多年的恢复发展，至开元年间，唐代农业生产发展达到了高峰，仓廪充实，百姓富足，社会安定。正如杜甫《忆昔》一诗中所描述的：“忆昔开元全盛日，小邑犹藏万家室。稻米流脂粟米白，公私仓廪俱丰实。九州道路无豺虎，远行不劳吉日出。齐纨鲁缟车班班，男耕女桑不相失。”

二、传统手工业、矿冶业的发展

唐代的手工业分为官营和私营两大系统，涉及门类众多。为了管理经营门类众多的手工业各部门，唐政府设立了不同层级的多种官方机构。尚书省工部，总掌天下百工，山泽之政令。工部之下的工部司，“掌经营兴造之众务，凡城池之修浚、土木之缮葺、工匠之程式，咸经度之”④。工部和工部司是官营手工业的最高政务部门，主要负责相关政令和计划的制定与下达。少府监、将作监、军器监则是负责政令和计划具体实施的中央事务机构。其中，少府监，置少府卿一人，“掌百工技巧之政令”，下辖中尚、左尚、右尚、织染、掌冶五署；⑤ 将作监，置大匠卿一人，少匠二人，“掌供邦国修建土木工匠之政令”，下辖左校、右

① 司马光：《资治通鉴》卷二〇一，唐高宗麟德二年十月丙寅，中华书局，1956，第 6345 页。

② 司马光：《资治通鉴》卷二一二，唐玄宗开元十三年十二月，中华书局，1956，第 6769 页。

③《通典》卷七《食货七·历代盛衰户口》，中华书局，1982，第 152 页。

④《唐六典》卷七《尚书工部》，中华书局，1992，第 216 页。

⑤《唐六典》卷二二《少府监》，中华书局，1992，第 571 页。

校、中校、甄官四署以及百工、就谷、斜谷等监；[①] 军器监，置监、少监各一人，“掌缮造甲弩之属”，下设甲坊、弩坊二署。[②]

此外，在其他一些中央政府机构、内廷、东宫及各级地方政府部门中，也广泛设有官营手工业管理经营机构。这些官府所属的手工业品制造场所，有绫锦坊、毡坊、毯坊、染坊、酒坊等，拥有众多的工匠，如织绫坊即有技能娴熟的专业织工 365 人。在宫廷中，又有“内八作”、掖庭局等。在州县，地方官府也设立了许多手工业品的制造场所，如织锦坊、铸钱坊等。这些从中央到地方的官营手工业部门，生产着几乎无所不有、巨细无遗的各类产品，主要供给王公贵族、文武官员、各级官府的消费使用。

官府手工作坊的工匠，在唐朝初期，主要以短番匠为主，即政府从各地工匠中征调“材力强壮，技能工巧”[③] 的手工艺人，来官府作坊服役，每年以二十天为限，称为一番。在政府“驱役不尽及别有和雇的情况下”，短番匠可“纳资代役”，和雇匠则由政府出资招雇。加之，这些短番匠因技艺参差不齐，不能完全达到精致器物的制作要求，因此官府除了征调短番匠以外，还需雇佣专业工匠，长期在官府作坊工作。这些专业工匠被称为“明资匠”或“巧儿”，一般为世袭职业，“工巧业作之子弟，一入工匠后，不得别入诸色”[④]。除了短番匠与和雇匠之外，官奴婢、番户、杂户及刑徒、流徒之人，也是官营手工业的主要劳动力。纳资代役及和雇制度的推行，不仅减轻了短番匠的人身束缚，使之可以全力投入到生产劳动中，同时大量专业工匠的雇佣，也大大提高了手工业品的制作水平。

唐代的私营手工业，主要包括家庭手工业和私营手工业作坊。家庭手工业所生产的产品主要以绢、麻等纺织品为主，除交纳调庸和自用外，也拿到市场上销售，但产品种类较为单一。私营手工作坊，主要有

---

①《唐六典》卷二三《将作监》，中华书局，1992，第 594 页。
②《唐六典》卷二二《北都军器监》，中华书局，1992，第 577 页。
③《唐六典》卷七《尚书工部》，中华书局，1992，第 222 页。
④《唐六典》卷七《尚书工部》，中华书局，1992，第 222 页。

织锦坊、染坊、纸坊、铜坊、冶成坊等，不仅数量比前代有所增加，还出现了少数规模较大者。例如，定州（今河北定县）富豪何明远“资财巨万，家有绫机五百张”①。但大多数的私营手工业作坊都规模较小，加之政府经常征调工匠服役，其发展受到较大限制，难以与规模庞大、资金雄厚、体系完整的官营手工业相匹敌。

唐代的手工业部门主要有纺织业、陶瓷业、造船业、矿冶业等，和前代相比并无太大变化，但技术水平、产品种类和生产规模则大大超过前代。②

纺织产品的多样化。唐代的纺织品主要有麻织品、丝织品和棉织品，其中尤以丝织品的种类最为多样。在丝织品中，除了绢、絁以外，以绫的品种为最多。如河南府的文绫，滑州（今河南滑县）的纹绫，蔡州的四窠绫、云花绫、龟甲绫、双距绫，青州的仙文绫，徐州的双丝绫，定州的细绫、瑞绫、二包绫、熟线绫，荆州的白方纹绫、交棱绫、縠子绫，扬州的独窠细绫，润州（今江苏镇江）的方棋水纹绫、方纹绫、鱼口绫，湖州的鸟眼绫，杭州的白编绫、绯绫，越州（今浙江绍兴）的吴绫、交棱绫，绵州（今四川绵阳）的轻容绫、双紃绫，阆州（今四川阆中）的重莲绫，等等。这些品种各类的绫，花纹多十分精致，有的甚至可以织出“立天鹅、马、盘条、掬豹”，文彩瑰丽。在丝织品中，锦最为名贵，扬州的锦袍、锦半臂、锦被和泗州（今江苏盱眙北）

---

① 张鷟：《朝野佥载》卷三，中华书局，1979，第75页。

② 请参阅张泽咸《唐代工商业》相关论述，中国社会科学出版社，1995，第13—139页。苏垂昌：《唐五代中国古陶瓷的输出》，《厦门大学学报（哲学社会科学版）》1986年第2期。苏垂昌认为，汉唐以来，由于海陆交通的日益发达，我国与世界各地区的友好往来和文化交流也日趋频繁，特别是唐代，其政治、经济、文化都对亚洲及世界各国产生了深刻的影响。同时，也吸取了它们的优秀文化，并融入光辉灿烂的唐文化中。唐五代时期，中外交通的途径：陆路方面，主要是通过汉代就已经形成的“丝绸之路”，从长安（今西安）经甘肃河西走廊、新疆，越过葱岭（帕米尔高原），再沿苏联中亚、阿富汗、伊朗、伊拉克和叙利亚，西达地中海东岸的港口；另一条向北经蒙古国地区到苏联叶尼塞河和鄂毕河上游，再折向额尔济斯河西去，在今苏联中亚之马里（新唐书大食传称木鹿）和“丝绸之路”汇合再西去。海路方面，从我国东南沿海港口（广州、泉州、扬州和明州等），东达朝鲜、日本，南经东南亚、印度洋沿岸和阿拉伯海外诸国。

的锦织品，畅销中外，西蜀地区的织锦已有千年以上历史，更是驰名中外。织锦技术也从汉代的经线起花发展至纬线起花，花色更为多样，锦面更加细密。新疆吐鲁番阿斯塔那墓出土的唐代丝织物，如联珠对马纹锦、联珠对孔雀纹锦等，都是美丽的斜纹纬锦，反映了当时织锦技艺的高超水平。麻纺织品的产地主要在关陇和江南地区，而以黄州（今湖北黄冈）的赀布最为著名。棉纺织品主要产于岭南的桂州（今广西桂林）和西北的西州（今新疆吐鲁番）一带。唐玄宗时，贾昌为鸡坊五百小儿长，"岁时伏腊，得归休，行都市间，见有卖白衫、白叠布行，邻比鄽间"。白叠布，即棉布。可见天宝时期，长安已有棉布出售。值得注意的是，随着南方地区的不断开发，纺织业中心也呈现逐步向南移动的趋势。唐前期，宋州（今河南商丘）、亳州生产的绢质量最高，定州的绫绢产量最大。至唐后期，南方的纺织业开始超过北方，吴越成为江南地区的丝织业中心，越州所产的缭绫"异彩奇纹相隐映，转侧看花花不定"，尤为精美。岭南地区的棉纺织业发展，呈现出"白叠家家织"的景象。

花鸟纹锦

狩猎纹印花绢

新疆吐鲁番阿斯塔那墓出土，新疆维吾尔自治区博物馆藏。

陶瓷烧造技术的新突破。在制瓷业方面，青瓷、白瓷烧造技术进一步提高。唐代的青瓷烧造以南方地区为主，其中以越州（今浙江绍兴）窑所出产品为最佳，专供御用，有"越瓷类玉"之说。其釉色光亮纯青，被誉为"秘色瓷"。陆龟蒙《秘色越器》诗云："九秋风露越窑开，夺得千峰翠色来"，把越瓷釉色的青翠晶莹形象地描绘了出来。余姚上林湖的青瓷，以印花和划花的技法，把唐代漆器和金银器上的花纹应用于瓷器上，以绚丽的青黄釉色和新颖多样的图案著称。白瓷的烧造以邢州（今河北内丘）窑最为著名，其生产的白瓷“类银”“类雪”，不仅质量高，而且产量大。李肇《唐国史补》称：“内丘白瓷瓯，端溪紫石砚，天下无贵贱通用之。”此外，邛州大邑（今四川大邑）的白瓷也颇有名，杜甫在《咏瓷》诗中称其“轻且坚”“胜霜雪”，饶州昌南镇（今江西景德镇）生产的青瓷和白瓷则有“假玉器”之称。在制陶业方面，三彩陶器盛极一时。武则天时期，彩釉发展起来，最初只是单色釉，至开元、天宝时期，三彩釉流行起来。其制法是在白底陶胎上先涂一层无色釉，然后再以黄、绿、青等颜色绘制成花纹图案，经过烧制以后，就成了色彩鲜丽的三彩陶器。在西安考古发掘的唐开元十一年（723）鲜于庭诲墓中出土的一套三彩陶俑，色彩鲜艳、造型生动，有文官，有武侍，有女侍，有掌马、掌驼的胡俑，有骆驼载乐俑，是唐代三彩釉的代表作，为我国古代艺术中的珍品。此外，唐代还出现了五彩俑，无论釉彩、造型各方面，都达到了极高的艺术水平。

越窑壶

秘瓷八棱净水瓶

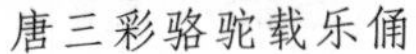

唐三彩骆驼载乐俑

唐三彩女俑

造船业蓬勃发展。唐代的造船业在前代的基础上进一步发展，除了官营造船厂制造的御舟、漕船、战船外，民间私制的舟船也很多。造船地点几乎遍布全国各地，沿海和内陆地区皆形成主要造船中心，其中北方以登州、莱州，南方以扬州、宣州、洪州（今江西南昌）、明州（今浙江宁波）、温州、福州、泉州、琼州、交州等地最为著名，且南方的造船业相较于北方更为兴盛。据《唐语林·补遗》记载："东南郡邑，无不通水，故天下货利，舟楫居多。舟船之盛，江西为多，编蒲为帆，大者八十余幅。"除了船场遍及全国外，唐代的造船技术也显著提高，船只载重量不断增大。其中，最具代表性的是水密隔舱技术在造船领域的应用。1973 年 6 月，江苏如皋县蒲西乡发现一艘唐代木船，长 18 米，宽 2.58 米，深 1.6 米，船体细长，首部至尾部分为九个舱，排水量约为 33 吨至 55 吨，载重量达 20 吨至 25 吨，船底以整木榫接，隔舱板以铁钉钉成，以桐油、石灰捻缝。① 据考古学家断代，此船约造于唐高宗时期，

① 南京博物院：《如皋发现的唐代木船》，《文物》1974 年第 5 期。

由此我们可以大致了解到初唐时期的造船水平。唐中叶以后，车船的发明可谓当时造船技术的一大进步。唐德宗时，江西节度使王杲发明了车船，“尝为战舰，挟以二轮，令蹈之，溯风破浪，其疾如挂帆席”[①]。车船以蹼轮驱动，变用桨作间歇性的划动为用轮作连续性的旋转运动，达到了半机械化的程度。造船业的发达及造船技术的提高，不仅使得各地经济交流日益活跃，促进了社会发展，而且使远洋航行成为可能，中国的商船曾扬帆至印度洋和红海，因船只巨大被称为“海上霸王”。[②]

矿冶业进一步发展。唐以前的金属矿产一般多属官营，唐代实行了较为开放的矿冶政策，规定除“西边、北边诸州，禁人无置铁矿及开采”[③] 外，其余诸州矿产所在地，实行“官未采者，听百姓私采”[④] 的政策，即在政府优先开采的前提下，允许民间私人开采，但私营所铸铜及白镴（铅与锡的合金，即焊锡）等与铸币相关的金属则要由政府垄断。至唐玄宗时期，银矿的私营逐渐普遍，开元年间官府开始向银锡矿征税，同时也开始强化官营矿冶业的经营管理。唐德宗时，官营银、铜、铁、锡各类矿已有 170 处左右。唐宣宗时，一次就增加铁冶 71 处。与此同时，民间采矿业的发展也十分兴盛，如“饶州银山，采户逾万”[⑤]。开采

熔铸坩埚

1975 年江苏扬州唐城遗址出土。圆筒状坩埚可能用于冶炼铁矿石，杯状坩埚可能用于浇铸铜液。

①《册府元龟》卷九〇八《总录部・工巧》，凤凰出版社，2006，第 10557 页。

② 郑学檬：《中国古代经济重心南移和唐宋江南经济研究》之《技术进步和宋代航运业的发展》，岳麓书社，2003，第 95—126 页。

③《唐六典》卷二二《少府监》，中华书局，1992，第 577 页。

④《唐六典》卷三〇《上州中州下州官吏》，中华书局，1992，第 749 页。

⑤ 李昉等：《太平广记》卷一〇四引《报应记》，中华书局，1961，第 701 页。

技术方面，唐代在延续前代传统开采技术的基础上，开采规模进一步扩大，与采矿配套的通风、提升、运输、排水、矿山测量等技术不断创新，且应用不断纯熟、广泛。例如，元和初，“岁采银万二千两，铜二十六万六千斤，铁二百七万斤，锡五万斤，铅无常数”；开成元年（836），“天下岁率银二万五千两、铜六十五万五千斤、铅十一万四千斤、锡万七千斤、铁五十三万二千斤”。[①] 同时，地下开采方法也进一步完善。据考古资料显示，唐代地下开采方法灵活多样，既适应了矿体地质构造，又符合安全开采的要求。[②] 冶铸技术方面，唐在前代的基础上有较大进步，铸造了诸多造型精美、质地纯良的器物。例如，四川阆中所于天宝四年（745）所铸的大铁幢，体量巨大，造型复杂。陕西省博物馆所藏唐景云二年（711）所铸“景龙铜钟”，钟身铸有凤凰、狮子、云朵、缠枝等纹，重约三百斤，造型宏伟。扬州所铸的江心镜，铸造精巧，一直作为贡品。据《朝野佥载》记载，唐中宗时，曾“令扬州造方丈镜，铸铜为桂树，金花银叶，帝每骑马自照，人马并在镜中”，足见当时冶铸技术之高超。

螺钿花鸟人物纹青铜镜

三、商业及发展状况

唐朝建立后，很长一段时期内国家统一、政治稳定，农业和手工业有了较大发展，这一切为商业的繁荣提供了基础条件。唐代商业的发展

①《新唐书》卷五四《食货四》，中华书局，1975，第1383页。

② 韩汝玢、柯俊主编：《中国科学技术史·矿冶卷》，科学出版社，2007，第127—142页。

与繁荣，不仅表现为长安、洛阳、扬州、益州、广州等著名城市的商贾云集，亦体现在农村集市贸易的勃勃生机；不仅局限于商人队伍的扩大，商业资本的雄厚，亦有中国商人的乘风破浪，浮海贩运。

城市商业的繁荣。西京长安不仅是唐国都所在地、全国的政治中心，也是亚洲各国经济、文化交流中心。城内有东市和西市两大商业区，市的周围有很多邸店，所谓“四面立邸”。史载东市“街市内货财二百二十行，四面立邸，四方珍奇，皆所积集中”①，西市的建置同于东市，许多富商大贾、西域胡商及波斯、大食等外国商人多聚居于此，其繁荣程度甚至超过东市。盛唐时，长安人口达百万，是全国乃至世界最大的城市。东都洛阳是当时全国仅次于长安的第二大城市，设有南市、北市和西市（西市为隋南市，南市则为隋东市）。南市“东西南北，居二坊之地，四面各开三门”②，其内一百二十行，三千余肆，四面共有四百余店，货物堆积如山。东市“凡周四里，开四门，邸一百四十一区，资货六十六行”，商业十分繁荣。同时，洛阳还是运河漕运的中心，唐政府有大量粮食、绢帛囤积于此，不少胡商也在此停留。

除长安、洛阳以外，唐代最著名的城市当属扬州。位于长江北岸的扬州，处南北交通要冲，是长江下游的商业都会，同时又是大运河南端的起点，漕米、海盐、茶叶的集散地，所谓“广陵当南北大冲，百货所集”③。据《旧唐书·五行志》记载，“天宝十载（751），广陵郡大风驾海潮，沦江口大小船数千艘”，一次大风即掀翻扬州码头数千艘船只，足见其商业贸易之繁盛，故有“扬一益二”之称。唐代的益州是西南地区的经济中心，西南的财赋大都集中于此，然后运往关中、陇右、河西、北庭、安西各地区。陈子昂的《上蜀川军事》中说：“伏以国家富有巴蜀，是天府之藏。自陇右及河西诸州，军国所资，邮驿所给，商旅莫不皆取于蜀。”广州，地际南海，“地当会要，俗号殷富”，是唐代海外

①《长安志》卷八《东市》，四部丛刊初编本。

②《太平御览》卷一九一《居处部一九·市》引《西京记》，中华书局，1960，第925页。

③《唐会要》卷八六《市》，中华书局，1955，第1582页。

贸易的重要港口，开元、天宝盛世时，“每岁有昆仑舶以珍物与中国交市”①，“蛮胡贾人，舶交海中……外国之货日至，珠香、象犀、玳瑁奇物，溢于中国”②，外贸繁盛可见一斑。此外，润州（今江苏镇江）、苏州、杭州、越州、荆州、汴州、宿州、襄阳、范阳、凉州、高昌等，也皆为唐代国内或国际贸易的重要城市。③

由于商业的繁荣，在扬州、长安、苏州等城市还出现了夜市。这在唐人若干首诗歌中即可稍窥一斑，如王建《夜看扬州市》诗云：“夜市千灯照碧云，高楼红袖客纷纷”；杜荀鹤的《送人游吴》一诗中写到苏州的夜市：“夜市卖菱藕，春船载绮罗”，可见当时夜市的繁华。但大多数城市依然因循晨钟暮鼓的提醒，严格遵循开市、闭市时间，“凡市以日午，击鼓三百声而众以会；日入前七刻，击钲三百声而众以散”④。同时，唐代依然实行严格的坊、市分离制度，居民区与商业区分开设置，虽便于政府管理，但较大程度上抑制了商业发展。至唐后期，严格的坊、市分离制度逐渐被商业的日渐活跃所冲破，不少商人已在居民坊内开设店铺。

各州县除有正式的市场设置外，在乡村的河津渡口、道路两旁等地还出现了草市、虚市、野市等，呈现出一派生机勃勃的景象，既方便了百姓生活，又为农村经济参与市场交换提供了便捷渠道。例如，《元和郡县图志》记载：“赤壁草市，在县西八十里”；《唐会要》卷七一记载：“德州安德县（今山东陵县），渡黄河南，与齐州临邑县邻接，有灌家口草市一所。”《太平广记》卷三一引《玄怪录》曰：“天宝中，青城山（今四川灌南县西南）前后……唯草市药肆。”这些草市，虽不如城市市场的繁华，但也人群熙攘，货品多样。如建德草市，“百货咸集，蠢类莫

①《旧唐书》卷八九《王方庆传》，中华书局，1975，第2897页。

② 韩愈撰，马其昶校注，马茂元整理：《韩昌黎文集校注》卷四《序·送郑尚书序》，上海古籍出版社，1986，第284页。

③ 张泽咸：《唐代工商业》相关论述，中国社会科学出版社，1995，第217—351页。冻国栋：《唐代的商品经济与经营管理》相关描述较为详细，武汉大学出版社，1990。

④《唐六典》卷二〇《太府寺》，中华书局，1992，第543—544页。

遗，旗亭旅舍，翼张鳞次”[①]，江淮一带的草市“尽近水际，富室大户，多居其间”[②]。不少草市由于交易日趋繁盛，加之多处于水陆交通要冲，逐渐发展为市镇，甚至发展为县之治所。

虚市，又称墟市，为定期市集，一般隔三日或五日，定期在一个地方相聚交易。关于虚市名称的由来，南朝宋沈怀的《南越志》曰：“越之市为虚，多在村场，先期招集各商，或歌舞以来之，荆南、岭表皆然。”因为这种虚市，必须选择在广阔的场所，故称之为虚。宋人钱易在其《南部新书》中则解释为，“端州（今广州肇庆）以南，三日一市，谓趁虚”。入虚市的购买者，多半为附近村民，因他们的购买力有限，没有长期连续开市的必要，因此多隔三五日进行一次。现在农村社会的赶集，如今云南、贵州等地，尚有马街子、牛街子的虚，仍是古代社会虚市的遗留。虚市的出现，极大便利了农村百姓的日常生活，也在一定程度上活跃了农村经济。[③]

随着商业的发展，货币流通区域逐渐扩大，流通额度日趋增加。自魏、晋时代起，货币流通推广度较低。至唐代前期，实物经济仍占主要地位，多以布帛、粮食等实物进行交换。例如，唐太宗贞观年间，河间人邢文宗赴幽州，“路逢一客，将绢十余匹……欲买经纸”[④]。在唐代的律令中，也规定用绢作为价值标准。韩愈在《论变盐法事宜状》亦提到“所在百姓，贫多富少，除城郭外，有见钱籴盐者，十无二三，多用实物及米谷博易”。终唐之世，以实物进行市场交换的情况虽一直存在，但自初唐以后，这种物物交换的情况主要在偏僻乡村或商业不发达的地区，而城市中货币经济则逐渐占据主体。

---

①《文苑英华》卷八〇八《彭州新置县唐昌县建德草市歇马亭镇并天王院记》，中华书局，1966，第 4270 页。

② 杜牧：《樊川文集》卷一一《上李太尉论江贼书》，上海古籍出版社，1978，第 169 页。

③ 牟发松：《唐代草市略论》，《中国经济史研究》1989 年第 4 期。

④ 李昉等：《太平广记》卷一二一《邢文宗》引《冥报拾遗》，中华书局，1961，第 849 页。

“开元通宝”铜钱、金钱

由于商品经济的不断发展，大宗交易频次越来越高。为了满足大宗交易的需要，城市中出现了接受私人钱贯存放和发放信贷业务的柜坊。商人可将钱贯寄存于柜坊，以备需要时取用，当资金不足时，亦可进行借贷。与柜坊同时出现的还有飞钱，飞钱类似于后世的汇票。唐政府虽曾多次铸造钱币，但仍不能满足市场需求，而政府又禁止钱币出境。在此情况下，为保障各地区间商品交换的顺利进行，飞钱应运而生。同时，飞钱的使用，又避免了远距离携带现钱长途跋涉的困难及所带来的风险。

商业的发展，使商人队伍愈来愈庞大，商人中既有从事远距离大宗贸易及走街串巷的行商，也有经营邸店、行铺、车坊、柜坊的坐贾，既有从事小本经营的商贩，又有资财雄厚的富贾。资财雄厚的巨商虽然人数不多，却是各地商贸活动中的主宰者。例如，唐高宗时，长安富商邹凤炽，“其家巨富，金宝不可胜计。常与朝贵游，邸店园宅，遍满海内，四方物尽为所收”①。唐玄宗时，“长安城中豪民杨崇义者，富兼数世，服玩之属，僭于王公”②。这些豪富之家，不仅资产庞大，且往往热衷于结交朝臣，“延纳四方多士，竞于供送，朝之名僚，往往出于门下。每

① 李昉等：《太平广记》卷四九五《邹凤炽》引《西京记》，中华书局，1961，第4062页。

②《开元天宝遗事》卷上《豪友》，四部丛刊初编本。

科场文士集于数家，时人目之为豪友”[①]。唐中叶以后，商贾势力依然如日中天，且有越来越多的人投入到商业逐利的大潮之中。元稹的《估客乐》给予了形象描述：“估客无住著，有利身即行。出门求伙伴，入户辞父兄。父兄相教示，求利莫求名。求名有所避，求利无不营。”商人热衷逐利的风气跃然纸上。同时，这些商人经营范围广泛，贸易区间辽阔，“求珠驾沧海，采玉上荆衡。北买党项马，西擒吐蕃鹦。炎洲布火浣，蜀地锦织成”。他们不顾艰难险阻，远涉山海，贩运各类方物，广销各地，获利丰厚。

四、南粮北运：大运河的疏浚、使用及其对经济发展的影响

唐朝继承了隋朝所开凿的运河基业，无须再像隋朝那样大规模地开凿，除开凿一些距离较短的新运河作为补充外，主要是对旧有河道的疏浚和治理。唐朝统治的三百年间，除了每年正常的河道疏浚外，为保证漕运通畅，曾对汴渠、山阳渎和江南河进行了数次大规模的整治。

通济渠在唐时称为汴水或汴渠。汴渠北连永济渠，南接山阳渎，是连接黄河与淮河的重要通道。由于黄河泥沙量较大，极易淤塞，因此需及时疏浚。唐朝初年，每到初春时节，政府常常征发附近州县百姓，“塞长茭，决淤塞”，疏通堰口，整修旧渠，以使黄河水顺利入渠，保证漕运畅通。唐中宗时，因河道未能及时疏浚，堰门淤塞，“年久堰破，江淮漕运不通”，只能临时用牛车转运，结果“牛死什八九”。[②] 自此以后，唐朝统治者一直较为重视对汴渠的治理，其中较大规模的就有四次。

第一次治理在开元二年（714）。时任河南府尹李杰上奏：“汴州东有梁公堰，年久堰破，江淮漕运不通。”得到朝廷批准后，李杰“奉发汴、郑丁夫以浚之，省功速就，公私深以为利”。[③]《新唐书》卷一二八《李

①《开元天宝遗事》卷上《豪友》，四部丛刊初编本。

②《旧唐书》卷四九《食货志下》，中华书局，1975，第2114页。

③《唐会要》卷八七《漕运》，中华书局，1955，第1596页。

杰传》亦言："河、汴之交，旧有梁公堰，废不治，南方漕弗通，杰调汴、郑丁男复作之，不费而利。"可见李杰主持的此次治理十分成功。第二次治理在开元十五年（727）。经李杰治理已过十余年，汴口处"行舟不通"，唐玄宗遂命范安及负责再次疏浚。《旧唐书》卷四九《食货志》记载，十五年正月，"令将作大匠范安及检行郑州河口斗门。先是，洛阳人刘宗器上言，请塞汜水旧汴河口，于下流荥泽界开梁公堰，置斗门，以通淮、汴，擢拜左卫率府胄曹。至是，新漕塞，行舟不通，贬宗器焉。安及遂发河南府、怀、郑、汴、滑三万人疏决开旧河口，旬日而毕"。此次疏浚共征发三万余人，足见规模之大。第三次治理在开元二十七年（739）。"河南采访使、汴州刺史齐浣，以江淮漕运经淮水波涛有沉损，遂开广济渠下流，自泗州虹县至楚州淮阴县北十八里，合于淮，不逾时毕功。既而以水流浚急，行旅艰险，旋即停废，却由旧河"[1]。齐浣此次开凿永济新渠，因缩短河道而加大水流比降，致水流迅急，又多僵石，难以航行，因此不久即废，船只仍从旧汴河通行。第四次治理在安史之乱之后。经过八年战乱，河、汴之渠，"泽水灭，岸石崩，役夫需于沙，津吏旋于泞，千里洄上，罔水舟行"，航道阻塞，漕船难以通行。为保证江淮物资顺利抵达关中，唐肃宗命转运使刘晏负责治理。刘晏驱马峡郊，经河阴、巩、洛，涉荥郊、浚泽，认真勘察河道，深入调查研究，待确定治理方案后，始调发民夫疏浚汴水。经过此次全线治理，"今舟车既通，商贾往来，百货杂集，航海梯山，圣神辉光，渐近贞观、永徽之盛"[2]，汴渠再次恢复往日功能。

唐朝在治理汴渠的同时，对山阳渎也进行了多次整修，其中规模较大的共计五次。山阳渎亦称邗沟，隋时自山阳至扬子入长江。唐初以后，因陆地下沉及其他自然因素的影响，长江三角洲向东移动，长江江面变窄，扬子江以南长江之间的河渠被泥沙淤积，难以行船。漕船不得不绕道瓜步（今江苏仪征市东），溯旧河进入扬子斗门，但这样行船不仅要迂回30千米，而且"多为风涛所损"。故自唐玄宗开始，对山阳渎

---

①《通典》卷一〇《食货十·漕运》，中华书局，1982，第223页。

②《旧唐书》卷一二三《刘晏传》，中华书局，1975，第3513页。

的南段进行了多次治理。在此之前，唐睿宗太极元年（712），魏景清曾利用盱眙县北洪泽湖西岸的一条河，“引淮水至黄土冈，以通扬州”，但治理效果如何，史书未载。

开元二十六年（738），润州（今江苏镇江）刺史兼江南东道采访处置使齐浣，为改换漕运道路，在今扬州三汊河至瓜州镇之间开凿了新河，即伊娄河。“润州北界隔吴江，至瓜步沙尾，纡汇六十里，船绕瓜步，多为风涛之所漂损。浣乃移其漕路，于京口塘下直渡江二十里，又开伊娄河二十五里，即达扬子县。自是免漂损之灾，岁减脚钱数十万。又立伊娄埭，官收其课，迄今利济焉”①。由于瓜洲运口距离江南河的北口较近，此后一直是长江北岸的重要运口。这一改凿，既保证了漕运安全，又节省了行船时间及相关费用。第三次治理在唐德宗时期，主要疏浚的是扬州城内的官河。兴元初年（784），“扬州官河填淤，漕挽堙塞，又侨寄衣冠及工商等多侵衢造宅，行旅拥弊”②。时任扬州长史的杜亚主持“治漕渠，引湖陂，筑防庸，入之渠中，以通大舟，夹堤高卯，田因得灌溉。疏启道衢，彻庸通堙，人皆悦赖”③。第四次治理在唐宪宗元和年间。时任淮南节度使的李吉甫，在高邮一带筑堤为塘，溉田数千顷，又修筑富人、固本二塘，溉田万顷。《新唐书》卷一四六《李吉甫传》曰：“漕渠庳下不能居水，乃筑堤阏以防不足，泄有余，名曰平津堰。”平津堰约在江都境内，北经高邮、宝应，西经仪征，南经瓜洲，迂回一百多千米，不仅保证了山阳渎水力的充足，维持了漕运通畅，还灌溉了大面积良田。第五次治理在唐敬宗宝历二年（826），其时距离杜亚疏浚已有四十余年，扬州官河又复淤塞。“宝历二年正月，盐铁使王播奏扬州城内旧漕河水浅，舟船涩滞，转输不及期程。今从阊门外古七里港开河，向东屈曲，取禅智寺桥东通旧官河，计长一十九里。”④ 七里河因

①《旧唐书》卷一九〇《齐浣传》，中华书局，1975，第5038页。

②《旧唐书》卷一四六《杜亚传》，中华书局，1975，第3963页。

③《新唐书》卷一〇七《杜亚传》，中华书局，1975，第4034页。

④《唐会要》卷八七《漕运》，中华书局，1955，第1599页。

“开凿稍深，舟航易济”，此后“漕运不阻，后政赖之”[①]。此河开凿后，漕船不需再驶入城内旧官河，运道条件得以大大改进。

江南河虽是整条运河中水利资源最为丰富的一段，但由于长江和钱塘江江岸的变迁及江潮的涨落，也时常影响运河通航。因江南河是运输江南物资抵达关中地区的必经航道，故唐朝统治者对此段航道的治理十分重视。唐朝对江南河的治理，主要表现在设置堰闸节水济运、改变入江口及导水进河等方面。唐时的江南河设置有四处堰闸，自北向南依次为京口埭（今镇江江口）、庱亭埭（今丹阳东二十多千米）、望亭堰及闸（今无锡望亭镇）、长安闸（今崇德长安镇）。

江南运河进入山阳渎的入口原在丹徒，江面宽二十多千米，但因镇江附近长江泓道的变迁，运河入江口淤积大量泥沙，江面逐渐变窄。开元二十一年（733），齐浣任润州刺史时，“州北距瓜步沙尾，纡汇六十里，舟多败溺。浣徙漕路由京口埭，治伊娄渠以达扬子，岁无覆舟，减运钱数十万”[②]。齐浣对运河入江口的改变，不仅使运路大为缩短，而且保证了航运安全。从丹阳至今镇江运河段，河谷狭浅，水流不足，主要靠丹阳附近的练湖水源予以补充，但后因百姓筑堤，将练湖横截七千米改作良田，湖面变窄，运河水源补给由此不足。唐代宗永泰年间，润州刺史韦损“废塘复置，以溉丹阳、金坛、延陵之田”[③]，并作斗门，以节其流。练湖恢复后，湖面周长扩大至四十千米，运河水源得以充分补给，自是河漕不涸。从杭州至嘉兴的南段运河，因地势由西南向东北倾斜，也存在水源不足的问题，需要依靠西湖水和钱塘江潮水补给。唐朝时在钱塘江江口创设“长安闸”，用以节制水流以防流失。建中二年（781），李泌任杭州刺史时，始导西湖，作六井，民以足用。长庆元年（821），白居易出任杭州刺史时，重修六井，疏浚西湖，筑堤引西湖水北

①《旧唐书》卷一六四《王播传》，中华书局，1975，第4277页。

②《新唐书》卷一二八《齐浣传》，中华书局，1975，第4470页。

③《新唐书》卷四一《地理志》，中华书局，1975，第1057页。

出杭州余杭门外，入于运河，以丰富运河水力。[①]

大运河的东南系统，经过唐代多次较大规模的治理及日常性的整修，加之大量沟渠、埭堰的开凿，不仅保证了正常情况下运河航道的畅通无阻，而且对农田灌溉助力颇多。唐政府除致力于运河东南水道的开凿和治理外，对东北段的永济渠也进行了多次治理。贞观十七年（643），为增加永济渠水源，在引淇水入渠处筑石堰。永徽二年（651）、开元十六年（728），唐政府先后在沧州城西 27.5 千米处筑“永济渠二”，县南 15 千米处筑“永济渠北堤”。此外，在永济渠周边所开的沟渠还有贝州经城（今河北新河县）的张甲河、冀州南宫的通利渠、赵州昭庆（今河北隆尧县东）的沣水渠、沧州清池的清池渠、德州平昌（今山东德平县）的新河等。这些辅道都直接或间接地与永济渠相连，既丰富了永济渠水源，又有利于黄河中下游地区的农业灌溉。

唐代对大运河的多次新凿、疏浚与治理，保证了南北航道的通畅，加速了南北经济文化交流，推动了江南地区的快速发展。通过大运河调运南方地区的物资到北方，成为大运河在唐代的主要功能之一。这其中既有漕运南方地区粮食到洛阳、长安为主的官方行动，也有以橘、茶为主的南方土产北运的民间贸易。安史之乱以后，中原战乱，经济中心逐步南移，“天下大计，仰于东南”。唐朝著名文学家韩愈曾说：“当今赋出天下，而江南居十

大运河鸟瞰图

① 本节关于唐代大运河治理的相关内容，参考陈璧显主编《中国大运河史》，中华书局，2001，第 140—146 页。

九。"[1] 江南运河沿线城市也随之逐渐走向繁荣。[2]

自隋代开凿大运河以后，江南地区的粮食运往北方更为便利。唐代继承了隋代利用运河南粮北运的传统，并将其作为国家行政手段持续了百年之久，演化成当时独特的政治经济现象。通过大运河将南方地区的物资输送到北方，其中粮食占据的比重较大。唐代从南方地区运往北方的粮食以稻米为主，且数量庞大。咸亨元年（670），"天下四十余州旱及霜虫，百姓饥乏，关中尤甚"，为了解决饥荒问题，唐高宗"诏令任往诸州逐食，仍转江南租米以赈给之"。[3] 仪凤四年（679）二月，因东都洛阳饥荒，"官出糙米以救饥人"[4]。这些糙米主要是来自江淮地区的稻米。开元二十一年（733），宰相裴耀卿因此建议朝廷"租米则各随远近，任自出脚送纳东都"[5]。可见东都洛阳一旦需要稻米，最先考虑的方式即是借大运河之便从江淮地区输入。

唐代通过运河南粮北运的规模，随时间推移越来越大。贞观、永徽

① 有关唐宋时期中国经济重心南移的问题，学界多有探索。其中，张家驹先生《两宋经济重心的南移》（湖北人民出版社，1957）一书，拓荒发端于前，追随者累累，譬如王大建、刘德增《中国经济重心南移原因再探讨》，《文史哲》1999年第3期；程民生先生的研究虽然以宋史为中心，但其追溯唐朝的史事，也可镜鉴，譬如其《宋代地域经济》，河南大学出版社，1992；程民生：《中国北方经济史》，人民出版社，2004。程民生：《关于我国古代经济重心南移的研究与思考》，《殷都学刊》2004年第1期。郑学檬先生所著《中国古代经济重心南移和唐宋江南经济研究》（岳麓书社，2003）后出转精，标新立异，其特别强调科技视角，但与农业、工商业并重，概括总结，高屋建瓴，别具新意；杜瑜：《中国经济重心南移：唐宋间经济发展的地区差异》，台北五南出版社，2005；黄庭硕：《南国多秀士：唐宋之际的东南士人与中国文化重心南移》，台北稻乡出版社，2019；等等，恕不一一赘列。

② 郑学檬：《中国古代经济重心南移和唐宋江南经济研究》之《"统治者的权力扩散"和经济重心南移的关系》，岳麓书社，2003。陈明光：《唐朝中央对地方政府的财政监督述论》《唐代后期地方财政支出定额包干制与南方经济建设》，今据氏著《寸薪集：陈明光中国古代史论集》，厦门大学出版社，2017。

③《旧唐书》卷五《高宗纪下》，中华书局，1975，第95页。

④《旧唐书》卷五《高宗纪下》，中华书局，1975，第104页。

⑤《旧唐书》卷九八《裴耀卿传》，中华书局，1975，第3081页。

之际，从江淮运往京师的稻米“每年转运不过一二十万石，所用便足”。及至开元年间，随着供给人口的增加，从江淮运到北方的稻米数量猛增。贞元十五年（799）三月，“令江淮岁运米二百万石”，“虽有是命，然岁运不过四十万石”。[①] 元和二年（807），“旧制，每岁运江淮米五十万斛，至河阴留十万，四十万送渭仓”[②]，由此凸显了洛阳在大运河运输中的中转站地位。这些史书记载的内容，从含嘉仓出土的铭砖、铭文中也可得到证明。由此可见，大运河的运输便利使唐朝廷能够在急需关头，随时调运粮食到洛阳、长安，以解燃眉之急，而洛阳在其中又发挥了中转站的作用。

除了官府利用大运河运输来自江淮地区的粮食外，唐代亦借用运河运输来自南方地区的土特产，成为运河发挥作用的又一特点。这些土特产品种繁多，既有广陵郡的锦、镜、铜器、海味，会稽郡的铜器、绫罗，豫章郡的瓷器、酒器、茶具，宣城郡的空青石、纸笔、黄连，又有南海郡的玳瑁、珍珠、象牙、沉香，等等。[③] 据《旧唐书》卷一〇五《韦坚传》记载：“坚预于东京、汴、宋取小斛底船三二百只置于潭侧，其船皆署牌表之。若广陵郡船，即于栿背上堆积广陵所出锦、镜、铜器、海味；丹阳郡船，即京口绫衫段；晋陵郡船，即折造官端绫绣；会稽郡船，即铜器、罗、吴绫、绛纱；南海郡船，即玳瑁、真珠、象牙、沉香；豫章郡船，即名瓷、酒器、茶釜、茶铛、茶碗；宣城郡船，即空青石、纸笔、黄连；始安郡船，即蕉葛、蚺蛇胆、翡翠。船中皆有米，吴郡即三破糯米、方丈绫。凡数十郡。驾船人皆大笠子、宽袖衫、芒屦，如吴、楚之制。”[④]《韦坚传》所记述的南方各地通过大运河所运送物品，涉及生活的多个方面，而这些物品除官府所用之外，民间也大量使用，由此北方民众生活品质得以提高。

---

①《旧唐书》卷一三《德宗下》，中华书局，1975，第 390 页。

②《旧唐书》卷四九《食货志下》，中华书局，1975，第 2120 页。

③ 薛瑞泽、王彦霖：《隋唐大运河所运物品与南北经济交流》，《河南社会科学》2018 年第 12 期。

④《旧唐书》卷九八五《韦坚传》，中华书局，1975，第 3222—3223 页。

大运河作为沟通南北经济文化的重要水上通道，在唐代历史上的作用不容忽视。大运河的开通，不仅实现快捷便利地运送江南地区粮食到黄河流域，解决长安、洛阳两京的粮食短缺问题，加之南北商品互通有无，尤其是南方土产的北运，更活跃了南北经济，而且提高了北方民众的生活品质。与此同时，伴随着大运河的开凿和使用，运河沿岸的商业城市逐渐繁荣，国内外商品汇集于此，大运河又成为沟通中外贸易的重要纽带，体现了其作为黄金水道的重大作用。

第三节　隋唐经济发展中的商贸活动

隋唐时期，国家统一，社会稳定，经济繁荣，统治者逐渐形成了一套“九州殷富，四夷自服”的对外政策，与四方诸国和平共处，并努力推行一系列优惠政策，吸引海外商人来华贸易，对外商贸活动迅速发展。自唐初开始，西北陆上贸易日渐繁盛，东南海洋贸易也逐步发展起来，开始与陆上丝绸之路呈并驾齐驱之势。安史之乱以后，西北地区战乱频繁，商路被阻，陆上丝绸之路贸易日渐萎缩，而东南海洋贸易却获得显著增长，且规模逐渐超越西北陆上贸易。

一、瀚海荒漠淼无垠：陆上丝绸之路及其发展

先秦时期，草原丝绸之路虽然已经存在，但商品交换的种类少，频次低。汉武帝时，张骞出使西域，正式打通了中国与西方的联系通道，以丝绸为代表的中国商品开始通过此道贩运到大夏、安息（今伊朗境内），甚至罗马，中外商贸往来的序幕正式拉开。唐朝国力强盛、经济繁荣、文化昌盛，丝绸之路发展由此进入黄金时代，长安、洛阳、扬州、广州等城市成为远道而来的域外商贾的聚居之地，世界各地货物的汇聚之所。

如前所揭，“丝绸之路”的概念，由德国地理学家李希霍芬于 1877

年在其所著的《中国——亲身旅行的成果和以之为根据的研究》第一卷中首次提出，他将中国长安与中亚之间的交通往来路线称为“丝绸之路”。此后，“丝绸之路”的概念不断演变，所指范围不断拓展。从广义上看，“丝绸之路”已经成为古代东、西方之间经济、文化交流的代名词，即凡是古代中国到相邻各国的交通路线，不论是陆路还是海路，均称为“丝绸之路”。从狭义上看，“丝绸之路”是指起始于古代中国长安或洛阳，通过甘肃河西走廊和今天的新疆地区，越过帕米尔高原，进入中亚、伊朗等地，连接亚洲、欧洲的交通和商业贸易路线。① 而狭义的“丝绸之路”即是我们通常所指的陆上丝绸之路。

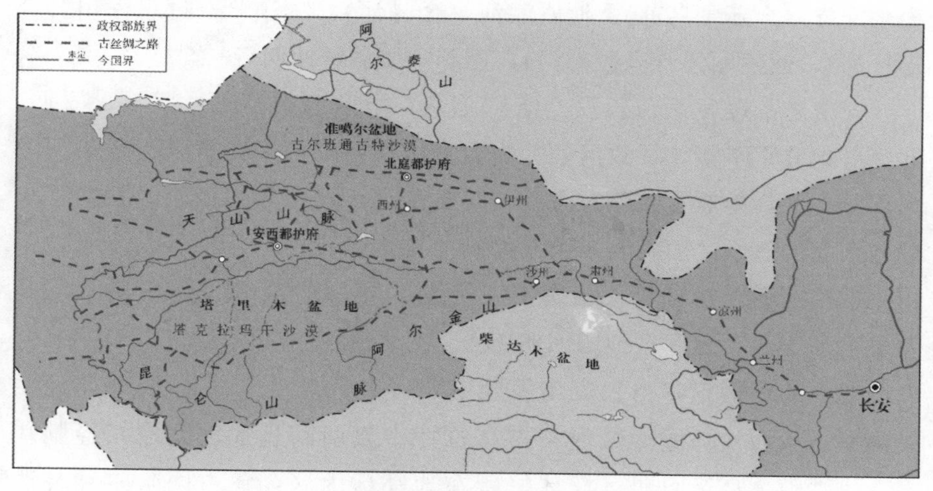

唐代陆上丝绸之路路线图

唐朝的经济繁荣与疆域辽阔吸引了周边许多国家，使之与西北边疆地区的联系变得空前密切。唐政府在漠北设置州府后，开辟了通往内地的驿路。唐朝平定西突厥后，天山以北诸地之间的交通网络形成。唐代的陆上丝绸之路相较于汉代延伸的范围更广，主要路线有三条。

一条为从敦煌出发至伊吾（今新疆哈密），从伊吾继续西行的道路。从伊吾西行至高昌（今吐鲁番东），再由高昌经焉耆（今新疆焉耆西南）、

① 刘进宝：《“丝绸之路”概念的形成及其在中国的传播》，《中国社会科学》2018年第11期。

龟兹（今新疆库车）向西至俱毗罗碛，至姑墨州（今新疆阿克苏）、温肃州（今新疆乌什），又西北越过拔达岭，至乌孙所治赤山城（今吉尔吉斯斯坦什提克），又西北至热海（今伊克塞湖），又西北至碎叶城（今吉尔吉斯斯坦托克马克）。自碎叶城又西至怛罗斯城（今哈萨克斯坦詹布尔）。由此经塔什干、撒马尔罕、布哈拉而至木鹿绿洲（今土库曼斯坦马勒）。再由木鹿城往波斯各地和巴格达、君士坦丁堡。

另一条为天山北路的路线。从高昌郡交河城（今新疆吐鲁番西北），北趋北庭都护府的庭州金满县（今新疆吉木萨尔北），经轮台县（今新疆乌鲁木齐北），渡里移得健河（今玛纳斯河）、白杨河（今乌兰乌苏）、墨水守捉（今新疆乌苏）、渡石漆河（今晶河），越车岭，过思浑川（今喀什河），渡伊丽河（今伊犁河），至碎叶城后继续西行。

安史之乱爆发后，长安、洛阳陷落。唐政府调河西、陇右、安西、北庭等地驻军平叛，导致河西、陇右地区军备空虚。吐蕃乘机攻陷河陇大部分地区，控制了东西方之间传统的交通干线陇右河西道，切断了中原与西域的联系。唐朝为了继续维持中原与西域的政治、经济联系，不得不取道回鹘。正如李德裕奏书中所说："自艰难以后，河、陇尽陷吐蕃，若通安西、北庭，须取回鹘路去。"① 回鹘道由此得到进一步发展。

北面的回鹘道，自长安出发至灵州（今宁夏灵武），又自灵州经西受降城。从西受降城（今内蒙古乌拉特中旗西南乌加河北岸）经鹛鹈泉，入沙漠，直至回鹘可汗牙帐所在地都斤山（今蒙古国哈尔和林西北）。从牙帐正北稍东至小海（今贝加尔湖），由骨利干部落往海东西。从牙帐西北行十三日，至都播部落，有回鹘可汗行宫（今蒙古国沙戈纳尔）。从都播部落又北行六七日，至黠戛斯（今译为吉尔吉斯，主要在今叶尼塞河上游流域）部落。②

这三条主要商贸路线上沙漠、戈壁广布，并有高山阻隔，分布于大片沙漠、戈壁之中的绿洲城邦国家，开拓出能连接各个绿洲的一段段道路，以及可以通过高山峻岭的一个个山口，成为长途跋涉的商旅们的中

①《册府元龟》卷九九四《外臣部·备御第七》，凤凰出版社，2006，第11508页。
② 王仲荦：《隋唐五代史》，上海人民出版社，2016，第703页。

途休整之地，为长途贸易的接续提供了保障，由此保证了从长安出发，经中亚各国，远涉罗马的漫长商路的畅通。当然，欧亚大陆东西方之间的整个贸易商道往往并不是由一批商人走完全程的，而是分段、分批进行，通常由当地不同的族群主导，由沿线各族群以“接力”的方式进行。

隋唐时期的大一统局面，在普通的认知中，尤其是唐朝，政局相对稳定，军事强大，社会经济繁荣，文化思想开放，领土辽阔，是中国帝制皇朝发展的一个高潮期。也正是在这一时期，中西方陆路交通的高度发达，为李唐王朝的盛世威名波及四方奠定了基础。

隋唐两朝对海陆中外交通的重视，是一以贯之的。杨隋一朝，政治上的统一促使中外关系有更大发展。这时，陆路上西北部的突厥以阿尔泰山为界分为东西两部，位于东西交通要冲的葱岭东西地区被西突厥控制着，但两个政权之间的互通有无得以持续不断地继续发展。换言之，这一时期，隋朝也注重加强管理丝路贸易。①

唐朝建立之后，中西陆路交通和海路通商发展到一个新的阶段。这主要得益于唐朝中央政府通过设立安西都护府、北庭都护府和广泛设置羁縻州府等，以实现更为直接的经营和管理。这一时期的中外交流主要通道包括北、中、南三条。这三条通道因时空变换而发生了一些变化。一般而言，北道经过突厥活动区域而至拂菻和西海；中道经过费尔干纳盆地与河中地区进入波斯，然后抵达波斯湾；南道则经过北天竺而抵达阿拉伯海。具体而言，其中安西都护府入西域这一条通道，是初唐和盛唐时期的主干道。这条通道的大体走向，贾耽在《皇华四达记》中有详细的记载。从西部东来的胡商，大多数是从呼罗珊（Khorasan）的木鹿（Merv，今土库曼斯坦梅尔夫）到阿穆勒，渡过乌浒水到布哈拉，经过库克到撒马尔罕。中受降城入回鹘道是唐中叶之后的中西陆路干道，前后的走向也有变化。②

---

① 张国刚：《中西文化关系通史——从张骞到郑和》，北京大学出版社，2019，第42页。

② 张国刚：《中西文化关系通史——从张骞到郑和》，北京大学出版社，2019，第44—45页。

在唐代陆上丝绸之路的商贸往来中，参与度最高的当属胡商，胡商中又以粟特人最具代表性。粟特人为伊朗人种的中亚古族，原本生活在中亚以泽拉善夫河为中心的锡尔河与阿姆河之间的流域。魏晋时期，粟特人已经来到中国，是西域传说中“昭武九姓”或“九姓胡”的一部分。[①] 至唐代，粟特商人活动十分频繁，控制着西北内陆东西方之间的贸易往来。粟特人是擅长且乐于经商的民族，正如《新唐书·康国传》所记载，粟特人“善商贾，好利，丈夫年二十，去旁国，利所在无不至”。粟特人因精通多种语言，不仅有助于他们从事商贸活动，也沟通了丝绸之路上多种人群的彼此交流。除了粟特人以外，突厥人、回鹘人、波斯人、阿拉伯人也是陆上丝绸之路商贸活动的重要参与者。[②] 汉族商人则很少长途跋涉，穿过沙漠、戈壁向西行进从事商贸往来。他们大多是在长安、敦煌、凉州、吐鲁番等地，备足中国的商品，等待这些胡商们前来交易。

汉唐时期，西北内陆的商贸往来虽以“丝绸之路”命名，但这条商道上的贸易商品绝非仅仅丝绸，香料、药材、玻璃、贵金属、瓷器、茶叶、马匹、奴隶等均是商人们所经营的主要商品，“丝绸”更多地作为一种象征符号。

在唐代，陆上丝绸之路的商贾们所经营的商品种类繁多，但以体积小、便于携带且价格昂贵、利润高的奢侈品为主。由于在欧亚内陆进行长途贩运的难度太大，胡商来华的主要目的之一是购买中国的丝绸。他们携带大量的香料、布帛、马匹、宝石和琉璃等物品来中国销售，然后

---

① 蔡鸿生：《唐代九姓胡与突厥文化》，中华书局，1998。

② 张广达：《唐灭高昌国后的西州形势》《有关西州回鹘的一篇敦煌汉文文献——S.6551 讲经文的历史学研究》，今据氏著《文书、典籍与西域史地：张广达文集》，广西师范大学出版社，2008；张广达：《唐代长安的波斯人和粟特人——他们各方面的活动》《粟特人在佛经翻译中的作用》，今据氏著《文本、图像与文化流传》，广西师范大学出版社，2008。荣新江：《中古中国与外来文明》，生活·读书·新知三联书店，2001 初版，2014 再版；荣新江：《中古中国与粟特文明》，生活·读书·新知三联书店，2014；荣新江：《丝绸之路与东西文化交流》，北京大学出版社，2015。

从中国购置大量的丝绸，再转手贩卖给波斯人和拜占庭人。受中国丝绸输出的影响，粟特地区也逐渐开始生产织造丝绸，这些丝织品甚至还被胡商贩运至中原地区。除了贩卖丝绸之外，胡商们还参与奴婢贸易。他们将中亚粟特地区、西域塔里木盆地周边绿洲王国、北方草原游牧民族地区的男女奴隶，倒卖到高昌、敦煌、长安等地。从唐代诗歌中，可以看到很多粟特女奴被卖到洛阳和长安的酒家，俗称“酒家胡”或“胡姬”。

西域的良马是胡商贩运至唐朝的又一重要商品。唐朝在中亚地区之所以具有崇高的地位及至高无上的权威，很大程度上取决于所获得战马的数量。对唐朝统治者而言具有极其重要的意义，所谓“马者，国之武备，天去其备，国将危亡”[①]。因此，丝绸之路上的商人们，如粟特人、波斯人、突厥人、回鹘人纷纷参与到中亚特种良马的贩运之中。由于贩运马匹数量巨大，对唐政府而言有时甚至出现供大于求的情况。例如，回鹘凭借其在安史之乱中助唐有功，在从事绢马贸易中获得巨大的利益。“以马一匹易绢四十匹”，使唐政府面临“蕃得绢无厌，我得马无用，朝廷甚苦之”[②] 的局面。数额巨大的绢马贸易中，回鹘人自身无法完全消费这些丝织品，因此他们进行丝绸转手贸易，每年将大量的丝绢通过丝绸之路运往中亚、西亚等地；同时，将中亚、西亚的琉璃、翡翠、珊瑚以及一些稀有珍品和奢侈品，如宝石、珍珠、金银器、毛皮、地毯、药材等，贩卖到唐朝。[③]

除丝绸外，唐朝的金银器、漆器、铁器、硝石、大黄、瓷器、茶叶等商品也纷纷贩运至西方。尤其是瓷器和茶叶，在唐代成为新的大宗贸易商品，深受中亚各国及阿拉伯人、罗马人的欢迎。自开元年间，饮茶风俗先从长江流域蔓延至北方的黄河流域，又逐渐被在长安等地经商或定居的外商们所熟悉，茶叶开始作为新的商品被大量贩运至域外。瓷器因质重、易碎的特点，不适合穿越沙漠、翻山越岭，因此通过陆上丝绸

①《新唐书》卷三六《五行志三》，中华书局，1975，第 952 页。

②《旧唐书》卷一九五《回纥传》，中华书局，1975，第 5198 页。

③ 李瑞哲：《古代丝绸之路胡商的主要交易品浅析》，《西部考古》第七辑，2014 年 6 月。

之路贸易的数量较为有限，更多的是通过海运的途径向外输出。①

陆上丝绸之路的畅通，不仅集结了各色人群，汇通了各类商品，活跃了唐朝经济，促进了中外经济、政治、文化的交流，构筑了连接东西方的桥梁，也推动了西北边地贸易的发展，带动了丝绸之路沿线的商业发展与城市繁荣，大批商业城市在原州、灵州、沙州、凉州、龟兹、于闻、碎叶、疏勒等地兴起。在羌笛驼铃、金戈铁马中，陆上丝绸之路将人类的命运“编织”在一起，开始了近代以前中国式“全球化”的序曲。美国学者韩森教授提出，公元1000年之时，全球性的通路已经形成，全球化由此开启。这颠覆了我们一般认为全球化的第一个阶段定位在1492年或1500年的认识，也就是被称为大发现（大航海）时代。这也有别于晚近以来第一轮全球化大致是在18世纪末19世纪初开始的这一论断。韩森教授跳出“欧洲中心论”的既定学术理路，在书中举了很多证据证明在10世纪末左右，维京人已经从北欧到达了现在的加拿大东北部，也是在同一时期，部分北欧维京人可能也已经到达了今天墨西哥的玛雅帝国，此类证据书中尚有很多。总之，韩森教授认为，在公元1000年，一个新的全球路径系统已经形成了。这个全球路径系统基本上连通了各大洲，货物、人口和思想沿着这些新发现、新建立的路线流动起来，让世界成为一个整体。②

---

① 薛爱华：《撒马尔罕的金桃：唐代舶来品研究》，吴玉贵译，社会科学文献出版社，2016。该书详细考察了唐朝时期世界文化交流和文明引进，内容涉及唐朝生活的各个方面，举凡家畜、野兽、飞禽、植物、木材、食物、香料、药品、纺织品、颜料、矿石、金属制品、世俗器物、宗教器物、书籍等等，共18类170余种，举凡生活所需、日常所用，几乎无所不包，让人叹为观止，诚可谓巨细无遗，琳琅满目，美不胜收。作者薛爱华，旧译谢弗，吴玉贵翻译该书为《唐代的外来文明》，中国社会科学出版社，1995年初版；陕西师范大学出版社，2005再版。限于篇幅，该书论及的诸多内容，本书且略。有兴趣的读者，可以自寻薛爱华这部经典著作参阅。

② 韩森（Valerie Hansen）：《丝绸之路新史》（*The Silk Road*：*A New History*，New York，NY：Oxford University Press，2012，张湛译，北京联合出版公司，2015）；《公元1000年：全球化的开端》（*The Year* 1000：*When E xplorers Connected The World-and Globalization Began*，Scribner，2020，刘云军译，北京日报出版社，2021）。

二、从陆路到海上：内河航运和海外贸易的初步开展

在西北陆上丝绸之路蓬勃发展的同时，东南海洋贸易也在逐渐勃兴。以大运河为代表的内河航运的发展，不仅沟通了全国南北经济，带动了一批运河沿岸商业城市的兴起，而且为海外贸易的发展提供了强大助力。内河航运的发达，使海外贸易的货品来源更加丰富，并为舶来品在国内的运销提供了更加便捷的通道。

大运河开凿以后，内河航运更为便捷，成为漕粮和南北商品运输的最主要通道。唐代的内河航运，远超以往任何时期，形成了多个区域性网状水运系统，舟船接踵，来往商旅不断。“天下诸津，舟航所聚，旁通巴汉，前指闽越，七泽十薮，三江五湖，控引河洛，兼包淮海，弘舸巨舰，千轴万艘，交货往来，昧旦永日”①，内河航运之繁盛可谓空前。

南方地区河网密布，内河航运十分发达。“自扬、益、湘南至交、广、闽中等州，公家运漕，私行商旅，舳舻相继”②。关于南方地区内河航运的盛况，唐代的诸多诗文中都有描绘。如杜甫的《后出塞》写道“渔阳豪侠地，击鼓吹笙竽。云帆转辽海，粳稻来东吴。越罗与楚练，照耀舆台躯”，生动描写了大量吴米和丝织品运往北方的情况。卢纶的《送何召下第后归蜀》曰“褒斜行客过，栈道响危空。路湿云初上，山明日正中。水程通海货，地利杂吴风。一别金门远，何人复荐雄”，则生动描绘了长江航道的繁盛景象。

汴河作为沟通黄河与淮河的重要通道，在唐代南北水运中具有举足轻重的地位。汴河的开通连接了沿线的诸多水道、水系，主要有汴泗道、淮颍道、淮涡道，以及西北诸渠系、淮河水系，由此形成了庞大的汴河水运交通系统，极大便利了南北商旅往来。唐代自洛阳南下，主要是取道汴河。人们从巩县下洛水，航经河阴、汴州、陈留、雍丘、宋州、永城、埇桥、泗州、盱眙、楚州、扬州，然后穿过长江到南方各地。刘禹锡曾写道：“刘

① 《旧唐书》卷九四《崔融传》，中华书局，1975，第2998页。
② 李吉甫：《元和郡县图志》卷五《河南道一》，中华书局，1983，第137页。

子浮于汴，涉淮而东……次于淮阴”，记录了他自汴河南下的路线。此外，诸多来唐的商人、贡使、僧侣等也多经由汴河航道南下或北上。

关中地区的内河航运相对于江南地区和中原地区，运力稍显薄弱，因河道水量不足，加之黄河频繁淤塞，需要经常疏浚。但介于关中地区在唐代的重要地理位置，为了运输江淮地区的大量漕粮入北，隋唐统治者又开浚了漕渠、升源渠，疏凿了嘉陵江航道。漕运旺季时，舟航聚集，甚至颇有几分江南水乡的景象。例如，唐德宗贞元人李观，曾提到长安城以北的东渭桥下“舟者如檄”；[①] 大中、咸通年间人李频也描述道：“秦地有吴洲，千樯渭曲头。”汉江作为陕南最大的河流，也是最重要的航运通道，唐代曾经几次启用这条水上通道运送江淮地区的物资。

为了加强水运管理，唐政府设立了自上而下的管理水运事务的机构，即尚书省工部下辖的水部、都水监和水陆转运使司。同时，还制定了一系列内河水上交通运输、渡口桥梁、河道水流等有关法规，主要包括内河船只水上航行的航速、避让、超载，船舶安全检查，舟船停泊与公差等规定。为了便利通行，唐政府还在河流津口架桥设渡口，并对渡口与渡船进行规范管理。例如，水部曾下令在黄河、渭河流域用舟船相连而搭起水上浮桥，在长江流域则指令各州县广置津渡。随着内河航运业的不断发展，唐政府开始对从事内河航运的商人征收税金。此外，规定内河舟船运输的运价，也成为唐政府管理内河航运的一项重要内容。内河航运相关管理政策的相继出台，不仅有利于维护内河航道秩序，还充分体现了唐代内河航运的繁盛发达。[②]

---

①《李元宾文编》卷一《东渭桥铭》，四部丛刊初编本。

② 关于此方面的研究，参阅史念海《隋唐时期运河和长江的水上交通及其沿岸的都会》，《中国历史地理论丛》1994 年第 4 期；郑民德：《中国大运河的历史变迁、功能及价值》，《西部学刊》2014 年第 9 期；冯兵、黄俊棚：《水与城的双向互动：隋唐五代时期运河变迁与城市兴衰》，《学习与实践》2017 年第 2 期；程玉海：《中国大运河的形成、发展与繁荣》，《聊城大学学报（社会科学版）》2008 年第 3 期；辛德勇：《隋唐时期陕西航运之地理研究》，《陕西师范大学学报（哲学社会科学版）》2008 年第 6 期；井红波、杨钰侠：《古代中国运河的交通运输地位——以唐代汴河为中心的考察》，《淮北师范大学学报（哲学社会科学版）》2011 年第 2 期；等等。

在内河航运不断繁荣的同时，隋唐时期的海外贸易也迎来了大发展。隋炀帝时期，曾大力拓展与海外各国的关系。大业三年（607），隋炀帝派常骏、王君政等出使赤土国（位于马来半岛西岸）。据《隋书》卷八二《赤土传》记载："帝大悦，赐骏等帛各百匹，时服一袭而遣。赍物五千段，以赐赤土王。其年十月，骏等自南海郡乘舟，昼夜二旬，每值便风。至焦石山，而过东南，泊陵伽钵拔多洲，西与林邑相对，上有神祠焉。又南行，至师子石，自是岛屿连接。又行二三日，西望见狼牙须国之山，于是南达鸡笼岛，至于赤土之界。其王遣婆罗门鸠摩罗以舶三十艘来迎，吹蠡击鼓，以乐隋使，进金锁以缆骏船。月余，至其都，王遣其子那邪迦请与骏等礼见。先遣人送金盘，贮香花并镜镊，金合二枚，贮香油，金瓶八枚，贮香水，白叠布四条，以拟供使者盥洗。其日未时，那邪迦又将象二头，持孔雀盖以迎使人，并致金花、金盘以藉诏函。男女百人奏蠡鼓，婆罗门二人导路，至王宫。骏等奉诏书上阁，王以下皆坐。宣诏讫，引骏等坐，奏天竺乐。事毕，骏等还馆，又遣婆罗门就馆送食，以草叶为盘，其大方丈。因谓骏曰：'今是大国中人，非复赤土国矣。饮食疏薄，愿为大国意而食之。'后数日，请骏等入宴，仪卫导从如初见之礼。王前设两床，床上并设草叶盘，方一丈五尺，上有黄白紫赤四色之饼，牛、羊、鱼、鳖、猪、蝳蝐之肉百余品。延骏升床，从者坐于地席，各以金钟置酒，女乐迭奏，礼遗甚厚。寻遣那邪迦随骏贡方物，并献金芙蓉冠、龙脑香。以铸金为多罗叶，隐起成文以为表，金函封之，令婆罗门以香花奏蠡鼓而送之。既入海，见绿鱼群飞水上。浮海十余日，至林邑东南，并山而行。其海水阔千余步，色黄气腥，舟行一日不绝，云是大鱼粪也。循海北岸，达于交阯。骏以六年春与那邪迦于弘农谒帝，大悦，赐骏等物二百段，俱授秉义尉，那邪迦等官赏各有差。"[①] 由此可见，隋朝时，中国已派遣使者到达马来半岛，赤土国亦派遣王子那邪迦随常骏一行到达隋朝，并贡献金芙蓉冠、龙脑香等方物。此后，赤土国又多次遣使入贡方物。其他南海国家，如真腊、婆利等亦纷纷遣使朝贡。就在常骏出使赤土不久，裴矩又"以蛮

---

①《隋书》卷八二《赤土传》，中华书局，1973，第1834—1835页。

夷朝贡者多”向隋炀帝建议在洛阳举行了变相的“交易会”，“遣掌蕃率蛮夷与民贸易”。这些外邦的所谓朝贡者，大都是以朝贡为名从海路来中国进行互市的使者和海商。可见，中古中国的隋朝统治者已经开始重视海外贸易。

唐朝建立后，积极发展农、桑经济，推动手工业和商业发展，国内政治稳定，经济繁荣，这一切为海外贸易的发展奠定了良好基础。[①] 唐朝统治者奉行较为开明的对外开放政策，以吸引海外商人来华贸易。同时，设立市舶使专门管理海外贸易，并制定相应的税收优惠政策和宽松的管理办法，使得海外贸易迅速发展，贸易规模和范围远超前代。为防止地方官对外商滥征商税、敲诈勒索，唐朝统治者屡次颁布敕令，予以规范。如太和八年（834）二月，唐文宗下诏：“南海蕃舶，本以慕化而来，固在接以恩仁，使其感悦。如闻比年，长吏多务征求，嗟怨之声，达于殊俗。况朕方宝勤俭，岂爱遐琛？深虑远人未安，率税尤重，思有矜恤，以示绥怀。其岭南、福建及扬州蕃客，宜委节度观察常加存问。使除舶脚、收市、进奉外，任其来往通流，自为交易，不得重加率税”。[②] 毋庸置疑，这一时期的唐朝帝王已抱持“怀柔远人”的意识，也

① 有关这些方面，请参阅张泽咸先生《唐代工商业》，中国社会科学出版社，1995；张泽咸：《隋唐时期农业》，台北文津出版社，1999；张泽咸：《汉晋唐时期农业》，中国社会科学出版社，2003；张泽咸：《晋唐史论集》，中华书局，2008；冻国栋：《唐代的商品经济与经营管理》，武汉大学出版社，1990；近年来，张国刚先生考察较多，可资参考，参阅其《胡天汉月映西洋：丝路沧桑三千年》，生活·读书·新知三联书店，2019；张国刚：《中西文化关系通史——从张骞到郑和》两卷本，北京大学出版社，2019；荣新江先生和葛承雍先生的论著则更多强调陆路境况，荣新江：《中古中国与外来文明》，生活·读书·新知三联书店，2001 初版，2014 再版；荣新江：《中古中国与粟特文明》，生活·读书·新知三联书店，2014；荣新江：《丝绸之路与东西文化交流》，北京大学出版社，2015；葛承雍：《唐韵胡音与外来文明》，中华书局，2006；葛承雍：《大唐之国：1400 年的记忆遗产》，生活·读书·新知三联书店，2018；葛承雍：《胡汉中国与外来文明》五卷本，生活·读书·新知三联书店，2020。其他成果丰硕，恕难一一赘列。

② 唐文宗：《太和八年疾愈德音》，《全唐文》卷七五，中华书局，1983，第 785 页。

包含有那一时期所特有的朝贡体系之建立。当然，从中也可看出，唐朝的海外交通，岭南、福建和扬州三处，是比较显著的。此外，唐统治者还给予海外商人诸多优惠，如以较高的价格收购外商货品等。由此，东南亚、南亚、阿拉伯等国家和地区的商人纷纷浮海来华贸易。

唐朝与日本海上贸易往来，相较于前代更为频繁。日本继隋朝时派出遣隋使之后，又频繁地派出遣唐使。日本的遣唐使不仅肩负引进唐朝文化的重要使命，同时兼具经营官方贸易的任务，即日本派遣外交使节进贡方物，而唐亦回赐礼品。日本的贡品，除琥珀、玛瑙等珍品外，还有砂金、银、绝等物。中国的赏赐则以彩帛、香药为主。中国丝绸一到日本，除御用外，一部分通过内藏官出卖，被王臣贵族以高价竞相争购。自开成三年（838）以后，日本政府再未派出遣唐使，自此中日之间的贸易转由唐朝商人承担。据统计，自仁明天皇时期遣唐使回国的承和六年（839）至唐朝灭亡的907年，近70年时间里，唐朝商人张支信、李邻德、李廷孝、李达、詹景全、钦良辉等频繁到日本贸易，仅史书记载的就达30多次。[①] 唐商运至日本的货物种类很多，主要有香料、药物、书籍、佛像等，而日本则以砂金、水银、锡、绵等物与唐商交易。

唐朝与朝鲜半岛的商贸往来，主要是由新罗人承担的。自隋开皇十四年（594），新罗即派遣使者来隋贡献方物。大业年间，基本每年都派遣隋使来华朝贡通商。入唐以后，新罗与唐朝的友好关系继续发展，新罗商人纷纷来唐贸易，北起登州、莱州，南到楚州、扬州，都有他们的足迹。许多城市都设有新罗馆或新罗坊，作为新罗人集中侨居的地方。新罗的朝霞紬、纳紬等工艺品及人参、牛黄等药材大量输入唐朝，新罗商人则从唐朝贩运回丝绸、瓷器、茶叶、图书等。唐朝与新罗的商贸往来一派欣欣向荣的景象。[②]

---

① 李金明、廖大珂：《中国古代海外贸易史》，广西人民出版社，1995，第45页。

② 拜根兴：《七世纪中叶唐与新罗关系研究》，中国社会科学出版社，2003；《唐朝与新罗关系史论》，中国社会科学出版社，2009；《唐代高丽百济移民研究：以西安洛阳出土墓志为中心》，中国社会科学出版社，2012；《石刻墓志与唐代东亚交流研究》，科学出版社，2015。其他恕不一一赘列。

唐朝与阿拉伯国家间的海外贸易关系日益密切。自唐永徽以后，阿拉伯国家屡来朝贡，仅《宋史》卷四九〇《外国六·大食》所记，大食国来华进献方物次数就达23次。唐中期以前，中国与阿拉伯间的贸易联系，有西北内陆和东南海上两条通道。自天宝十年（751）恒罗斯之战后，唐朝对外贸易通道逐渐从中亚内陆向海上转移。与此同时，阿拉伯帝国的阿巴斯王朝正处于鼎盛发展时期，大力推动海外贸易，并开始通过底格里斯河与中国发生贸易联系。广州与大食间的海上航道，即“广州通海夷道”[①] 成为同时期世界上最长的远洋航线。来华贸易的阿拉伯商人大多侨居于广州，并由此出现了被称为“蕃坊”的外侨聚居区。阿拉伯人输入中国的商品主要有香料、珍珠、象牙、犀角等，从中国购买的主要是丝绸、瓷器和金银、铜钱等。同时，中国商船亦远赴阿拉伯贸易，并航行至阿曼、斯拉夫、波斯沿岸、巴林沿岸、乌巴剌和巴士拉等国。

古代丝绸之路阿拉伯商人浮雕

大唐贞元元年（785），皇帝的全权大使杨良瑶率领大唐代表团出使黑衣大食国，这是一次比明朝郑和下西洋的首航（1405）还要早620年的海上丝绸之路之旅。[②] 有关唐朝时期海上丝绸之路的记载并不多见，人们普遍的印象是宋代以后海路贸易才繁盛起来。幸运的是，1984年在陕西省泾阳县云阳镇小户杨村附近发现了一方《杨良瑶神道碑铭》，为我们记录了非常珍贵的唐朝与黑衣大食交往的人所不知的

①《新唐书》卷四三下《地理志》，中华书局，1975，第1153—1154页。参阅前揭张国刚《中西文化关系通史——从张骞到郑和》两卷本，北京大学出版社，2019，第119—120页。

② 荣新江：《唐朝海上丝绸之路的壮举——再论杨良瑶的聘使大食》，《新丝路学刊》总第9期，2020年7月，第1—14页。张国刚：《中西文化关系通史——从张骞到郑和》两卷本，北京大学出版社，2019，第86—89页。

史事。因为无比珍贵，谨自荣新江教授考证之后，移录《唐故杨府君神道之碑》于此，全文如下，以“/”表示原碑跨行：

唐故右三军僻仗、太中大夫、行内侍省内给事，赐紫金鱼袋、上柱国、弘农县开国男、食邑三百

户杨公神道碑铭并序/

朝请郎、行虔州南康县丞、云骑尉、翰林待诏陆邳撰

承务郎、守郴州司兵参军、云骑尉、翰林待诏赵良裔书

给事郎、守洪州都督府兵曹参军、云骑尉、翰林待诏汤陟篆额/

公讳良瑶，字良瑶。其先周宣王子尚父，受封诸阳，实曰杨侯。晋灭其国，因以为氏。厥后代济勋德，遂为名家。至若王孙以薄葬称，楼船以大功命，敞因谨畏为相，雄由辞赋策名。洎乎伯起之/慎“四知”，叔节之去“三惑”，大鸟集于葬墓，飞鳣降于讲堂。或朱轮十人，或太尉四代，光照两汉，裕垂后昆，氏族源流，远矣盛矣。于是根蒂旁薄，枝叶蕃昌，有望表弘农，有族居天水，则公之先代，本弘农/人也。

及公曾祖，为唐元功臣，官至云麾将军、右威卫中郎将，以功多赏厚，赐业云阳，至今家焉，遂为京兆人矣。

祖怀贞，皇许州别驾。

考彦昱，处士，高标世利，处士园林。公即/处士之第四子也。

公质状殊观，心灵独立，气概感激，慑于时流。少以节义为志行，长以忠勇为己任。故得入为内养，侍玉墀以承恩；出使外方，将天命而布泽。累经试效，益着功劳；诚素既彰，/委任方重。当永泰中，慈、隰等州狼山部落首领塌实力继章掠众聚兵，逼胁州县，不顾王命，恣行剽煞，虔刘晋郊之士庶，震骇虢略之封疆。于时，两河初平，四远犹耸，朝廷难于动众，/皇上姑务安人。遂遣中使刘崇进衔命招抚，以公为判官。崇进畏懦而莫前，公乃愤发而独往，口宣恩德，气激凶顽，遂使天威挫其锋铓，皇泽流其骨髓，莫不交臂/屈膝，弃甲投弓，革面回心，稽颡受诏。既而复命阙下，大惬圣衷，有诏赐禄，仍授文林郎、行内侍省掖庭局监作。由是恩

顾稠迭，委任频繁，奉使必适于所/难，临事未尝有不当。是用东西南北，匪遑止宁；险阻艰危，备尝之矣。

大历六年，加朝议郎、宫闱局丞。守职不渝，在公无替；昼日三接，风雨一心；天颜不违，圣眷斯至。当信重/之际，罔敢告劳；安梯航之心，何远不届。遂奉使安南宣慰，降雨露于荒外，委忠信于洪波。往返无疑，匪愆程度。复命至于广府，会叛军煞将，凶徒阻兵，哥舒晃因纵狼心，将邀/王命，承公以剑，求表上闻。公山立嶷然，不可夺志。事解归阙，时望翕然。至十二年，迁宫闱令。内官式叙，中禁肃清，由公是拜也。

洎建中末，遇銮舆顺动，随/驾奉天，勤劳匪躬，始终一致。兴元初，天未悔祸，蛇豕横途。皇上轸念于苍生，臣下未遑于定策。公乃感激出涕，请使西戎；乞师而旋，遮寇以进。覆武功之群盗，清盩厔之前途；风/云奔从而遂多，山川指程而无拥。兴元既得以驻跸，渭桥因得以立功。再造寰区，不改旧物，繄我公乞师之力也。其年二月，迁内侍省内给事。六月，加朝散大夫。此例骤迁，盖赏劳矣。

贞/元初，既清寇难，天下乂安，四海无波，九译入觐。昔使绝域，西汉难其选；今通区外，皇上思其人。比才类能，非公莫可。以贞元元年四月，赐绯鱼袋，充聘国使于黑衣大食，备判官、内/傔，受国信、诏书。奉命遂行，不畏厥远。届乎南海，舍陆登舟。邈尔无惮险之容，懔然有必济之色。义激左右，忠感鬼神。公于是剪发祭波，指日誓众。遂得阳侯敛浪，屏翳/调风。挂帆凌汗漫之空，举棹乘颢淼之气。黑夜则神灯表路，白昼乃仙兽前驱。星霜再周，经过万国。播皇风于异俗，被声教于无垠。往返如期，成命不坠。斯又/我公杖忠信之明效也。

四年六月，转中大夫。七月，封弘农县开国男，食邑三百户。功绩既着，恩宠亦崇；若惊之心，日慎一日。

十二年，加太中大夫，余如故。

十四年春/，德宗虔虔孝思，陵寝是恤，将复修葺，再难其人。必求恪恭，祗奉于事。唯公惬旨，受命而行。夙夜在公，日月匪懈。不改经制，惜费省劳。焕乎咸新，无乖睿约。及乎/卒事，议功莫俦。以其年八月，赐紫金鱼袋，判、傔等并加绿绶，非例也，特恩及之。其后贵主亲王，监护丧葬，圣情念切者，必委于公。至于以劳受赐，金帛纷纶，亦不可/备纪矣。

十五年，陈、许节使云亡，淮西承衅而动，剽掠阳翟，攻逼许昌，汝、洛惊惶，关东大恐。天下征发二十万师，韩全义统之，且挠戎律。国家难于易帅，议者知必无功。时/德宗皇帝负扆兴叹，凝旒轸虑，思安东都宗庙，念济河洛苍生，是用命公监东都畿、汝州军事。闻命而三军增气，戾止而百姓咸宁。公知韩全义无才，乌合众难用。/淮西城小而固，遐迩易动难安。遂思远图，独出奇策，使押衙东惟悟孙白身志和，深觇寇情，观衅而返。乃具所谋画，遽献表章，请缓天诛，许其悔过。当皇威未霁，事寝莫行。及/全义大崩，诏用前计。遂申恩舍罪，罢讨息人。公乃居安虑危，处否思泰，复请完城聚谷，缮甲理兵，用简易而渐谋，不日月而功就，化怯懦为勇健，变藩篱为金汤。于是远/近获安，道路斯泰，皆公之尽力竭忠经略所致也。

至永贞元年，以事既宁辑，恋阙诚深，恳请归朝，供侍近密。夏五月，以本官领右三军僻仗。

公素积威望，久着勋庸，/警跸诚严，中外悦服。千官以之加敬，九重以之益深。日出彤庭而臣下朝肃，月闲清禁而天子夜安。国朝之环拱得人，于斯为盛。公以恭勤之故，衰朽易侵，心神/耗消，体貌癯瘠，疾生而医药不救，善积而命运奈何，寒热内攻，风露外迫，遂至不起，呜呼痛哉！以元和元年秋七月廿二日，终于辅兴里之私第，享年七十有一。/皇上轸悼，士庶同悲。以其年十月十四日归葬于云阳县龙云乡之原，顺其先志。盖以公之仲弟忠武将军良彩，季弟游击将军光晖，夫人彭城郡君刘氏，皆先公而终，坟墓所在，则临终之/日，思及平生，友爱念深，遗命不忘之故也。

公自至德年中，入为内养；永泰之岁，出使有功。恩渥日深，委信渐重。至若震忠义以清慈隰，明勇决以伏哥舒，乞师护于南巡，宣化安于北户，使/大食而声教旁畅，监东畿而汝洛小康，供

奉四朝五十余载，议勤劳而前后无比，论渥泽而流辈莫先。故得祚土分茅，纡金拖紫，名高史策，庆传子孙。况公壮年以忠勇自负，/长岁以尽瘁勤王。及乎晚途，归信释氏，修建塔庙，缮写藏经，布金买田，舍衣救病。可谓竭臣子人间之礼，尽生死区外之因，孜孜善心，没齿无倦矣。

长子升，嗣子承议郎、内侍省内谒者监，赐紫金鱼袋、/华清宫使希旻，次子操，移孝为忠，光昭令德，祗奉前训，罔极是思。谓福善无征，风树不止；诚感未达，隙驹莫留。想象既难于攀追，德业实惧于堙没。愿琢贞石，纪勒芳猷。见托为文，敢不书实。

铭曰：/云从龙兮风从武，圣功出兮忠臣辅。天降公兮竭心府，历四纪兮奉四主。

鸡常鸣兮忘风雨，躬尽瘁兮心神苦。伏哥舒兮刚不吐，抚慈/隰兮慑戎虏。

西乞师兮清中宇，南奉使兮慰北户。聘大食兮声教普，监汝洛兮勋超古。

校功业兮无俦伍，锡赉繁兮莫得数。一命偻兮三命俯，恩弥崇兮孰敢侮。/

垂金章兮结绶组，既分茅兮亦祚土。琢贞石兮表忠臣，昭令德兮示后人。

元和元年岁次景戌、十月庚申、朔十四日癸酉建

吴郡朱士良刻字

由这方墓志铭可见，杨良瑶的人生履历大致有：肃宗至德年间（756—758），入为内养，充当宦官。唐代宗永泰年间（765—766），奉命随中使刘崇进招抚慈、隰等州狼山部落叛乱。永泰二年（766）回朝复命，授文林郎、行内侍省掖庭局监作。大历十年（775）十一月丁未，路嗣恭克广州，斩哥舒晃。杨良瑶获救归阙。贞元元年（785）四月，赐绯鱼袋，充聘国使于黑衣大食。星霜再周，经过万国。贞元四年（788）六月，归国后，转中大夫。七月，封弘农县开国男，食邑三百户。贞元十五年（799），奉命处理淮西叛乱。监东都畿、汝州军事。贞元二十一年

(805)，淮西乱平，恳请归朝，供侍近密。五月，以本官领右三军僻仗。宪宗元和元年（806）七月廿一日，终于长安辅兴里之私第，享年七十一岁。

荣新江教授参考相关史籍和前人研究成果，对于这段记录做了更加仔细的分析，内容涉及以下几个方面：

（1）唐朝遣使黑衣大食的背景和缘由，主要为建中四年（783）十月，唐朝都城长安发生泾原兵变；兴元元年（784）正月，唐德宗急忙派遣秘书监崔汉衡率杨良瑶等出使吐蕃搬救兵，条件是讨平朱泚，唐朝以安西、北庭土地相赠。但七月叛乱平息后，德宗返回长安，吐蕃遣使来索要安西、北庭之地。德宗听从谋臣李泌建议，没有兑现诺言，唐蕃关系破裂。贞元元年（785）四月，唐朝派杨良瑶出使黑衣大食，实施李泌提出的联合大食、回鹘、南诏、印度的战略计划，谋求与大食共同对付吐蕃。贞元二年（786）八月，吐蕃大军入寇泾（今镇原）、陇（今陇县）、邠（今彬县）、宁（今宁县）。

（2）由于吐蕃占领河西陇右，杨良瑶使团一行选择海路前往大食。走海路去大食，最佳的出发地点就是广州（南海）。杨良瑶一行到广州的时候，杜佑任广州刺史、岭南节度使，正在大力发展海外贸易。而杨良瑶选择广州作为出发地，可能还有一个原因，就是了解杜佑的侄子杜环在阿拉伯地区的见闻和他回程所经的海路情况。

（3）杨良瑶出发之前，曾经在南海祭祀。这个地点，应当就在广州的南海祠，也就是今天的南海神庙。隋唐两朝都把祭祀南海神列为国家祭祀等级中的“中祀”，是“岳镇海渎”祭祀的重要组成部分①，每年都由地方长官按时祭祀。天宝十年（751），唐朝还进封南海神为广利王，其地位更加重要。这里是杨良瑶下海之前，必定要举行祭祀的地方。

（4）根据古代下西洋所遵循的季风规律，杨良瑶出使往返的时间，用公历来算，应当是785年6月从长安出发，8月到达广州，10月从广州乘船出发；786年4月到达马斯喀特港，5月到达巴格达。在黑衣大食停留数月后，786年9月离开波斯湾，787年5月回到广州，787年7月返抵长

---

① 赵磊：《唐宋时期岳镇海渎管理研究》，《山西大同大学学报》2020年第2期。马晓林：《元代岳镇海渎祭祀考述》，《中国史研究》2011年第4期。

安。如果他们在广州逗留时间长一点，则到长安时已是下半年了。

（5）杨良瑶的经行路线，正好和《新唐书·地理志》保存的贾耽《皇华四达记》所录从广州到缚达（巴格达）的路线吻合。贾耽和杨良瑶同在长安，他在贞元十七年（801）编成的《皇华四达记》，很可能用的是杨良瑶的航海记录。

（6）杨良瑶通过海路出使黑衣大食，大大促进了东西方文化交流，似乎从贞元初年开始，海上丝路日益繁荣兴盛起来。

杨良瑶比杜佑（735—812）年轻一岁，比贾耽（730—805）迟去世一年。他们三人都年寿70有余。杨良瑶的出行路线，可以从时任鸿胪卿（唐朝负责外交接待任务的官员）贾耽留下的记载中，得到较为准确的推测。8世纪末期，唐朝派出官方使节杨良瑶出使大食（阿拉伯国家），填补了汉唐时期海上丝绸之路上官方往来的一段空白。当然，学者视角各异，或以为杨良瑶出使大食，也是迫于吐蕃对唐朝的军事压力。

有关杨良瑶的这一发现，经过荣新江等中国学者发表研究成果之后①，国内学者周伟洲和域外学者随后则有商榷性论文发表②。德国著名汉学

---

① 张世民：《中国古代最早下西洋的外交使节杨良瑶》，《唐史论丛》第7辑，陕西师范大学出版社，1998，第351—356页。周伟洲：《唐朝与南海诸国通贡关系研究》，《中国史研究》2002年第3期，第72—73页。张世民：《杨良瑶：中国最早航海下西洋的外交使节》，《咸阳师范学院学报》2005年第3期，第4—8页。荣新江：《唐朝与黑衣大食关系史新证——记贞元初年杨良瑶的聘使大食》，《文史》2012年第3期（百辑纪念特刊），中华书局，2012，第231—243页。张世民：《杨良瑶：中国最早下西洋的外交使节》，《书法丛刊》2013年第5期，第31—41页。

② Angela Schottenhammer，*Yang Liangyao's Reise von 785n. Chr，zum Kalifen von B'agdād. Eine Mission im Zeichen einer frühen sino-arabischen Mchte-Allianz*? Gossenberg：Ostasien Verlag，2014. 其汉译本载张世民主编《杨良瑶与海上丝绸之路——〈唐故杨府君神道之碑〉解读》，西安地图出版社，2017，第74—119页。Angela Schottenhammer，*Yang Liangyao's Mission of 785 to the Caliph of Baghdad：Evidence of an Early Sino-Arabic Power Alliance*? Bulletin de l'École Française d'Extrême-Orient，101，2015，pp. 177—241. Stephen G. Haw，*Islam in Champa and the Making of Factitious History*（《占婆的伊斯兰教与虚假历史的伪造》），Journal of the Royal Asiatic Society，Series 3，2017，pp. 1—31.

家 Angela Schottenhammer（萧婷）教授认为：杨良瑶是秘密出使，所以正史之中没有记录。从相关历史背景和其他文献信息对证来看，杨良瑶使团应当是被官方派出去了，而且可能取得了成功。中国学者周伟洲教授还强调了杨良瑶乘坐的应当是唐朝自己制造的船只，而不是萧婷教授倾向认为的阿拉伯船。他最后对张世民等所用"中国古代最早下西洋的外交使节"的说法提出异议，因为从西汉以来就不断有中国使者进入南海和印度洋，所以不能说杨良瑶是第一个下西洋的使者。英国学者 Stephen G. Haw 对杨良瑶出使黑衣大食提出质疑，甚至质疑这方墓志铭的真实性。他根据中文史料对此重要事件毫无记载认为，这样一个使团是极为反常的，因为在 13 世纪晚期伊利汗国经海路遣使元朝（据《马可·波罗行纪》）和 15 世纪早期郑和下西洋之前，不曾有相似的事件发生过。他进而认为：在唐朝，中国船只绝不可能航行到阿拉伯半岛。另外，他认为 785 年也是不可能的，因为中文史料记载 772 年有 3 次，791 年、798 年各一次，均有大食使者到唐朝，以后终唐之世再也没有。所以，8 世纪最后 30 年，唐朝与阿拉伯人之间的联系已经中断。因此，Haw 质疑杨良瑶墓志石碑和碑文的真实性。他质疑指出：为什么碑文内容缺乏具体细节，且碑中没有提到广州。即使碑文是真的，也没有证据表明使团成功完成了任务，可能出使是计划，但没有实施，这样才可以解释为何史料没有记载。荣新江教授对此展开了反批评，他认为，英国学者完全不懂中国文人在写作时喜欢使用不同的名词，甚至以古代的名称来指代当时的地点，诗文写作未必一一写实。英国学者 Stephen G. Haw 对碑文清楚的记载视而不见，认定使团出使没有成功，甚至认为根本就没有出发。荣新江认为，如果 Stephen G. Haw 这样理解一篇古代碑文，就没有讨论余地了。《杨良瑶神道碑》的碑石立在墓地之上，人人可见。它不是像萧婷教授理解的那样埋在墓里的墓志，而是竖立在墓外的丰碑，所以碑文所述事迹必定具有真实性。荣新江教授更进一步指出，杨良瑶作为皇帝身边的宦官，主要职责是充当使者，去处理周边地区、民族、外交事务。因此，他经历了唐代宗、德宗时期重要的此类事件，如招抚慈、隰等州狼山部落，奉使宣慰安南都护府，与广州叛将哥舒晃周旋，借兵吐蕃平息朱泚之乱，出使黑衣大食，处理淮西叛乱。除

了修葺皇帝陵寝一事之外，都是平叛和外交事务，由此可见其出使黑衣大食也是顺理成章的。杨良瑶墓志碑文所记的各个事件，都与史籍相符，而且可以相互印证、相互补充。

《杨良瑶神道碑》对于研究海上丝绸之路的重要意义，荣新江教授意犹未尽，再次补充强调两点。第一点是《杨良瑶神道碑》在杜环《经行记》和贾耽《皇华四达记》之间架起了一座桥梁。天宝十年（751）在怛逻斯（Talas）之战中被俘的唐朝安西四镇节度使府的官人杜环，在阿拉伯世界游历了一圈，从中亚的拔汗那国（今费尔干纳）、碎叶（今阿克贝西姆古城）、石国（今塔什干）、康国（今撒马尔罕）、朱禄国（末禄国，今土库曼斯坦马里）、波斯国（今伊朗）、苫国（今叙利亚）、大食（阿拉伯），甚至远到非洲的摩邻国（在今埃塞俄比亚），最后从波斯湾搭商船，经狮子国（今斯里兰卡），于唐肃宗宝应元年（762）回到广州。他把自己的经历写成了《经行记》，可惜原书散佚，片段文字保存在其叔父杜佑的《通典》当中。杜佑、杜环生活的年代，也正是杨良瑶活跃于政坛的时期。杨良瑶在前往巴格达之前，最有参考价值的书就是杜环的《经行记》。所以，我们不难推测杨良瑶会找这部书作为参考。杜环的著作虽然颇具参考价值，但毕竟是一部私人著述，而不是官书。杨良瑶以正式的唐朝使臣身份出使黑衣大食，他从广州到巴格达，一路必然要做详细的记录。虽然我们已经无法看到杨良瑶一行记录的具体原文，但《杨良瑶神道碑》中的一些文辞，如“挂帆凌汗漫之空，举棹乘颢淼之气。黑夜则神灯表路，白昼乃仙兽前驱”，这些文字一定来自原始记录。虽然经过碑文作者的润色和重写，但可能还是保留了一些最原始的文字。在杨良瑶贞元四年（788）回国后，他的出使旅行记录一定交由唐朝中央官府保存。贾耽在贞元九年（793）入朝任右仆射、同中书门下平章事，负责整理古今郡国县道四夷类的图籍，当然就有可能接触到杨良瑶的出使记录。因此，他在贞元二十一年（805）之前撰著的《皇华四达记》中，有关广州到巴格达航行路线的记载，会采用杨良瑶的航行记录。况且，这段时间杨良瑶与贾耽同在朝中，他们甚至有机会共同讨论和商定《皇华四达记》的文本。因此，由杨良瑶到贾耽，最终形成了唐朝海上通往南洋、印度洋的官方行走路线，这无疑为后来经行海上丝绸之路的使臣或各种目的的行旅提供了指南和帮助。

荣新江教授强调的第二点是，杨良瑶出使黑衣大食，开启了唐朝官方经海路与西方世界的交往和贸易。唐朝自显庆三年（658）灭西突厥汗国，成为葱岭东西、天山南北西域诸国的宗主国后，从长安出发的陆上丝绸之路便畅通无阻。《资治通鉴》载玄宗天宝十二年（753）："是时中国盛强，自安远门（即开远门）西尽唐境万二千里，闾阎相望，桑麻翳野，天下称富庶者无如陇右。"[1] 所以，唐朝与西域的官方往来主要通过陆上丝路来进行，这自两《唐书》有关西域诸国的朝贡往来记录来看，一目了然。但安史之乱爆发后，吐蕃乘虚而入，占领河西陇右，进而占领西域南道诸国，西域北道也不为唐守，最后落入漠北回鹘手中。回鹘与唐朝大体亲善，所以贞元初年以前还可以从西域北道经回鹘路，绕行蒙古高原的回鹘都城，再南下进入唐朝疆域。但这条道路毕竟不那么好走，所以在贞元六年（790）悟空自西域返回长安以后，官方使者就没有见到其他的记录。虽然吐蕃统治河西西域时期并没有断绝丝绸之路，但具体在此活动的群体主要还是僧侣和商人，唐朝的大队使臣是无法通行无阻的。到了公元9世纪中叶，回鹘汗国破灭（840），吐蕃帝国崩溃（842），河西有张议潮的归义军政权，又有甘州回鹘，西域则北有高昌回鹘，南有于阗王国。这些大一些的政权中间还分散着许多势力颇强的部族，如党项、吐蕃、嗢末、龙家、南山、仲云等。直到11世纪上半叶，虽然各个小国间中转贸易往来不绝，使者也络绎于途，但与唐朝时期的国家使团和商队相比，似乎规模要小。与此同时，虽然中国的海上丝绸之路开通非常之早，南方立国的政权也曾着力经营这条前往印度甚至波斯的贸易通道，但在隋唐统一时期，官方使臣还是以陆路为主，海路更多的是商人和僧侣在利用。这些我们从安史之乱前的有关记录中就可以清晰地看出来。但是，安史之乱以后则不同，从杨良瑶开始，唐朝正式的使臣从海路前往西域诸国，从而也带动了唐朝与阿拉伯、波斯地区的贸易往来。我们从唐朝史籍中看到大量中晚唐波斯、大食商胡在东南沿

---

① 司马光等：《资治通鉴》卷二一六，唐玄宗天宝十二载秋八月戊戌，中华书局，1956，第6919页。

海活动的记录，而多年来海上沉船如黑石号的打捞也证明了中唐以来经海路往来的中西贸易的频繁与盛大。我们虽然不能说这些都和杨良瑶的出使有关，但杨良瑶的出使，无疑是唐朝政府联系东西方的顶层设计，具有巨大的指导意义，推进了海上丝绸之路的发展。①

再者，据学者研究，唐人释义净《大唐西域求法高僧传》卷下记载：

> 法振禅师者，荆州人也。景行高尚，唯福是修。濯足禅波，栖心戒海。法侣钦肃，为导为归。讽诵律经，居山居水。而思礼圣迹，有意西遄，遂共同州僧乘悟禅师、梁州乘如律师，学穷内外，智思钩深，其德不孤，结契游践。于是携二友，出三江，整帆匕景之前，鼓浪诃陵之北，巡历诸岛，渐至羯茶。未久之间，法振遇疾而殒，年可三十五六。既而一人斯委，彼二情疑，遂附舶东归，有望交阯。覆至瞻波（原注：即林邑国也），乘悟又卒。②

谨按，匕景，又作“比景”，今越南横山以南。据《新唐书·地理志上》云：“初以隋林邑郡置林州，比景郡置匕州，又更名匕州曰南景州。贞观二年绥怀林邑，乃侨治马蘸州之南境，领比景、朱吾二县，并置由文县。”诃陵为南海古国。羯茶是古国名，一般认为在今马来西亚的吉打地区，唐代商人和僧侣自海路至印度途中，多经此国。交阯亦作“交趾”，汉代设置交趾郡，辖境主要在今越南北部红河流域。作为僧人的义净（635—713）于唐高宗咸亨二年（671）从广州出发，沿着海上丝绸之路赴印度求法。他在咸亨四年（673）到达东印度，上元二年（675）入佛教圣地那烂陀，前后留学10年。在武则天光宅元年（684），他搭乘

① 以上有关杨良瑶研究的资料与观点，均取自于荣新江《唐朝海上丝绸之路的壮举——再论杨良瑶的聘使大食》，《新丝路学刊》总第9期，2020年7月，第1—14页。同时，参考荣新江《唐朝与黑衣大食关系史新证——记贞元初年杨良瑶的聘使大食》，《文史》2012年第3期，中华书局，2012，今据氏著《丝绸之路与东西文化交流》，北京大学出版社，2015。

② 义净原著，王邦维校注：《大唐西域求法高僧传校注》，中华书局，1988，第206页。

商船，取海路东归。在其归途中，再经室利佛逝国（今印度尼西亚苏门答腊），停留4年，从事译述，约在天授三年（692）末回到广州。林邑东临南海，是唐人关注较多与大海相接的地方之一。也有学者认为，在唐代，经海路到印度求法的著名高僧当属义净，而其西行求法的初心则是“追览未闻，冀有弘益”，并最终得以实现。在西行求法过程中，义净了解到南海和天竺诸国的佛教状况，并与中土进行比较。他决心用印度的纯正戒律来纠正、统一中土的戒律规范，以促进中国佛教的发展与繁荣。他曾自述云：“来日从京重归故里，亲请大师曰，尊既年老，情希远游，追览未闻，冀有弘益，未敢自决。师乃流诲曰，尔为大缘，时不可再。激于义理，岂怀私恋。吾脱存也，见尔传灯。宜即可行，勿事留顾。观礼圣踪，我实随喜。绍隆事重，尔无间然。既奉慈听，难违上命。遂以咸亨二年十一月，附舶广州，举帆南海，缘历诸国，振锡西天。”① 这些抑或都应该是唐朝时期海丝之路发展的一个景象。②

三、陆上丝绸之路与海丝贸易的相互推进

众所周知，在魏晋南北朝时期，由于佛教僧侣传经布道的辛苦经营，逐渐开通了中国—印度洋航线。随着这一时期佛教的东传，许多南亚的佛教僧侣不再经由陆路跋山涉水，走北道进入中国，而是经由海路前来中国，至中原一带传播佛教。与之相对应的是，这一时期，也有一批中原僧人从海路到印度拜佛求经。学界或称之为中外海上丝绸之路的“佛教之路”。据研究，在魏晋南北朝时期，自海路前来中国传播佛教的僧侣，有康僧会、佛陀跋陀罗、求那跋摩、求那跋多罗、波罗末蒂、佛伽婆罗、曼陀罗、须菩提、道普等等。中国僧人自中原一带、经由南海

① 义净：《南海寄归内法传》，《大正藏》（第54册）。参阅冯相磊《唐代海上丝绸之路上的高僧义净西行求法研究》，《德州学院学报》2019年第5期。

② 高建新：《唐代来自“海上丝绸之路”的“昆仑儿”——以张籍诗作为考察对象》，《民族文学研究》2021年第2期。

海路前往印度拜佛求经的，则有法显、法勇、智俨、幽州人李勇等等。①广州和山东青州，是这一时期中国—印度洋航线上，中国一方的主要端点。而南亚和东南亚的恒河口、狮子国（Simhala，即斯里兰卡）、爪哇（Java）、苏门答腊（Sumatra）则是沿线重要的停靠站。以法显为例，他的航线大致是河西走廊—西域—葱岭，从陆路抵达印度。此后，公元409年的时候，他从恒河口乘船出发，抵达狮子国，停留两年，再启程的时候，乘坐商船抵达耶婆提（今苏门答腊），再次换了商船，于公元412年7月，返回到青州长广郡的劳山（今山东青岛崂山）。存世的法显之名著《佛国记》生动描绘了当时南亚和东南亚一带的风土人情，特别是对从狮子国乘船经由印度洋东归的情况，叙述更为详细，是中国现存有关这段航程的最古老、最完备的历史记录。在法显的书中，还记载了航海过程中有关船舶修补、天文导航、航海中季风的利用、航线、东南亚和南亚的海上贸易等信息，可说是那一时期航海水平和航海规模的一次总结性报告，在中外航海史上具有重要的价值，当然也是那一时期海上丝绸之路重要的历史资料和历史见证。②

两汉时期，因西方国家积极探索到东方的海上航线，加之中国—印度洋航线的开通，促进了罗马到中国的航线的发展。但是，魏晋隋唐时期的文献，罗马—中国的航线却没有更多的历史记载，导致我们今天难以一窥其究竟。

隋唐时期，陆上丝绸之路进入繁盛阶段，海上丝绸之路亦逐步展开。南北陆海两条对外商贸通道齐头并进，相互推动，共同构建起隋唐时期中国对外贸易的繁荣图景。从时间上看，陆上丝绸之路在中唐以前占据对外贸易的主导地位；安史之乱以后，西北陆上商贸通道因战乱而被阻断，海上丝绸之路日渐重要。

隋唐时期，国家统一安定，经济繁荣兴旺，统治者一方面积极向域

① 张国刚：《中西文化关系通史——从张骞到郑和》两卷本，北京大学出版社，2019，第116—117页。

② 以上参阅张国刚《中西文化关系通史——从张骞到郑和》两卷本，北京大学出版社，2019，第117页。

外发展，另一方面推行开放包容的对外政策，对外贸易日趋繁盛。亚、欧各国的使者、僧侣、商人，或通过陆路，或通过海路，纷纷来华。据贾耽的《皇华四达记》记载，唐朝通往域外的道路共有七条，分别为：营州入安东道、登州海行入高丽渤海道、夏州塞外通大同云中道、中受降城入回鹘道、安西入西域道、安南通天竺道、广州通海夷道。贾耽一一列举出每条道路所经过的州县和山川聚落，还备载每条道路上的里程，由此我们得以了解到唐代陆、海丝绸之路的历史踪迹。从总体上看，隋唐时期的陆上丝绸之路由从长安出发至敦煌，分别沿天山南北两条道路西进，经西域，过突厥，最后到达波斯、罗马。海上丝绸之路从广州起航，穿过马六甲海峡至印度南部，又沿印度南部西岸北上，再沿海岸线西行至波斯湾，最后抵达巴格达。陆、海丝绸之路构建起隋唐时期中国主要对外贸易通道。

中唐以前，陆上丝绸之路进入繁盛阶段，沿线道路商旅不绝。仅唐太宗贞观年间，撒马尔罕就有25个使团和随行的商人赴中国贸易，拂菻（东罗马）也曾遣使入唐，赠送赤玻璃等珍贵物品，唐太宗也以丝绸作为礼品回赠。唐朝平定西突厥后，陆上丝绸之路更加畅通无阻，经济交流更加繁荣。粟特人、波斯人等纷纷入唐贸易，“伊吾之右，波斯以东，商旅相继，职贡不绝”①。自8世纪开始，大食灭波斯后，控制陆上丝绸之路，取代昔日波斯的地位，与唐朝商贸频繁，曾向唐朝遣使多达37次。长安西市成为大食和波斯商旅的聚集之地。有些人甚至久居中国不返，在长安、洛阳等地开店列肆，鬻卖酒食、香药。这些外国商旅不仅将域外的香料、药材、琉璃等物品带到中国，并由此带动了唐朝人对这些舶来品的消费热情，而且也让他们目睹了中国市场的广阔性与包容性。另一方面，唐朝的丝绸、药材、漆器、瓷器、茶叶等商品先后由陆上丝绸之路远销至中亚、南亚、波斯、大食等地，引发了他们对于中国商品的热衷和追逐。因此，当安史之乱之后，陆上丝绸之路不通，大量域外商人由此转向东南沿海，继续从事对唐贸易。可以说，由陆上丝绸之路商贸活动所引发的中西各国热衷于舶来品消费习惯的养成，成为海

①《全唐文》卷六《讨高昌诏》，中华书局，1983，第75页。

上丝绸之路拓展与勃兴的重要因素。

随着陆上丝绸之路的衰落，缓慢发展中的海上丝绸之路迅速勃兴。海上丝绸之路的发展之所以在唐中期以后扶摇直上，除由于陆上丝绸之路商贸活动开展过程中所引发的较为稳定的消费市场外，其还具备陆上丝绸之路所不具备的优点。其一，陆上丝绸之路一路要穿越戈壁、沙漠，途经不同国家和民族，风沙弥漫，路途艰险，而且一旦某一国家政局出现动荡或发生战争，整条商贸道路就有可能突然中断，而海上丝绸之路则极少存在这种情况。其二，陆上丝绸之路的起点位于我国西北，地处内陆，并一路向西，但我国主要外销商品丝绸、瓷器、茶叶等产区皆在东南沿海，远距离运输时间长、费用大，而海上丝绸之路则恰恰具备极佳的区位优势。其三，随着对外贸易的发展，商品外销的数量与日俱增，但骆驼的运输量有限，尤其是瓷器这类重量大且极易损坏的商品，陆上运输难以承担，而海洋贸易则恰巧弥补此项不足。

另外，我国有18000多千米的漫长海岸线，并有许多终年不冻良港和海港城市。陆路能够到达的国家，海路大都可以到达，而陆路不能到达的诸多岛屿国家和洲际间国家，海路也能到达。加之，沿海居民在与海洋的频繁接触中，对海洋的认识不断深入，海上航行从依靠自然逐步转向借助工具，风帆与导航仪器的运用使海上航行从漫无边际到方向明确，造船技术的进步、航海技术的提高及海洋知识的完善，为远洋航行提供了基础性保障。

在上述诸因素的共同作用下，海上丝绸之路日益兴盛，并逐渐取代陆上丝绸之路，成为唐中叶以后中国对外贸易的主体。中国商船纷纷扬帆远航，以更加积极主动的姿态参与到对外贸易中。海上丝绸之路的逐渐兴盛，不仅使中国商品以更加快速的步伐走向世界，加强了中外经济文化交流，带动了广州、泉州、扬州等沿海城市的繁荣，还扩大了中国人的视野，提高了对于外部世界的认知度，海洋地位日益凸显。

第四章 隋唐时期海丝和贸易的兴盛

隋唐时期，海上丝绸之路不断拓展，自唐中叶以后逐渐走向兴盛。中国商船远航至马来半岛、印度洋、波斯湾及红海沿岸。中国的丝绸、瓷器等商品远销海外，域外的香料、犀角、象牙、翡翠、明珠等大量输入中国，并由此带动了以广州为代表的沿海城市，以及以扬州、洛阳为代表的运河城市的繁荣。随着海外贸易的不断发展，唐朝政府开始在广州设置市舶使，总管全国海路贸易，并逐步将海丝商贸纳入国家财政管理体制之中。

第一节　大运河在海外商贸活动中的积极作用

大运河的开凿不仅沟通了国内南北经济，还将中国内陆贸易与海外贸易联系成一个整体。在大运河的沟通连接下，运河沿岸城市逐步建立起与海外市场的联系，丝绸、瓷器等中国商品通过大运河运输至对外贸易港口，进而行销海外。与此同时，大量的海外珍品亦通过大运河转运至全国各地，尤其是位于运河沿线的扬州和入海口处的广州获得极大发展，商贾辐辏，珍品荟萃，琳琅满目，在东方航线中起着重要作用。

隋代开凿大运河，西抵长安，北达涿郡，南至余杭，全长2000余千米，沟通了海河、黄河、淮河、长江和钱塘江五大水系，大大改善了原有的水运格局，缩短了南北距离，南北往来更趋便利。李吉甫《元和郡县图志》卷五《河南府》记载：“自扬、益、湘南至交、广、闽中等州，

公家漕运、私人商旅，舳舻相继。隋氏之作虽劳，后代实受其利焉。”至唐代，运河沿线城市商业逐渐繁荣，并形成了运河沿线城市带。从长安、洛阳轴心向东延伸，有郑州、汴州（今开封）、宋州（今商丘）、汴水与泗水交汇的徐州、汴水与淮河交汇的泗州（今江苏盱眙县对岸）等；从汴州分出支线，向南沿着颍、涡、汝诸水，经亳州、陈州（今淮阳）、颍州（今阜阳）、豫州（今河南汝南），进入淮河流域，或自汴州向西南，往许昌、襄城，进入南阳盆地。自洛阳向东北的永济渠沿着魏州（今河北大名东）、贝州（今河北省清河），被称为“天下北库”，还有北端的幽州（今北京）。从洛阳向北渡黄河，经卫州（今河南汲县），沿着太行山脉东麓向北有相州（今安阳）、邯郸、赵州（今河北赵县）、恒州（今河北省正定）、定州（今河北省定县）、易州（今河北省易县）。从长安沿渭水而下，渡过黄河，东北沿着涑、汾流域向北有绛州（今山西新绛）、晋州（今山西临汾）、汾州（今山西汾阳）、太原、忻州（今山西忻县）、朔州（今山西朔县）、代州（今山西代县）、云州（今山西大同）可进入蒙古高原。自长安向西溯渭水而上，经上邦（今甘肃省天水）、渭州（今甘肃陇西）、兰州，或向西经鄯州（今青海乐都）进入青藏高原，或向西北经凉州（今甘肃省武威）、甘州（今甘肃省张掖）、肃州（今甘肃省酒泉）、沙州（今甘肃省敦煌），出河西走廊进入新疆地区。[①] 大运河的开通，再连上秦始皇时期开凿的灵渠，形成了以政治中心长安、洛阳为轴心，向东北、东南、南方扇形辐射至全国的水运交通网，再加上黄河流域的水运航路可以通往全国各地，运河沿线的城市辐射力和影响力更为扩大。可以说，大运河的开凿，沟通起了全国大部分的水运网，并通过长江水系与海外贸易港口连接起来，形成辐射全国南北的贸易网络，以更为便捷、高效的方式建立起海丝贸易与内陆经济的联系，不仅为海外贸易提供了广阔的经济腹地，还促进了运河沿线城市的繁荣。运河沿岸诸多城市中，以扬州最为著名，其在海外贸易中具有重要位置。

扬州位于长江三角洲北端，地处大运河与长江交汇处，居于水上交

① 邹逸麟：《历史时期黄河流域的环境变迁与城市兴衰》，《江汉论坛》2006 年第 5 期，收入氏著《椿庐史地论稿续编》，上海人民出版社，2014。

通枢纽的都会。关于扬州海外交通的历史，据文献记载最早可追溯至东晋时期。法显西行求法，足迹从扬州至长安，经由陆上丝绸之路到达印度，后循海道回国返抵扬州，勾画出了当时扬州与内陆海外交通的概貌。隋唐时期，扬州发展成为对外交通的重要海港，吸引了许多外国商人的到来，繁华程度为全国所少有，超过地处长江上游的益州（今四川成都），俗称“扬一益二”。

扬州成为海外贸易的重要枢纽，且能够不断繁荣，很大程度上得益于大运河的开通。大运河南连江海，北接淮、汴二水，不仅让扬州成为南北水陆交通与运输的枢纽和财货集散地，还成为我国对外交通陆上和海上两大通道的连接点。隋唐时期，日本和朝鲜半岛的对华交通，除沿着传统的北线，即沿着朝鲜半岛西侧近海航行，由山东半岛北部的登州陆行，转由济水入淮河，沿淮南运河，直抵扬州；或由江苏北部的楚州及其附近沿海登陆，转由淮南运河达于扬州。此外，即由日本九州岛南部的萨摩半岛或由北部的博多湾一带渡海，直航扬子江口岸，驶抵扬州，然后由扬州沿着长江转往襄鄂，或是沿着运河转往京、洛。在此期间，日本历次的遣唐使节，大都是经由这条航道往返的，这就是历史上所称的南线。东南亚和西北亚，乃至北非与扬州的交通，一小部分是由传统的丝绸之路，先到京、洛，而后沿着汴水、淮水，抵达扬州，再由扬州转往襄鄂或闽粤。当然也有以扬州为目的地，乃至世代居住扬州的商人。盛唐以前，不少来扬州的波斯与大食人，大都是由波斯湾沿海，经马六甲和北部湾，抵中国的广州，或在福建沿岸登陆，然后由梅岭等通道，经洪州（今江西省南昌）、江州（今江西省九江），循长江北上扬州。最迟在公元 8 世纪稍后，西北亚人已能循着近海航线，由波斯湾、马六甲、北部湾沿海，直接驶向扬子江口，而达于扬州。沿着这条海上通道，来往于扬州的东南亚和西北亚人，大抵是阿拉伯、波斯和昆仑、占婆等国的商人，尤以波斯和阿拉伯人为最多。① 可见，在大运河和长江水系的沟通连接下，扬州不仅北通京、洛，南连交、广，而且与日本、

---

① 朱江：《扬州海外交通史略》，《海交史研究》1982 年总第 4 期。朱江：《海上丝绸之路的著名港口——扬州》，海洋出版社，1986。

朝鲜半岛、东南亚、波斯、阿拉伯等地建立起了商贸往来。同时，作为水上交通枢纽的都会，扬州沟通起了中国内陆地区与海外诸国的联系。

优越的地理位置，加之扬州自身雄厚的物质基础和广阔的腹地，使其舳舻相接，百货汇聚，中外商贾云集，成为商业繁华的国际化都市。西亚、北非、西北亚、东南亚等地的珠宝、香料、药材、珍玩，以及中亚、北欧的宝石和毛皮，印度和南洋的香料和染料等，通过海路运抵扬州，再通过长江和运河运往国内其他地区。中国大宗的丝绸、陶瓷、茶叶、香料、药材等货物也从扬州运输到这些国家和地区。唐代来华贸易的阿拉伯商人胡尔达兹比赫曾描述："由此东方海洋，可以从中国输入丝绸、宝剑、花缎、麝香、沉香、马鞍、貂皮、陶瓷、绥勒宾节（斗篷、披风、披肩的意思，译者注）、肉桂、高良姜。"[①] 另据《唐大和上东征传》记载，鉴真和尚第二次东渡时携带的物品均采购自扬州，其中有当地生产的落脂红绿米、甜豉、牛苏等各类食品和工艺品等，有从国内其他地方贩运来的白藤箪、五色藤箪、麝香、零陵香、甘蔗等，有产于南海群岛的胡椒、龙脑，产于印度及红海沿岸的苏方木和薰陆香，产于西域与南洋的荜茇、呵黎勒和阿魏香料等等。[②] 统此可见，当时扬州已成为中外商品的集散地。

唐代作为东方大帝国，吸引了大批域外商人来到中国。其中，许多阿拉伯人和波斯人沿海路到达扬州，在此开设"胡店""波斯邸"等商店，集中销售海外物品，如香药、珠宝、象牙及金银铜器等手工制品，兼营金银财宝、贵重物品的存放、批发、储藏、银钱拨

唐招提寺金堂

① 伊本·胡尔达兹比赫：《道里邦国志》，宋岘译注，中华书局，1991，第 73 页。

② 韩春鲜、光晓霞：《唐代扬州海上丝绸之路的商贸与文化交流》，《唐都学刊》2019 年第 2 期。

兑等业务。他们社会地位较高，经济收入颇丰。蕃客中的波斯商人当时被称为“富波斯”。《太平广记》记载唐代胡商在华事迹有44条之多。二十世纪早期，日本学者桑原骘藏在其《蒲寿庚考》里亦描述曰：“唐代互市港中，贸易最盛，胡侨最多者，广州外首推扬州。故扬州于有唐一代，繁盛为天下冠。”这些波斯商人和阿拉伯商人集中居住在扬州城内的罗城。关于罗城的繁华程度，唐代诗人张祜《纵游淮南》一诗中，对罗城内的十里长街这样描述：“十里长街市井连，月明桥上看神仙”，足见沿着官河两岸的东西长街之繁荣。大量外国人在此居住、经商，说明这一时期扬州城已具备一定的国际化程度。

隋唐时期，海上丝绸之路不断发展，作为海外贸易重要枢纽的扬州，不仅汇集了大量域外商品，外商云集，而且还将中国商品源源不断输出到海外。其中，出口数量最大的当属陶瓷制品和铜器。中国南北方窑口生产的陶瓷器皿通过大运河运抵扬州，再从扬州转销至海外各地。在扬州唐朝罗城商业区出土了大量全国各地生产的瓷器，有河南巩县的唐代青花瓷、巩县窑绿釉片、长沙窑瓷片、越窑青瓷片、邢窑白瓷片。在扬州城遗址出土了大量中晚唐时期北方烧制的实用器皿或艺术陶瓷，以唐三彩数量最多。这些来自全国各地的陶瓷制品，经扬州中转，通过海上丝绸之路远销海外。在海上丝绸之路所连通的沿岸国家和地区都发现了与扬州类似的唐三彩实用器皿，如埃及福斯塔遗址，日本奈良县大安遗址、御坊上三号墓、福冈县冲之岛、京都西寺遗址，朝鲜半岛庆州附近，伊朗高原的剌及斯，埃及开罗附近的福斯特，阿曼和印度尼西亚等地。[①] 除来自全国各地的陶瓷制品外，扬州本地制造的铜器也远销海外。扬州的铜器制造业久负盛名，尤其是青铜镜最为著名，其不仅作为贡品深受宫廷喜爱，而且畅销海外。如“骑马自照，人马并在镜中”[②]的方丈镜，“鼻盘龙”的江心镜，以及“纵横九寸，青莹耀日，背有盘龙，长三尺四寸五分，势如生动，玄宗览而异之”[③] 的水心镜等。这些

① 朱江：《远逝的风帆》，东南大学出版社，2014，第92—94页。

② 张鷟：《朝野佥载》卷三，中华书局，1979，第69页。

③ 李昉等：《太平广记》卷二三一《李守泰》，中华书局，1961，第1771页。

铜镜远销至西亚，1998年，在印度尼西亚勿里洞岛海域发现的唐代沉船“黑石号”，曾打捞出刻有“扬州扬子江心镜”铭文的铜镜。

大量中国商品从扬州港运至海外诸国后，深受当地人的欢迎。随着海外贸易的不断发展以及中外经济文化交流的不断深入，中国国内的诸多制造商，为了满足海外市场的需求偏好，开始生产具有外国元素的产品。例如，唐中后期长沙窑已经开始生产专供穆斯林市场的陶瓷器，并通过扬州港销往东南亚和中东地区。扬州制造的铜镜，也开始添加狮子、马球等具有波斯元素的花纹。与此同时，不少海外国家和地区也开始对中国商品进行仿制，并将本国元素融入其中。如在日本烧制三彩窑址集中的奈良，被日本历史学界称为“奈良三彩”，受日本文化影响，其彩釉较素雅。伊朗在三彩器物上书写黑色波斯文字，被国际陶瓷学界称为“波斯三彩”，受波斯文化影响，其彩釉较显凝重。[①] 由此可见，在大运河和海上丝绸之路的相互助推下，扬州作为海外交通的枢纽逐渐繁荣，不仅承担了中外商品的转运集散，而且承载了中外科技文化的交融会通。

奈良三彩

广州作为唐代第一大港，位于珠江口，濒临南海，“地当要会，俗号殷繁”，号称“雄藩夷之宝货，冠吴越之繁华”，在海外交通中居于重

① 汶江：《唐代的开放政策与海外贸易的发展》，《海交史研究》1988年第2期。

要地位。[①] 早在汉代，广州已成为对外贸易港口。《史记·货殖列传》曰："番禺，亦其一都会也，珠玑、犀、玳瑁、果、布之凑。"《汉书·地理志》亦曰："处近海，多犀、象、玳瑁、珠玑、银、铜、果、布之凑，中国往商贾者多取富焉。番禺，其一都会也。"迄于魏晋南北朝时期，广州港的发展已具有相当规模。《晋书·吴隐之传》记载："广州包带山海，珍异所出，一箧之宝，可资数世。"隋唐以后，随着南海航线的拓展，广州港进一步繁荣，中外商贾云集，是"船舶的商埠，是阿拉伯货物和中国货物的集散地"[②]。

隋时，广州成为与东南亚各国往来贸易的主要口岸，"南海、交趾，各一都会也。并所处近海，多犀、象、玳瑁、珠玑，奇异珍玮，故商贾至者，多取富焉"[③]。东南亚与隋朝往来贸易的国家有十余个。降及李唐时，南海诸国与唐朝通好的国家达二十余国。安史之乱以前，"每岁有昆仑舶"来到广州，"以珍物与中国互市"。[④]《唐大和上东征传》对此有更为详细的叙述："(天宝九) 广州……江中有婆罗门、波斯、昆仑等舶，不知其数，兼载香药、珍宝，积载如山。其舶深六、七丈，狮子国、大

① 张国刚：《中西文化关系通史：从张骞到郑和》两卷本，北京大学出版社，2019，第119—120页。另请参阅李燕《广州港与海上丝绸之路》，广东经济出版社，2019；杨万秀总主编《广州通史》之章深主编《古代卷》，中华书局，2010，论述尤详，可参阅。王元林、王美怡主编《海上丝绸之路断代史研究》，孟昭锋、王元林合撰《隋唐五代海上丝绸之路史》，世界图书出版公司，2020，第77—78页，也有论及，可资参考。郑学檬认为，在唐五代时期，广州呈现外需型（对外贸易）港口的某些特征，进出口货物带动了产业链延伸，促进了岭南、江南社会经济的发展。宋元时期，岭南、江南港口数量增加，供需系统的各条产业链纷纷启动，岭南、江南以及西南的外向型经济某些产业表现强劲。唐宋元海上丝绸之路航海技术的进步则会影响贸易方式的改变。参阅郑学檬《唐宋元海上丝绸之路和岭南、江南社会经济研究》，《中国经济史研究》2017年第2期；毛章清、郑学檬：《8至14世纪海上丝绸之路的跨文化传播考察》，《厦门大学学报（哲学社会科学版）》2017年第4期。

② 穆根来、汶江、黄倬汉译：《中国印度见闻录》，中华书局，1983，第7页。

③《隋书》卷三一《地理志下》，中华书局，1973，第887—888页。

④《旧唐书》卷八九《王方庆传》，中华书局，1975，第2897页。

石国、骨唐国、白蛮、赤蛮等往来居住，种类极多。”① 安史之乱以后，岭南地区在一段时间内动乱不断，广州数次遭受战祸，不少海舶商人被杀，海外交通一度萧条。及至8世纪末，唐政府为了增加财政收入，对广州港的海外贸易愈加重视。加之因北方战乱，陆上丝绸之路被阻隔，以及南方社会经济的不断发展所提供的物质条件，广州对外贸易出现前所未有的兴盛局面。“其海外杂国若耽浮罗、流求、毛人、夷亶之州，林邑、扶南、真腊、干陀利之属，东南际天地以万数，或时候风潮朝贡，蛮胡贾人舶交海中”，“外国之货日至，珠、香、象、犀、玳瑁奇物溢于中国，不可胜用”。② 关于往来于广州港的商船数量和人员规模，《旧唐书》卷一三一《李勉传》记载，李勉任广州节度使之后，每年抵广州通商交易的海舶至四千余艘。据张星烺先生考证，广州港一年有八十万人进出，从事各种商贸活动。③ 由此足见隋唐时期广州港贸易之繁盛。

广州之所以能够成为全国第一大贸易港，除了“地当会要”，对外交通条件十分优越外，与内地中原地区的联系相对便捷也是优势条件之一。唐代的广州与内地的交通线主要有两条：骑田岭道和大庾岭道。隋唐之前，骑田岭道的利用率较高。大运河开通以后，大庾岭道表现出更高的优越性。从广州经大庾岭至中原内地，在大庾岭的南北都可以通过水运交通，只有穿越大庾岭的一段需要陆运。由于广州海外贸易对唐政府十分重要，所以开元四年（716），张九龄奉命整治大庾岭的道路，将原本“以载则不容轨，以运则负之以背”的山间小径改造成“坦坦而方五轨，阗阗而走四通”的平坦大道。④ 此后，广州通往中原内地的运道畅通无阻，加上大运河的沟通连接，南北交通的便捷性和通达性大为改善。广州作为贸易大港的地位更巩固，来往商船数量越来越多，贸易规模越来越大。

---

① 真人元开：《唐大和上东征传》，汪向荣校注，中华书局，2000，第74页。

② 韩愈撰，马其昶校注，马茂元整理：《韩昌黎文集校注》卷四《序·送郑尚书序》，上海古籍出版社，1986，第284页。

③ 张星烺编注：《中西交通史料汇编》第二册，中华书局，1977，第204页。

④ 李燕：《古代中国的港口——经济、文化与空间嬗变》，广东经济出版社，2014，第55页。

随着往来商船数量的不断增加，广州港码头有了很大的发展，开始有内港和外港之分。外港码头主要有屯门和波罗庙两地。屯门位于今香港新界青山湾，扼珠江口外交通要冲，是天然避风良港。唐时外国船舶来广州贸易，必先至屯门，后驶进广州，本国商船回航时也先经屯门。波罗庙在今广州东郊黄埔庙头村一带，古称扶胥镇黄木湾，即韩愈在撰写《南海神广利王庙碑》中所说的："扶胥之口，黄木之湾。"故波罗庙又称南海神庙，建于隋开皇十四年（594）。由于南海神庙所建之地恰好是一个出海口，来往商船多到神庙祈求航海平安。加之当时规定，外国商船未经允许不得驶入广州城内，故前来广州贸易的外国商船多先暂停于此。出海船只也大多从黄木湾出发，航往东南亚、印度半岛、波斯湾等地。因此，波罗庙逐渐成为一个船舶聚泊之所。广州内港有多个码头区，其中兰湖码头在今广州流花湖公园附近。由唐至宋，流花水域一直是广州的水路交通要道，由佛山、北江、西江来广州者多由此登陆。此外，该地因靠近象冈，又是船舶避风之地。唐刺史李玭在此建"余慕亭"，"使客舟楫避风雨者皆泊此"。光塔码头在今光塔街一带，是唐代对外贸易的中心，也是主要的码头区。光塔及其附近的怀圣寺均为阿拉伯人所建，塔高 30 米，塔尖有相风鸟作为风向标。高耸的光塔除供来华阿拉伯人举行宗教活动外，还成为商船进入广州港的航标。光塔附近有蕃坊，是唐政府为方便外侨管理专门设立的外国侨民聚居点。

广州怀圣寺光塔

由于海外交通的繁荣，众多来华外国商人在广州居留，由此出现

“广人与夷人杂处”的局面。部分外国商人还在广州“列肆而市”，长期居住，由此逐渐形成了专供外国商人集中居住的地区，被称为“蕃坊”。蕃坊内设蕃长进行管理，蕃长通常由蕃客大首领充任。据《中国印度见闻录》记载：“在商人云集之地广州，中国官长委任一个穆斯林，授权他解决这个地区内各穆斯林之间的纠纷，这是照中国君主的特殊旨意办的。”[①] 关于蕃坊内的管理，按照唐朝律法规定：“诸化外人，同类自相犯者，各依本俗法。异类相犯者，以法律论。”[②] 换言之，蕃坊内外国商人之间的相互争执和日常生活问题，由蕃客大首领自行管理，但蕃客与中国人之间的矛盾纠纷，则依据唐律处理。

随着广州港贸易的日趋繁盛，以及越来越多的外商来此经商、居住，唐政府在广州创设市舶管理机构，确立起一套完整、总管海外贸易的全新体制。唐玄宗开元二年（714），[③] 唐朝廷在广州设置市舶使，总管全国海路贸易，掀起了唐代广州外贸的第一个高潮。由于市舶管理机构的设置，广州独占唐代对外贸易的鳌头。此后，广州作为全国海外贸易中心的地位牢不可拔。唐代广州不仅发展成为全国最大的对外贸易港，而且是东方最大的国际贸易港。正如唐德宗时陆贽在《论岭南请于安南置市舶中使状》所言：“广州地当要会，俗号殷富（一作繁），交易之徒，素所奔凑。”波斯舶、西域舶、南海舶等外国商船频繁出入广州。《唐国史补》云：“南海舶，外国船也，每岁至安南、广州。”[④] 僧人慧超《往五天竺传》记载：“（波斯）常于西海泛舶入南海，向狮子国取诸宝

① 穆根来、汶江、黄倬汉译：《中国印度见闻录》，中华书局，1983，第 7 页。

②《唐律疏议》卷六《名例》，刘俊文整理本，法律出版社，1998，第 144 页。

③ 关于唐代市舶使的始置时间，学术界存在不同观点。黎虎认为，市舶使始置于开元二年（714）。参阅黎虎《唐代的市舶使与市舶管理》，《历史研究》1998 年第 3 期。李庆新认为，至迟到高宗显庆六年（661），唐政府已在广州设置了市舶使。参阅李庆新《论唐代广州的对外贸易》，《中国史研究》1992 年第 4 期。另请参阅李庆新《唐代市舶使若干问题的再思考》，《海交史研究》1998 年第 2 期。及其他如林萌《关于唐、五代市舶机构问题的探讨》，《海交史研究》1982 年。王冠倬：《唐代市舶司建地初探》，《海交史研究》1987 年。

④ 李肇：《唐国史补》卷下《狮子国海舶》，上海古籍出版社，2000，第 63 页。

物，所以彼国云出宝物，亦向昆仑国取金，亦泛舶汉地，直至广州，取绫绢丝绵之类。”[①]《旧唐书》云，李勉于大历四年（769）任广州刺史，之前“西域舶泛海至者，岁才四五。勉性廉洁，舶来都不检阅。故末年至者四十余”[②]。显然，唐时广州已成为外国商船的集中停泊港口。香药、犀角、翡翠、珠玑等珍宝汇聚广州港，“南海有市舶之利，岁贡珠玑”，“南海以宝产蓄天下”，“南海郡利兼水陆，瑰宝山积”，及“南海有蛮舶之利，珍货辐辏”[③] 等语，被频繁用于形容广州港域外珍品汇聚之状。

乾符五年（878），黄巢起义军攻下广州，侨居广州城内的大批波斯、阿拉伯商贾遭到大肆屠杀，死亡人数高达十几万。该事件成为唐代广州港海外贸易由盛转衰的分水岭。加之唐朝官员对外国商人的过度搜刮，强迫他们承担不合理的义务，没收他们的财产，甚至往日规定所不容许的行为也都得到纵容。因此，外国商船在广州港停泊者越来越少，尤其是阿拉伯商人在南中国海贸易圈内的活动开始逐步减少、退缩，中国与阿拉伯的海上贸易重心遂从广州转移至马来半岛。虽然黄巢起义后，唐代广州港贸易逐渐衰落，但不可否认的是，隋唐帝国以空前绝后的强者姿态和开放气魄大开国门，开凿大运河，鼓励中外贸易，内陆经济与海外贸易得以良好连通，遂使海上丝绸之路洪舶衔尾，商使交属，旷日持久，空前频繁。广州以其悠久的外贸历史、自然天成的地理环境，对外贸易勃然兴起，成为东西方海洋贸易圈的东方中心，为整个帝国履行管理海外贸易的中心性职能，在经营方式、管理体制、经营规模和经营内容上开创了一个全新的时代，并进一步推动了海上丝绸之路的繁盛。

---

① 慧超著，张毅笺释：《往五天竺国传笺释》卷三一《波斯国》，中华书局，2000，第 101 页。参阅唐纳德·洛佩兹：《慧超的旅行》，冯立君译，社会科学文献出版社，2022。

②《旧唐书》卷一三一《李勉传》，中华书局，1975，第 3635—3636 页。

③《旧唐书》卷一七七《卢钧传》，中华书局，1975，第 4591 页。

第二节　海丝商贸航线的开辟、拓展

隋唐时期，社会经济繁荣，农业、手工业和商业取得较大发展，加之统治者开放的对外交往政策，海丝商贸航线进一步拓展。这时出现了稳定的由中国经过马六甲海峡、印度洋到波斯湾和东非的航线。唐人贾耽所记“广州通海夷道”，全程历经 90 多个国家和地区，是中古时期世界最长的远洋航线和亚、非洲际海上大动脉。在东方，中国和日本列岛之间，出现了横渡东海的新航线，较之原来迂回经过朝鲜半岛、山东半岛的航路大大缩短。南海航线和东方航线的拓展，大大加强了中国和航线所经国家和地区之间的联系，推动了海丝商贸活动的进一步繁荣。

一、南海航路的拓展

隋朝的建立打破了魏晋南北朝以来长期分裂割据的局面，实现了统一。杨隋统治者积极开展对外活动，努力加强与海外国家和地区的交往。大业三年（607），南海赤土国遣使来献，隋炀帝派屯田主事常骏、虞部主事王君政等出使回访赤土国。据《隋书》卷八二《赤土传》记载：“其年十月，骏等自南海郡乘舟，昼夜二旬，每值便风，至焦石山而过，东南泊陵伽钵拔多洲，西与林邑相对，上有神祠焉。又南行至师子石，自是岛屿连接，又行二三日，西望见狼牙须国之山，于是南达鸡笼岛，至于赤土之界。”常骏等人航行中所经诸地，焦石山位于今越南中部海岸外占婆岛，陵伽钵拔多洲为今越南中部华列拉岬，师子石应是今越南南部的昆仑岛或其附近岛屿，“狼牙须国”即前代的狼牙修，位于今马来半岛吉打一带，赤土国应在今马来半岛中部。常骏一行出使赤土国，是古代南海交通史上的一大盛事，大大加强了中国与东南亚各国的联系。大业十二年（616），真腊遣使向隋朝进贡。真腊国，在林邑西南，原为扶南的北方属国，位于今柬埔寨北部和老挝南部一带。真腊于

6 世纪崛起，7 世纪中取代扶南成为印度支那半岛南部的大国，其领土包括今柬埔寨、老挝及越南南部。[1] 除赤土、真腊外，7 世纪中叶，林邑、婆利、丹丹、盘盘等十余国都曾遣使循海路来到中国。由此可见，隋朝统治时间虽短，但与南海各国仍保持一定的官方贸易往来，南海航路贸易持续发展。

唐在隋统一的基础上，政权稳定，农业和手工业生产进一步发展，商业更加繁荣，尤其是丝织业、制瓷业的兴盛和造船技术的进步，为海丝商贸活动的开展奠定了良好基础。对外政策上，唐朝统治者秉持较为开明的开放政策，积极推动中外交往和对外贸易，各国使臣和商人纷纷来华。这些来华人员，不仅来自林邑、真腊、骠国（今缅甸）、盘盘、丹丹、罗越（位于马来半岛）、室利佛逝、诃陵（今爪哇）、天竺、狮子国等东南亚和南亚地区，亦有波斯商人“泛海汉地，直放广州，取绫绢丝绵之类”。许多阿拉伯商人也远渡重洋来到中国。随着波斯人和阿拉伯人在印度洋和南中国海贸易圈中越来越活跃，他们逐渐成为唐代海外贸易的重要经营者。

唐代胡人俑

1977 年高州县良德墓葬出土铜人头像

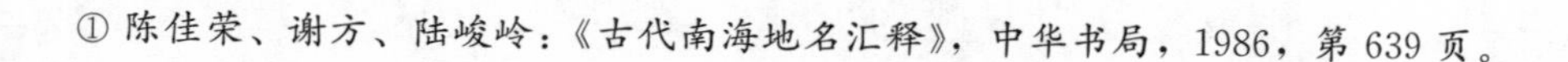

① 陈佳荣、谢方、陆峻岭：《古代南海地名汇释》，中华书局，1986，第 639 页。

波斯人从事海上贸易活动由来已久。在萨珊波斯时代，波斯商人已经通过海路前往印度。至隋末唐初，萨珊王朝对印度洋贸易愈加重视，使得由波斯湾及红海诸港口出发的船舶，停泊之地延达南印度的泰帕洛班等港口，继而又随印度人于东南亚建立起商业据点，航程通达交趾与广州。[①]根据史料记载，大批波斯商人在唐朝时抵达中国南方口岸进行贸易。例如，义净远赴天竺求法，所搭乘的船只即为波斯舶。又据《贞元新订释教目录》记载，公元717年金刚智搭船从锡兰出航时，有大约35艘波斯商船随行，驶向苏门答腊的巴邻旁，然后再前往中国。[②] 可以说，8世纪初时，大批波斯商人已习惯从锡兰到东南亚采购商品，然后航行至中国交易。此外，据《唐大和上东征传》记载，当时海南岛上居住着许多波斯人，而且逐渐形成一个波斯人移民村落。其中，许多波斯人被岛上的海盗劫掠后为奴。当时的广州港内泊靠着大量的波斯舶、阿拉伯舶和锡兰舶。

公元762年，阿巴斯王朝建立，将首都从大马士革迁至底格里斯河畔的巴格达。此后，阿拉伯人对东南亚及中国的海上贸易逐渐进入高潮。商人们可以从底格里斯河起航直接进入波斯湾，穿越印度洋后经马六甲海峡前往苏门答腊、爪哇、印支半岛和中国。由此自红海、波斯湾直航唐朝的交通彻底贯通，越来越多的阿拉伯商船来到中国贸易。关于从阿拉伯到中国的海上交通航线，成书于9世纪中叶，根据几位曾经到过中国的阿拉伯商人亲身见闻所记录而成的《中国印度见闻录》有详细记载。阿拉伯地理学家伊本·胡尔达兹比赫（约820—912）所著《道里邦国志》，亦详细记载了这一时期自波斯湾巴士拉航行到中国广州、扬州等地的航线、里程和时间。[③] 综合来看，阿拉伯商船先从波斯湾沿岸各口岸航行至阿曼湾，然后随季风，横渡印度洋，前往印度西海岸的马拉巴尔。抵达印度马拉巴尔后，商船或先至锡兰岛，或直接横渡大洋前

① 马建春：《公元7—15世纪“海上丝绸之路”的中东商旅》，《中国史研究》2019年第1期。

② 费瑯辑注：《阿拉伯波斯突厥人东方文献辑注》，中华书局，1989，第17页。

③ 伊本·胡尔达兹比赫：《道里邦国志》，宋岘译注，中华书局，1991，第64—72页。

往尼科巴群岛汲取淡水，然后沿着马六甲海峡继续前往苏门答腊、爪哇和中国。根据考古发现，阿拉伯商船自印度洋西岸到达马来半岛后，具体航线还有变化，大约有三条航线可以通行。“第一条航线：航抵马来半岛克拉地峡的西岸后分道扬镳，沿着马来半岛南下，在马六甲海峡与来自南中国海的商船交易，或者到当时室利佛逝帝国控制下的贸易重镇——苏门答腊的巴邻旁，与来自中国的商人交易，然后随着季风返回印度洋；第二条航线：航抵克拉地峡西岸后，与那些从马来半岛东岸步行穿越克拉地峡的商人会合，获取来自中国的商品；第三条航线：波斯和阿拉伯人的商船途经一系列的东南亚港埠和汲取淡水的岛屿，直接前往中国南方的广州贸易。”① 据此可见，这一时期的海丝商贸活动，是在阿拉伯人、印度人、锡兰人、东南亚人和中国人的共同参与下进行的，航行路线也根据具体的贸易需求灵活变动。但无可否认的是，阿拉伯与中国的商贸往来已相当频繁。

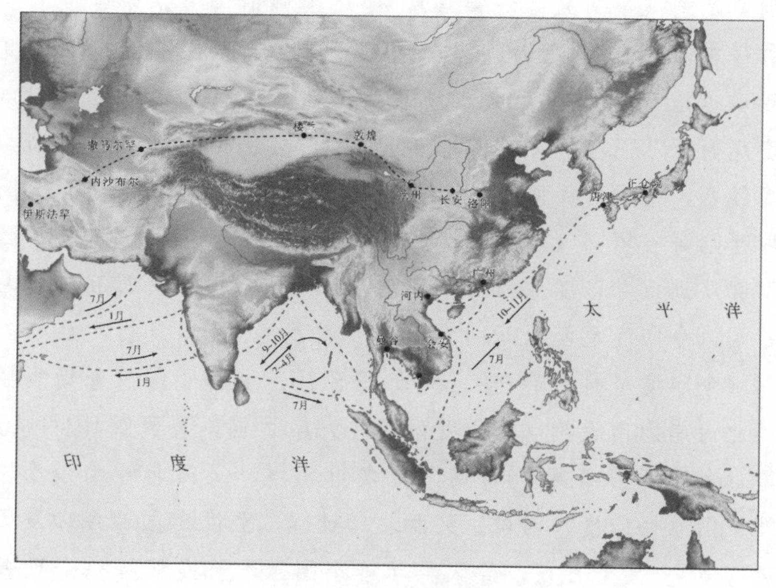

8—9 世纪的海上丝绸之路

① 钱江：《波斯人、阿拉伯商贾、室利佛逝帝国与印尼 Belitung 海底沉船：对唐代海外贸易的观察和讨论》，《国家航海》（第一辑），2011 年第 1 期。

这一时期，中国的海船不仅航行至东南亚各地，还到达印度洋、波斯湾地区。《新唐书·地理志》卷四三下所附之贾耽《广州通海夷道》，详细记录了从广州港出发，经今越南、马来半岛、苏门答腊至印度、锡兰，直到波斯湾沿岸各国的航线。其具体航线如下：

广州东南海行，二百里至屯门山（今广东深圳南头），乃帆风西行，二日至九州石（今海南东北海域七洲列岛）。又南二日至象石（今海南东南海域独珠石）。又西南三日行，至占不劳山（今越南岘港东南占婆岛），山在环王国（今越南中南部）东二百里海中。又南二日行至陵山（今越南燕子岬）。又一日行，至门毒国（今越南归仁）。又一日行，至古笪国（今越南芽庄）。又半日行，至奔陀浪洲（今越南藩朗）。又两日行，到军突弄山（今越南昆仑山）。又五日，至海硖（今马六甲海峡），蕃人谓之“质”，南北百里，北岸则罗越国（今马来西亚南端），南岸则佛逝国（今印度尼西亚苏门答腊东南部旧港）。佛逝国东水行四五日，至诃陵国（今印度尼西亚爪哇），南中洲之最大者。又西出硖，三日至葛葛僧祇国（今印度尼西亚苏门答腊东北岸伯劳威斯），在佛逝西北隅之别岛，国人多钞暴，乘舶者畏惮之。其北岸则个罗国（今马来西亚吉打）。个罗西则哥谷罗国（今泰国克拉地峡西南）。又从葛葛僧祇四五日行，至胜邓洲（今印度尼西亚苏门答腊日里附近）。又西五日行，至婆露国（今印度尼西亚苏门答腊婆罗师岛）。又六日行，至婆国伽蓝洲（今印度尼科巴群岛）。又北四日行，至狮子国（今斯里兰卡），其北海岸距南天竺（今印度南部）大岸百里。又西四日行，经没来国（今印度西部阔伦），南天竺之最南境。又西北经十余小国，至婆罗门（今印度）西境。又西北二日行，至拔飓国（今印度孟买附近洛奇）。又十日行，经天竺西境小国五，至提飓国（今巴基斯坦卡拉奇），其国有弥兰大河，一曰新头河，自北渤昆国来，西流至提飓国北，入于海。又自提飓国西二十日行，经小国二十余，至提罗卢和国（今伊朗阿巴丹附近），一曰罗和异国，国人于海中立华表，夜则置炬其上，使舶人夜行不迷。又西一日行，至乌剌国（今伊拉克奥波拉），乃大食国之弗利剌河，南入于海。小舟溯流二日至末罗国（今伊拉克巴士拉），大食重镇也。又西北陆行千里，至茂门王所都缚达城（今伊拉克首都巴格达）。自婆罗门南境，从没来国至乌剌国，皆缘海东岸行；其西岸之西，皆大食国，其西最南谓之三兰国（今坦桑尼亚给巴尔）。自三兰国正北二十日行，经小国十余，至设国（今也门席赫尔）。又十日行，经小国六七，至萨伊瞿和竭国（今阿曼马斯喀特西南），当海西岸。又西六七日行，经小国六七，至没巽国（今阿曼苏哈尔）。又西北十日行，经小国十余，至拔离诃磨难国（今巴林）。又一日行，至乌剌国，与东岸路合。①

贾耽所记载的这条航路，与《汉书》相关文献比较起来，不仅航线更长，航路上所经过的地点和所需日程记载也更为详细。这条航路从广州出发，沿着传统的南中国海航路，穿越南海、马六甲海峡，进入印度洋、波斯湾，如沿波斯湾西海岸继续航行，穿过霍尔木兹海峡后，可进入阿曼湾、亚丁湾和东非西海岸，途经 90 多个国家和地区，是当时世界上最长的远洋航线，也是东西方最重要的海上交通线。

“广州通海夷道”中所记录的航路，通常被作为唐代中国商人已到达波斯湾贸易的证据。阿拉伯文献也曾记录有中国商船因载重过大，多停泊在斯拉夫港等待装运的情景：“因阿拉伯河口及附近的海面一带多浅滩，且风浪甚大，殊难航行。对于容积甚大的中国商船来说，当然更感困难。因此，中国商船就把东洋物产，诸如芦荟、龙涎香、竹材、檀木、樟脑、象牙、胡椒等，先载至斯拉夫港，然后用当地小船陆续把货物运到巴士拉和巴格达。至于波斯本地的物产，也是由小船先载运到斯拉夫港集中，然后再由中国商船运往东方。”② 但是唐代汉籍文献中关于

①《新唐书》卷四三下《地理志》，中华书局，1975，第 1153—1154 页。地名注释参照李庆新《海上丝绸之路》，黄山书社，2016，第 73—74 页。

② 桑原骘藏：《唐宋贸易港研究》，商务印书馆，1935，第 31 页。商务印书馆于 1963 年再版该书，今据山西人民出版社 2015 年版。

这一时期的海上贸易情况，常记为“外商来贩”或从昆仑人（马来人）手中获取异域物资，对于中国商民扬帆远航从事海外贸易则极少记录，也未明确提及中国商人远航至波斯湾贸易。加之，罗盘在唐代尚未用于海上导航，远洋航行困难重重。因此，部分学者认为，隋唐时期中国商船尚未从中国沿海直航至波斯湾。著名考古学家林梅村甚至指出：“唐代波斯湾至广州航线并无中国商船，阿拉伯史料所谓‘中国海船’，实乃运送中国货的外国商船。”[①] 无论中国商船在唐代是否航行至波斯湾，可以肯定的是，这一时期中国与阿拉伯之间的海上交通已较为发达，从广州起航，经越南海域、马六甲海峡、孟加拉湾、印度洋、波斯湾至巴士拉的航路上商船往来频繁。

海船壁画

甘肃敦煌莫高窟45号窟壁画，为《法华经变·观音普门品》图的部分。图中所绘为入海求宝的海船。

比较阿拉伯文献中记录的从波斯湾到广州的航程与贾耽所记“广州通海夷道”可见，在具体航程上，波斯湾以东，马六甲海峡以西，两条线路东西航程相同。不同的是，阿拉伯文献《道里邦国志》记录的航线，在穿过马六甲海峡后，不是沿着马来半岛沿海北上中国，而是向东，进入爪哇海、苏拉威西海，途经香料群岛等地，后直驶菲律宾群岛，然后折回中南半岛海域，到达唐朝第一港口鲁金（龙编，今越南河内），后驶入广州、福州、扬州等南方各港。可以说，至9世纪，东西方海上航路不仅在波斯湾、印度洋有较大发展，还在南中国海有新的开拓，南海诸岛基本纳入东西方海洋贸易圈之内，海丝商贸航线进一步拓展。中国的市场和交易网络在中外商人的共同努力下，不自觉地融入古

① 林梅村：《观沧海：大航海时代诸文明的冲突与交流》，上海古籍出版社，2018，第5页。

代世界海洋贸易体系。

二、东海丝路的繁荣

古代中国与朝鲜半岛、日本的海上贸易通道被称为“东海丝路”[1]，即“东方海上丝绸之路”。如前所述，在唐代中国与日本列岛之间，出现了横渡东海的新航线，比原来迂回经过朝鲜半岛、山东半岛的航路大为缩短，极大密切了中国与航线所经国家之间的关系。盛唐时期，国力强盛，东亚诸国纷纷派遣朝贡使团来华。这些朝贡使团同时具有贸易使团的职能，双方的贡赐和商贸往来，繁荣了唐代东方海上丝绸之路。安史之乱后，虽然唐朝国力及影响力不断衰微，但东方海上丝绸之路仍持续繁荣。

隋朝的建立结束了魏晋南北朝时期分裂割据的局面，国家统一，国力不断增强，令海外诸国景仰不已。日本一再遣使入隋，不仅以朝贡名义来华贸易，还派“沙门数十人来学佛法”。自7世纪初，日本国内掀起了一股向中国学习的热潮。关于日本遣隋使的次数，中日学界存在3次、4次、5次、6次四种说法，其中以小野妹子使团首次来华最受瞩目。607年，圣德太子派遣小野妹子率领数十名僧侣赴隋，求取佛法。日本使节赴隋航行的路线，大致从难波津（今大阪附近）出发，到九州的博多（今福冈），经壹支（今壹岐岛）、对马岛，再北上航行至百济和高句丽沿岸，横渡黄海，至山东半岛的登州登陆，后经莱州、青州、兖州、曹州、汴州，再经洛阳至长安。次年4月，小野妹子一行回国，隋炀帝派遣文林郎裴世清等13人回访日本，受到倭王隆重接待。隋朝使节赴日本，先由陆路到朝鲜半岛南部的百济，再渡海经壹支、竹斯（今筑紫岛），然后到达日本本土。这一时期，日本来华使团和隋朝赴日使节航行路线依然延续的是南北朝时期的航线。

朝鲜半岛的百济、新罗等国与隋朝也建立了密切的海上往来。自隋朝初年起，百济王即“遣使贡方物”。隋灭陈时，曾有一艘战船漂至大

---

[1] 陈炎：《海上丝绸之路对世界文明的贡献》，《今日中国》2001年第12期。

海上，在经百济国时，百济王馈赠丰厚礼物。隋文帝为此下诏，提及百济至中国“往复至难，若逢风浪，便致伤损”，以后“不须年别入贡”，但百济贡使仍不断从海上入隋。新罗同隋朝的陆上往来因被高句丽所阻隔，向隋朝“遣使贡方物”，显然也是经由海上航路。

在唐朝时期，中日、中朝之间的海上交通有了新的发展。日本曾14次派出“遣唐使”，还派遣大量留学生和学问僧来华。这些遣唐使不仅来华学习唐朝的制度和文化，还带来大批货物，通过鸿胪寺进行贸易，同时在中国市场上采购大量商品，归国时带回日本贩卖。对于日本使团的频繁来华，唐政府也多次派使节赴日本回聘。中日之间海上交通往来除官方使团外，民间贸易往来也十分频繁。中国商舶经常满载丰富的“唐物”赴日贸易。日本政府还设有专门的唐物使，负责与中国商人进行交易。随着中、日往来日渐频繁，两国之间的海上航路也开辟出新的航线。除传统的北路航线，即经朝鲜半岛南端横渡黄海到达登州的航路继续发展外，7世纪后期又开辟了由日本博多出发，从筑紫西岸南下，经过南岛，横渡东海，到达中国扬州或明州（今浙江宁波）的新航线。这条航线虽比黄海航路短，但具有极大的风涛之险。经过一个世纪的努力探索，至8世纪末，中日之间又开辟出一条新的便捷航路。这条航线由筑紫国的值嘉岛（今五岛列岛和平户岛），向西横渡东海，航向中国的扬州或明州。这一时期，中日两国横渡东海的船舶，已经知道利用季风规律。由中国往日本的海船，一般在每年六七月正值海上刮西南季风时起航；从日本来中国者，则在每年八九月间海上刮东北季风时出海。东海新航路的开辟和时人对季风规律的掌握和利用，对唐代中日之间海上丝绸之路的发展产生了积极影响，但在当时的航海技术条件下，横渡东海仍然具有较大风险。

朝鲜半岛与唐朝的交通路线，既有陆道，也有海道。据贾耽《海内华夷图》记载，陆道称“营州入安东道”，海道称“登州海行入高丽渤海道”。这条海路由登州（今山东蓬莱）出发，横渡渤海海峡，然后沿辽东半岛东南海岸线和朝鲜半岛西海岸航行，到唐恩浦口（今仁川南）

登陆上岸，“乃东南陆行，七百里至新罗王城（今朝鲜半岛东南庆州）”。[①] 这条航线的最大特点是充分利用了庙岛群岛、辽东半岛、朝鲜半岛的岛屿和附近海面航线，较为安全可靠。因而对航行于辽东地区、朝鲜半岛南部的百济和新罗，甚至日本各港口来说，这一航线虽然绕行航程较长，但在航海安全系数难以保障的年代，该航线一直作为传统的航线，利用率较高。在这条航路上，不仅有使节、僧侣，亦有大量商人频繁往来。如新罗僧人义湘大师曾搭乘商船前往登州，回国时仍在登州搭乘商船，可见这一时期山东半岛与新罗之间的民间商贸往来已较为频繁。

安史之乱后，唐朝逐渐走向衰微，但东亚诸国与唐朝的海上朝贡贸易并未停止，中日之间的朝贡贸易仍相当活跃。隋及唐初，日本遣隋、遣唐使团带回中国朝廷丰厚的回赠物品，刺激了日本社会尤其是贵族阶层对中国物品的需求。迄于李唐中期，日本民间对华贸易尚未形成规模，日本社会所需的中国物品主要通过日本遣唐使团带回的唐廷回赐之物，以及在中国市场的购买来予以满足。及至唐后期，中日官方往来逐渐停顿，民间海洋贸易迅速兴起，其规模远超之前的官方朝贡贸易。据日本学者木宫泰彦统计，自日本停止派遣唐使后，仅从 839 年至 907 年的 60 余年间，就有到达日本的唐商船 24 艘，日本赴唐商船 13 艘，约每隔一两年就有一艘商船往来于中、日之间。他还指出，以上“不过是文献中我所看到的，实际上，此外当然还有很多往来的船舶，可见交通频繁往来”，“唐朝的商船主要是从事贸易，每次来到日本，必载很多货物，因此，凡记载唐船到达的，都记载‘多赍货物’等句”[②]。这说明，唐后期中日海上贸易由官方转向民间，以市场贸易的形式更加频繁地活跃于海上航路。而这些民间海商的贸易航线，依然延续了唐初以来的北路、南路和南岛路航线。

在唐中后期，虽说唐朝国家影响力不断衰微，但与新罗国的关系并未受到太大影响。安史之乱后，新罗国仍然几乎每年都向唐朝入贡。贞

①《新唐书》卷四三下《地理志》，中华书局，1975，第 1147 页。

② 木宫泰彦：《日中文化交流史·隋唐篇》，胡锡年译，商务印书馆，1980，第 117、122 页。

元二年（786），唐德宗在给新罗的诏书中提到："累遣使臣，聿修贡献，虽溟渤遐广，道路悠长，赀币往来，率循旧典，忠效益著，嘉叹良深。"① "溟渤遐广"四字，清晰说明当时新罗与唐朝的交通往来是通过海路进行的。关于新罗使者行驶的具体航线，《新唐书》卷四三下《地理志》有详细记载：

> 登州东北海行，过大谢岛、龟歆岛、末岛、乌湖岛，三百里。北渡乌湖海，至马石山东之都里镇，二百里。东傍海堧，过青泥浦、桃花浦、杏花浦、石人汪、橐驼湾、乌骨江，八百里。乃南傍海堧，过乌牧岛、贝江口、椒岛，得新罗西北之长口镇。又过秦王石桥、麻田岛、古寺岛、得物岛，千里至鸭绿江、唐恩浦口。乃东南陆行，七百里至新罗王城。②

这条从山东半岛北部登州出海至新罗王城的航线，不仅是安史之乱之前新罗与唐朝官方往来所走的航线，也是《三国志·魏书·东夷传》所记载的"循海岸水行"至日本的航路。

自唐中叶开始，除上述从登州港出海，经庙岛群岛、辽东半岛，沿海岸线航行至朝鲜半岛东南部的航程较长，但安全性较高的传统北路航道外，许多民间商船为了节省时间，在顺风季节里，也直接从山东半岛东部横渡黄海直达朝鲜半岛西海岸。例如，大中元年（847），日本僧人圆仁随新罗商船回国时，走的就是这条航路。据《入唐求法巡礼行记》卷四记载："（大中元年）九月二日午时，从赤山浦（今山东荣成市石岛湾）渡海，出赤山莫琊口，向正东行一日一夜。至三日平明，向东望见新罗国西南之山。风变正北，侧帆向东南行一日一夜。至四日晓，向东见山岛段段而接连。问艄公等，乃云：'是新罗国西熊州（今韩国西部公州）西界，本是百济国之地。'终日向东南行，东西山岛联翩。欲二

① 金富轼：《三国史记》，孙文范校勘，吉林文史出版社，2003，第133页。

②《新唐书》卷四三下《地理志》，中华书局，1975，第1147页。

更到高移岛（今韩国荷衣岛）泊船，属武州西南界。”[1] 圆仁归国之所以选择这条航线，是由于此前曾有山东半岛登州的船家告诉他：“从此东有新罗国，得好风，两三日得到。”[2] 而圆仁循此航路的航行时间为两天两夜多，恰恰验证了船家的这一说法，抑或表明当时水手们对这条航线已非常熟悉。此外，日本最后一批遣唐使团返国时，雇佣的九只新罗民间商船，走的也是这条航线。据圆仁在开成四年（839）七月二十一日记载，“本国相公已下九只船来，泊此赤山浦”；七月二十三日，“山头望见泊船处，九只船并不见，便知夜头同发”，从赤山浦起航回国。[3] 由此可见，自唐中叶以来，越来越多的民间商船选择这条横渡黄海的航线。

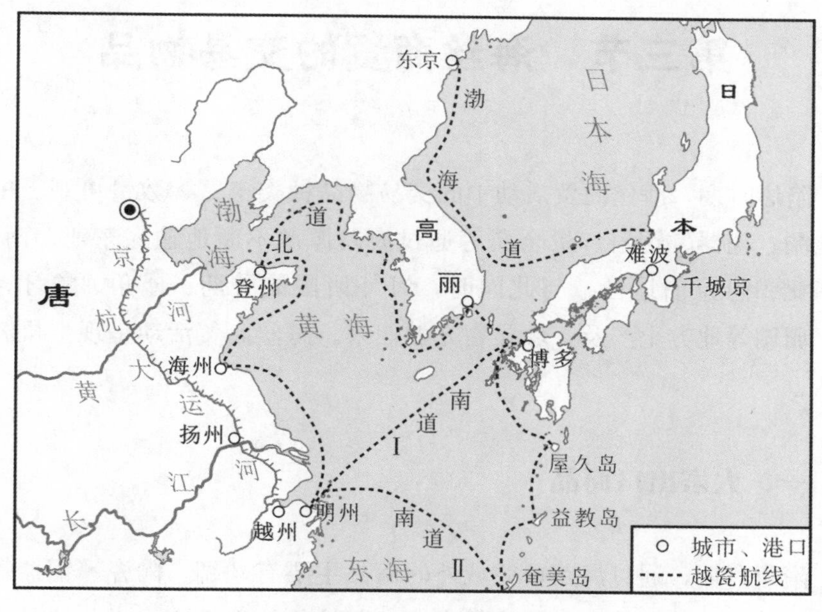

东方海上丝绸之路航线

① 释圆仁著，白化文、李鼎霞、许德楠校注：《入唐求法巡礼行记校注》，花山文艺出版社，2007，第 508—509 页。

② 释圆仁著，白化文、李鼎霞、许德楠校注：《入唐求法巡礼行记校注》，花山文艺出版社，2007，第 148 页。

③ 释圆仁著，白化文、李鼎霞、许德楠校注：《入唐求法巡礼行记校注》，花山文艺出版社，2007，第 168—169 页。

唐朝时期，日本、新罗等东亚国家与唐朝关系密切，海上通道便捷，除官方朝贡贸易外，民间海洋贸易也十分活跃。尤其是中唐以后，随着唐朝、新罗地方藩镇势力的崛起，中央政权对地方控制力减弱，藩镇为增加财源，扩充势力，把触角伸向有着丰厚利润的海上贸易，大批民间商团顺势而起。再加上地方官员的引领和参与，以及大批民间商团的加入，占据中国大陆、朝鲜半岛新罗、日本三地的海上商贸往来的主导地位。[1] 这些因素极大地推动了东方海上丝绸之路航线的拓展及商贸往来的繁荣。

第三节　海丝商贸的交易物品

隋唐时期，海丝商贸活动中的交易物品种类丰富，数量可观。中国的丝绸、瓷器、铜器、贵金属等通过海路源源不断地输入东亚、南亚、东南亚和阿拉伯地区。与此同时，海外诸国的香药、犀角、象牙、琉璃、珊瑚等地方土产及奇珍异物充舶而来。海丝商贸活动呈现生机勃勃之状。

一、大宗出口商品

隋唐时期，通过海路输往域外的商品主要有丝绸、陶瓷、铜器等数十种。其中，以丝绸和陶器为最大宗。阿拉伯地理学家伊本·法基在其《地理志》一书中，把中国丝、中国陶瓷列为最受阿拉伯世界欢迎的名牌货。

隋唐两朝的丝织品产地遍及全国，黄河上下、大江南北，无不织机唧唧、朝织品如流。仅据天宝年间的捐税统计，全国人口 890 余万，丝

---

① 刘凤鸣：《唐中后期东方海上丝绸之路繁荣原因探析》，《中国高校社会科学》2015 年第 6 期。

绵产区的农户就有370余万，全年输纳给朝廷的丝绢即达740余万匹，丝绵达1100万两。同时，官营手工工场还控制着一部分丝织业的生产。如唐朝的少府监中有染织的官营工场，工场又划分为织纴、组绶、紬线、色染等部门。在众多丝织品产区中，尤其以关东（河南、河北两道）、巴蜀（剑南道及山南道）和吴越地区为盛。据《朝野佥载》卷三记载："唐定州何明远大富，主宫中三驿，每于驿边起店停商，专以袭胡为业，资财巨万，家有绫机五百张。"[①] 五百张织机在当时已是较大的生产规模了，且何明远主要与胡人贸易，可见其生产的丝织品以出口为主，也说明当时已经有专门为对外贸易提供产品的手工工场。

就丝织品的种类而言，从生产技法上可将其分为织、染、绣三大类。其中，又以织造的品种变化最多。唐代少府监织染署所领织纴十作，除布、褐外，八个都是生产丝织品的作坊，有绢、絁、纱、绫、罗、锦、绮、繝。其中，绢为丝织品的通称；絁为纹理较粗的织物，又称绨；纱为绢中轻而细者；绫为细而薄之高级丝织品；罗为质地柔软、经纬分明的丝织品；锦为用彩色经纬线织出各种图案花纹的丝织物；绮是素地织纹起花的丝织品；繝是织有锦纹的丝织品。此外，还有绸、练、缣、绶、帛、縠、缟、素、纤、纨、缃等名称，大体上以丝的生熟、质地粗细、颜色不同而区分。[②] 就制造技艺而言，织红和刺绣相结合，开创了丝绣工艺的历史，丝绢印花技艺被发明。唐代缭绫在汉代技艺的基础上，质地更精美，技艺更精湛。白居易的《缭绫》诗篇之中曾有细致描绘："缭绫缭绫何所似，不似罗绡与纨绮。应似天台山上明月前，四十五尺瀑布泉。中有文章又奇绝，地铺白烟花簇雪。"足见缭绫之精美。此外，新兴的江南丝织品产区，已经能织造出品种繁多、质地优良的丝织物，有的"薄如蝉翼，飘丝云雾"，工艺可谓巧夺天工，成为唐代外销品中最受欢迎的商品之一。

这些精美的丝织品主要通过朝贡贸易和民间海洋贸易输出海外诸国。朝贡贸易中，唐朝给予朝贡国的回赐礼物中，丝织品占有相当比

① 张鷟：《朝野佥载》卷三，中华书局，1979，第75页。
② 张泽咸：《唐代工商业》，中国社会科学出版社，1995，第96—97页。

重，且数量较大。据统计，新罗通过朝贡贸易从唐朝获取丝织品达22次，仅唐玄宗一朝就有15次。据欧阳脩等撰《新唐书》卷二二〇《东夷列传》记载“玄宗开元中，（新罗）数入朝，献果下马、朝霞紬、鱼牙紬、海豹皮”，“帝间赐兴光瑞文锦、五色罗、紫绣纹袍、金银精器”。[①]此次回赐丝织品的数量虽未记录，但开元七年（719），唐朝与新罗的一次礼节性交往记录了赠予丝织品的相关数量。该年五月，一位新罗使节在赴唐的途中不幸去世，唐政府“赠太仆卿，赙绢一百匹”[②]予以安抚。又如，日本最后一批遣唐使团在进入唐境赴长安的路上，地方州官给予了大量绢帛作为路上开销。据圆仁记载，开成四年（839）二月六日，“州官准敕给禄。案观察使帖称：‘准闰正月二日敕，给使下（不）赴上都贰百柒拾绢，每人五匹，记壹千三百伍拾匹。’”[③]抵达长安后，唐朝皇帝按照遣唐使团成员的级别给予的赏赐及回程开销，相较于地方官给予的数量则更为丰厚，“远过贡物数倍，甚至数十倍”[④]。由此可见，唐政府对朝贡国回赐丝织品数量之多。民间贸易方面，中外商舶满载绫、绢、纱等各类丝织品运至海外各国。如广陵郡造的船上装的是锦，丹阳郡船上装的是京口绫、衫缎，晋陵郡船上装的是官端绫绣，吴郡船上装的是方文绫，会稽郡船上装的是罗、吴绫、绛纱等等。广陵、丹阳、吴郡等地既是造船基地，又是丝绸产地，为海丝商贸往来提供了便捷的运载工具和商品来源。除中国船只外，波斯、大食等国商船，“亦泛舶汉地，直至广州，取绫、绢、丝、绵之类”[⑤]。唐代来华贸易的阿拉伯商人胡尔达兹比赫描述：“由此东方海洋，可以从中国输入丝绸、宝剑、花缎、

---

① 欧阳脩等：《新唐书》卷二二〇《东夷传》，中华书局，1975，第6205页。

② 王钦若：《册府元龟》卷九七四《外臣部・褒异》，凤凰出版社，2006，第11278页。

③ 释圆仁著，白化文、李鼎霞、许德楠校注：《入唐求法巡礼行记校注》，花山文艺出版社，2007，第111页。

④ 池步洲：《日本遣唐使简史》，上海社会科学院出版社，1983，第63页。

⑤ 慧超著，张毅笺释：《往五天竺国传笺释》卷三一《波斯国》，中华书局，2000，第101页。另参阅唐纳德・洛佩兹《慧超的旅行》，冯立君译，社会科学文献出版社，2022。

麝香、沉香、马鞍、貂皮、陶瓷、绥勒宾节（斗篷、披风、披肩的意思，译者注）、肉桂、高良姜。”① 在各类外销商品中，丝绸被置于首位。

中国丝织品所销往的地区除近邻日本和朝鲜半岛外，贾耽《广州通海夷道》所记录的沿线国家，以室利佛逝为首的东南亚地区，以印度为首的南亚地区，以大食为首的阿拉伯地区，也是中国丝织品的重要消费市场。义净经海道赴印度求取佛经，途经东南亚多国，且曾在室利佛逝停留了六个月学习梵文。其所撰的《梵语千字文》中，除“丝”字外，还有“绢”“绫”“绣”等字。由此可见，当时中国的丝织品在印度和东南亚各国已经广为流传。阿拉伯地区作为唐代海外贸易的主要对象之一，不仅从唐朝购入大量丝织品，还逐步掌握了丝绸织造技术。杜佑《通典》引杜环《经行记》，记录了杜环游历阿拉伯时的见闻，拂菻（东罗马帝国）“妇女皆珠锦”，“多工巧，善织络”；大食“四方辐辏，万货丰贱，锦绣珠贝，满于市肆”，且不少中国织工及织造工具也在大食出现，“绫绢机杼，金银匠、画匠、汉匠起作画者，京兆人樊淑、刘泚，织络者河东人乐环、吕礼”。

大红罗地蹙金绣拜垫

陶瓷在唐代大量生产，成为新崛起的出口产品。唐代的瓷器普遍采用高温烧制而成，形成以青、白分类的越窑（今浙江绍兴）、邢窑（今河北邢台）两大系统。越窑、邢窑生产的瓷器质量精优。尤其是越窑的“秘色瓷”最具代表性，且越窑窑口较多，唐代越州共有窑场 97 处。②除越窑、邢窑外，婺州（今浙江金华）、寿州（今安徽寿县）、岳州（今湖南岳阳）、鼎州（今湖南常德）等地出产的瓷器亦颇负盛名。由于唐代瓷器质地优良，享有“青如天，明如镜，薄如纸，声如磬”的美誉。

① 伊本·胡尔达兹比赫：《道里邦国志》，宋岘译注，中华书局，1991，第 73 页。
② 魏建钢：《越窑区位东扩及其原因探析》，《社会科学战线》2013 年第 7 期。

阿拉伯人苏莱曼称赞唐代陶瓷的精美，提到“陶碗晶莹得如同玻璃杯一样，尽管是陶碗，但是隔着碗可以看见碗里的水”[①]。唐代陶瓷深受域外国家的喜爱。陶瓷由于体积大、质量重、易破碎的特点，不宜陆上运输，所以运用船舶运输，具备运程安全、震动小、运量巨大、受季节限制较小、速度相对快捷、航线沿途可以销售等优点。因此，大批青瓷、白瓷通过广州、明州、扬州等港口销往东亚、东南亚、印度、阿拉伯、东非地区。

黄釉褐绿彩云纹罐

白釉褐绿彩壶

据考古学发现，唐代海上丝绸之路所及的许多地区，都有唐代瓷器出土。“广州通海夷道”近端的南海沿岸，在泰国南部素叻他尼省的差也、洛坤省的古法万城址等地，先后发现了长沙窑、越窑以及广东梅县等地生产的晚唐青瓷器；在印度尼西亚苏门答腊的巨港、占碑、摩鹿加等遗址，发现了晚唐五代的越窑、长沙窑、广东窑的青瓷碗、四系壶和青釉褐彩的碗、壶、杯、盒等；在爪哇的日惹、巴厘、三宝垄诸遗址，

① 穆根来、汶江、黄倬汉译：《中国印度见闻录》，中华书局，1983，第 15 页。

发现了广东窑的青瓷壶，长沙窑的碗、水注，越窑的青瓷器，以及北方巩县窑的白瓷和彩瓷；在加里曼丹的沙捞越州，1948年开始发掘的港口遗址山都望发现了大量唐宋时期的陶瓷和冶铁遗迹，其中越窑的黄釉划花盘、鱼纹六系罐、盘口壶等唐代瓷器几乎都发现于这个港口遗址的早期区，即宋加江沿岸；在邻近的文莱，韩槐准先生先后发现了唐青瓷、黑瓷双耳罐各1件，并认为与福建安溪唐墓所见同类器没有差别。① 在"广州通海夷道"咽喉上的新、马地带，吉打州的江湾曾发现晚唐的绿釉陶瓷和唐代铜镜，在彭亨州的哥拉立卑金矿遗址有唐代的青瓷四系瓮，柔佛州的哥打丁宜遗址采集了四耳朵青瓷尊和不少唐代青瓷片，新加坡国家博物馆收藏中就有大量出自柔佛哥打丁宜和柔佛拉麻等遗址的越州窑青瓷。②

印度洋沿岸也出土了大量唐代瓷器，生动再现了"广州通海夷道"的向西延伸。在狮子国故地斯里兰卡，先后发现多处遗址均有8—10世纪中国陶瓷，如满泰古港、德地卡玛的越窑青瓷和长沙窑瓷等。在天竺故地印度，马德拉斯邦著名的古港阿里卡美都遗址出土有越窑青瓷碟子。在巴基斯坦的卡拉奇斑波尔遗址，发掘出晚唐越窑瓷器和长沙窑黄褐釉带绿彩花草纹碗残片，信德省的布拉夫米那巴德遗址发现了越窑瓷片、北方窑白瓷和长沙窑彩绘碗。③

阿拉伯和东非地区也是唐代陶瓷的重要外销地。在波斯湾口的阿曼古港苏哈尔遗址，发现了晚唐五代的越窑青瓷、邢窑白瓷、长沙窑的彩瓷残片，器型有碗、罐、壶、杯、盘等。在也门亚丁湾畔的津吉巴尔古港发现了晚唐五代的越窑青瓷残片，在考德安塞拉和阿哈比尔分别发现了晚唐五代的中国白瓷。在波斯湾内的伊朗西拉夫古港遗址，发现了大量始年为9世纪前期的中国陶瓷，主要有广东西村窑、佛山窑、潮州窑，生产的橄榄青色釉的粗瓷，以及邢窑白瓷、长沙窑和越窑青瓷以及唐三

① 韩槐准：《南洋遗留的中国古外销陶瓷》，新加坡青年书局，1960，第6页。
② 苏莱曼：《东南亚出土的中国外销瓷器》，载《中国古代外销瓷器研究资料》第一辑（1981），中国古瓷器研究会，1983。
③ 三上次男：《陶瓷之路》，李锡经、高喜美译，文物出版社，1984，第115—134页。

彩。在霍尔木兹海峡上的米纳布，发现了浙江余姚上林湖越窑青瓷和长沙窑彩绘瓷。[①] 在伊拉克发现的属于晚唐五代的中国陶瓷，有巴格达北面的萨迈拉宫殿遗址发现的河北邢窑和河南巩县窑的白瓷、浙江上林湖越窑系的青瓷，以及三彩碗和盘；巴格达南面的阿比鲁塔遗址有越窑的青瓷和华南窑的白瓷；在巴格达的博物馆中还藏有 9—10 世纪的越窑青瓷。肯尼亚曼达岛发现的 9—10 世纪越窑青瓷和白瓷是迄今所见传播最远的唐五代陶瓷。[②] 此外，在红海岸边的埃及古港库塞尔、苏丹古港埃得哈布，先后发现了唐末五代的越窑青瓷。

日本也发现了大量隋唐时期的陶瓷，主要是今河南、河北、浙江、湖南四省名窑的产品。奈良和福冈等地出土的唐三彩有印花枕、绞胎枕、罐、壶、长颈瓶、砚等，应是河南巩县窑、河北邢窑和陕西耀州窑的产品；在奈良、京都等地出土的不少白瓷碗，少量盒、砚等，碗多唇口璧形底、白釉泛黄，是典型的邢窑产品；越窑青瓷是日本发现的数量最多的唐代瓷器，在福冈、京都、奈良、熊本等地近 50 处遗址都有发现，有碗、碟、水注、盒、壶、灯碗等，应是浙江余姚越窑的产品；在奈良、京都、福冈、唐津、冲绳等地发现不少釉下绿、褐彩的黄釉碗、碟、水注、枕、盘、唾壶，则无疑是湖南长沙铜官窑的瓷器。这些发现足以说明，隋唐时期的中日瓷器之路已经初具规模。[③]

唐代陶瓷器皿及残片在东亚、东南亚、南亚、阿拉伯、东非等多地考古遗址的发掘，足以证明唐代陶瓷已远销这些国家和地区，且品种涉及长沙窑瓷器、越窑青瓷、邢窑白瓷及唐三彩等各类陶瓷器皿。古遗址出土的大量实物及沉船出水文物，说明了隋唐时期外销瓷数量之多，规模之大。开罗南郊的福斯塔特，发现了大量唐代瓷器碎片。据统计有 70 万件残片，其中中国古瓷上万件，种类有唐三彩、邢州白瓷、越州黄褐

---

① 冯先铭：《元以前我国瓷器销行亚洲的考察》，《文物》1981 年第 6 期。

② 马文宽、孟凡人：《中国古瓷在非洲的发现》，紫禁城出版社，1987，第 12 页。参阅前揭苏垂昌《唐五代中国古陶瓷的输出》，《厦门大学学报（哲学社会科学版）》1986 年第 2 期。

③ 朱建君、修斌主编：《中国海洋文化史长编：魏晋南北朝隋唐卷》，中国海洋大学出版社，2013，第 265—268 页。

釉瓷、长沙窑瓷等。

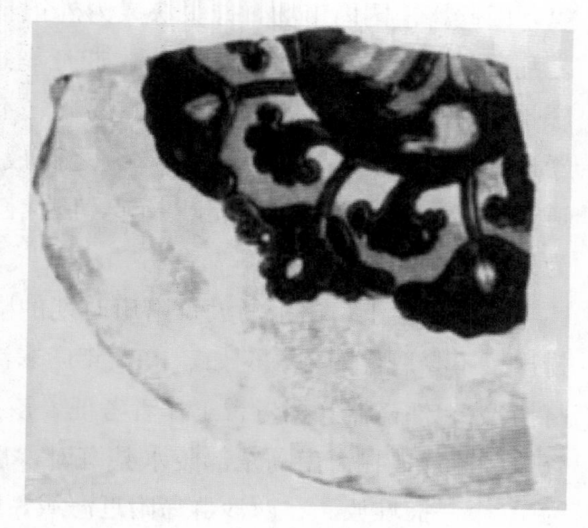

唐三彩残片

传埃及福斯塔特出土，现藏于翡冷翠国际陶瓷馆。

1998年，在印度尼西亚苏门答腊岛和婆罗洲之间的勿里洞岛丹戎潘丹岛港北部海域的海底发现的“黑石号”沉船，打捞出文物超过60000件，其中瓷器占绝大部分。长沙窑瓷器最为大宗，有55000余件，大部分是碗，各类壶约700件；越窑青瓷约250件，白瓷约300件，绿彩瓷器约200件，以及其他瓷器约500件。特别是在沉船中，还发现了3件唐代的青花瓷器，引起世人瞩目。[①] 从这些出土及出水瓷器种类来看，在唐代外销瓷中，长沙窑瓷器的数量最大。日本学者三上次男曾指出：“长沙窑的瓷器在出土地的中国是很少听说过的，但却在中国以外的印度尼西亚和遥远的埃及、伊朗等地区都有发现……同时，还证实了长沙窑是专为出口而生产的，所以使用的颜色、图案等和一般的中国陶瓷不同。”[②] 由于长沙窑瓷器主要面向普通百姓，以低价参与市场竞

“黑石号”沉船上的长沙窑瓷器

① 陈克伦：《印尼“黑石号”沉船及其文物综合研究》，《文物保护与考古科学》2019年第4期。

② 三上次男：《陶瓷之路》，李锡经、高喜美译，文物出版社，1984，第117—118页。

争，因此盛销国内市场，并很快成为外销日用瓷器的大宗。尤其是安史之乱后，陆上丝绸之路逐渐衰落，湘江岸边的长沙窑通过水运与扬州、广州、安南等地连接起来，使沉重易碎、不适合大规模长途陆运的陶瓷器找到了新的出口方式，海上丝绸之路成为长沙窑瓷器外销的主要通道。由于海上丝绸之路的逐渐兴起，唐代已出现以长沙窑为代表的专门为外销生产的瓷器。

除海外出土、出水的大量隋唐时期的陶瓷器，中国沿海各海域也打捞出了不少唐代陶瓷。例如，1985 年广东渔民在珠江口珠海荷包岛海域打捞出 21 件瓷器。据考古工作者考证，该批瓷器确认为广东新会官冲窑瓷器。此外，在海南岛东部陵水县海滩，也曾发现不少广东青瓷碗，多为 10 个一捆堆放。在西沙群岛附近海域，则发现过唐代广东青釉罐。这些瓷器发现时都大小相套，显然是为了方便装船运输。这些海域为海外交通航路所经，所发现的瓷器当为唐代沉船所遗。[①] 中国沿海多个海域打捞出的唐代陶瓷器，进一步说明了隋唐时期中国瓷器外销数量之大、区域之广。

隋唐时期的出口产品，除丝织品、瓷器，铜器、铁器、贵金属也是重要的外销品。例如，“黑石号”沉船中发现的金银器中，有金器 11 件，金箔 2 千克；鎏金银器约 20 件，银锭 18 件，铜镜 29 件。[②] 此外，药材、书籍、绥勒宾节（Silbinj，指围巾、斗篷、披风）等物品也大量出口至朝鲜半岛、日本、阿拉伯等地。

“黑石号”沉船出水的金杯

① 李庆新：《海上丝绸之路》，黄山书社，2016，第 87 页。

② 陈克伦：《印尼“黑石号”沉船及其文物综合研究》，《文物保护与考古科学》2019 年第 4 期。

二、主要进口产品

隋唐时期，畅通的海上航道不仅使中国的丝绸、陶瓷、铜器、药材等大量销往海外，也保证了大量域外商品源源不断地输入中国。当时东南亚、南亚、阿拉伯地区的沉香、乳香、丁香、胡椒、豆蔻等香药及犀角、象牙、珠玑、翡翠等奇珍异宝，朝鲜半岛及日本的人参、牛黄、玛瑙、织物等方物，除部分来自海外国家的朝贡贸易外，多数由民间海洋贸易贩运而来。

隋唐时期，输入中国的阿拉伯商品主要有乳香、龙涎、木香、丁香、肉豆蔻、安息香、芦荟、没药、血竭、阿魏、腽肭脐、蔷薇水等。广州作为当时中国与阿拉伯间的主要贸易港，一时间香药、珍宝荟萃。著名文士韩愈在《送郑尚书序》一文中对当时广州港的情形有如下描述："外国之货日至，珠、香、象、犀、玳瑁、奇物，溢于中国，不可胜用。"① 《唐大和上东征传》一书记载了鉴真一行到达广州时的情形，"江中有婆罗门、波斯、昆仑等舶，不知其数，并载香药、珍宝，积载如山"②。源源不断的香药船停泊于广州港，使其成为当时世界上最大的香药市场之一。此外，扬州也是当时重要的香药集散地，美国学者谢弗（又译薛爱华）认为，"扬州的香料贸易则仅次于广州"③。伴随着香药的大量输入，大批阿拉伯商人亦随之而来，他们多以经营香药为业，或贩

① 韩愈撰，马其昶校注，马茂元整理：《韩昌黎文集校注》卷四《序·送郑尚书序》，上海古籍出版社，1986，第 284 页。

② 真人元开：《唐大和上东征传》，汪向荣校注，中华书局，2000，第 74 页。

③ 谢弗：《唐代的外来文明》，吴玉贵译，中国社会科学出版社，1995，第 346 页。薛爱华：《撒马尔罕的金桃：唐代舶来品研究》，吴玉贵译，社会科学文献出版社，2016。有关香料的记载，宋朝更显增多，请参阅林天蔚《宋代香药贸易史稿》，香港中国学社，1960；台北中国文化大学出版部，1986。另请参阅关履权《宋代广州香药贸易史述》，《文史》1963 年第三辑，及其《宋代广州的海外贸易》，广东人民出版社，1994。李玉昆：《宋元时期泉州的香料贸易》，《海交史研究》1998 年第 1 期。

卖香药，或开设药铺。唐人郑曙曾记录有阿拉伯商人在中国开设药铺的事例，“段子天宝五载行过魏都，舍于逆旅，逆旅有客焉，自驾一驴，市药数十斤，皆养生辟谷之物也。而其药有难求未备者，日日于市邸谒胡商觅之”[①]。《太平广记》中所载事迹虽有道听途说之嫌，无从可考，但其所述故事中反映的时代大背景却为我们提供了重要的历史信息。因此，书中所载天宝年间有胡商在长安城中开设香药铺的事情较为可信。

除阿拉伯地区外，南海诸国是隋唐时期中国通过海路进口域外商品的又一重要渠道。诸多奇珍异宝及地方物产主要通过官方朝贡贸易及民间商舶贩运两条途径进入中国。朝贡贸易方面，如环王国（即林邑，位于越南中南部）于贞观年间献驯象、镠锁、五色带、朝霞布、火珠，后又献五色鹦鹉、白鹦鹉；堕和罗国（今泰国南部湄公河下游）于贞观年间献火珠、郁金、菩提树；堕婆登国（位于林邑之南）于贞观年间献古贝、象牙、白檀；诃陵（即阇婆）于元和年间献鹦鹉、频伽鸟、玳瑁、生犀及异种名宝。从这些贡品种类来看，主要是犀角、象牙、鹦鹉、明珠等奇珍异物。除此之外，香药在南海诸国的贡品中占有极大比重。通过对《隋书》《唐会要》《册府元龟》《旧唐书》等基本史籍的查阅翻检，即可发现，隋唐两代，明确记录有南海诸国进献香药的仅有6条。事实上，南海诸国进贡香药的次数要远远超过6次，许多史料只是很笼统地说“遣使献方物”，并未详细说明是哪些方物。[②] 但是，我们通过对朝贡国物产的梳理，仍能大致了解其所进献方物的种类。如林邑国土产沉香、蓬莱香、生金、银、铁、朱砂、珠、贝、犀、象、翠羽、车渠、盐、漆、木绵、吉贝之属；真腊国土产象牙、暂速细香、粗熟香、黄蜡、翠毛、笃耨脑、笃耨瓢、番油、姜皮、金颜香、苏木、生丝、绵布等物；室利佛逝土产玳瑁、脑子、沉速暂香、粗熟香、降真香、丁香、檀香、豆蔻，外有珍珠、乳香、蔷薇水、栀子花、腽肭脐、没药、芦荟、阿魏、木香、苏合油、象牙、珊瑚树、猫儿睛、琥珀、番布、番剑等。[③] 显而易见，香药

---

① 李昉等：《太平广记》卷二八《神仙·郗鉴》，中华书局，1961，第182页。

② 温翠芳：《汉唐时代南海诸国香药入华史研究》，《贵州社会科学》2013年第3期。

③ 赵汝适著，杨博文校释：《诸蕃志校释》，中华书局，2000，第1、19、35页。

皆为这些国家的重要物产。由此我们可以判断，以出产香药著称的南海诸国，其进献方物自然少不了出自本国又深受中国皇帝及士大夫阶层喜欢的名贵香药。

民间贸易方面，南海诸国的商品主要通过马来商人、波斯人和阿拉伯商贾贩运至中国。早在6世纪上半叶，印度尼西亚群岛的马来商人就已经垄断了东南亚地区与中国的海上香药贸易。而这项贸易之所以能够维持且迅速发展，正是因为当时中国市场十分欢迎印度尼西亚出产的树脂、安息香，以及来自苏门答腊岛的龙脑香。[①]《旧唐书》卷一〇五《韦坚传》中曾提到南海国家商舶所载商品，“南海郡船，即玳瑁、珍珠、象牙、沉香”。8世纪初，大批波斯商人已经习惯于从锡兰至东南亚采购香药，然后贩运到中国南方口岸进行贸易，据《唐大和上东征传》记载，当时的广州港泊靠着大量波斯商船。宝历元年（825）九月，波斯大商李苏沙曾向唐敬宗“进沉香亭子材”。萨珊波斯王朝被推翻后，阿拉伯人得以自由开展海外贸易，自7世纪开始，频繁往来于室利佛逝王国管辖下的各港埠进行贸易。宝应元年（762），阿巴斯王朝迁都巴格达后，“阿拉伯人对东南亚及中国的海上贸易逐渐进入高潮，商人们可以从底格里斯河起航直接进入波斯湾，穿越印度洋后经马六甲海峡前往苏门答腊、爪哇、印支半岛和中国，越来越多的阿拉伯穆斯林商人从此开始在东南亚和中国南方沿海的主要贸易港埠寓居”[②]。这些辗转于室利佛逝、马六甲、爪哇等地的商人，将东南亚出产的大量香药贩运至中国沿海港口，以赚取高额利润。

综上可知，隋唐时期中国海外贸易取得了巨大发展，其南海航路贸易区间从中南半岛、印度等地逐步扩展至波斯湾沿岸和印度尼西亚群岛；贸易对象从越南人、印度人扩大至马来人、波斯人和阿拉伯人；海洋贸易在对外贸易中的地位经历了从补充陆地到海陆并进，并最终超越

① O. W. Wolters, *Early Indonesian Commerce: A Study of the Origins of Srivijaya*, Ithaca, New York: Cornell University Press, 1967, pp. 83, 150—153.

② 钱江：《波斯人、阿拉伯商贾、室利佛逝帝国与印度尼西亚Belitung海底沉船：对唐代海外贸易的观察和讨论》，《国家航海》2011年第1期。

陆上贸易的历程。然而有一点不变的是，香药、犀角、象牙始终是这一时期海外贸易进口的主要商品，并在种类和数量上呈现逐渐递增的趋势。从总体上看，这一时期的域外商品输入数量较为有限，其使用人群也仅限于皇室成员、达官显贵和佛教僧侣。

隋唐时期，中国与朝鲜半岛、日本之间的海上交通进一步发展。日本、新罗多次派遣使节到中国，朝贡贸易持续推进。安史之乱后，民间海上贸易逐渐兴起。尤其是唐后期，在中日官方往来停顿后，海上民间贸易应运而生，其规模远超之前的官方朝贡贸易。通过官方贸易和民间海上贸易，日本的砂金、玛瑙、琥珀和絁、布等织物，朝鲜半岛的金、银、熟铜及人参、牛黄、茯苓等药材，不断输入中国。

自 7 世纪初开始，日本国内兴起了一股向中国学习的热潮，曾多次派遣隋使、遣唐使来华。这些使团除带有进献给隋唐朝廷的贡品外，使团成员还携带有一定数量的物品，在中国市场进行交易。日本使团所携带的物品种类在《新唐书》卷四《高宗纪上》有所记载，永徽五年（654）十二月癸丑，“倭国献琥珀、玛瑙，琥珀大如斗，玛瑙大如五斗器”。10 世纪上半叶成书的日本法令《延喜式》则更为详细记载了长安元年（701），日本文武天皇遣朝臣真人粟田向唐廷进献的方物，“皇银大五百两、水织絁、美浓絁各二百匹、细絁、黄絁各三百匹、黄丝五百絢、细屯绵一千屯、别送彩帛二百匹、叠绵二百帖、屯绵二百屯、纻布卅端、望絁布一百端、木绵一百帖、出火水晶十颗、玛瑙十颗、出火铁十具、海石榴油六斗、甘葛汁六斗、金漆四斗”[①]。除这些进献给武则天的贡品外，日本遣唐使个人还携带大量物品，且这些物品的总量超出贡品数量，“入诸蕃使入唐大使，絁六十匹，绵一百五十屯，布一百五十端。副使，絁四十匹，绵一百屯，布一百端。判官，絁十匹，绵六十屯，布四十端。录事，絁六匹，绵四十屯，布廿端。知乘船事、译语、请益生、主神、医生、阴阳师、画师，各絁五匹，绵三十屯，布十六端。史生、射手、船师、音声长、新罗奄美等译语、卜部、留学生、学

①《延喜式》卷三〇《大藏省》，参阅薛瑞泽、徐金星、许智银：《河洛文化的对外传播与交流》，河南人民出版社，2018，第 153 页。

问僧、傔从，各绝四匹，绵廿屯，布十三端。杂使、音声生、玉生、锻生、铸生、细工生、船匠、柂师，各绝三匹，绵十五屯，布八端。傔人、挟杪，各绝二匹，绵十二屯，布四端。留学生、学问僧，各绝四十匹，绵一百屯，布八十端。还学僧，绝廿匹，绵六十屯，布四十端。已上布各三分之一给上总布。水手长，绝一匹，绵四屯，布二端。水手各绵四屯，布二端”①。这些物品原本作为使团成员赴唐的差旅费用，“但唐朝对日本使人等，亦各各给禄。如桓武朝及仁明朝遣唐人员之赴长安者，判官以下、水手以上每人赐绢五匹。故至唐以后，殆无须自用旅费，则日本所给者，盖充作交易之资矣”②。这些物品原本是日本天皇在派出遣唐使时赏赐给使团成员的差旅费用，但因唐朝政府为遣唐使提供住宿，并给予一定的路途开销补贴，故日本使团成员所携带的物品无须作为开销之资，而是在中国市场销售或交换其他物品带回日本。除朝贡贸易外，民间商贸往来亦是日本物品进入中国的重要途径。唐后期，中国商人开始赴日贸易，并带回大量砂金。《日本三代实录》卷三六《阳成纪》曾记载，日本太宰府为应对来自唐朝商人的贸易需求，不得不准备大量砂金的情况。③

---

①《延喜式》卷三〇《大藏省》，参阅薛瑞泽、徐金星、许智银《河洛文化的对外传播与交流》，河南人民出版社，2018，第154页。

② 木宫泰彦：《中日交通史》（上册），陈捷译，商务印书馆，1931，第135页。

③ 刘恒武在这一领域研究有素，成果较多，尤其是唐宋佛教石塔、佛像、瓷器等方面的双方交流，参阅其《五代时期吴越国与日本之间的“信函外交”》，《社会科学战线》2009年第1期；刘恒武：《宁波故城佛寺对外文化交流史实考》，《宁波大学学报（人文科学版）》2010年第5期；刘恒武：《越窑青瓷的海外输出与浙东海上交通的变迁》，《西北大学学报（哲学社会科学版）》2010年第1期；刘恒武：《日本九州现存的宋风石塔——萨摩塔》，《形象史学研究》2013年卷；刘恒武：《图像观识与海上丝绸之路史》，《学术月刊》2017年第12期；刘恒武：《试论荣西、道元著作对〈禅苑清规〉的参鉴——兼论南宋禅林清规的越海东传》，《宁波大学学报（人文科学版）》2018年第6期。刘恒武：《跨越海洋的输日佛教石刻研究》，《中国社会科学报》2020年12月22日。其2015年度国家社科基金项目2020年度结项成果《宋代海上丝绸之路输日佛教石刻研究》，虽以宋元时期为研究重心，但其追溯的时代，均可作为隋唐时期某些史事的迹象或印证。

朝鲜半岛的新罗、百济在隋朝时，与中国的关系大有增进。开皇初年（581），百济王余昌曾遣使贡献方物；开皇十四年（594），新罗国王派遣使者贡献方物。百济和新罗两国贡使入隋所献礼物，仅以“方物”称之，并未言明具体为何物。但方物多指土特产，因此两国使者携带贡品极有可能包含朝鲜半岛出产的人参、牛黄等药材。唐仪凤元年（676），新罗统一朝鲜半岛，与唐朝的友好关系进一步发展。新罗王频繁遣使朝贡。如唐玄宗开元年间，新罗数次入唐朝贡，“献果下马、朝霞䌷、鱼牙䌷、海豹皮”①。安史之乱后，新罗国仍几乎每年向唐朝入贡，所献贡品有具体记载的主要为“金银、牛黄、鱼牙䌷、朝霞䌷等方物”②。民间贸易方面，越来越多的新罗商人赴唐贸易，两国经济交流至为频繁，新罗的人参、牛黄等药材及朝霞䌷、纳䌷等丝织工艺品大量输入唐朝。

第四节　海丝商贸在隋唐财政中的地位

随着海丝商贸活动的逐渐兴盛，隋唐政府不断规范并加强对海外贸易的管理。唐朝时先后设立市舶使和押蕃舶使管理市舶事务，以获取市舶之利。但是由于海外进口商品构成的制约，以及帝室财政对珍奇异物的奢侈性消费需求的影响，加之官员利用商品经济手段理财的意识尚薄弱，市舶之利在国家财政收入当中的比例仍然极其有限，但海丝商贸活动的开展却间接对隋唐两朝财政大有助益。

一、隋朝的海丝商贸与财政运转

隋朝的建立，结束了延续三百余年的分裂割据状态，中国重新统一，社会经济迅速得到恢复和发展。在对海外贸易的管理方面，隋朝统

①《新唐书》卷二二〇《东夷传》，中华书局，1973，第 6205 页。
② 金富轼：《三国史记》，孙文范校勘，吉林文史出版社，2003，第 129 页。

治者秉持相对开放的态度，积极发展与海外诸国的关系，不仅对海外诸国的入贡表示欢迎，且多次派遣使臣赴海外国家，建立彼此间的官方贸易往来。同时，推出新的海外贸易管理措施，将对外贸易管理权从地方划归中央直接控制，有效推动了海丝商贸活动的规范化管理。

大业三年（607），隋炀帝派屯田主事常骏、虞都主事王君政等从南海郡起航出使赤土国。此行有效加强了隋朝与南海诸国的关系，常骏一行回国后，赤土、婆利、真腊、丹丹、盘盘等十余国都曾派贡使循海路来到中国，力图建立与隋的友好通商关系。与此同时，日本也积极建立与隋朝的友好关系，在600年至614年的十五年间，日本曾四次遣使来中国朝贡。为巩固两国关系，隋朝也派遣使者赴日回访。大业四年（608）六月十五日，隋朝使团裴世清一行去到日本，受到热烈欢迎。中日两国双边国交正式建立，为海丝商贸往来的进一步发展奠定了政治基础。

海外贸易管理方面，隋代以前，互市贸易的管理权多掌握在地方官之手，主要由州县官负责，不再别置官吏，且主要侧重陆上双边贸易的管理。降及隋代，设立了互市监作为专门管理互市贸易的机构。最早的互市监设于隋文帝时期。当时，“缘边交市监及诸屯监，每监置监、副监各一人。畿内者隶司农，自外隶诸州焉”①。由此可见，互市贸易仍属州郡地方官管理体制。

隋炀帝即位后，对互市监进行了一系列改革。据《隋书》卷二八《百官下》记载：“初炀帝置四方馆于建国门外，以待四方使者，后罢之，有事则置，名隶鸿胪寺，量事繁简，临时损益。东方曰东夷使者，南方曰南蛮使者，西方曰西戎使者，北方曰北狄使者，各一人，掌其方国及互市事。每使者署，典护录事、叙职、叙仪、监府、监置、互市监及副、参军各一人。录事主纲纪，叙职掌其贵贱立功合叙者，叙仪掌小大次序，监府掌其贡献财货，监置掌安置其驼马船车，并纠察非违。互市监及副掌互市，参军事出入交易。”据此可知，隋炀帝时已将互市监（交市监）纳入四方使者的管辖之下，由中央直接控制。值得注意的是，

①《隋书》卷二八《百官下》，中华书局，1973，第784页。

鉴于中国大陆东、南二面被海洋包围的地理环境，四方使者中的东夷使者和南蛮使者所负责的国家或民族势必通过海上航线才能与隋王朝建立联系。而四方使者下辖的监置“掌安置其驼马船车”，其中即包括对外国商船的保管和养护。这样一来，东夷使者和南蛮使者属下的互市监对“互市”的掌管自然也就拥有海外贸易管理方面的内容了。不仅如此，东夷使者和南蛮使者的单独设立，且在四方使者中占据其二，以及“监置”对于来华商舶的安置与骆驼、马匹以及车等陆上交通工具并列。可以说，至隋炀帝时期，在对外贸易管理中，海洋贸易已置于同陆上贸易同等重要的地位。

除此之外，隋炀帝还经常直接任命大臣前往互市场所，插手或主持这种中外“互市”交易活动。裴矩就是以民部侍郎的高职“往张掖监诸商胡互市”。后来，为了进一步加强中央朝廷对“互市”的控制，又规定“与诸蕃互市，皆令御史监之”①，派御史赴互市之地监督中外交易之事。这样，互市监、御史、大臣，有亲临的，有监管的，还有负责具体交易之事的，层层叠叠，形成了一套对中外“互市”贸易活动严格管理的中央控制体系，朝廷对陆上或海外贸易的干预也达到了一个前所未有的高度。②

对于海外贸易的发展，一方面隋朝统治者对来华使臣和商人持较为开放的态度。隋炀帝接受裴矩的建议，在洛阳“令三市店肆皆设帷帐，盛列酒食，遣掌蕃率蛮夷与民贸易。所至之处，悉令邀延就座，醉饱而散”③。这些所谓的“蛮夷”有许多是通过海路来到中国的海外国家使节和商人。隋炀帝此举，显然有鼓励海外贸易的用意。另一方面，隋政府禁止民间私人从事海外贸易。据《隋书》卷二《高祖下》记载：“（开皇）十八年春正月辛丑，诏曰：‘吴越之人，往承弊俗，所在之处，私造大船，因相聚结，致有侵害。其江南诸州，人间有船长三丈以上，悉括入官。’”隋炀帝时，虽曾派使团出使赤土、日本等国，但

①《隋书》卷六七《裴蕴传》，中华书局，1973，第1576页。

② 王杰：《中国古代对外航海贸易管理史》，大连海事大学出版社，1994，第41页。

③《隋书》卷六七《裴矩传》，中华书局，1973，第1581页。

对于沿海商民出海贸易仍持禁止态度。隋朝政府的禁令，并未能够阻止民间私人出海贸易，官僚经商及官商勾结的私人出海贸易活动始终难以禁绝。

总体而言，隋朝对于外国使臣及商人来华贸易持开放和欢迎的态度，并与南海诸国及日本建立了友好的贸易往来关系。但由于隋政府采取贡赐形式的对外贸易，且禁止本国商民出海贸易，贸易目的更多是为了宣扬国威，带有强烈的政治色彩，且多是厚往薄来，不计成本。因此，隋政府并未能够从海外贸易中获得相应的经济利益，加之隋炀帝为了开疆拓土，连年对外用兵，每岁巡边，招抚四夷，消耗了巨大的人力财力，使隋朝背负了巨大的财政压力。但是，隋朝积极建立与海外诸国的往来关系，以及对海外贸易的重视，被唐朝统治者所继承并进一步发扬，为后续海丝商贸活动的拓展奠定了基础。

二、唐朝的海丝商贸与财政运转

唐朝建立后，对于海外贸易活动持开放和鼓励的态度，不仅对海外诸国来华贸易不加限制，而且允许中国商人出海贸易。为了加强对海外贸易的管理，唐政府设立了专门管理海外贸易的机构，制定了各种税收和外商管理办法，将海外贸易纳入朝廷的直接管理之下，使海外贸易得以迅速发展。尤其是市舶使的设立，不仅有效推动了海丝商贸活动的进一步有序开展，对唐政府财政收入的增加具有积极作用，还标志着中国古代航海贸易管理进入市舶制度时代。

唐朝对海外贸易的管理，主要包括朝贡贸易和市舶贸易两个方面。朝贡贸易作为唐政府与海外诸国沟通政治关系的辅助手段，由唐政府一手操办。唐朝的朝贡贸易具有较强的政治色彩，实行物与物的商品交换。在对海外诸国贡物的回赐方面，唐政府实行与周边诸蕃相同的制度和规定。据《新唐书》卷二二一下《西域传》记载，对于来唐朝贡使团，“有报赠、册吊、程粮、传驿之费，东至高丽，南至真腊，西至波斯、吐蕃、坚昆，北至突厥、契丹、靺鞨，谓之‘八蕃’，其外谓之‘绝域’，视地远近而给费”。所谓“报赠”即唐政府对朝贡国的赐予和贡

物的报酬，“计价酬答，务从优厚”。报赠在地方由州府付给，在京则由鸿胪寺付给。“程粮”是按路程远近支付给贡使回国所需的粮料，由州府支给。“传驿”是官府提供给蕃使的交通服务。对于海外诸国朝贡使团入京觐见的人数控制及人员管理方面，唐政府也有相应的规定。《新唐书》卷四八《百官志三》记载：“海外诸蕃朝贺进贡使有下从，留其半于境；由海路朝者，广州择首领一人、左右二人入朝。”这一规定说明，唐政府对海路入贡使团人员入京朝觐人数的控制显然比通过陆路入境使团的控制更为严格。同时，对于海外诸国朝贡使团在华的管理也较为谨慎，对其入京路线有详细规定。由此可见，朝贡贸易实为官方贸易性质，完全由唐朝政府操纵，作为唐政府与海外诸国建立政治交往的辅助手段，具有极强的政治色彩。

唐代阎立本绘《职贡图》

市舶贸易，也可称之为通常的海外贸易，是指不以沟通政治关系为目的、专以经商牟利为目的的海外贸易。在唐代，市舶贸易主要集中在东南沿海之地，且以广州为中心。关于反映唐代市舶贸易的史料，最早见于《唐会要》卷六六《少府监》的记载：“显庆六年（661）二月十六日敕：‘南中有诸国舶，宜令所司，每年四月以前，预支应须市物，委本道长史，舶到十日内，依数交付价值。市了，任百姓交易。其官市物，送少府监简择进内。’”有学者认为，敕文所云“所司”应即是唐政府管理市舶贸易的机构——广州市舶使院，并认为到显庆六年或稍前的时候，广州市舶使之职即已创置。[①] 但亦有学者对此并不认同，认为唐高宗的敕文，是对市舶贸易的管理作出规范。敕文中的“所司”是泛指中央各有关政府部门，并非专指某一机构。而敕文中的“本道长史”，显然指的是高宗永徽后于广州设立的岭南节度使府长史，即岭南道长史。[②] 市舶使作为唐代市舶管理的重要角色，学术界对其设立时间长期存在争议，主要原因即在于史料中对市舶使的记载不够系统、详尽。自唐玄宗开元二年（714）至唐宣宗大中四年（850）约140年间，仅有7例市舶使见诸记载，几乎跨越唐代中后期。这些记载至少说明市舶使普遍存在于唐代中后期。

唐代文献对于市舶使的明确记载，首见于《旧唐书》卷八《玄宗纪上》。具体记载如下：开元二年（714），“时右威卫中郎将周庆立为安南市舶使，与波斯僧广造奇巧，将以进内。监选使、殿中侍御史柳泽上书谏，上嘉纳之”。由此可见，开元二年唐政府已置市舶使。之所以认为市舶使的始置时间为开元二年，是因为这与唐代使职制度的发展、市舶贸易的发展等总体形势大体相吻合。众所周知，唐代使职差遣制是随着唐中叶起三省制的破坏而日益盛行的，且大多是从玄宗时期开始的，其中财经部门的使职化即开始于开元九年（721）。[③] 市舶使作为与财经部门关系密切的使职之一，产生于开元二年应是很自然的。从唐代市舶的发展而言，唐玄宗时期为海外贸易开始大发展时期。张九龄称：开元元年（713），“海外诸国，日以通商，齿革羽毛之殷，鱼盐蜃蛤之利，上足以备府库之用，下足以赡江淮之求”。由于海外贸易的发展及国家财政

---

① 乌廷玉：《隋唐时期的国际贸易》，《历史教学》1957年第2期；李庆新：《论唐代广州的对外贸易》，《中国史研究》1992年第4期。此后的相关研究成果更显丰富，资料发掘更多元且巨细无遗，可参阅胡戟主编《二十世纪唐研究》经济部分，中国社会科学出版社，2002，恕不一一赘列。杨万秀总主编《广州通史》之章深主编《古代卷》，中华书局，2010，论述尤详，可参阅。王元林、王美怡总主编《海上丝绸之路断代史研究》之孟昭锋、王元林合撰《隋唐五代海上丝绸之路史》，世界图书出版公司，2020，也有论及，可资参考。

② 刘玉峰：《试论唐代海外贸易的管理》，《山东大学学报（哲学社会科学版）》2000年第6期。

③ 陈仲安、王素：《汉唐职官制度研究》，中华书局，1993，第111页。

的需求，开元四年，唐玄宗令张九龄主持开凿大庾岭路，这是从陆路方面加强岭南与内地交通、进一步发展海外贸易的重要措施之一。[①] 从唐玄宗初年海外贸易的发展，及其相应采取了加强海外贸易的措施等方面来看，开元二年创置市舶使是顺理成章之事。要而言之，在没有发现新的资料之前，我们只能认为开元二年为市舶使始置之年。[②]

唐代市舶使主要设置于广州。唐代海外贸易繁盛的港口主要有安南、广州、泉州、扬州等。在这四个港口中，以广州、安南最为繁盛和重要。自魏晋以来，时人常将海上贸易两大中心"交、广"连称。李肇《唐国史补》卷下亦记载："南海舶，外国船也。每岁至安南、广州。"且

① 近年来，关于唐朝在岭南的开发与经营，以中山大学王承文教授的研究较显深入而具体，参阅其《唐代环南海开发与地域社会变迁研究》，中华书局，2018。王承文先生在这一专题下的系列论文，按发表时间先后，包括：《从唐代罗浮山地区论岭南经济与社会》，《中山大学史学集刊》第三辑，广东人民出版社，1994；《唐代北方家族与岭南溪洞社会》，《唐研究》第二卷，北京大学出版社，1996；《唐代"南选"与岭南溪洞豪族》，《中国史研究》1998年第1期；《唐朝岭南地区的奴婢问题与社会变迁》，《中山大学学报》2005年第6期；《晋唐时期岭南地区的金银生产和流通——以敦煌市博物馆所藏唐天宝年间地志为中心的考察》，《唐研究》第十三卷，北京大学出版社，2007；《论唐代岭南地区的金银生产及其社会影响》，《中国史研究》2008年第3期；《唐代名相张九龄与粤北始兴张氏家族》，载《张九龄学术研究论文集》，珠海出版社，2009；《晚唐高骈开凿安南"天威遥"运河事迹释证——以裴铏所撰〈天威遥碑〉为中心的考察》，《"中央"研究院历史语言研究所集刊》第81本第3分（2010年9月）；《唐代南选制度相关问题新探索》，《唐研究》第十九卷，北京大学出版社，2013；《论唐宋岭南南部沿海的雷神崇拜及其影响：以唐人房千里所撰〈投荒杂录〉为起点的考察》，《"中央"研究院历史语言研究所集刊》第84本第3分（2013年9月）；《中古岭南沿海甯氏家族渊源及其夷夏身份认同——以隋唐钦州甯氏碑刻为中心的考察》，《魏晋南北朝隋唐史资料》第31辑，上海古籍出版社，2015；《唐代北方家族与岭南地域文化意象嬗变论略》，《敦煌吐鲁番文书与中古史研究：朱雷先生八秩荣诞祝寿集》，上海古籍出版社，2016；《唐后期岭南科举进士与文化发展论考》，《暨南史学》第十五辑，广西师范大学出版社，2017；《论唐代岭南"溪洞"和"山洞"的开发》，《人文杂志》2018年第5期；《唐代左降官和流放制度与北方家族移民岭南》，《中山大学学报》2018年第2期；等等。

② 黎虎：《唐代的市舶使与市舶管理》，《历史研究》1998年第3期。

据目前可考的7位市舶使的详细资料可见，皆是派往安南和广州的。除首位市舶使周立庆派往安南外，其余6位皆派往广州。由此我们可以推断，唐代市舶使主要派往安南和广州，且以广州为主，并经历了从安南到广州，后常派往广州，以广州为主的发展变化过程。唐代市舶使由安南到广州以及后来常驻于广州的原因，首先是因为广州为岭南政治、经济中心，其地位较安南更为重要。在汉魏时期基本上是以交州领南海（广州），其地位高于广州，而东晋南朝以来广州地位日益上升，逐渐取代交州而成为岭南政治中心。据《旧唐书》卷四一《地理志四》记载："永徽后，以广、桂、容、邕、安南府，皆隶广府都督统摄，谓之五府节度使，名岭南五管。"随着政治、经济中心从交州逐渐向广州转移，蕃舶聚集港口亦呈现由南向北的转移之势，广州遂取代交州成为最重要的海外贸易港口。其次，由于航海技术的不断进步。在航海技术水平较低的汉魏时期，海船一般循沿岸航线而行，东吴以来随着航海技术的不断提高，逐渐开辟了横渡南中国海直航广州、不必停靠交州沿岸的航线。[①] 航海技术的进步和横渡南海航线的开通，促使广州在海外贸易中的地位超过安南，而成为最大的海上贸易中心。至唐德宗时，贾耽所总结的"入四夷路"，以安南为通往东南亚、南亚的陆上交通门户，而以广州为通往南海、印度洋、波斯湾的海上交通门户。由此可见，海上贸易中心已完全由安南转移至广州。因此，开元十年（722）之后，市舶使便一直是派往既是岭南的政治、经济中心，又是唐代最大的海外贸易中心的广州了。[②]

正如《新唐书·地理志下七》所记载，贾耽的追忆中曾有"广州通海夷道"。这表明，那一时期，中国广州至阿拉伯海乃至非洲东海岸的全部航程已经打通。且贾耽的描述之中，也完整呈现了这条航道在狮子

---

① 彭德清：《中国航海史·古代航海史》，人民交通出版社，1988，第98—99页。

② 黎虎：《唐代的市舶使与市舶管理》，《历史研究》1998年第3期；宁志新：《试论唐代市舶使的职能及其任职特点》，《中国社会经济史研究》1996年第1期；宁志新：《唐代市舶使设置地区考辨》，《海交史研究》1996年第2期；宁志新：《唐代市舶制度若干问题研究》，《中国经济史研究》1997年第1期。

国以斯里兰卡为界而分为东西两段的境况。广州—斯里兰卡航线①如下：自广州驶出珠江口，沿海岸线南行，越过海南岛东岸，向西南行至越南，沿越南东海岸线一路南下，依次经过占婆岛、林邑、归仁、芽庄、藩朗，至军突弄山（今越南南端外海之昆仑山岛）。由军突弄山向南航行五日至海峡（今新加坡海峡），海峡之南为佛逝国（应指今苏门答腊岛），自佛逝国向东航行四五日可达诃陵国（今爪哇岛）。自海峡向西航行，依次可达葛葛僧祇国、胜邓洲、婆露国、婆国伽蓝洲，自婆国伽蓝洲向北航行可至狮子国。

在这一时期，由于罗马帝国和萨珊波斯灭亡之后，代之而起的是阿拉伯帝国，中文史籍中称之为大食国。大食帝国地处欧洲与东亚之间，成为当时世界航海活动的中心。唐代的大食国人主要通过海路进入中国，在现存的阿拉伯文史料中，有十分确凿有关当时海上交通的记载。几乎与贾耽记载的广州至波斯湾巴士拉的“广州通海夷道”同时，著名阿拉伯理学家伊本·胡尔达兹比赫（Ibn Khurdadhbah，约 820—912）在其《道里邦国志》（*The Book of Routes and Provinces*）中记载了一条从巴士拉通往中国的反方向的航线，其详密程度可与贾耽的记载相媲美。伊本·胡尔达兹比赫在书中描述了当时中国的几个港口，以及当时海丝贸易的一些线索和概况。其详云：

> 从拴府（Al-Sanf，占婆）至中国的第一个港口鲁金，陆路、海路皆为 100 法尔申（farsang，古波斯“里”。1 法尔申的长度等于陆地马行 1 小时，水行顺风船航行 1 小时）。在鲁金，有中国石头、中国丝绸、中国的优质陶瓷，那里出产稻米。从鲁金至汉府（Khanfu，指中国广州），海路为 4 日程，陆路为 20 日程。汉府是中

① 据张国刚先生注释云，唐朝李肇《唐国史补》卷下，南海的船舶，每年都定期航行至安南、广州，以往来于斯里兰卡的船舶最大，积累大量宝货。法显当年就是走的这条航道，则广州到斯里兰卡之间的交通，不待贾耽的记录，已经是中国中古时期很有名的一条航线了。参阅张国刚《中西文化关系通史：从张骞到郑和》，北京大学出版社，2019，第 119—122 页。

国最大的港口。汉府有各种水果，并有蔬菜、小麦、大麦、稻米、甘蔗。从汉府至汉久（Khanju，当为福建某地）为8日程。汉久的物产与汉府同。从汉久至刚突（Qantu，江都郡）为20日程。刚突的物产与汉府、汉久相同。中国的这几个港口，各临一条大河，海船能在这大河中航行。这些河均有潮汐现象。在刚突的河里可见到鹅、鸭、鸡……①

除伊本·胡尔达兹比赫的记载之外，阿拉伯商人苏莱曼撰写，于公元851年编定，880年续成的游记②，其中也记述了从波斯湾到中国东南沿海地区的航线。

上述这些来自中外学者的资料，可以比较充分地表明隋唐时期的中外海上交通状况，经过双方人员的共同努力，已经展露出中西海上交通和贸易的繁荣前景。③

唐代市舶使最初由朝官担任，开元二年（714），首任市舶使周庆立以右威卫中郎将出任安南市舶使。开元十年（722）以后，则开始以宦官充任市舶使。据《全唐文》卷三七一《内给事谏议大夫韦公神道碑》记载，韦某于"开元十年解褐授内府局丞……寻充市舶使，至于广府"。内府局为内侍省下属六局之一，其任职者均为宦官。这是首见明确记载以宦官充任市舶使。天宝初年，卢奂为南海太守兼五府节度使时，"中人之市舶者亦不敢干其法"④。可见卢奂在任时，充任广州市舶使的亦为宦官。唐代宗广德元年（763），充任市舶使的吕太一亦是宦官。唐文宗开成年间（836—840），卢钧为岭南节度使，其"性仁恕，为政廉洁，请监军领市舶使，已一不干预"。由此开创以监军监领市舶使之先河，以宦官为市舶使的做法也由宦官临时出使，演变为长驻岭南的宦官—监军兼任

① 伊本·胡尔达兹比赫：《道里邦国志》，宋岘译注，中华书局，2001，第71—72页。

② 穆根来、汶江、黄倬汉译：《中国印度见闻录》，中华书局，1983。

③ 以上文字多参阅张国刚《中西文化关系通史：从张骞到郑和》两卷本，北京大学出版社，2019，第119—122页。

④《新唐书》卷一二六《卢怀慎传·附卢奂传》，中华书局，1975，第4415页。

市舶使。市舶使由临时转向相对固定，并逐渐有了自己的机构。唐德宗时，王虔休对海阳旧馆加以整修，建造了市舶使院，自此市舶使开始有固定的办公场所，同时也有了相关的文书资料。唐代市舶使设置由安南至广州，由朝官至宦官、监军的演变，以及市舶使设置日渐固定的现象，反映了唐代中央对岭南市舶的控制逐渐由松至紧，且逐渐重视、倚重的演进历程。至唐后期，岭南市舶已逐渐成为唐廷的重要财政来源之一。①

市舶使作为负责采购兼及外贸管理的专职官员，其职责主要有两方面：一是管理海外诸国从海路前来朝贡的事务，从林邑、干陀利、诃陵到狮子国、大食、大夏（巴克特里亚）、康居诸国与唐朝的交往，皆走海路，一般先到广州，市舶使则负责接待海外各国使节，迎送使臣、贡物入长安；二是管理贸易与税收，包括“禁珍异”，从进口货物中征收官府所需商品，比率一般为30%，还有“舶脚”，即对商舶征收进口税②。

虽然朝廷向地方派遣市舶使负责有关市舶事宜，但是与此同时，地方长官却始终掌管着市舶管理大权。③ 前期掌握在军区长官都督、总管手中，中后期则掌握于节度使之手。尤其是安史之乱后，陆上丝绸之路受到阻隔，海上丝绸之路地位日益凸显，唐后期岭南节度使在职掌上兼押蕃舶，但押蕃舶使并没有固定使额。据柳宗元《岭南节度飨军堂记》记载，岭南节度使与押蕃舶使“合二使之重，以治于广州”。元和八年（813），马总为岭南节度使，“且专二使”。④ 可见，岭南节度使兼押蕃舶

① 参阅陈明光《唐朝中央对地方政府的财政监督述论》《唐代后期地方财政支出定额包干制与南方经济建设》，据氏著《寸薪集：陈明光中国古代史论集》，厦门大学出版社，2017。

② 李庆新：《海上丝绸之路》，黄山书社，2016，第71页。

③ 关于唐代市舶管理主要有两种意见：一种认为既然朝廷派遣市舶使出使地方，则市舶大权即由市舶使掌管，地方长官只是监领大略或有时兼任此职，故权力主要归宦官；另一种意见认为市舶管理大权在广州地方长官之手。参阅前揭宁志新《试论唐代市舶使的职能及其任职特点》，《中国社会经济史研究》1996年第1期；宁志新：《唐代市舶使设置地区考辨》，《海交史研究》1996年第2期；宁志新《唐代市舶制度若干问题研究》，《中国经济史研究》1997年第1期；黎虎：《唐代的市舶使与市舶管理》，《历史研究》1998年第3期。

④ 柳宗元：《柳宗元文集》卷二六，中华书局，1979，第706—707页。

使，兼统内外，押蕃舶是岭南节度使的一项职掌。

关于押蕃舶使的职掌，柳宗元记载为："外之羁属数万里，以译言贽宝，岁帅贡职。"[①] 押蕃舶使掌海外交通和海外贸易，正如韩愈在《送郑尚书序》中所指出的："其海外杂国若耽浮罗、流求、毛人、夷亶之州，林邑、扶南、真腊、干陀利之属，东南际天地以万数，或时候风潮朝贡，蛮胡贾人，舶交海中。若岭南帅得其人，则一边尽治，不相寇盗贼杀，无风鱼之灾，水旱疠毒之患，外国之货日至，珠香、象犀、玳瑁，奇物溢于中国，不可胜用。故选帅常重于他镇。"[②] 韩愈列举了与唐朝进行海外贸易的东南亚诸国。柳宗元在《岭南节度飨军堂记》中也指出，押蕃舶使掌唐与东南亚至西亚近百个国家的外贸。因而"环水而国以百数"，由押蕃舶使以一统之。押蕃舶虽未固定为使额，却是岭南节度使的重要职掌。这一职掌使岭南节度使职权高于其他方镇。虽然唐代官方诏敕中没有押蕃舶使额，但并不表明在岭南没有设置押蕃舶使下官员和机构。除副使外，岭南节度使掌管的押蕃舶职务下，可能还有专门的巡官、判官之设。元和十五年（820）七月，"平卢军新加押新罗、渤海两蕃使，赐印一面，许置巡官一人"[③]。在押两蕃使下，再增设巡官。而《李少赞墓志》记载："宝历元年，左仆射康公承恩出镇，奏请公为两蕃判官。"[④] 由此可见，押两蕃使刚获印不久，又增设了两蕃判官，而判官额并未像巡官一样由中央诏敕准设。据此推测，押蕃舶职掌下，也应有押蕃舶判官、训官之设。总体来看，押蕃舶职掌的管理体系应为：岭南节度使—押蕃舶副使—押蕃舶判官、押蕃舶巡官，构成了自上而下

① 柳宗元：《柳宗元文集》卷二六，中华书局，1979，第706页。

② 韩愈撰，马其昶校注，马茂元整理：《韩昌黎文集校注》卷四《序·送郑尚书序》，上海古籍出版社，1986，第284页。

③《旧唐书》卷一六《穆宗纪》，中华书局，1975，第479—480页。

④《唐故潮州刺史上柱国李府君富夫人会稽县君康夫人合墓志铭并序》，胡戟、荣新江：《大唐西市博物馆藏墓志》之405，北京大学出版社，2012，第874—875页。

的管理机构。[①] 官吏的逐级设置，各司其职，体系完备，不仅说明唐代的海外贸易官吏机构已较为完备，同时也反映出唐朝政府对海外贸易管理之重视，以及海外贸易管理体系之严密。

地方官作为市舶贸易的主要管理者，其管理事项体现在市舶事务的各个方面和各个环节。唐文宗《太和八年疾愈德音》曾提及岭南地方长官对市舶事务的相关管理："南海蕃舶，本以慕化而来，固在接以恩仁，使其感悦。如闻比年长吏，多务征求，怨嗟之声，达于殊俗，况朕方勤俭，岂爱遐琛，深虑远人来安。率税犹重，思有矜恤，以示绥怀。其岭南、福建、扬州蕃客，宜委节度观察使常加存问，除舶脚、收市、进奉外，任其来往通流，自为交易，不得重加率税。"[②] 就中可见，地方长官负责对外商之"存问"、蕃舶的具体管理事务、蕃商的贸易管理等事务，具体体现在以下七个方面。[③]

其一，奏报。蕃舶抵达之后，由地方政府负责及时向朝廷上报。李肇《唐国史补》卷下："南海舶，外国船也，每岁至安南、广州。师子国舶最大，梯而上下数丈，皆积宝货。至则本道奏报，郡邑为之喧阗。"这种奏报制度还可以从《新唐书》卷二二二下《南蛮传下》关于罗越国的记载中得到印证，"罗越者，北距海五千里，西南哥谷罗，商贾往来所凑集，俗与堕罗勃钵底同。岁乘舶至广州，州必以闻"。罗越国在今马来半岛南部。[④] 可见地方政府要将蕃舶到达之事及时上报朝廷。

---

① 李锦绣：《押蕃舶使、阅货宴与唐代的海外贸易管理》，《隋唐辽金元史论丛》第六辑，上海古籍出版社，2016。

② 唐文宗：《太和八年疾愈德音》，《全唐文》卷七五，中华书局，1983，第 785 页。

③ 下述关于地方长官管理市舶事务的七个方面内容，参考了黎虎《唐代的市舶使与市舶管理》，《历史研究》1998 年第 3 期。此外，以下四篇论文关于市舶事务的管理亦有所论述。宁志新：《试论唐代市舶使的职能及其任职特点》，《中国社会经济史研究》1996 年第 1 期；宁志新：《唐代市舶使设置地区考辨》，《海交史研究》1996 年第 2 期；宁志新：《唐代市舶制度若干问题研究》，《中国经济史研究》1997 年第 1 期；李锦绣：《押蕃舶使、阅货宴与唐代的海外贸易管理》，《隋唐辽金元史论丛》第六辑，上海古籍出版社，2016。

④ 陈佳荣等：《古代南海地名汇释》，中华书局，1986，第 514 页。

其二，检阅。蕃舶进港后，首先由地方长官对其进行检查。本来这种“检阅”是行使国家主权的正当方式，但实际上不少节度使却以“检阅”之名而行敲诈勒索之实。开成元年（836），卢钧为岭南节度使，“海道商舶始至，异时帅府争先往，贱售其珍，钧一不取，时称廉洁”[①]。大中三年（849），韦正贯为岭南节度使，“南海舶贾始至，大帅必取象、犀、明珠，上珍而售以下值，正贯既至，无所取，吏咨其清”[②]。这些是节度使行施“检阅”职能时的不同做法和表现。大多数是利用这个机会压价强购，像卢钧、韦正贯这样清廉的是少数，故“凡为南海者，靡不捆载而还”[③]；于是，造成外商“至者见欺，来者殆绝”的情况。而韦正贯到任后“悉变故态，一无取求，问其所安，交易其物，海客大至”[④]。这表明了节度使之贪廉与执行政策之好坏，直接影响蕃舶之多寡和对外贸易之发展。

其三，款待。蕃舶到达后，地方长官还要举行“阅货宴”加以款待，此即在“存问”范围内之职责。所谓阅货宴，顾名思义，就是海外蕃舶初至广州，官府举行的检查货物兼招待外蕃之宴。阅货宴有两个目的：一为招徕海商，接风洗尘；二为确定市舶物品，首先要满足官府市舶之需。韩愈在述及孔戣为岭南节度使之事功时曾说：“（元和）十二年（817），自国子祭酒拜御史大夫、岭南节度等使……蕃舶之至泊步，有下碇之税，始至有阅货之宴，犀珠磊落，贿及仆隶，公皆罢之。”[⑤] 由此可见，这种“阅货宴”在“存问”外商之余，也是地方长官乃至下级人员勒索受贿的一个机会。元和八年（813），马总为岭南节度使时，特修建“飨军堂”作为宴会和礼宾场所。新堂落成后，他“肃上宾，延群僚……胡夷蜑蛮，睢盱就列者，千人以上”[⑥]，其中当包括蕃舶商人。

---

①《新唐书》卷一八二《卢钧传》，中华书局，1975，第5367页。

②《新唐书》卷一五八《韦皋传·附子正贯》，中华书局，1975，第4936页。

③《新唐书》卷一八二《卢钧传》，中华书局，1975，第5367页。

④ 萧邺：《岭南节度使韦公神道碑》，今据《文苑英华》卷九一五，中华书局，1966，第4819页。

⑤ 韩愈撰，马其昶校注，马茂元整理：《韩昌黎文集校注》卷七《碑志·唐正议大夫尚书左丞孔公墓志铭》，上海古籍出版社，1986，第531页。

⑥ 柳宗元：《柳宗元文集》卷二六《岭南节度飨军堂记》，中华书局，1979，第708页。

其四，舶脚。前揭《太和八年疾愈德音》所称“舶脚、收市、进奉”三者，乃蕃舶管理的核心内容，广州地方长官对此三者均负有责任，并参与其事。所谓“舶脚”即征收关税，这种关税又称“下碇税”，“蕃舶之至泊步，有下碇之税”。大历二年（767），徐浩出任岭南节度使时，刘长卿赠诗云：“当令输贡赋，不使外夷骄。”① 所谓向“外夷”征收“贡赋”，当主要是指蕃舶。从此诗可知这是岭南节度使的重要使命之一。有的节度使利用负责征收关税之机，“多务征求”，“重加率税”，贪赃枉法，如贞元中王锷为岭南节度使时，“诸蕃舶至，尽有其税，于是财蓄不赀”②。作风清廉的节度使则能守法而“不暴征”。

其五，收市。“收市”即政府优先垄断蕃舶珍贵商品的交易。唐高宗显庆六年（661）二月十六日发布的《定夷舶市物例敕》规定：“本道长史，舶到十日内，依数交付价值，市了，任百姓交易。”朝廷委托岭南道将蕃舶之货物先行收购，收购完毕再任其与民间交易，这就是“收市”。收市所得商品称为“官市物”，上交中央少府监以供皇室之需。唐德宗贞元八年（792），岭南节度使李复向朝廷上报说：“近日舶船多往安南市易……臣今欲差判官就安南收市。”③ 由于广州蕃舶减少而安南蕃舶增多，影响岭南节度使完成“收市”任务。于是，朝廷考虑派遣官员前往安南“收市”，由此可见包括广州、安南在内的岭南道的“收市”，都是由岭南节度使负责的。

其六，进奉。“进奉”即蕃商向皇帝进贡珍异物品。岭南节度使在征收关税和进行收市之后，也要将所得商品进贡给朝廷，这是其进行蕃舶管理中最重要的一环。正如岭南节度使李复所说：“进奉事大，实惧阙供。”④ 王虔休《进岭南王馆市舶使院图表》说：“除供进备物之外，

①《送徐大夫赴广州》，《全唐诗》卷一四九，中华书局，1999，第1529页。

②《新唐书》卷一七〇《王锷传》，中华书局，1975，第5169页。

③ 陆贽：《论岭南请于安南置市舶中使状》，《全唐文》卷四七三，中华书局，1983，第4828页。比勘于《陆贽集》，中华书局，2006，第575页。

④ 陆贽：《论岭南请于安南置市舶中使状》，《全唐文》卷四七三，中华书局，1983，第4828页。王素整理本《陆贽集》卷一八《论岭南请于安南置市舶中使状》，中华书局，2006，第575页。

并任蕃商列肆而市。”徐申为岭南节度使时，“蕃国岁来互市，奇珠玳瑁异香文犀，皆浮海舶以来，常贡是供，不敢有加，舶人安焉，商贾以饶”[①]。所谓“供进备物”“常贡”，即是进奉。这些资料表明向朝廷进奉舶来品是岭南节度使的重要职责。有的节度使截留进奉，中饱私囊，上文所言王锷为岭南节度使时，曾尽收蕃舶之利，“家财富于公藏”。他还把截留之舶货转运境外交易牟利。

其七，作法。所谓“作法”，即制定某些有关蕃舶管理的政策法令，这是岭南地方长官市舶管理的重要职权之一。《旧唐书》卷一七七《卢钧传》在论及岭南节度使管理蕃舶问题时说：“旧帅作法兴利以致富”，由此可见岭南节度使在蕃舶管理中可以自行“作法”。《新唐书》卷一二六《卢奂传》在述及其出掌岭南时说：“中人之市舶者亦不敢干其法”，表明岭南地方长官在管理蕃舶中自有其“法”。贪赃者可以“作法”以牟利，廉洁者可以“作法”以除积弊。《新唐书》卷一六三《孔戣传》：“旧制，海商死者，官籍其赀，满三月无妻子诣府，则没入。”这是关于外商遗产继承的一项重要法令。孔戣为岭南节度使时，对这项法令作了修改。他说：“海道以年计往复，何月之拘？苟有验者，悉推与之，无算远近。”[②] 这是对外商遗产继承法所作的重要修改。此外，他还废除了在“纳舶脚”和“阅货宴”中收受外商贿赂的陈规陋例，“蕃舶泊步，有下碇税，始至有阅货宴，所饷犀琲，下及仆隶，戣禁绝，无所求索”[③]。为了杜绝此弊，他“厚守宰俸，而严其法”[④]，采取增加官吏俸禄的措施，以保证其法的贯彻执行。

综上可见，广州地方长官是唐代市舶事宜的主要管理者，从蕃舶管理之大政方针到各项具体事务均由其全面负责。与此同时，唐政府对市

---

① 李翱：《全唐文》卷六三九《徐公行状》，中华书局，1983，第 6459 页。《李翱文集校注》，郝润华、杜学林校注，中华书局，2021。

② 韩愈撰，马其昶校注，马茂元整理：《韩昌黎文集校注》卷七《碑志·唐正议大夫尚书左丞孔公墓志铭》，上海古籍出版社，1986，第 531 页。

③《新唐书》卷一六三《孔戣传》，中华书局，1975，第 5009 页。

④ 韩愈撰，马其昶校注，马茂元整理：《韩昌黎文集校注》卷七《碑志·唐正议大夫尚书左丞孔公墓志铭》，上海古籍出版社，1986，第 531 页。

舶贸易具体的管理内容虽然经历了由前期相对简单、宽松到后期较为系统、严格的变化，但这些管理的共同特点是，市舶贸易必须首先满足唐政府的官市或征税、索取的欲望，即以政府获取利益为前提，市舶贸易的繁盛与否很大程度上掌握在唐政府手中。唐朝以广州为中心的海外交易的重要性大大超过前代，尤其是市舶使、押蕃舶使等管理海外贸易官职的设置，将海外贸易的管理权从地方划归中央，以及管理内容上的由简到繁，反映了唐中央对市舶之利的日益重视。

有唐一代，广州海外贸易、市舶制度与财政最主要或最基本的关系，是与帝室财政的关系，即经由国家财政拨款采购，以及地方政府购买“贡献”两种合法途径，为帝室财政提供进口的珍宝奇货，以满足皇帝妃嫔等的奢侈性消费。

一方面，从广州进口商品的构成来看，唐朝广州海外贸易的进口商品几乎都是奢侈品。对此唐人有清楚记录，如称：“广州地际南海，每岁有昆仑乘船，以珍货与中国交市”；“南海有蛮舶之利，珍货辐凑”；“广州有海舶之利，货贝狎至”[①]；“瑰宝山积”。至于“珍货”为何物，稍具体的说法，则有“香药、珍宝，积载如山”；“外国之货日至，珠、香、象、犀、玳瑁，稀世之珍，溢于中国”；“外蕃岁以珠、玳瑁、异香、文犀浮海至”[②]；等等。显然，这些“珍货”的输入，针对的正是帝室财政的奢侈性需求，而非朝廷和国家的日常财政需求。如此的海外进口商品构成，从物资方面决定了广州“市舶之利”必然是主要与唐朝的帝室财政有关。

另一方面，从对蕃舶的“收市”制度来看，很大程度上是为帝室财政服务的。唐朝度支安排财政支出的原则之一是：“凡物之精者，与地之近者以供御。”“供御”包括“支纳司农、太府、将作、少府等物”。[③]度支的“供御”形式，除了从赋税收入调拨，也采用采购的手段，对广州蕃舶进口商品的“收市”即其中的一项内容。高宗显庆六年（661）二

①《旧唐书》卷一六三《胡证传》，中华书局，1975，第4260页。

②《新唐书》卷一四三《徐申传》，中华书局，1975，第4695页。

③《唐六典》卷三《尚书户部·度支郎中员外郎》，中华书局，1992，第80页。

月十六日敕曰："南中有诸国舶，宜令所司，每年四月以前，预支应须市物，委本道长史，舶至十日内，依数交付价值，市了任百姓交易。其官市物送少府监，简择进内。"显然，这一针对广州海外进口商品制度的"收市"制度，主要是为帝室财政服务的。"收市"制度在唐后期仍继续实行。如唐德宗时，市舶使王虔休在《进岭南王馆市舶使院图表》中有"御府珍贡，归臣所司"，"除供进备物之外，并任蕃商列肆而市"等语，都揭示了政府在广州对海舶珍品的"收市"，是属于国家财政计划之内的为帝室消费而服务的。然而，"收市"制度并非一直像唐高宗敕令所规定的那样有严格的预算计划。其一是由于广州海外进口交易的盛衰在很大程度上要受吏治状况的影响，其二是帝室财政对外国珍奇的消费需求具有一定的伸缩性。但是不管"收市"制度具体如何执行，其反映出的"市舶之利"与唐朝的帝室财政始终具有很大关系。①

唐代海外贸易与国家财政的关系，在唐前期与中后期呈现不同的特征。唐代前期，国家富强，万国来朝，朝贡贸易占主导地位。唐朝为了显示富强，声名远播，对来朝贡的国家一般都有相当丰厚的回赐。外国的贡品多为奇珍异宝，如珠贝、象牙、犀角等，回赐则多为丝织品、金银等。实际上，这是一种不等价的、得不偿失的"以货易货"商品交换，这种关系背后隐藏着唐朝"怀柔万国""申辑睦、敦聘好""开怀纳戎，张袖延狄"② 的政治目的，政治外交色彩极为浓厚。唯其如此，朝贡贸易的存在与发展，就完全取决于政府的支持与否。唐前期国力强盛，大力发展朝贡贸易。唐太宗朝，"条风开献节，灰律动初阳，百蛮奉遐赆，万国朝未央"。唐玄宗时，"开元太平时，万国贺丰岁"，"梯航万国来，争先贡金帛"。朝贡贸易臻于鼎盛。③

安史之乱后，唐朝元气大伤，由极盛转衰，内忧外患，自顾不暇，已无心也无力继续这种"蚀本"生意。朝贡贸易遂在政府支持不力的情

① 陈明光、靳小龙：《论唐代广州的海外交易、市舶制度与财政》，《中国经济史研究》2005 年第 1 期。

② 唐玄宗：《安置降蕃诏》，《全唐文》卷二七，中华书局，1983，第 311 页。

③ 李庆新：《论唐代广州的对外贸易》，《中国史研究》1992 年第 4 期。

况下日益萧条，在官方贸易中的主导地位逐渐为以获取财政收入为主要目的的市舶贸易所取代。市舶贸易是在广州市舶使主持下的另一种官方贸易形式，以禁榷制度（即专实制度）为核心，征抽“舶脚”，收取“上供”，以充内庭，以裕财政。但是，据前揭陈明光等学者的研究，唐代市舶贸易对国家财政的贡献并不显著。

具体而言，广州海外贸易、市舶制度与国家财政的关系，既有支出关系，也有收入关系。唐代财政支出方面，国家财政一直要花费资金，为帝室收购进口珍奇，即所谓“散国财，市蛮宝”[①]。但是，在“收市”中有时存在压价抑买的现象，由于压价过甚，导致来广州进口的蕃舶大为减少，或者转往安南进口，从而影响有关官员完成为帝室财政的“收市”任务。财政收入方面，一是通常意义的商税，二是特定的商税即“舶脚”。广州海外交易除了官方的“收市”之外，存在着大量的民间交易，但目前尚无资料显示唐政府将广州海外交易征收商税列入国家财政收入计划。

但是，舶脚如何征收？税率是多少？唐人没有进一步的说明。而迄今不少论著关于征收舶脚的说法，多依据较早由张星烺编注、朱杰勤校订的《苏烈曼游记》中的一段译文，其详云：“外国商船抵埠，官吏取其货物而收藏之，一季之船既全入口，官吏征百分之三十关税后，乃将货交还原主发卖。国王有悦意之货，则以现金及最高购价，付之商人也。”[②] 此段译文把征税与为帝室采购当作两件事情，并说舶脚的税率高达30%。且不论此说别无唐人的其他资料为佐证，更重要的是，后来出版的穆根来等人的新译本则将其译为官方所“提取十分之三的货物”[③]，即表明要付最高的价格收购物品，这属于“收市”制度，根本不是征税性质的“纳舶脚”。再进一步考虑，如果官方“提取的十分之三的货物”构成国家财政收入，由于这些进口货物绝大多数是珍奇异物，官方必须再出卖，就像后来的宋朝一样，才能变成可供国家财政统一支配的钱财，否则仍只能封存在国库，不可能形成“一大笔税收”。而迄今也似

---

① 严识元：《潭州都督杨志本碑》，《全唐文》卷二六七，中华书局，1983，第2708页。

② 张星烺编注：《中西交通史料汇编》第二册，中华书局，1977，第201页。

③ 穆根来、汶江、黄倬汉译：《中国印度见闻录》，中华书局，1983，第15页。

乎看不到唐朝官方公开“纳舶脚”所得的记载。

唐代海外贸易、市舶制度与地方财政的关系，在唐代前后期亦有所不同。唐朝前期实行统收统支的财政管理体制，地方财政的收支均列入国家财政计划，由中央财政部门统一规划和调拨。在度支安排的财政调度计划中，岭南轻税诸州的租庸调除一部分上供之外，有一部分就地支用。在唐后期的两税“上供、送使、留州”的定额管理体制下，出现了以收支定额包干为特征的道、州两级地方财政。[①] 但是，地方财政的法定收入仍然限定在两税之内。据《旧唐书》卷一二《德宗纪》记载，唐德宗曾三令五申：“今后除两税外辄率一钱，以枉法论。”州县地方长官进行包括商税在内的“法外加征”，是国家法令所不允许的。因此，在这种地方财政管理体制之下，广州的“蕃舶之利”不可能是岭南地方财政的合法收入。唐朝后期中央集权趋于衰落，地方政府在两税之外的“法外加征”禁而不止。因此，岭南与其他地方一样，也存在着地方长官擅自征收率税的事实，广州的海外贸易亦不例外。可以说，唐朝后期广州“蕃舶之利”与地方财政的关系，主要表现为地方长吏的擅自“率税”，其“率税”所得，可能有一部分转为地方财政收入，但很大部分则落入地方官的私囊。

综而观之，唐朝广州海外交易、市舶制度，即所谓市舶之利、蕃舶之利与财政的关系，主要发生在与帝室财政之间，就是国家财政要花费大笔资金购买外国珍奇，以满足帝室财政的奢侈性消费需求，从而构成国家财政的一种支出。根据目前资料显示，国家财政几乎没有向海外交易征收一般意义上的商税以获取财政收入，至于如何征收特定的舶脚，收入数量有多大，史籍语焉不详，尚需存疑。唐后期地方财政无论是从法定财政制度上或是在实际中，从市舶之利的获益均微乎其微。[②] 虽然

① 陈明光：《试论唐后期的两税法改革与“随户杂徭”》《唐朝两税“上供、送（留）使、留州”制的来龙去脉及其评价》，陈明光：《唐代财政史新编·附录》，中国财政经济出版社，1991。今据1999年第2次印刷，中国财政经济出版社，1999，第402—411页。

② 陈明光、靳小龙：《论唐代广州的海外交易、市舶制度与财政》，《中国经济史研究》2005年第1期。

说，唐政府从市舶制度中获得的直接收益较小，但另一方面，市舶使的设立带动了唐代海外贸易管理的规范化，以及海丝商贸活动的逐渐繁荣，为唐政府提供了大量的间接收入。

唐政府在广州设置市舶使，总管全国海路贸易，掀起了唐代广州海外贸易的高潮，使广州成为海上丝绸之路的东方首港，商舶辐辏。据公元748年第五次东渡日本遭遇风浪而飘到海南岛万安州的鉴真和尚说，在广州江中“有婆罗门、波斯、昆仑等舶，不知其数，并载香药、珍宝，积载如山”①。足见广州海外贸易之繁盛，输入商品之丰富。关于广州港进出口贸易的繁盛之状，《中国印度见闻录》曾记载：“他们使用铜钱交易，他们有着其他国王所有的那样国库。但除他们外，没有别的国王占有铜币，因为这是他们的国币。他们拥有黄金、白银、珍珠、锦缎和丝绸。尽管这一切极为丰富，但仅仅是商品，而铜钱则是货币。人们给他们贩来象牙、香料、铜锭、海贝（乌龟贝壳）以及前面提到的犀牛。”② 同时，广州港拥有江海交通之便。西江连接岭南西道，经漓水，入湘江，出洞庭湖；北江经大庾岭、大余、南康，入章水，通赣江；东江经寻乌等地，可进入贡水，通赣江。综上可知，在唐代，这几条水陆通道已是商旅必经之地，沿途物流也随之繁荣。③ 市舶使的设立，以及广州港所拥有的江海交通之便，不仅进一步推动了广州作为对外贸易港口的繁荣，而且大量进出口货物的汇聚带动了产业链的延伸，促进了岭南、江南等地社会经济的繁荣，为唐代经济发展注入了极大活力。

---

① 真人元开：《唐大和上东征传》，汪向荣校注，中华书局，2000，第4页。

② 穆根来、汶江、黄倬汉译：《中国印度见闻录》，中华书局，1983，第15页。

③ 郑学檬：《唐宋元海上丝绸之路和岭南、江南社会经济研究》，《中国经济史研究》2017年第2期。

第五章 隋唐海丝商贸经营群体

隋唐时期，海洋贸易逐渐兴起，越来越多的人参与到海外贸易之中。既有以沿海商民为主体的中小海商，亦有以沿海帅臣、地方豪酋为主体的权贵海商。同时，波斯商人和阿拉伯商人活跃于印度洋和南中国海贸易圈，新罗商人穿行于中国与朝鲜半岛、日本之间，以至广州、扬州等地出现了外商聚居的“蕃坊”。中外海商在南北航路上的频繁往来，共同促进了这一时期海丝商贸活动的兴盛与沿海港口城市的繁荣。

第一节 中国海商

“海商”一词最早出现在唐代，首见于王建《汴路即事》一诗。“海商”作为专有名词出现的时间虽然较晚，但作为群体的海商则出现时间较早。海商群体起源于定期或不定期从事海上商贸活动的沿海居民，其发展经历了从沿海岸带到近海再到远洋海上贸易的历史。早在先秦时期，百越族已经远航至东南亚并与当地居民发生交易。秦汉时期，中国海商展开的近海贸易获得较稳定的发展。降及魏晋南北朝时期，中国虽然处于分裂状态，但南方六朝政权都比较注意培育海洋商人，发展海外贸易。中国海商利用海外交通贸易开拓发展之机，与越南、缅甸、印度

以及东北亚的朝鲜半岛、日本等都产生了海洋贸易关系。[①] 迄至隋唐时期，中国海商活动进一步发展，安史之乱后，中国对外贸易的主要通道逐渐由陆地转向海洋，陆海并重，海道跃升的趋势日益凸显。中国海商的活跃度和影响力逐渐增强，沿海商民、地方豪室甚至官员纷纷加入海外贸易行列。中国海商的贸易足迹南至东南亚、印度洋、波斯湾，北至朝鲜半岛、日本等地。

一、南海丝路上的中国海商

隋朝立国时间较短，关于海外贸易的史料也相对较少。我们虽无法确知隋朝海商的具体情况，但隋炀帝为开辟与南海诸国的交通往来，一方面派刘方率军灭林邑，不仅免除了长期以来林邑对中国南部边疆的频繁侵扰，而且在南海海洋贸易中获得了主动权，维护了南海传统贸易通道的顺畅；另一方面派遣屯田主事常骏、虞部主事王君政等出使赤土国的行为，无疑加强了隋朝与赤土、婆利、丹丹、盘盘等十余国的贸易往来，为唐代海丝商贸活动的进一步开展，以及中国海商远赴南海诸国奠定了基础。迄于隋唐时期，活跃在南海丝路上的中国海商主要来自广东和福建两地。

广州地处岭南，重商是粤人的社会传统。唐代岭南商品经济已经有了长足发展，商人成为社会上重要的职业，史称“广人与夷人杂处，地征薄多牟利于市”。[②]“百粤之地，其俗剽轻，猎淫浮之利，民罕著本”[③]。在群起经商的队伍中，参与对外贸易者，不仅有沿海商民组成的中小海商，亦不乏豪酋巨商，甚至包括地方帅臣等权贵海商，且这些巨商及权

① 刘勤、周静：《以海为生：社会学的探析》，海洋出版社，2015，第 32 页。

②《新唐书》卷一七〇《王锷传》，中华书局，1975，第 5169 页。

③ 萧邺：《岭南节度使韦公（正贯）神道碑》，《全唐文》卷七六四，中华书局，1983，第 7944 页。

贵海商在唐代海外贸易中扮演了重要角色。①

豪酋巨商和地方帅臣具有雄厚的经济实力，甚至享有相应的特权，势大财雄，参与贸易，极易暴发横财。据《旧唐书》卷一二二《路嗣恭传》记载，大历八年（773），岭南节度使哥舒晃发动叛乱，朝廷派路嗣恭前去平反，“及平，广州商舶之徒多因晃事诛之。嗣恭前后没其家财数百万贯”。可见这一时期广州海商人数和势力都已相当大。对此，《唐国史补》卷下曾有“凡大船必为富商所有”的揭示，大诗人杜甫《最能行》一诗亦言：“富豪有钱驾大舸，贫穷取给行艓子。”由此可见，拥有大船的富商巨贾，在海外贸易中不仅具有强大实力，而且在海丝商贸活动的众多经营者中占据重要一席。②

鉴于海外贸易获利丰厚，一些地方官利用手中的权力，也开始参与到海外贸易当中，因这些人具有“亦官亦商”的性质，因此极易获得巨额财富。唐德宗贞元时期（785—805）的岭南节度使王锷即是地方帅臣参与海外贸易的代表。贞元八年（792），王锷由容管经略使迁广州刺史、御史大夫、岭南节度使，“广人与夷人杂处，地征薄，而丛求于川市。锷能计居人之业，而榷其利，所得与两税相埒。锷以两税钱上供时进及供奉外，余皆自入。西南大海中诸国舶至，则尽没其利，由是锷家财富

① 李庆新：《论唐代广州的对外贸易》，《中国史研究》1992 年第 4 期。耿元骊：《五代十国时期南方沿海五城的海上丝绸之路贸易》，《陕西师范大学学报（哲学社会科学版）》2018 年第 4 期。他认为，五代十国时期分属南汉、闽、吴越的广州、泉州、福州、明州、杭州成为“前早期经济全球化”时期代表性港口城市。五城带动中国南方形成了贸易为重、海商为尊的观念变迁，率先成为重要的海上丝绸之路贸易港区。广州海外贸易路线最长，延伸到今天伊拉克等地；福州、泉州与东南亚、日本及朝鲜半岛来往频繁；杭州、明州与东北地区以及朝鲜、韩国、日本等地交往密切。中国出口多为瓷器和丝绸，进口大多为香料和奢侈品。在濒海而生的小国割据体系当中，各政权都高度重视商业，视海上丝绸之路贸易为立国根本，形成了区域间竞争关系，为宋以后东南沿海海上丝绸之路贸易的蓬勃发展奠定了重要基础。

② 王承文：《唐代北方家族与岭南溪洞社会》，荣新江主编：《唐研究》第二卷，北京大学出版社，1996；王承文：《唐代“南选”与岭南溪洞豪族》，《中国史研究》1998 年第 1 期。

于公藏。日发十余艇，重以犀象珠贝，称商贷而出诸境。周以岁时，循环不绝，凡八年，京师权门多富锷之财”[①]。王锷利用岭南节度使的职位之便，在海外贸易中获取巨额财富，其“日发十余艇”“循环不绝”的情景也显示了唐中叶广州港海外贸易之繁盛，以及从事海外贸易获利之丰厚。

此外，少数民族首领对于经营海外贸易亦不甘落后。他们在从事海外贸易之外，往往以武力为后盾，抢劫商贾，具有“亦商亦盗”的性质。如万安州大首领冯若芳，“每年常劫取波斯舶二三艘，取物为己货，掠人为奴婢。其奴婢居处，南北三日行，东西五日行，村村相次，总是若芳奴婢之住处也。若芳会客，常用乳头香为灯烛，一烧一百斤。其宅后，苏方木露积如山；其余财物，亦称此焉”[②]。又如，“唐振州民陈武振者，家累万金，为海中大豪，犀、象、玳瑁仓库数百”，其所使用的致富手段即所谓的“得牟法”，实则为抢掠，“先是西域贾漂舶溺至者，因而有焉。海中人善咒术，俗谓得牟法，凡贾舶经海路，与海中五郡绝远，不幸风漂失路，入振州境内，振民即登山披发以咒诅，起风扬波，舶不能去，必漂于所咒之地而止，武振由是而富”[③]。冯若芳、陈振武既是地方豪酋，又是大海盗，他们通过劫掠获取大量货物珍宝，并由此成为巨富。[④]

除地方帅臣和豪酋之外，中国东南沿海地区的一些家族也积极参与海外贸易，甚至世代以出洋贩运为业。据清代人蔡永蒹《西山杂志》的“林銮宫”条记载，早在唐代开元年间，已有福建海商在中国和东南亚地区之间从事海洋贸易。“唐开元八年（720），东石（今晋江市东石镇）林知祥之子林銮，字安东，曾祖曰林智惠，航海群蛮，熟知海路。林銮试舟到渤泥，往来有利，沿海畲家俱从之往，引来蕃舟，蛮人喜彩绣、

①《旧唐书》卷一五一《王锷传》，中华书局，1975，第4059页。

② 真人元开：《唐大和上东征传》，汪向荣校注，中华书局，2000，第74页。

③ 李昉等：《太平广记》，中华书局，1961，第2282页。

④ 王元林、王美怡主编，孟昭锋、王元林合撰《隋唐五代海上丝绸之路史》命名之曰“私商贸易”，且列表“唐代后期往返于中日之间的中国航海家大事简表”，世界图书出版公司，2020，第103—108页。

武陵多女红，故以香料易彩衣，晋海舟人竞相率航海。”[①] 同书“麦园”条又记载云：“唐开元八年，涂公文轩兴，东石林蛮航海至渤泥，其地称涂家涯，涯之北有陈厝、戴厝，俱从余之操之人也。”[②] 开元年间，林銮继承祖业，远航至东南亚的渤泥等地从事贸易，将武陵等地的丝织品运至东南亚贩卖，又将该地盛产的香料等物品运回国，如此往来，贸易不绝。由于林銮从事的贸易有利可图，沿海地区的百姓纷纷跟随其参与到海外贸易之中，足见林氏家族从事海外贸易时间之长，规模之大。林銮后代仍承袭祖业，继续从事海外贸易，其九世孙林灵仙曾于唐乾符年间（874—879）至“甘棠、真腊诸国，建造百艘大舟在鳌江，家资万贯”[③]。可见，林氏后裔不仅继续以海外贸易为业，而且自造百艘海船，并将贸易区域进一步拓展，贸易规模较之其先祖进一步扩大。林氏家族从事海外贸易的传统，以及家资的不断积累，对其后代继续从事海外贸易并不断扩大贸易规模奠定了重要基础，而安史之乱后海上丝绸之路的逐渐兴盛则为之提供了良好的社会环境。乾符六年（879），黄巢农民起义军南下江浙，攻打闽南一带，林銮后裔林百万散卖家财，为躲避战祸逃往外地。关于唐代福建海商远赴东南亚贸易，正史中也有相关记载，据《新五代史》卷六五《南汉世家第五·刘隐传》云：“刘隐，其祖安仁，上蔡人也，后徙闽中，商贾南海，因家焉。父谦，为广州牙将。唐乾符五年（878），黄巢攻破广州，去略湖、湘间，广州表谦封州刺史、贺江镇遏使，以御梧、桂以西。岁余，有兵万人，战舰百余艘。谦三子，曰隐、台、岩。”[④] 刘隐祖父刘安仁，其生卒年虽不可考，但依据刘隐父亲刘谦于唐懿宗咸通年间（860—874）官至岭南牙将，乾符五年（878）升任封州刺史的时间轨迹可推测，刘安仁赴南海地区从事贸易当在咸通年间以前。[⑤] 可见，《西山杂志》关于林銮家族从事海外贸易的记

---

① 蔡永蒹：《西山杂志》，“林銮宫”条，此据厦门大学钞本之影印本。

② 蔡永蒹：《西山杂志》，“麦园”条，此据厦门大学钞本之影印本。

③ 蔡永蒹：《西山杂志》，“盟仙宫”条，此据厦门大学钞本之影印本。

④《新五代史》卷六五《南汉世家第五·刘隐传》，中华书局，1974，第 809 页。

⑤ 林仁川：《福建对外贸易与海关史》，鹭江出版社，1991，第 21 页。

载具有一定的可信度，结合《新五代史》的记载，至少可以确定安史之乱以前，中国东南沿海已有海商远赴东南亚地区从事贸易。

中国海商除远赴海外从事贸易外，还积极引导蕃商来华贸易。据《西山杂志》“池店”条记载，“唐开元时，林銮导蛮舟泊东石沿海……蕃商之陆行各地，设立驿馆，招待往来旅客，池店即唐宋之驿馆也”①。该书“石狮”条又记载云：“唐开元十年（722），林銮航海引蛮舟，沿海从之，往日众蛮蕃商旅览，此时溪边新店已设立馆驿，在潘湖。潘湖者园苑也，一曰潘湖园有石雕之狮像，极壮观也。”② 林銮为了导引蕃舶安全入港，不被礁石触沉，曾在东南沿海建造了7座石塔，即钟厝塔、钱店塔、石菌塔、刘氏塔、凤鸣塔、西资塔和象立塔。与此同时，林銮还于泉州湾内石湖港的西南侧，建造了一个巨大的古渡头。古渡头的引堤长30丈，宽9尺，高1.5丈，又称“通济桥”。古渡头及引堰均嵌砌于海底礁石盘上，再用每条数吨重的巨石砌筑而成，十分牢固。礁盘边缘凿了许多石鼻孔，为泊船系缆之用。渡头装有木吊杆以便装卸货物。至今，该处尚遗存一方明代崇祯十二年己卯（1639）重立的“通济桥”残碑。③此外，其他史籍亦有外国商人来福建经商的记录。《唐会要》云：“天祐元年（904）六月，授福建道佛齐国入朝进奉使都蕃长蒲诃粟宁远将军。”④《十国春秋》卷九〇亦言：“天佑二年夏四月……佛齐诸国来宾。”由此可见，《西山杂志》中关于林銮引导外国商船来华的记录具有相当的可信度。

通过上述唐代史籍和《西山杂志》的记载可以确知，唐代中国海商已经到达东南亚地区从事商业贸易。而中国海商到达的最远距离，据“广州通海夷道”记载，唐代中国商人已到达波斯湾贸易。此外，《中国印度见闻录》亦记载有中国的商舶已到达波斯湾沿岸的情形。“由于幼

① 蔡永蒹：《西山杂志》，“池店”条，此据厦门大学钞本之影印本。

② 蔡永蒹：《西山杂志》，“石狮”条，此据厦门大学钞本之影印本。

③ 朱建君、修斌：《中国海洋文化史长编：魏晋南北朝隋唐卷》，中国海洋大学出版社，2013，第270页。

④ 王溥：《唐会要》卷一〇〇《归降官位》，中华书局，1955，第1799页。

发拉底和底格里斯两河冲积泥沙所形成的浅滩造成了障碍，使庞大的中国船无法在波斯湾内通航无阻。为解决这一问题，便促使了斯拉夫的发展……海船到达斯拉夫后，货物用吃水浅的小船转运到巴士拉”[①]，因阿拉伯河口及其附近的海面一带多浅滩，且风浪甚大，殊难航行。对于容积甚大的中国商船来说，当然更感困难。因此，中国商船就把东洋物产，诸如芦荟、龙涎香、竹材、檀木、樟脑、象牙、胡椒等，先运载至斯拉夫港，然后用当地的小船陆续把货物运到巴士拉和巴格达。至于波斯本地的物产，也是由小船先载运到斯拉夫港集中，然后再由中国商船运往东方。“广州通海夷道”和《中国印度见闻录》常被作为唐代中国商人已到达波斯湾贸易的证据。但唐代汉籍关于中国海商放洋域外、竞逐财富的举动则记录极少，更未明确提及商人远航波斯湾贸易。就现存史料来看，尽管不能确定唐代中国商人是否已深入到阿拉伯等地贸易，但根据唐代造船及航海技术的进步推测，唐代中国商船已经具备远航至波斯湾的可能。

二、东海丝路上的中国海商

古代中国与朝鲜半岛、日本的海上贸易通道被称为“东海丝路”，即“东方海上丝绸之路”。[②] 隋唐时期，国家统一，国力强盛，东亚诸国纷纷派遣朝贡使团来华。很多时候，这些朝贡使团也承担了贸易使团的职能，前文已述，兹不赘言。各国使节携带礼物并得到大量回赠，繁荣了隋唐时期东方海上丝绸之路。安史之乱后，虽说唐朝国力及影响力不断衰微，来华朝贡使团日渐稀少，但东方海上丝绸之路持续繁荣，其中中国海商起了重要作用。

隋唐时期关于在东海丝路上从事海外贸易的中国海商的事例，屡屡见诸日本文献的记录中。自日本政府于承和五年（838）停止向中国派出遣唐使起，许多中国海商开始远航至日本，中日之间的贸易即转由唐朝

① 穆根来、汶江、黄倬汉译：《中国印度见闻录》，中华书局，1983，第41页。
② 陈炎：《海上丝绸之路对世界文明的贡献》，《今日中国》2001年第12期。

商人来承担。据统计，从仁明朝遣唐使回国的承和六年（839）至唐朝灭亡时醍醐天皇延喜七年（907），近70年时间里，唐朝商人张支信、李邻德、李延孝、李达、詹景全、钦良晖等频繁地到日本贸易，仅史书载明的就达30多次。[①] 据《入唐五家传》记载："日本承和九年，即大唐会昌二年（842）岁次壬戌夏五月端午日，脱躧两个讲师，即出去观音寺，在太宰府博太津头，始上船，到于肥前国松浦郡远值嘉岛那留浦。而船主李处人等，弃唐来旧船，便采岛里楠木，更新织作船舶，三个月日，其功已讫。秋八月二十四日午后，上帆过大阳海入唐。经五年，巡礼求学。承和十四年，即大唐大中元年（847）岁次丁卯夏六月二十二日，乘唐张支信、元净等之船，从明州望海镇头上帆。"[②] 据此可见，李处人、张支信等人不仅拥有自己的商船，还掌握造船技术，且开始独立经营唐代中日之间的海上贸易。

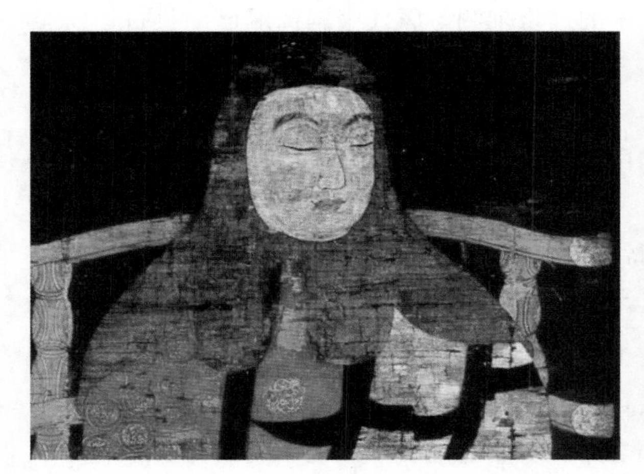

圆仁画像及其著作《入唐求法巡礼行记》

值得注意的是，日本派出遣唐使的活动停止后，不少日本僧侣通过搭乘中国海商的船舶来到中国，因此这些僧侣的记录中记载了不少唐商

① 木宫泰彦：《日中文化交流史》，胡锡年译，商务印书馆，1980，第153页。

②《续群书类丛》卷一九三《入唐五家传·安详寺惠运传》，东京续群书类丛完成会，昭和九年，第98页。参阅车垠和《明州出海唐商的兴起与东亚贸易格局》，《社会科学辑刊》2008年第5期。

的相关信息。例如，日本平安朝前期的著名僧侣圆仁，在其日记《入唐求法巡礼行记》一书中就曾记载中国海商的姓名及相关情况。如书中记载唐人张觉济满载货物出帆，遭遇风暴漂流三个月至出羽国。另外，日本僧侣惠萼参诣五台山，其归国时搭乘的可能就是中国海商李驎德的船。

从以上统计和事例可见，从9世纪前半期开始，中国海商的海外活动已经非常活跃。自日本承和十四年（847）至唐朝灭亡（907），目前已经判明赴日本贸易的中国海商如下表所示：①

847—877年赴日海商信息简表②

日本纪年	海商
承和十四年（847年）	张支信
嘉祥二年（849年）	唐商53人
仁寿二年（852年）	钦良军
天安二年（858年）	李延孝
贞观三年（861年）	李延孝　鸿胪馆（日本福冈所设迎接外交使节等职馆舍）
贞观四年（862年）	李延孝40余人　鸿胪馆（日本福冈所设迎接外交使节等职馆舍）　张支信
贞观七年（865年）	李延孝以下62人
贞观八年（866年）	张言41人　王仲元
元庆元年（877年）	骆汉仲

自847年至907年的60年间，中国赴日海商见于记载的共9次，且4次明确记载海商人数皆在40人以上，可见这些赴日海商的贸易规模并

① 松浦章：《清代华南帆船航运与经济交流》，杨蕾译，厦门大学出版社，2017，第8页。

② 前揭王元林、王美怡主编，孟昭锋、王元林合撰《隋唐五代海上丝绸之路史》，参阅其列表“唐代后期往返于中日之间的中国航海家大事简表”，世界图书出版公司，2020，第103—108页。

不算小。此外，张支信和李延孝二人多次出现在赴日海商信息表中。尤其是自 858 年至 865 年连续 4 次赴日贸易中，均以李延孝为主导，可以说这一时期不少中国海商赴日贸易已具有相当的稳定性和延续性。从这些零星的记载中，我们虽无法确知赴日海商的具体人数和相关频次，但据上表 847 年至 866 年的海商贸易信息显示，这二十年间不断有中国海商赴日贸易，且这些唐商由设在福冈专门迎接外交使节的日本鸿胪馆负责接待，足见这一时期中国海商赴日贸易频次之高，以及日本政府对赴日唐商的重视，这也从侧面显示了这一时期中国海商在承担中日贸易中的地位之重要。

从船只规模来看，中国唐朝商船一般比遣唐使所乘船只小，但具有坚固、轻便、灵活的优势。他们通常从明州（今浙江宁波）一带出发，横渡东海，时间大抵是每年四月至七月上旬，利用西南季风；返航时大抵是八月至九月初，利用西北风航行到东海时，风向则逐渐转为东北，有助于航行。[①] 由于对季风知识的熟练掌握和运用，唐朝商船航行途中比较安全，很少遭遇海难。

隋唐时期中国海商运载至日本的货物品种较多，主要有香料、药物、文集、诗集以及经书、佛像、佛具等。每当商船到博多津时，太宰府官员即将消息报告京师，把中国海商安置在鸿胪馆，供应食宿。他们以府库所藏的砂金、水银、锡、锦、绢等物和中国海商交易货物。这种交易是在京师派来的交易唐物使主持下进行的。按照《大宝令》规定：在官方未交易之前，不许私人和诸蕃交易。换言之，私人必须在官方买完后才准交易，但实际上很难严格执行。因唐船一抵达日本，诸公卿、大臣、富豪等便争先恐后地派手下到码头，抢购载运来的珍贵物品。[②]自从遣唐使停派以后，日本上层贵族所需要的奢侈品仅能依靠中国商人载运而来，即使他们自己派人到唐朝采购，也必须依靠中国商船的船只替他们载运。如清和天皇曾派遣多治比安江等人到唐朝购买香药，至阳

---

① 木宫泰彦：《日中文化交流史》，胡锡年译，商务印书馆，1980，第 114—115 页。
② 木宫泰彦：《日中文化交流史》，胡锡年译，商务印书馆，1980，第 122—124 页。

成天皇元庆元年（877）始由唐商崔铎等人将其货物载运回日本。[①] 可见，唐后期中日之间的贸易往来主要由中国海商所操纵，且双方贸易货品种类繁多，不仅包括香料、药物、绢帛、砂金等生活用品，而且包括书籍、经卷、佛像等文化用品和生活用品。

日本平安朝以来，奈良时代的社会康平局面结束，皇室政权逐渐衰微。由于长期内战，前朝诸多典籍毁于战火，亟待补充。崇尚唐文化的日本社会迫切需要从中国进口大量书籍，随着日本遣唐使外交活动的停止，唐商的海船成为向日本运载书籍的最主要途径。关于唐商向日本输送的书籍种类，从日本僧人携归的书籍中可略知一二。例如，圆仁乘坐唐船返国时，除携带大量梵汉佛经外，还有《大唐新修定公卿士庶内族吉凶书仪》三十卷、《开元诗格》一卷、骆宾王《判一百条》一卷、《百司举要》一卷、韦述《两京新记》三卷、《进士张𡾰集》一卷、《杜员外集》二卷。唐懿宗咸通三年（862）来唐，咸通六年（865）返国的学问僧宗叡，乘坐唐船归国时，除携带有佛教经像以外，还包括《七曜二十八宿历》一卷、《七曜历日》一卷、《明镜连珠》六卷、西川印子（即木刻）《唐韵》一部五卷、西川印子《玉篇》一部三十卷。[②] 从圆仁、宗叡返归时携带的书籍可见，其种类十分丰富，不仅包括僧侣阶层研习的佛经，还包括文学、法律、历法等方面的书籍。可以说，中国海商将大量佛经、汉籍运载至日本，对日本文化发展起到重要推动作用。

来往于中日之间的中国海商，作为唐后期中日交通往来的联结者，不仅加强了中日之间的经济交流，而且推动了两国之间的文化交流。自838年日本停止派出遣唐使后，不少前来中国的日本留学生和学问僧改搭唐朝商船。可以说，9世纪中叶后，遣唐使船的作用基本为唐朝商船所替代。例如，日本承和十四年（847），入唐学问僧惠运、仁好、惠萼等人，搭乘唐商张支信的商船至中国；贞观四年（862），张支信在肥前国松浦郡柏岛建造一船，与唐商金文习、任仲元等送真如法亲王及其随行

①《大日本史》卷二四二《诸蕃十一》，参考朱建君、修斌主编《中国海洋文化史长编：魏晋南北朝隋唐卷》，中国海洋大学出版社，2013，第271页。

② 王仲荦：《隋唐五代史》（上），上海人民出版社，2016，第632—633页。

僧宗叡、贤真、惠萼、忠全、安展、祥念、惠池、善寂、原懿、猷继等入唐。[1] 因此，这些唐朝商人很自然就成为中日文化交流的桥梁，他们除了运送入唐学问僧外，还替他们运送物品、传递书信，甚至充任翻译。[2] 比如上述张支信后来就在日本太宰府任唐通事，且历时颇久；李英觉、陈太信曾替在唐朝学习的圆珍送天竺贝多树柱杖、广州班藤柱杖、琉璃瓶子等到日本；圆珍返国后，李达还为之搜集所有佛经的全本120卷，托人送到日本给他。[3] 可以说，唐后期的中国海商在沟通中日两国商贸往来的同时，还兼具文化交流，甚至政治交流的部分职能。

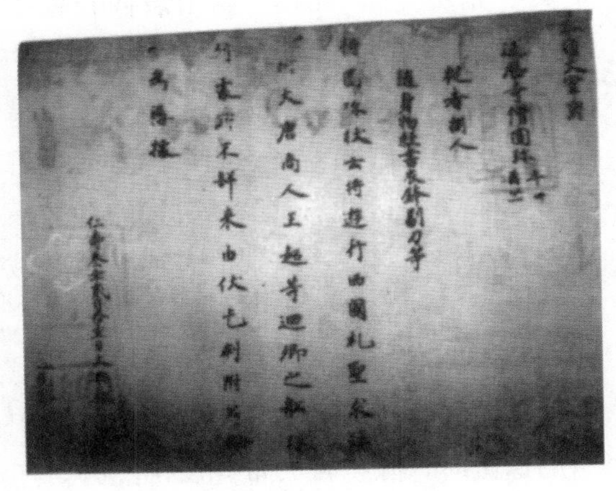

圆珍入唐公验

日本东京国立博物馆藏。日本僧人圆珍（814—891）是天台宗僧侣，于853年搭乘唐朝商人的回国船只入唐求法，五年后携经书返回日本，著有《行历抄》等著作，被尊称为智证大师。图为圆珍赴唐时，由日本太宰府发出的公验，以备沿途勘查。

第二节　南海丝路上的外国海商

隋唐时期，南海丝路上各国商旅频繁往来，波斯舶、西域舶、南海舶、大食舶等入华商船通常在交州、广州一带靠岸，并渐至福州、泉

① 木宫泰彦：《中日交通史》（上册），陈捷译，商务印书馆，1931，第146页。

② 李金明：《隋唐时期的中日贸易与文化交流》，《南洋问题研究》1994年第2期。

③ 李季：《两千年来中日关系发展史》（第二册），广西学用社，1940，第299页。

州，或北上扬州。这些来华商舶满载货物，频繁出入，推动了沿海港口的发展。在这些来华贸易的诸国商旅中，波斯海商和阿拉伯海商最为活跃，他们是唐代海外贸易的主要经营者，为推动南海丝路繁荣以及东西方经济文化交流作出了重要贡献。

一、波斯海商

波斯人从事海上贸易的历史悠久，早在萨珊波斯王朝（224—651）时期，波斯商人已经成为从波斯湾东航至南海海域的重要群体。由于萨珊王朝对印度洋贸易的重视，波斯商人在南亚、东南亚等地建立起多个商业据点，其在海外贸易方面的势力迅速增长。初唐时期，大批波斯商人已经抵达中国南方口岸进行贸易。

7世纪中叶，阿拉伯人入侵波斯，萨珊波斯灭亡，但波斯人在东西方海上的贸易优势地位并未动摇。波斯人的远洋帆船依旧成群结队，舳舻相衔地穿梭于东西方之间，航海贸易规模之大令人惊叹。据《金刚智游记》记载，一位印度王子于719年航海前往锡兰时，在锡兰港口目睹港口内停靠着35艘波斯商船来此地交易宝石。就此可见，至8世纪初，波斯人在印度洋海域依然十分活跃。这些东来的波斯商人，在南亚、东南亚等地购买所需商品后，往往继续向北航行至中国沿海港口。据僧人慧超《往五天竺传》记载："（波斯）常于西海泛舶入南海，向狮子国取诸宝物，所以彼国云出宝物，亦向昆仑国取金。亦泛舶汉地，直至广州，取绫绢丝绵之类。"[①] 这些来华贸易的波斯商人，一部分继续从事波斯湾、印度洋与南中国海之间的贸易，一部分则在中国定居下来。由于在华定居的波斯人数量较多，故元稹《和乐天送客游岭南二十韵》一诗自注道："南方呼波斯为舶主。""波斯"一词成为唐代蕃客的代名词。

由于活跃在南中国海、印度洋与波斯湾之间的波斯商人较多，唐代

---

① 慧超著，张毅笺释：《往五天竺国传笺释》卷三一《波斯国》，中华书局，2000，第101页。另请参阅唐纳德·洛佩兹：《慧超的旅行》，冯立君译，社会科学文献出版社，2022。

僧侣赴海外求取佛法时，不少人选择搭乘波斯舶往返。据《大唐西域求法高僧传》记载，义净于咸亨三年（672）初秋，“忽遇龚州使君冯孝诠，随至广府，与波斯舶主期会南行”[①]，其赴天竺求法所搭乘的即为波斯商船。《贞元新订释教目录》亦提到，金刚智约于开元五年（717）前后，从南印度出发，“到狮子国（锡兰）勃支利津口，逢波斯舶三十五只，其国市珍宝，诸商主见和尚同心陪从”[②]。天宝七载（748）冬，鉴真到达广州时，也看到珠江中“有婆罗门、波斯、昆仑等舶，不知其数，并载香药、珍宝，积载如山”[③]。这些僧侣在求法所途经的港口随处可见大量波斯商舶，足见波斯海商在亚洲海域之活跃。

波斯人之所以能够长期执亚洲海域贸易之牛耳，一方面源于其较早从事海洋贸易的传统。萨珊波斯帝国时代，波斯湾两岸已经被波斯人控制，阿拉伯海及印度洋区域的所有航运活动均为波斯人所垄断，阿拉伯商人被禁止涉足任何与海洋贸易有关的活动。直到萨珊波斯王朝被推翻后，阿拉伯人才得以自由地开展海外贸易。但是，经过相当长一段时期后，阿拉伯人的航运业才达到能够与波斯人平分秋色的程度。另一方面，由于阿拉伯人最初对于波斯湾至印度洋的贸易不够重视。倭马亚王朝时期，政府并不鼓励阿拉伯商人在波斯湾地区从事海洋贸易，因此在阿拉伯帝国建立之后的一个世纪里，波斯人仍然是从波斯湾、印度洋至南中国海区域海洋贸易圈的主要经营者。

长期活跃于亚洲海域的波斯商人，大力开拓从波斯湾到中国的贸易，商船绕过锡兰岛，进入东南亚海域，航抵中国东南沿海进行贸易。隋代之前，已有波斯商人在中国沿海港口城市定居。如隋代高僧吉藏即为波斯人后裔，其家于祖世时迁居交、广之间。据《唐高僧传·二集》卷一一《释吉藏传》记载：“释吉藏俗姓安，本安息人也。祖世避仇，

---

① 义净著，王邦维校注：《大唐西域求法高僧传校注》卷下“义净自述”条，中华书局，1988，第152页。

② 费琅辑注：《阿拉伯波斯突厥人东方文献辑注》（下）第二卷《金刚智游记》，耿昇、穆根来译，中华书局，1989，第722页。

③ 真人元开：《唐大和上东征传》，汪向荣校注，中华书局，2000，第4页。

移居南海，因遂家于交、广之间。后迁金陵，而生藏焉。”唐朝时，波斯人大量来到中国。据《唐大和上东征传》记载，海南万安州首领冯若芳“每年常劫取波斯舶二三艘，取物为己货，掠人为奴婢”，岛上波斯“奴婢居处南北三日行，东西五日行，村村相次”①，被冯若芳掠夺而来的波斯人逐渐形成一个个移民村落，足见来华波斯商舶数量之多。这些来华波斯商船集中停泊在广州港从事商品交易，越来越多的商贾开始在广州定居，甚至继续北上到达福州、扬州等地。其中，在扬州经商居住的波斯人达千人以上。据《旧唐书》卷一二四《田神功传》载：“（田神功）寻为邓景山所引，至扬州，大掠百姓商人资产，郡内比屋发掘略遍，胡商波斯被杀者数千人。”② 波斯帝国虽已灭亡，但在唐代的港口城市广州、扬州等地，居住着许多波斯人，开起了波斯店。这些波斯商贾集中居住在唐政府设立的专供外国人聚居的蕃坊内。

广州的外国商贾中，波斯人居于主导地位。从广州对外贸易的管理和蕃坊的管理制度上看，波斯人从事海洋贸易盛极一时，不仅对日后阿拉伯人航海产生了巨大影响，而且对东方各国的社会生活也有着深刻影响。例如，波斯人通常用“沙班达尔”称呼港务长，唐宋时期蕃坊内的蕃长即是波斯语所称的沙班达尔。在东方各国港口管理和对外贸易中，也皆采用沙班达尔制度。唐时广州蕃坊内波斯人众多，不仅蕃坊生活具有浓厚的波斯色彩，而且部分生活方式对广州本地人也产生了较大影响。唐人房千里的《投荒杂录》一书中写道：“顷年在广州蕃坊，献食多用糖蜜、脑麝，有鱼俎，虽甘香而腥臭自若也。”刘徇《岭表录异》卷中提到，他“曾于番酋家食本国将来者（指波斯枣）”。因此，在食品中添加糖蜜、龙脑香等物，以及食用波斯枣的习惯，很快被中国人所接受。又如，名列唐代“著名酒者”之列的三勒浆，即由波斯人传入中国。李肇《唐国史补》记载：“酒则有郢州之富水，乌程之若下……又

① 真人元开：《唐大和上东征传》，汪向荣校注，中华书局，2000，第74页。
②《旧唐书》卷一二四《田神功传》，中华书局，1975，第3537页。

有三勒浆类酒，法出波斯。三勒者谓庵摩勒、毗梨勒、诃梨勒。”[①] 三勒浆传入中国后，很快在宫廷和士大夫阶层中流行开来，经常出现在日常宴会中。

隋唐时期来华的波斯人以富有著称，当时形容名不相称叫“穷波斯”，意为流寓在唐地的波斯人没有穷人。据《旧唐书》卷一七记载，长庆四年（824），有“波斯大商人李苏沙进沉香亭子材”[②]。李苏沙很有可能是唐宫廷御用商人，从其进贡“沉香亭子材”可知，其经商应具有相当规模。唐人段安节《乐府杂录》记载，“康老子者，本长安富家子，酷好声乐，落魄不事生计，常与国乐游处。一旦家产荡尽，因诣西廊，遇一老妪，持旧锦褥货鬻，乃以半千货之。寻有波斯见，大惊，谓康曰：‘何处得此至宝？此是冰蚕丝所织，若暑月陈于座，可致一室清凉。’即酬价千万”[③]。这位波斯商人为购买一件冰蚕丝被褥能够出价千万，足见其富有程度，同时也反映出波斯人的鉴宝和经商能力。

这些来华定居的波斯海商多汇集于广州、扬州等重要口岸，并在这些地方开设大量波斯邸店。广州作为南海丝路的重要通商口岸，汇聚了大量波斯商人。尤其是安史之乱后，波斯人更多地选择循海路来到中国，并在此开设邸店。据《太平广记》记载，贞元（785—805）中，“有崔炜者……乃抵波斯邸，潜鬻是珠。有老胡人一

波斯银币

1955 年 11 月在陕西西安近郊唐墓出土，是萨珊波斯王朝库思老二世时代的货币。

---

① 李肇：《唐国史补》卷下《叙酒名著者》，上海古籍出版社，2000，第 197 页。关于三勒浆的研究，可参阅陈明《“法出波斯”：“三勒浆”源流考》，《历史研究》2021 年第 1 期。

②《旧唐书》卷一七上《敬宗本纪》，中华书局，1975，第 512 页。

③ 段安节：《乐府杂录》，中华书局，1985，第 37—38 页。

见，遂匍匐礼手曰：‘郎君的入南越王赵佗墓中来；不然者，不合得斯宝。’”① 扬州作为南北水陆交通枢纽和财货集散地，亦吸引了大批波斯商贾来此经商贸易。杜甫的《解闷十二首》云：“胡商离别下扬州，忆上西陵故驿楼。为问淮南米贵贱，老夫乘兴欲东流。”可见扬州定为当时胡商的经商之地，而这些胡商中应有不少波斯人。2004 年，在扬州古运河畔南宋普哈丁墓园南侧发现的一方唐代波斯人墓志，据其记载：“府君世钦颖士。府君父名罗呼禄，府君称摩呼禄……望郡陇西，贯波斯国人也……舟航赴此，卜宅安居……于大和九年（835）二月十六日，殁于唐扬州江阳县之私第，时七十有五矣。”该墓碑是目前在扬州发现的唐代有姓名可考的第一位波斯人。从墓主父亲及其本人所称的“罗呼禄”“摩呼禄”来看，其汉化程度并不深，但其使用汉文墓志，碑额题为“李府君”，又谓“世钦颖士”，抑或应是来华有两代了，李府君当为改姓。至于其身份，既是“舟航赴此，卜宅安居”，也应是晚唐自海路来华的波斯商人。墓主本人名为“摩呼禄”，志文中记载其夫人为穆氏，“摩”“穆”相通，应是来自中亚木鹿一带的波斯人，其婚姻仍属胡姓之间的联姻。摩呼禄家

胡商俑

河南洛阳出土。

① 李昉等：《太平广记》卷三四《崔炜》，中华书局，1961，第 220 页。

族应是晚唐时期通过海上丝绸之路来华的波斯人。[①] 胡商汇聚的扬州，亦有不少波斯店。如《太平广记》卷一七《卢李二生》条记载："乃与一拄杖曰：'将此于波斯店取钱'……波斯见拄杖，惊曰：'此卢二舅拄杖，何以得之?'依言付钱，遂得无事。"[②] 此故事虽然具有一定的神话色彩，但卢生让李生拿着拄杖去波斯店取钱，最终波斯店依言付钱，一定程度上说明了波斯店往往资财雄厚，及其在时人眼中具有较高的信誉度。

这些来华的波斯商人经营商品种类丰富，但大多以香料、药材为主。例如，《海药本草》的作者五代人李珣即是来华波斯人的后裔，其家族以世代经营香药为业。宋人黄休复《茅亭客话》卷二记载"李四郎，名玹，字廷仪，其先波斯人也，随僖宗入蜀，授率府率。兄珣，有诗名，预宾贡焉。玹举止文雅，颇有节行，以鬻香药为业，善弈棋，好摄养，以金丹延驻为务。暮年以炉鼎之费，家无余财，唯道书药囊而已。"李珣之弟李玹延续了其家族经商的传统，以贩卖香药为业。隋唐两代关于波斯海商从事香料、药材贸易的详细史料虽然较为缺乏，但《唐大和上东征传》中的记载则从侧面提供了相关信息。天宝二年(743)，鉴真和尚第二次计划东渡日本之前，曾在扬州"备办海粮"。在他的采购清单中，其中可作为香料、药材之用的"麝香廿（剂），沉香、甲香、甘松香、龙脑香、詹糖香、安息香、栈香、零陵香、青木香、熏陆香都有六百余斤。又有毕钵、诃梨勒、胡椒、阿魏、石蜜、蔗糖等五百余斤，蜂蜜十斛，甘蔗八十束"[③]。鉴真和尚购买的这些香料、药材，应当是在扬州从事香药、药材贸易的波斯商贾提供的。

来华波斯海商从事香料、药材贸易的方式，一是输入中国本土所稀缺的外来香料、药材，销售给在中国卖药的胡商或本地商人；二是将从中国搜罗的药物以及据称有神奇医疗效果的宝石贩运回本土。这些波斯商贾之所以热衷在华贩鬻香药，一方面是由于他们循海路运输而来的诸

① 韩香：《唐朝境内的波斯人及其活动》，《中国边疆学》2016年第1期。

② 李昉等：《太平广记》卷一七《卢李二生》，中华书局，1961，第119页。

③ 真人元开：《唐大和上东征传》，汪向荣校注，中华书局，2000，第47—48页。

如安息香、苏合香、没药、苏木等香料、药材往往价格和利润不菲。至德年间（756—758），进士顾况《苏方一章》诗云："苏方之赤，在胡之舶，其利乃博。"其题注曰："苏方，讽商胡舶舟运苏方，岁发扶南、林邑，至齐国立尽。"① 苏方，即苏方木，又称苏木，"自南海昆仑来，交州、爱州亦有"②。波斯商贾从扶南转运苏方木到今山东、河北一带售卖，销路良好，显然是为其高额利润。另一方面则是由于时人对海舶香药的热衷，"舶上者佳""外国者良""波斯者良"频繁见于隋唐时期的文献中。毋庸置疑，时人的热衷保障了海舶香药具有良好的销售市场。虽然大部分海舶香药的功效显著，但并非蕃舶者皆佳。此外，部分波斯商人为求取高额利润，或夸大其词，或以次充好，或真中杂伪，在药物的性能、形状、颜色、质地等方面大做手脚。③ 可以说，隋唐时期来华的波斯海商在商业贸易中具有多面性，既具有诚信、慷慨的形象，表现出良好的职业道德和人格魅力，有时又呈现出作伪、欺诈的另一面相。

二、阿拉伯海商

公元7世纪中期，罗马帝国和萨珊波斯王朝灭亡后，地处欧洲与东方之间、幅员广阔的大食（即阿拉伯）帝国建立，使自红海、波斯湾直航唐朝的交通彻底贯通。大食人以其强大的实力替代罗马、印度商旅，与被征服的波斯人共同垄断、控制了东西方海上通道，贯通了自印度洋西岸至东方的航路，并一跃成为东西方海上贸易的主角。

大食人居住在辽阔的阿拉伯半岛上。半岛东北临波斯湾，东南临印度洋，西临红海，北有大沙漠。公元6世纪以后，在先知穆罕默德的带领下，阿拉伯半岛得以统一。其后，他的继承者创立了大食帝国。大食

① 中华书局编辑部点校：《全唐诗》（增订本）卷二六四，中华书局，1999，第2922页。

② 苏敬等：《新修本草》（辑复本）卷一四《木部下品·苏方木》，尚志钧辑校，安徽科学技术出版社，2005，第204页。

③ 陈明：《"胡商辄自夸"：中古胡商的药材贸易与作伪》，《历史研究》2007年第4期。

帝国以强大的攻势迅速征服了叙利亚、巴勒斯坦、伊拉克、埃及，把中东最富裕的城市，如埃及的亚历山大、叙利亚的大马士革、伊拉克的泰西封和巴士拉都纳入其版图。定都大马士革的倭马亚王朝（661—750）因旗帜和服饰尚白，故又称“白衣大食”。倭马亚王朝将原来的波斯帝国完全并入其版图，改为倭马亚哈里发下属的一个行省。随后，该王朝又发动了对拜占庭的战争，征服了北非和西班牙，向东又把穆斯林势力推进到印度和唐朝边界，建立起横跨欧、亚、非的大帝国。750 年，反倭马亚势力代表阿布·阿拔斯在伊朗、呼罗珊等地穆斯林的支持下推翻倭马亚王朝，定都库法，建立阿拔斯王朝（750—1258），中国称之为“黑衣大食”。经过十多年的混战，直到 762 年阿拔斯王朝才巩固了自己的统治，将首都迁至底格里斯河畔的巴格达。此后，阿拉伯人对东南亚及中国的海上贸易逐渐进入高潮，商人们可以从底格里斯河起航直接进入波斯湾，穿越印度洋后经马六甲海峡前往苏门答腊、爪哇、印支半岛和中国，越来越多的阿拉伯穆斯林商人从此开始在东南亚和中国南方沿海的主要贸易港埠寓居。

9 世纪中叶，关于唐代阿拉伯商人循海上丝绸之路入华的航路，曾到过中国的阿拉伯商人根据其亲身见闻所撰的《中国印度见闻录》，与阿拉伯地理学家伊本·胡尔达兹比赫的《道里邦国志》，皆有详细记录。《中国印度见闻录》大约成书于 851 年，该书对于研究唐代阿拉伯与中国之间的海上贸易具有极高的史学价值。[①] 1946 年法文译本的译者索瓦杰曾评价说：“就目前看，是任何别种著作也不能比拟的。这部著作比马可·波罗早四个半世纪，给我们留下了一部现存最古的中国游记。”日译本的译者藤本胜次也说道：“这个文献，对当时的阿拉伯伊斯兰商人，或更确切地说，对当时的斯拉夫商人，堪称是一部通俗的贸易指南。”[②]该书详细记载了从阿拉伯到中国的海上交通航线。著名学者李金明撰写的《唐代中国与阿拉伯海上交通航线考释》一文，将这一航线进行了详

① 张国刚：《中西文化关系通史——从张骞到郑和》两卷本，北京大学出版社，2019，第 121 页。

② 穆根来、汶江、黄倬汉译：《中国印度见闻录》，中华书局，1983，第 27、32 页。

细梳理，并分段对航线中所经地点进行了考释①。具体如下：

(1) 从伊拉克阿拉伯河口的巴士拉出航，向东航行经过的第一个海是波斯湾的法尔斯海，第二个海是拉尔海，第三个海是哈尔干德海。拉尔，一般认为是印度西海岸北部古吉拉特的别称，拉尔海指的是古吉拉特所处的阿拉伯海。哈尔干德海，即孟加拉湾。

(2) 在哈尔干德海与拉尔海之间，岛屿星罗棋布，据说共有1900个，标示出上述两片海域的分界……那些岛屿中的最后一个是锡兰岛。在哈尔干德海中，所有被称为迪瓦（diva，为梵文dvipa或巴利语dipa的音译，意为岛、洲）的诸岛中，锡兰岛是最主要的一个。在孟加拉湾与阿拉伯海之间岛屿星罗棋布，指的应是拉克沙群岛和马尔代夫群岛。

(3) 船只向锡兰岛航行，途中岛屿为数不多，但都很大，有一个叫南巫里岛，岛上有几个王国……有一名叫方苏尔的地方，盛产优质樟脑……这个岛位于哈尔干德海和海峡之间。“船只向锡兰岛航行”，由此说明这条航线是分段记载的，前面载述的是从巴士拉到锡兰岛的航线，而现在叙述的是从马六甲海峡到锡兰岛的航线。南巫里岛，一般认为指苏门答腊岛西北角的班达亚齐。方苏尔，亦名班卒儿，即今苏门答腊岛西岸出产樟脑的婆鲁斯，《新唐书·室利佛逝》名之为郎婆露斯。梁朝时名樟脑为婆律膏，即物以地名之证。② 此处之海峡，指马六甲海峡或新加坡海峡。

(4) 再往前进是楞伽婆鲁斯……越过楞伽婆鲁斯，便是两个被海水分隔开来的岛屿，叫安达曼。楞伽婆鲁斯，为一复合词。楞伽，《新唐书·师子国传》作棱伽山，斯里兰卡岛上的山名，亦以名全岛。③ 婆鲁斯仍为前面所述苏门答腊岛西岸的婆鲁斯，之所以冠上“楞伽”二字，可认为是锡兰的属地。据爪哇出土的8世纪的梵文碑铭记载，当时统治

---

① 下述关于中国与阿拉伯之间的海上交通航线，参考李金明《唐代中国与阿拉伯海上交通航线考释》，《广州社会科学》2011年第2期。

② 费瑯：《昆仑及南海古代航行考、苏门答腊古国考》，中华书局，2002，第110页。

③ 冯承钧：《西域地名》，中华书局，1982，第59页。

苏门答腊岛的山帝王朝是属锡兰国王统辖。① 安达曼，指孟加拉湾的安达曼群岛，分为大安达曼岛和小安达曼岛。

（5）至于船舶的来处，他们提到货物从巴士拉、阿曼以及其他地方运到斯拉夫，大部分中国船在此装货……货物装运上船以后，装上淡水就“抢路”——这是航海的人们常用的一句话，意思是“扬帆开船”，去阿曼北部一个叫作马斯喀特的地方。斯拉夫，现址不详，据阿布尔菲达说：“斯拉夫是法尔斯（波斯）的最大港口。该城没有田野，没有牲畜，有的只是卸货和张帆起航。该城人口密集，建筑非常豪华，一个商人要建一所住宅往往要花费三万迪纳尔（约合 30 万法郎）。”洛巴布书中亦写道：“斯拉夫是法尔斯海的一个城市，邻海，在基尔曼附近。”② 而费瑯译本却记载，斯拉夫遗址位于塔昔里港，北纬 27°38′，在公元 977 年被地震毁坏之前，一直是往印度和远东贸易的大转运港。③ 大部分中国船在此装货，据说是因为幼发拉底河和底格里斯河两条河流冲击泥沙所形成的浅滩造成了障碍，使庞大的中国船无法在波斯湾内畅通无阻。为解决这一问题，便促使了斯拉夫的发展……海船到斯拉夫后，货物用吃水浅的小船转运到巴士拉。④ 另据雷洛译本，也谈到当时中国商船多停泊斯拉夫港等待装运的原因：“其实，因阿拉伯河口及其附近的海面一带多浅滩，且风浪甚大，殊难航行。对于容积甚大的中国商船来说，当然更感困难。因此，中国商船就把东洋物产，诸如芦荟、龙涎香、竹木、檀木、樟脑、象牙、胡椒等，先载至斯拉夫港，然后用当地小船陆续把货物运到巴士拉和巴格达。至于波斯本地的物产，也是由小船先载运到斯拉夫港集中，然后再由中国商船运往东方。于是，斯拉夫港遂成为当时波斯湾最重要的贸易港口。”⑤ 马斯喀特，在阿曼湾南阿拉伯半岛

---

① 韩振华：《公元六、七世纪中印关系史料考释三则》，《厦门大学学报（文史版）》1954 年第 1 期。

② 费瑯辑注：《阿拉伯波斯突厥人东方文献辑注》，耿昇、穆根来译，中华书局，1989，第 66 页。

③ 穆根来、汶江、黄倬汉译：《中国印度见闻录》，中华书局，1983，第 40 页。

④ 穆根来、汶江、黄倬汉译：《中国印度见闻录》，中华书局，1983，第 41 页。

⑤ 桑原骘藏：《唐宋贸易港研究》，商务印书馆，1935，第 31 页。

东北角处，今阿曼的首都。

（6）从马斯喀特抢路往印度，先开往故临（Koulam-Malaya）……在故临我们加足淡水，然后开船驶往哈尔干德海。越过哈尔干德海，便到达名叫楞伽婆鲁斯岛的地方。故临，一作 Quilon，今印度南端西海岸的奎隆。Malaya，《大唐西域记》作秣剌耶山，今印度科钦以南的喀打莫姆山。该国以山名为国名，故临在其管辖之下，故称秣剌耶国的故临。

（7）船只抢路往个罗国（Kalah-Vara），瓦拉（Vara）的意思是“王国”与“海岸”，这是爪哇王国，位于印度的右方……然后商船向潮满岛前进……接着我们起航去奔陀浪山。个罗，义净在《大唐西域求法高僧传》中称为羯荼（Kedah），与阿拉伯人所言的 Kalah 应是同一地，指马来西亚的吉打。潮满岛，亦称地盘山、地满山、苎盘山等，即今马来西亚的雕门岛，位于马来半岛东岸外海。奔陀浪山，一作宾童龙，为占城碑铭梵文名称 Panduranga 的译音，指今越南东海岸的潘朗。

（8）随后，船只航行了十天，到达一个叫占婆的地方，该地可取得淡水……得到淡水以后，我们便向一个叫占不牢山的地方前进，这山是海中的一个小岛。十天之后，到达这一小岛，又补充了淡水。然后，穿过中国之门，向着涨海前进……船只通过中国之门后，便进入一个江口，在中国一处登岸取水，并在该地抛锚，此地即中国城市（广州）。占婆，为占城碑铭中 Champa 的译音，《新唐书》称之为环王、林邑或占不劳，指的是今越南的中南部。占不牢山，亦作不劳山、占笔罗山等，一般认为是马来语 Pulau Cham 的译音，指今越南广南——岘港省海岸外的占婆岛。中国之门，按费瑯的看法，在菲律宾的吕宋岛与中国的台湾岛之间，以及台湾岛与福建之间，有宽数百海里的海道通东海。此即阿拉伯水手所说的“中国之门”[1]。涨海，即阿拉伯所谓 Cankhay 的译音。伯希和认为：“涨海，即海南岛迄满剌加海峡间中国海之称。”[2] 按此处上下文的意思来看，涨海指的抑或应是南海。

伊本·胡尔达兹比赫是大食早期的地理学家。他于846—848年撰写

① 费瑯：《昆仑及南海古代航行考、苏门答腊古国考》，中华书局，2002，第38页。
② 伯希和：《郑和下西洋考　交广印度两道考》，中华书局，1955，第90页。

的《道里邦国志》，详细记载了唐代自波斯湾的巴士拉航行到中国广州、扬州等地的航线、里程和时间。该书把从波斯湾前往中国的航路分为三段。第一段，从巴士拉到锡兰。巴士拉至忽鲁谟斯（今霍尔木兹海峡），法尔斯沿海至提狱（Daibul）共 8 日程（1 日程相当于 6.24 千米），由此至弥兰河（即新头河，今印度河）河口为 2 日程。再航行 17 日程至没来（Mulay），行 2 日程至故临，再行 1 日程至锡兰。第二段，从故临向东航行 10 至 15 日程，横渡孟加拉湾到达郎婆露斯。复东行 6 日程，至个罗。由此行至婆露师（Balus，今印度尼西亚苏门答腊岛北部西海岸的大鹿洞附近），再经马六甲海峡至诃陵。第三段，从苏门答腊岛北部不远处的 Mayd，航向潮满岛。由此岛至吉蔑行 5 日程，复行 3 日程至占婆。再航行一段便至中国。①

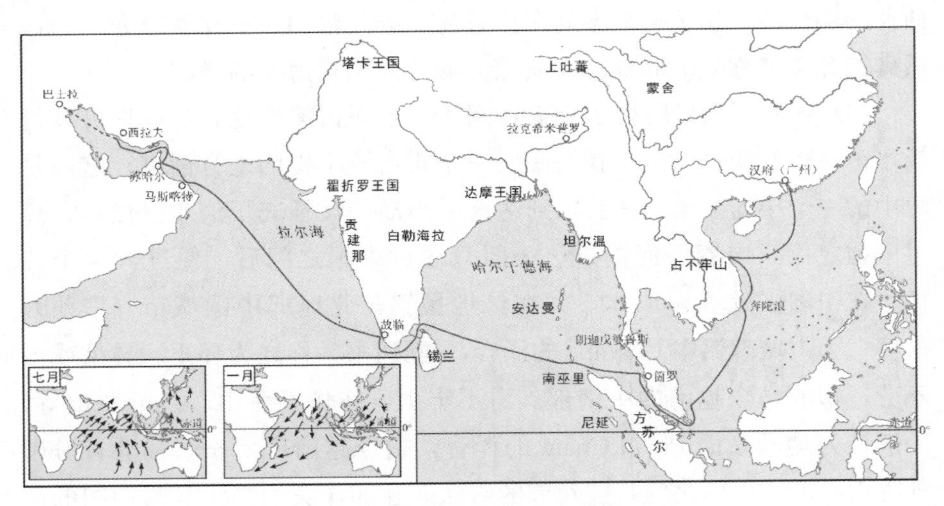

9—10 世纪阿拉伯人航海东来路线图

《中国印度见闻录》和《道里邦国志》不仅对从波斯湾至中国的航线、里程进行了详细记载，而且对沿岸港口地区的物产进行了介绍。这些详细的介绍足以说明阿拉伯人对该航线的熟悉，以及来往之频繁。从这些介绍中，我们也可管窥阿拉伯海商在此航线上的贸易往来情况，追溯其运至中国的香药、宝石等商品的来源地，以此丰富对 7—9 世纪亚

① 刘迎胜：《丝绸之路》，江苏人民出版社，2014，第 412 页。

洲海域贸易图景的构建。这一时期，中国正值唐朝大一统时期，国富民强，文化繁荣，包容开放。阿拉伯帝国的阿拔斯王朝也正处于鼎盛发展时期。“与此同时，地处印度尼西亚群岛的室利佛逝帝国积极发展与东亚的中国和西亚的阿拉伯之间的海上贸易，使之成为东西方商贾在东南亚辐辏之贸易重镇。在阿拉伯帝国、室利佛逝帝国和中国唐朝这三个当时世界上强大帝国的保障和推动之下，中国与东南亚及波斯湾之间的海上直航贸易迅速发展，成为当时世界上最稳定、路程最长的海上贸易航线。”① 在这条航线上，阿拉伯海商携带着来自本土的香药、宝石，西非的黄金、象牙等，在东南亚进行交易后，再满载来自本土和东南亚的香药、珍宝等物运至中国，交换丝绸、瓷器、药材等物。他们随着季风往返贸易，成为7—9世纪海上丝绸之路贸易活动的主要参与者。

值得一提的是，《道里邦国志》在介绍自巴士拉至中国南海的航程之后，又详细记录了阿拉伯商船进入唐朝境内之后的情况。该书的《通向中国之路》一节写道：从占婆至中国的第一个港口为鲁金（龙编，今越南河内一带）。“在鲁金，有中国石头（似为玉石）、中国丝绸、中国的优质瓷器，那里出产稻米。从鲁金至汉府（即今广东广州），海路为4日程，陆路为20日程。汉府是中国最大的港口。汉府有各种水果，并有蔬菜、小麦、大麦、稻米、甘蔗。从汉府至汉久（今福建一带某城市名）为8日程。汉久的物产与汉府同。从汉府至刚突（即江都郡，今江苏扬州）为20日程。刚突的物产与汉府、汉久相同。中国的这几个港口，各临一条大河，海船能在大河中航行。”② 该书不仅依次记载了阿拉伯商船进入唐朝境内之后，自龙编、广州、汉久至扬州由南至北的港口，而且对这些港口城市的物产进行了介绍。由此可见，中唐以后阿拉伯商船已深入中国东南沿海多个港口，且将东西方海上交通线的东端延伸至扬州，并通过大运河与中国内陆经济建立起联系。

---

① 钱江：《波斯人、阿拉伯商贾、室利佛逝帝国与印尼Belitung海底沉船：对唐代海外贸易的观察和讨论》，《国家航海》（第一辑），2011年第1期。

② 伊本·胡尔达兹比赫：《道里邦国志》，宋岘译注，中华书局，1991，第71—72页。

除中国东南沿海港口城市外，阿拉伯海商对中国的内陆城市及日本和朝鲜半岛也有相当的了解。据《道里邦国志》记载："全中国有300座人口稠密的城市。其中较为著名的有90座。中国的疆界起始于海洋，经吐蕃、突厥，终至西面的印度。中国的东方有瓦格瓦格（即倭国），那里盛产黄金，以至于瓦格瓦格人民用黄金制成拴狗的链子及猴子的项圈，他们拿出用黄金纺成的衣服去卖。瓦格瓦格出产优质的乌木。""在与刚素（即江都，刚素应是刚突的抄写致误）对面的中国的尽头有众山及诸国，那就是新罗国。该国盛产黄金，由于那里土地良美，故有一些穆斯林入其国就定居下来"①。尽管书中关于日本的记载具有一定的夸张成分，但这些记录表明，唐代入华的阿拉伯海商不仅深入中国内陆，而且将关注目光延伸至中国的近邻日本和朝鲜半岛。

在阿拉伯海商的积极推动下，从巴格达至广州之间建立了稳定的海上贸易航线，西亚、北非、南亚、东南亚和东亚市场由此建立起直接或间接的联系。随着阿拔斯王朝在埃及确立了自己的统治，大批产自西非加纳王国的黄金经由定居在北非的阿拉伯穆斯林商贾之手辗转输入阿拉伯半岛，接着再装上颇具特色的阿拉伯远洋帆船，满载黄金、宝石、香药的船只在东南亚交易后，航往中国。关于阿拉伯海商输入唐朝的商品，苏丹学者加法尔·卡拉尔·阿赫默德认为，主要有"乳香、圆木、干鱼、树胶、没药、咖啡、象牙、龟甲、犀牛角、樟脑、龙涎香、香水、药材、蔗糖、棉花、棉布、珠宝、珍珠、琥珀、羊毛、地毯、铁器、黄金、白银等"②。约公元9世纪中叶，阿拉伯商人苏莱曼所撰《苏莱曼东游记》中所述商品种类与之接近，阿拉伯海商"输入中国的东西，有象牙，有香料，有铜锭，有海龟壳（即玳瑁），有布禅，就是前文中所说的犀牛，中国人采取其角，作为带饰"③。阿拉伯海商输入的这

① 伊本·胡尔达兹比赫：《道里邦国志》，宋岘译注，中华书局，1991，第72—73页。

② 加法尔·卡拉尔·阿赫默德：《唐代中国与阿拉伯世界的关系》（上），金波、俞燕译，《新疆师范大学学报》2004年第2期。

③ 苏莱曼：《苏莱曼东游记》，刘半农、刘小蕙译，华文出版社，2016，第33页。

些种类丰富的商品并非完全来自其本土，还有出自西非的黄金、北非的象牙、东南亚的香料等。来华阿拉伯海商运回的商品，同样不仅包括中国本土的丝绸、瓷器等，亦有来自日本、锡兰、印度等地的土产。据《道里邦国志》记载："可以从中国输入丝绸、宝剑、花缎、麝香、沉香、马鞍、貂皮、陶瓷、绥勒宾节（意为围巾、斗篷、披风）、肉桂、高良姜；可以从瓦格瓦格国输入黄金、乌木；可以从印度输入沉香、檀香、樟脑、玛卡富尔（意为樟脑油、樟脑精）、肉豆蔻、丁香、小豆蔻、毕茄澄、椰子、黄麻衣服和棉质的天鹅绒衣服、大象；可以从赛兰迪布（即锡兰）输入各色各样的宝石、金刚石、珍珠、水晶及能磨制各种宝石的金刚砂；可以从穆拉和信丹输入胡椒；可以从凯莱赫输入锡矿石；从南方省区可输入苏木、大兹（"达莱赞吉"苏木）；从信德输入固斯特（一说认为它是一种药用芳香植物、闭鞘姜属，一说为印度沉香）、盖纳（阿拉伯名词，意为标枪木、梭标杆，推其原意应是一种制梭标杆的树木）和竹子。"①

由于海外贸易的繁荣，许多阿拉伯商人开始在中国居留。广州作为唐代唯一设置市舶使的港口，也是世界著名的海港，地当冲要，俗号殷富，"是阿拉伯商人荟萃的城市"②。有些阿拉伯商人在广州"列肆而市"，长期落户居住于此。③ 为此，唐政府专辟"蕃坊"，

苏哈号模型

① 伊本·胡尔达兹比赫：《道里邦国志》，宋岘译注，中华书局，1991，第73—74页。

② 穆根来、汶江、黄倬汉译：《中国印度见闻录》，中华书局，1983，第96页。

③ 王虔休：《进岭南王馆市舶使院图表》，《全唐文》卷五一五，中华书局，1983，第5235页。

以供广州的外商侨居。据《苏莱曼游记》描述："汉府是买卖人的汇聚处，中国皇帝派有伊斯兰教徒一人，办理（已得中国皇帝允许）前往该处经商的伊斯兰教徒的诉讼事务。每当节期，就由他领导着大众行祷告礼，宣诵呼特哈训词，并为伊斯兰教国的苏旦向阿拉求福。"[①] 由此足见，唐政府充分尊重来华外商的宗教信仰，并赋予他们在蕃坊内一定的自治权。

唐政府不仅给予聚居在蕃坊内的阿拉伯商人一定的司法权力和宗教信仰自由，在同他们的交易中，唐政府还采取了一些怀柔的优惠政策。如太和八年（834），唐文宗曾下达谕令："南海蕃舶，本以慕化而来，固在接以恩仁，使其感悦……其岭南、福建、扬州蕃客，宜委节度观察使常加存问，除舶脚、收市、进奉外，任其来往通流，自为交易，不得重加率税。"[②] 此外，部分比较开明的地方官也主动将一些勒索外商的陋规废除。如元和十二年（817），任岭南节度使的孔戣把原来外国商船到达广州港必须举办的"阅货之宴，犀珠磊落，贿及仆隶"[③] 的陋习，悉令废除。同时，他还对关于外商遗产处理的旧制作出修正，"旧制，海商死者，官籍其赀，满三月无妻子诣府，则没入。戣以海道岁一往复，苟有验者，不为限，悉推与"[④]。对于唐政府给予的优惠政策，来华贸易的阿拉伯海商深有体会。苏莱曼曾写道："商船从海外到了中国，就有（管理海口的）人来把所有的商货悉数抄去，由他代为闭锁在栈房里。在六个月之内，他们担负完全责任，把东西保护得很好，直到（乘着同一季候风而来的）最后一条船进了港口为止。于是，就各物中抽取（原物）百分之三十，作为入口税，余下的交还物主。货物之为中国国王所买，都按照最高的行市给价，而且立刻开发现钱。中国国王对商人们，是从来不会待错的。在许多进口货中，中国国王所买的，最重要的是樟

① 苏莱曼：《苏莱曼东游记》，刘半农、刘小蕙译，华文出版社，2016，第 18 页。
② 唐文宗：《太和八年疾愈德音》，《全唐文》卷七五，中华书局，1985，第 785 页。
③ 韩愈撰，马其昶校注，马茂元整理：《韩昌黎文集校注》卷七《碑志·唐正议大夫尚书左丞孔公墓志铭》，上海古籍出版社，1986，第 531 页。
④《新唐书》卷一六三《孔戣传》，中华书局，1975，第 5009 页。

脑，每一曼，给价五十法古其，每一法古其就是一千个福卢斯。国王买剩下来的樟脑，就只能卖一半的价。”[1] 唐政府对于蕃舶货物的保管以及高价购买，令阿拉伯商人热切地希望把货物卖给宫廷，而这一系列优待政策也吸引了越来越多的阿拉伯人来华贸易定居。

在唐朝政府的积极招徕下，当时广州的阿拉伯商人数量众多。乾元元年（758），大食、波斯两国围攻广州城，“刺史韦利见逾城走，二国兵掠仓库、焚庐舍，浮海而去”[2]。此后，外商暴乱的情况不再出现，转而呈现蕃舶辐辏、外国之货日至的繁荣情景。乾符五年（878）九月，广州的丝绸出口大受损失。阿拉伯商人逐渐退出广州，将贸易据点转移到马来半岛西岸的个罗。

阿拉伯商人除到达广州外，也来到泉州、扬州等地贸易侨居。唐天授年间（690—692），住在广州、泉州、扬州诸港的阿拉伯人数以万计。中唐以后，侨居泉州的外国人更多，出现了“船到城添外国人”[3] 的外贸盛况。据夏德、柔克义在《赵汝适》一书中所称：“当九世纪时，或者有可能比九世纪更早一些，中国南部的海外贸易，已部分移到泉州(靠近现在的厦门)。泉州在此之前，曾与日本、高丽有贸易联系，有将近一个世纪的历史，后来阿拉伯人发现，该地有日本、高丽等国的产品，而这些产品，在广州是无法得到的。此外，在泉州还可获得当局较轻关税的优待。”[4] 由此可知，当时阿拉伯人到泉州贸易的目的，一是为了购买日本、高丽的产品。《道里邦国志》中对日本、新罗物产的介绍，其信息极有可能是从泉州获取的。二是可享受较轻的关税待遇。当时阿拉伯商人侨居泉州的数量应当不少，太和八年（834）唐文宗谕令岭南节度使应对外商存问时，就曾提到“福建蕃客”。随同这些阿拉伯商人来华传教的伊斯兰教徒也曾在泉州传教。据《闽书》卷七《方域志》记

① 苏莱曼：《苏莱曼东游记》，刘半农、刘小蕙译，华文出版社，2016，第 34 页。

② 司马光：《资治通鉴》卷二二〇，唐肃宗乾元元年九月癸巳，中华书局，1956，第 7062 页。

③ 薛能：《送福建李大夫》，《全唐诗》（增订本）卷五五九，中华书局，1999，第 6542 页。

④ 韩振华：《唐代南海贸易志》，《福建文化》第二卷第三期，1945。

载，唐武德中（618—626），伊斯兰教创始人穆罕默德的门徒四人来到中国，“一贤传教广州，二贤传教扬州，三贤、四贤传教泉州”，在泉州传教的沙谒储、我高仕二人死后葬于泉州东门外灵山。可见，自唐初开始，泉州也逐渐成为阿拉伯人聚居的地方。

扬州位于长江与运河的连接处，为东西南北水路之中心，也是唐都长安的咽喉，商业繁盛，富甲天下。来华贸易的阿拉伯商人，为了向朝廷推销自己的货物，或把朝廷拣剩的余物投向市场，亦纷纷集中到扬州来。[①] 阿拉伯海商到达扬州的路径主要有两条：盛唐以前，阿拉伯海商大都由波斯湾出航，经马六甲和北部湾，抵达中国广州，或在福建沿海登陆，然后由梅岭等通道，经洪州（今江西南昌）、江州（今江西九江），循江北上扬州；自8世纪开始，阿拉伯海商已经能循近海航线，由波斯湾、马六甲、北部湾沿海，直接驶向扬子江口，而达于扬州。随着大食商舶逐渐由广州北上进入泉州、扬州等地，一些商旅或在扬州等地与新罗商人的接触中了解到朝鲜半岛的情况，并将其贸易推进到地处东北亚的新罗港口。[②] 据《旧唐书》卷一二四《田神功传》记载，当时居留扬州的阿拉伯、波斯商人达数千人。这些阿拉伯商人大都以经营香药和珠宝为业，并从扬州贩回丝绸、瓷器、铜器和其他手工业品。

第三节　东海丝路上的外国海商

隋唐时期，中国与朝鲜半岛、日本之间的经济联系十分密切。自隋文帝开始，朝鲜半岛上的新罗、百济两国，以及海东的日本就通过派遣使节聘问的方式，与中国进行贵重物资的交换。但这种封贡体制下的贸易带有较强的政治色彩，经济交流十分有限。唐中期以后，随着封贡体

① 李金明：《唐代中国与阿拉伯的海上贸易》，《南洋问题研究》1996年第1期。

② 马建春、李蒙蒙：《9—13世纪朝鲜半岛大食蕃商行迹钩沉》，《中国经济史研究》2021年第4期。

制的衰落，民间海洋贸易崛起。除中国海商外，新罗、日本等国商人在东北亚海域之间频繁往来。尤其是新罗商人在中国、朝鲜半岛与日本的海上贸易往来中起到桥梁作用，张保皋贸易集团成为9世纪东北亚国际贸易最重要的海上力量。

自隋文帝开皇年间（581—600）开始，朝鲜半岛和日本纷纷派遣朝贡使团来华，各国使节来华携带礼物并得到大量回赠，遣隋使、遣唐使带回的中国朝廷回赠的物品，刺激了朝鲜半岛和日本对华商品的需求。安史之乱后，官方朝贡贸易逐渐衰落，民间海洋贸易随之兴起，东方海上丝绸之路更加繁荣。唐朝与新罗、日本的海上贸易迎来更大发展，海上民间贸易和人员往来更加活跃，扬州、明州（今浙江宁波）、海州（今江苏连云港）、登州（治蓬莱，今山东蓬莱）等港口城市随处可见外商的身影，其中尤以新罗商人数量最多。

唐仪凤元年（676），新罗统一朝鲜半岛后，新罗与唐朝的友好关系进一步发展。来华贸易的新罗商人越来越多，并在中国建立起商业网络。据日本僧人圆仁的《入唐求法巡礼行记》中记载，北起登州、莱州（治掖，今山东莱州），南达楚州（治山阳，今江苏淮安）、泗州（治临淮，今安徽泗县），更南抵达扬州（今江苏扬州）。登州设有新罗馆，文登（今山东文登）东界设有新罗所，楚、泗等州都设有新罗坊，专门用来居停新罗商人。[①] 新罗商人往往自备船只，频繁航行于渤海和黄海之间。这些新罗商人在回航时，往往以山东半岛的登莱地区为起点，主要航行线路即贾耽《海内华夷图》记录的“登州海行入高丽渤海道”。具体航线如下：

> 登州东北海行，过大谢岛（今长山岛）、龟歆岛（今大钦岛）、末岛、乌湖岛（今北城隍岛）三百里，北渡乌湖海，至马石山（今旅顺）东之都里镇二百里。东傍海壖，过青泥浦（今大连湾）、桃花浦、杏花浦、石人汪（今石岛以北的海峡）、橐驼湾（今东港大鹿岛以北的大洋河口）、乌骨江（今丹东之瑷江，其流汇入鸭绿江

① 王仲荦：《隋唐五代史》，上海人民出版社，2016，第624页。

入海）八百里。乃南傍海壖，过乌牧岛（今朝鲜平安北道的身弥岛）、浿江（今朝鲜大同江）口、椒岛（今大同江出海口的椒岛），得新罗西北之长口镇。又过秦王石桥、麻田岛（今韩国礼成江口的乔桐岛）、古寺岛（今韩国江华岛）、得物岛（今大阜岛），千里至鸭绿江口唐恩浦口（今韩国京畿道的南阳）。乃东南陆行，七百里至新罗王城（今韩国庆尚北道的庆州）。自鸭绿江口舟行百余里，乃小舫溯流东北三十里至泊汋口，得渤海之境。又溯流五百里，至丸都县城，故高丽王都。又东北溯流二百里，至神州。又陆行四百里，至显州，天宝中王所都。又正北如东六百里，至渤海王城。①

登州古港

登州地处沿海，与新罗、百济、高句丽、日本等国隔海相望，属于“边州”之列，不仅为唐朝与朝鲜半岛、日本等进行封贡往来的必经之地，也是民间海商入海、登陆的重要港口。尤其是薛平任“押新罗、渤海两蕃使”期间，于长庆三年（823）肃清贩卖新罗人口的海贼后，新罗人在这条航道上的商贸活动更加活跃。除这条航线外，唐朝与新罗之间的民间商贸往来活动中，还有一条由登州横渡黄海直达新罗的航线。

唐代中后期诗人创作了多首送行新罗人归国的诗歌，如章孝标的《送金可纪归新罗》、贯休的《送人归新罗》、项斯的《送客归新罗》、顾非熊的《送朴处士归新罗》、马戴的《送朴山人归新罗》、姚鹄的《送僧归新罗》、张乔的《送棋待诏朴球归新罗》等。② 从这些诗歌中可以看出，往来于唐朝与新罗的船只很多。项斯的《送客归新罗》写道：“君

①《新唐书》卷四三下《地理志》，中华书局，1975，第752页。

② 方回：《瀛奎律髓》卷三八《远外类》，上海古籍出版社，1993，第444—445页。

家沧海外，一别见何因。风土虽知教，程途自致贫。浸天波色晚，横笛鸟行春。明发千樯下，应无更远人。”“明发千樯下”形象说明了码头上出海远航的船只数量之多。上述诗歌均创作于薛平肃清贩卖人口的海贼之后，很大程度上反映了当时海上贸易的活跃与繁荣。圆仁在《入唐求法巡礼行记》里的记载，更能清楚地说明这一点。如开成四年（839）四月五日，圆仁在密州大珠山沿海一带遇到新罗商船，船上的人说：“吾等从密州来，船里载炭，向楚州去。本是新罗人，人数十有余。”[①] 五月二十五日，在乳山泊海域，圆仁见到“新罗舶一只悬白帆从海口渡去，不久之顷，回帆入来”[②]。由此足见在唐朝与朝鲜半岛之间新罗商人数量之多，商舶往来之频繁。

除承担唐朝与朝鲜半岛之间的商贸往来外，新罗商人也是中日航线上的重要海商群体。如开成四年（839），最后一批日本遣唐使团归国时，雇佣了新罗商船9只，并在楚州新罗坊雇佣“谙海路者60余人”。此外，在中国沿海地区，圆仁曾多次遇到航往日本的新罗商船。如大中元年（847）六月九日在楚州新罗坊，圆仁“得苏州船上唐人江长、新罗人金子白、钦良晖、金珍等书云：‘五月十一日从苏州松江口发往日本国’”[③]。十八日，圆仁一行“乘楚州新罗坊王可昌船”[④]，赶赴牢山，准备乘新罗人金珍的商船返回日本。

中日海上航线之所以活跃着比较多的新罗商船，与新罗所处的地理位置以及和唐朝的密切关系息息相关。新罗不仅处于中、日航道之间，且是唐朝的附属国。在山东半岛和江浙沿海一带有许多新罗侨民，有的还在唐朝从军或在地方政府担任职务。这为他们在唐朝建立贸易基地，

---

① 释圆仁著，白化文、李鼎霞、许德楠校注：《入唐求法巡礼行记校注》，花山文艺出版社，2007，第136页。

② 释圆仁著，白化文、李鼎霞、许德楠校注：《入唐求法巡礼行记校注》，花山文艺出版社，2007，第159页。

③ 释圆仁著，白化文、李鼎霞、许德楠校注：《入唐求法巡礼行记校注》，花山文艺出版社，2007，第503页。

④ 释圆仁著，白化文、李鼎霞、许德楠校注：《入唐求法巡礼行记校注》，花山文艺出版社，2007，第506页。

经营海上运输和贸易创造了条件。特别是那些具有唐朝生活经历，又在唐朝和新罗担任过官员的新罗人，借助唐中后期海上贸易的宽松环境，一些人很快组成特大海上贸易集团。[①] 其中，最具代表性的是新罗人张保皋。

张保皋（790—846），新罗人，其不仅骁勇善战，长期镇守清海（今韩国莞岛），维护海上交通秩序，亦掌控9世纪东北亚海域最重要的海上贸易集团，为东海丝路的繁荣作出了重要贡献，被韩国人奉为“海上王”。中文文献关于张保皋的记载，最早见于杜牧的《张保皋、郑年传》。据杜牧记载：“新罗人张保皋、郑年者，自其国来徐州，为军中小将。保皋年三十，年少十载，兄呼保皋。俱善斗战，骑而挥枪，其本国与徐州无有能敌者。复能没海，履其地五十里不噎。角其勇健，保皋差不及年。保皋以齿，年以艺，常龃龉不相下。后保皋归新罗，谒其王曰：‘遍中国以新罗人为奴婢，愿得镇清海，使贼不敢掠人西去。’其王与万人，如其请。自大和后，海上无鬻新罗人者。”[②] 杜牧的记载虽未言及张保皋从事海洋贸易的情况，但提供了张保皋曾在唐朝军队中任职，回国后申请剿灭贩卖人口的海盗并请兵驻扎清海等重要信息。

张保皋铜像

9世纪初，张保皋入唐并投身徐州武宁军中，因骁勇善战，累立军功，于唐宪宗元和十四年（819）被擢升为军中小将。唐文宗太和二年（828），张保皋回到新罗。据高丽王朝的金富轼所撰《三国史记》卷一〇《新罗本纪》“兴德王三年（828）”条记载：“夏四月，清海大使弓福，姓名张氏，一名保皋，入唐徐州军中小将，后归国谒王，以卒万人，镇清海。”所谓“镇清海”，即在清海设立军镇。新罗的军镇通常建立于边

① 刘凤鸣：《唐中后期东方海上丝绸之路繁荣原因探析》，《中国高校社会科学》2015年第6期。

② 杜牧：《樊川文集》，上海古籍出版社，2007，第101页。

境和交通要冲地区，以保国境安全。或许，新罗王朝认为清海镇居西南沿海而在唐、罗航线之南的缘故，又于次年在唐恩浦口设立唐城镇；在文圣王六年（844）于汉江、临津江、礼成江的汇合处设立穴口镇（位于今江华岛）。关于张保皋在清海镇打击海盗的情况，史无记载，我们不得其详。但前引杜牧所言“自大和后，海上无鬻新罗人者”的结果，应是唐朝禁掳新罗人口令开始发挥作用，同时海盗势力也受到新罗沿海军镇设置的震慑影响。

张保皋为何首先选择在偏居新罗南端西侧的莞岛建立军镇打击海盗？如果他就在唐津浦口外和穴口镇或北岛屿设立军事据点，或许更为合适。只要海盗不直接从新罗南端直渡黄海，而依新罗西南海岸线附近航行，在唐津浦口一带就完全可以拦截海盗的回唐之路，在此开设军镇打击海盗活动的位置无疑更佳。而张保皋所选的清海镇，已经偏居新罗南端，并位于新罗南端众多岛屿的深处，即使从这里直渡黄海前往唐朝，从清海镇所在的莞岛还要穿越新罗南端的珍岛、荷衣岛以及黑山群岛等外围岛屿。海盗纵使在新罗南端沿海掳掠新罗人口，从清海镇赶往邻近的水域，在当时的条件下也需要半天时间。而对于新罗西南海岸的海盗活动，清海镇更是鞭长莫及。因此，可以认为张保皋首开军镇于莞岛的主要目的，并不是针对如何有效打击海盗势力的问题，而是选择一个在唐朝、新罗和日本之间进行海洋运输的可靠基地。但是，他首先在新罗主动提出用军事手段来打击掳卖新罗人口的海盗活动，应是基于他的经济目的而采取的政治手段。一方面，他可以借机从新罗国王那里取得政治支持和部卒补充，以便建立自己的海洋运输和安全保障体系；另一方面，也可以增强他在唐朝新罗侨民中的影响力。尤其是那些曾经沦为奴婢又被唐朝放良并且仍然寄居在唐朝沿海州县的新罗侨民，对于张保皋用武装力量来打击海盗势力的主张，更加感同身受和坚决拥护。或许，张保皋在徐州为军中小将时，已从淄青镇节度使李师道所主持的国际贸易中得到启示，他也要建立自己的海洋运输和贸易体系。所以，他首先选择在莞岛设立清海镇，因为莞岛背靠新罗南部的长兴半岛，有比较纵深的腹地，便于获得新罗内陆的物资供应；而在莞岛的东北方向上，正与日本九州岛隔海相望；莞岛西邻黑山群岛，从此往西直渡黄

海，即是唐朝的登莱之地。莞岛正好地处中间，既便于与唐朝和日本通航，也便于与新罗大陆来往。[①]

张保皋在清海设立军镇后，并以此为基地，依靠在唐朝的新罗侨民的力量，建立了一个从唐朝经新罗至日本的海上运输和贸易体系。据圆仁《入唐求法巡礼行记》所载，其一行从唐朝返回日本时所乘坐的新罗商船的航行路线，是从唐朝登州经新罗南界再至日本博多湾的航线，整个航程所需时间包括中途候风在内约十天。据此推算，新罗商船循此航线在唐朝、新罗、日本之间往返，每年可达数次。

为了确保唐朝、新罗、日本之间贸易的顺利开展，张保皋不仅在登州文登修建赤山法花院，而且在唐朝设置专门的“大唐卖物使”。据圆仁《入唐求法巡礼行记》记载，开成四年（839）六月七日，“未申之际，到赤山东边泊船。乾风大切。其赤山纯是岩石，高秀处，即文登县清宁乡赤山村。山里有寺，名赤山法花院，本张宝高初所建也。长有庄田，以宛粥饭，其庄田一年得五百石米”。二十七日，“闻张大使交关船二只到旦山浦”。二十八日，“大唐天子差入新罗慰问新即位王之使，青州兵马使吴子陈、崔副使、王判官等等卅余人登来寺里相看。夜头，张宝高遣大唐卖物使崔兵马司来寺问慰”[②]。圆仁所言“张宝高”“张大使”皆是指张保皋。赤山法花院为张保皋所建，但该寺院不仅是一个宗教场所，也是张保皋组织和团结当地新罗侨民、接待中外客人的重要外交场所。唐朝皇帝派遣慰问新罗新王即位的使节特意到赤山法花院看望，很

① 陈尚胜：《东亚贸易体系形成与封贡体制衰落——以唐后期登州港为中心》，《清华大学学报（哲学社会科学版）》2012年第4期。陈丽华：《唐宋之际登州港的繁荣与福建海上交通的发展》，《青岛大学师范学院学报》2008年第2期。她认为：唐宋之际，作为中国北方最繁荣的港口，登州港是五代闽国沟通中原的重要途经口岸，为闽王的偏安一隅以及福建沿海连通北方、促进福建经济发展起到了不可忽视的作用；登州港还是闽商通往东北亚的主要中转港口，至少在北宋初期，闽商频繁出入高丽，与登州港有一定关系。同时，登州港的繁荣也离不开与其他港口的贸易往来，它们的关系是相互的。

② 释圆仁著，白化文、李鼎霞、许德楠校注：《入唐求法巡礼行记校注》，花山文艺出版社，2007，第163—164、166页。

大程度上说明了唐廷对赤山法花院的高度关注。“交关船”指张保皋集团进行贸易需要通关的船只。该船到达的“旦山浦”离赤山浦不远，时属登州文登县所辖。“崔兵马”名崔晕，为新罗“清海镇兵马使”，同时兼任张保皋的“大唐卖物使”。这一官职的设置，说明张保皋海上贸易集团具有军贸合一的性质。

除登州外，楚州也是张保皋在唐朝的一个重要贸易基地。楚州，今江苏淮安，位于淮河下游，东凭黄河可进入黄海；西靠大运河，依河向南航行可直接到达扬州。楚州所处位置既具备沟通东西水运的地理优势，又接近经济中心扬州，便于各方商品物资汇聚，以及组织船队运输商品至新罗和日本。同时，自楚州至登州遍布多个新罗侨民聚居点，并有新罗人的航海基地以及为新罗船队提供后勤保障服务的设施。如楚州的涟水县，密州的驻山浦，登州文登县的赤山村、刘村、旦山浦和长淮浦，登州牟平县的邵村浦、乳山浦、庐山，以及莱州崂山附近等地，皆设有新罗村、新罗坊，有大量新罗人居住，为新罗船队提供人员补充和信息服务等。密州的大朱山有新罗人的修船厂，新罗侨民“就山取材”，为过往的新罗船只提供维修服务。在莱州的崂山，则有新罗人建立的一个航海基地。登州所属的乳山浦、邵村浦、赤山浦、长淮浦诸港口，皆是张保皋国际贸易船队在唐驻泊及启程回国和前往日本的港口。楚州的涟水县也是张保皋在唐境的重要贸易基地。据圆仁记载，张保皋的遣唐卖物使崔晕曾给圆仁留书曰：“和上（尚）求法归国之时，事须将此名只到涟水，晕百计相送，同往日本。”[①] 崔晕给圆仁留书要与其同往日本，说明崔晕很有可能要将中国货物运往日本销售，而涟水县或许是张保皋海商集团的一个货物集散中心或是船队航往日本的起航地之一。

随着张保皋海上商贸活动的日益兴盛，至9世纪上半叶形成了以清海为大本营，以赤山、登州、莱州、泗州、楚州、扬州、明州、泉州和日本九州为据点的海运商业贸易网络。张保皋的海上商贸集团几乎垄断了这一时期唐朝、新罗、日本之间的海上贸易，成为9世纪东北亚最重

① 释圆仁著，白化文、李鼎霞、许德楠校注：《入唐求法巡礼行记校注》，花山文艺出版社，2007，第479页。

要的海商集团。[①]

关于张保皋海商集团的人员组成，韩国学者金成勋认为，该集团为“军产结合的综合商社”，“即船员组、军事组和商人组这三方面的人员力量构成了张保皋海上贸易王国建设与运营的主要人员和势力基础”[②]。这些人员主要来自流浪和散居在黄海沿岸的新罗人，以及因唐朝减军政策被强制退役的藩镇军人中的新罗人。流浪在黄海沿岸地带无家可归的新罗人，很大一部分是被海盗掠卖到唐朝的。他们原本居住在新罗沿岸地带，因此对附近海域十分熟悉。唐朝禁止贩卖新罗人口后，这些被掠为奴隶的新罗人被放良，但他们往往居无定所，流浪在黄海沿岸。这些人因熟悉唐朝与新罗之间的海域情况，很大一部分被张保皋吸纳进组织，负责造船和航海事宜。与张保皋具有相似处境的在唐新罗退役军人，被唐军裁减后生计难以维持。张保皋充分招揽这些军士，利用他们军人的身份优势对付海盗，以确保海上贸易的安全。另外，随着张保皋海上商贸集团的逐渐发展，具有一定经济基础并且在唐朝经商的新罗人也加入该组织当中。例如，在唐新罗人张咏，原本从事唐朝与日本间的海上贸易，824 年曾到过日本，后担任勾当新罗所押衙。“勾当”，唐代口语，含管理、办理的意思；“押衙”，唐代军事官员。《旧唐书·职官志》记载：“凡诸军镇每五百人置押官一人。”张咏的职级只是相当于“押衙”，并不领兵，但直属于平卢军节度使领导的军队系统，否则不会称为“同

---

① 陈尚胜：《论唐代的新罗侨民社区》，《历史研究》1996 年第 1 期；陈尚胜：《论唐代与新罗的文化交流》，《山东大学学报》1995 年第 4 期；拜根兴对此多元议题展开研究，参阅其《七世纪中叶唐与新罗关系研究》，中国社会科学出版社，2003；拜根兴：《唐朝与新罗关系史论》，中国社会科学出版社，2009；拜根兴：《唐代高丽百济移民研究：以西安洛阳出土墓志为中心》，中国社会科学出版社，2012；拜根兴：《石刻墓志与唐代东亚交流研究》，科学出版社，2015。其他恕不一一赘列。

② 金成勋：《未来史视角에서본张保皋海洋经营》，《张保皋와清海镇》，惠眼，1996 年，第 91 页。参考朴天伸《8 至 9 世纪“在唐新罗人”在黄海海上的交易活动》，北京师范大学博士学位论文，2008 年。

十将兼登州诸军事押衙”①。张咏的身份为平卢军节度同十将兼登州诸军事押衙，负责管理居住在登州文登县的新罗人事务。839年，张咏被委任管理张保皋创建的法花院庄田，显然这时张咏已经加入张保皋商贸集团。

张保皋商贸集团所经营的唐朝、新罗、日本之间的海上贸易，几乎垄断了这一时期三国之间的民间海洋贸易。张保皋一方面在登州赤山浦设置专门的“卖物使”，利用新罗侨民在唐朝的人脉关系，推销马匹、人参、牛黄等本国物产，同时采购丝绢、瓷器、铜镜、藤席等中国商品回国，在中转贩卖中赚取商业利润。为拓展对日贸易，张保皋还向日本“进献方物”，向博多港派驻贸易代表，日本称为“回易使”，进行跨国贸易活动。据日本文献《平安遗文》记载，天长十年（833）以后，“新罗商人频频而来，货赍铜鋺迭子等”②。从铜鋺迭子等商品来看，应为新罗本国生产，这些商品是否确为张保皋商贸集团所输入，并无确凿证据。但日本文献中确实记载有张保皋遣使赴日贸易之事。据日本官方史料《续日本后记》记载，承和七年（840）十二月二十七日，“大宰府言：藩外新罗臣张宝高遣使献方物，即从镇西追却焉，为人臣无境外之交也”。次年二月，“太政官仰大宰府云：新罗人张宝高，去年十二月进马鞍等。宝高是为他臣，辄敢致贡，稽之旧章，不合物宜，宜以礼防闲，早从反却，其随身物者，任听民间令得交关，但莫令人民违失沽价，竞倾家资，亦加优恤，给程粮，并依承前之例”③。张保皋遣使向日本太宰府进

① 据学者推测，唐朝的押衙和宋朝的衙前，有一定的制度沿袭痕迹。参阅唐刚卯《衙前考论》，《宋史论集》，中州书画社，1983；刘安志：《唐五代押牙（衙）考略》，《魏晋南北朝隋唐史资料》1998年卷；赵贞：《归义军押衙兼知他官略考》，《敦煌研究》2001年第2期；顾士敏：《北宋“衙前”考》，《云南师范大学学报（哲学社会科学版）》1986年第4期；王曾瑜：《宋衙前杂论》，《北京师范学院学报》1986年第3期和1987年第1期；魏峰：《论衙前在北宋的转化》，《宁夏社会科学》2002年第6期。

②《平安遗文》卷一《安祥寺伽蓝缘起资财帐》。参考陈尚胜《东亚贸易体系形成与封贡体制衰落——以唐后期登州港为中心》，《清华大学学报（哲学社会科学版）》2012年第4期。

③ 黑板胜美：《新订增补国史大系》第3卷《续日本后记》，吉川弘文馆，1966，第113、117页。

献方物之事，显然是为了拓展其在博多港贸易的一种公关手段。日本太宰府虽然以人臣无外交为由拒绝了张保皋的遣使贡献行为，但还是默许其在博多港进行贸易，允许民间海上贸易的货物入关，而且要求合理定价，不让“境外之人”吃亏，同时还按优抚条件给予回程的粮食。承和九年（842）春正月二日，“筑前国守文室朝臣宫田麻吕取李忠（李忠，张保皋的贸易使者）等所赍杂物，其词云：‘宝高存日，为贸唐国货物，以绝付赠，可报获物，其数不少。正今宝高死，无由得物实，因取宝高使所赍物者，纵境外之人，为爱土毛，到来我境，须欣彼情，令得其所。而夺回易之便，绝商贾之权，府司不加勘发，肆令并兼，非失贾客之资，深表无王宪之制。仍命府吏，所取杂物，细碎勘录，且给且言，兼又支给粮食，放归本乡。’”[①]。张保皋“贸唐国货物”，显然是将唐朝商品通过海洋贸易贩运至日本销售。“以绝付赠”则表明日本政府与张保皋之间亦存在贸易往来，他们用日本丝绸换取张保皋从唐朝运来的货物。张保皋死后，其使者运往日本的唐货仍然为数不少，足见其从事的唐日海上贸易规模之大。同时，日本政府照旧支付给张保皋使者一定的货款和粮食，放其归乡，显示了日本政府对唐日民间海洋贸易的支持态度。

841年，新即位的文圣王因惧怕张保皋势力，联合新罗贵族借“欲谋乱、据镇叛”的罪名，派人在张保皋醉酒后将其杀害。张保皋死后，其一手构建的东亚海上国际贸易集团也很快瓦解。曾任张保皋“大唐卖物使”的崔晕逃至唐朝避难，居住于泗水县新罗侨民聚居的新罗坊。据圆仁记载，他在开成四年（839）第一次与崔晕相遇。崔晕回到新罗后，“遇国难，逃至涟水县居住”。二人在会昌五年（845）七月九日再次相遇后，“今见便识，情分不疏”。[②] 被张保皋派往日本的“回易使”李忠、扬圆也自愿留居日本，以避祸难。据《续日本后记》记载：“新罗人李

① 黑板胜美：《新订增补国史大系》第3卷《续日本后记》，吉川弘文馆，1966，第127—128页。

② 释圆仁著，白化文、李鼎霞、许德楠校注：《入唐求法巡礼行记校注》，花山文艺出版社，2007，第479页。

少贞等卅人，到着筑紫大津，大宰府遣使问来由。头首少贞申云，张宝高死，其副将李昌珍等欲叛乱，武珍州列贺阎丈兴兵讨平，今已无虞，但恐贼徒漏网，忽到贵邦，忧乱黎庶，若有舟船到彼不执文符者，并请切命所在推勘收捉。又去年回易使李忠、扬圆等所赍货物，乃是部下官吏及故张宝高子弟所遗，请速发遣，仍赍阎丈上筑前国牒状参来者。公卿议曰，少贞曾是宝高之臣，今则阎丈之使，彼新罗人，其情不逊，所通消息，彼此不定，定知商人欲许交通，巧言攸称。今覆解状云，李少贞赍阎丈上筑前国牒状参来者，而其牒状无进上宰府之词，无乃可谓合例，宜彼牒状早速进上，如牒旨无道，附少贞可返却者。或曰，少贞今既托于阎丈，将掠先来李忠、扬圆等，谓去年回易使李忠等所赍货物，乃是故宝高子弟所遗，请速发遣。今如所闻，令李忠等与少贞同行，其以迷兽投于饿虎，须问李忠等，若嫌与少贞共归，随彼所愿，任命迟速。”[①] 日本大宰府对于新罗朝廷派专使到筑紫追索张保皋赴日商贸人员及财物的要求，本着保护李忠、扬圆等人生命安全和博多港的国际贸易长久利益，采取了留人退物的应对措施，从而使到博多港进行贸易的外国商人有了安全保障。[②] 然而，东北亚海洋贸易的张保皋时代却由此终结。851 年，清海军镇被撤，其作为东北亚海上交通与国际贸易的枢纽地位随之消失，同时登州港在东北亚的海上贸易地位也逐渐衰落。

随着张保皋海上贸易时代的结束，登州港作为中国在东北亚海域贸易中主要港口的地位让位于明州港。在张保皋集团努力经营下所形成的登州（唐朝）—清海镇（新罗）—博多（日本）的固定海上贸易航路逐渐衰落。晚唐时期，不仅中国海商赴日贸易多选择从明州出航，而且侨居中国的新罗商人也将经商地点转移至明州及其周边地区。例如，继张保皋之后，唐末活跃在中国沿海地区影响较大的新罗商人金清，即在明州一带从事海洋贸易。据唐昭宗光化四年（901）所立牟平县昆嵛山（位

① 黑板胜美：《新订增补国史大系》第 3 卷《续日本后记》，吉川弘文馆，1966，第 127 页。

② 陈尚胜：《东亚贸易体系形成与封贡体制衰落——以唐后期登州港为中心》，《清华大学学报（哲学社会科学版）》2012 年第 4 期。

于山东半岛东部，时属登州管辖）无染院石碑碑文记载："鸡林（新罗国别称）金清押衙，家别扶桑（新罗国别称），身来青社（指齐国所在的山东半岛），货游鄞水（属明州），心向金田（佛寺的别称），舍青凫（指金钱）择郢匠之工，凿白石竖竺干之塔……竟舍珍财，同修真像，信明湘汉，志重牟尼。"① 新罗人金清因常驻登州，故出资修建昆嵛山无染院。但"货游鄞水"则表明金清在明州一带经商，或者说他在山东半岛和江浙地区从事贸易。长期以来将登州作为贸易据点和出航地的在唐新罗商人开始在明州一带经商，表明至唐朝末年中国境内的东北亚海域贸易主要港口已从登州向明州转移，原本活跃在东北亚海域的新罗商人也逐渐被中国明州商帮所取代。

① 民国《牟平县志》卷九《文献志·金石类》，1936，第400页。

第六章
承前启后：隋唐海丝商贸在中国古代的地位

从汉代至元朝一千五百余年间，海丝商贸活动取得了巨大发展，其贸易区间的南段从中国东南沿海、中南半岛逐步扩展至马来群岛、印度洋沿岸和波斯湾地区；北段从中国登州、明州等港口出航，穿越黄海、东海，到达朝鲜半岛和日本；贸易对象从扶南人、罗马人扩大至马来人、波斯人、阿拉伯人和新罗人、日本人；海丝商贸在对外贸易中的地位经历了从补充陆地贸易到海陆并进，并最终超越陆地贸易的历程。在这一发展过程中，隋唐两代起到了承前启后的作用，在前代不断开拓的基础上，以及强大的政权支持和广阔的国内市场依托下，隋唐海丝商贸活动由兴起到兴盛，且民间海外贸易地位日渐凸显。这一切皆为宋元时期海丝商贸的大发展、大繁荣，奠定了重要基础。

第一节　汉晋时期的海丝贸易对隋唐的导引

自汉武帝时期张骞通西域开始，陆上丝绸之路逐步展开，中原地区开始有意识地关注外部世界并延伸本土文化的活动空间，长安至中亚的陆上交通路线由此开通。从汉末三国至隋统一的三个半世纪中，中国南方与西方诸国陆上交往因南北分裂而受阻，不得不依靠海路与海外诸国联系，这种客观需求促进了航海技术的发展，进而提高了海上行船的安全性，为隋唐时期海丝贸易的发展创造了客观条件，并产生了积极的引导作用。

一、从农耕、游牧到经营海上

秦汉之际，中原战乱，匈奴不断强大。汉朝建立后，经过一百多年的休养生息，国力大增，为消除匈奴的威胁，汉武帝决定派张骞出使西域，联络大月氏共击匈奴。建元二年（前 139），张骞出使大月氏，但西行不久即被匈奴伏击，十余年后才得以逃脱。张骞西行越过葱岭，经过千辛万苦抵达大宛（今中亚之费尔干纳盆地），在大宛王的卫队护送下，张骞经康居（今中亚阿姆河与锡尔河之间）到达大月氏。由于大月氏西迁后，已然安居业农，张骞交涉一年多，其出使目的仍未达到，只得返回。不幸又被匈奴捕获。一年后，张骞脱身归国，于 13 年后（前 126）回到长安。张骞第一次西域之行虽未与大月氏结盟，却意外地把其所了解到的西域诸国的政治、经济、地理、文化、风俗等信息报告给汉武帝，从而激起了汉武帝经营西域的兴趣。

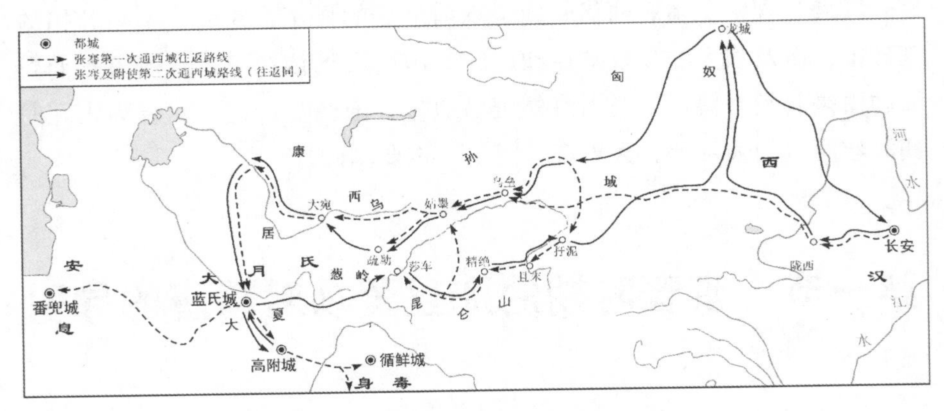

张骞出使西域示意图

前 121 年，张骞再次出使西域之时，已经不是单纯的军事外交行为，而是包含了更实在的经贸和文化交流内容。这一次出使队伍浩大，随员三百，牛羊万头，并携钱币、绢帛“数千巨万”。但这次张骞仍然没能达到预期目的，当他们到达乌孙（伊犁河、楚河流域）时，正值乌孙因王位之争而政局不稳，国内贵族又惧怕匈奴，故西汉王朝欲同乌孙结盟攻打匈奴的政治目的再次落空。但在乌孙期间，张骞分别派遣副使到中亚、西亚和南亚的大宛、康居、大月氏、大夏、安息、身毒、于阗各国，广加联络。公元前115年，张骞回国，乌孙遣导译相送，并派使者到长安。使者见汉朝人众富厚，回去报告后，汉朝的威望在西域大大提高。不久，张骞所派副使也纷纷回国，并带回许多所到国的使者。从此，中西之间的交通正式开启，西汉政府与西域及中亚、西亚、南亚地区的政治与贸易关系迅速发展，西行使者相望于途，东来的商胡贩客也是“日款于塞下”。[①] 张骞出使西域原本是为了联合西北各民族共同抗击匈奴，客观上却起到了开拓长期被匈奴阻塞的东西陆路交通的作用，沟通了东西方的经济与文化往来，为陆上丝绸之路的开通奠定了重要基础。

张骞出使西域图壁画
敦煌研究院藏。

张骞两次出使西域，对开通陆上丝绸之路无疑具有重大意义，但因这一时期匈奴的势力并未完全退出西域，西域与中原之间的交通依然长期受阻。陆上丝绸之路真正得以繁荣和畅通，应归功于西汉政府对匈奴的打击和西域都护的设立。虽说在张骞出使西域之前，中原的产品已经传到中亚地区，但仅是小规模、零星的中外经济往来。随着这条西北陆上丝绸之路的开通，商人使者往来频繁，中原的丝绸等物品和冶铁、凿井等生产技术传至西域。西域的物产如葡萄、苜蓿、芫荽等输入中原，极大丰富了中原和西域的物质文化生活。同时，由于汉王朝对西域管理的加强，不仅保障了丝路的畅通，而且促

① 张国刚：《胡天汉月映西洋：丝路沧桑三千年》，生活·读书·新知三联书店，2019，第59—61页。

进了西域地区的经济文化发展。

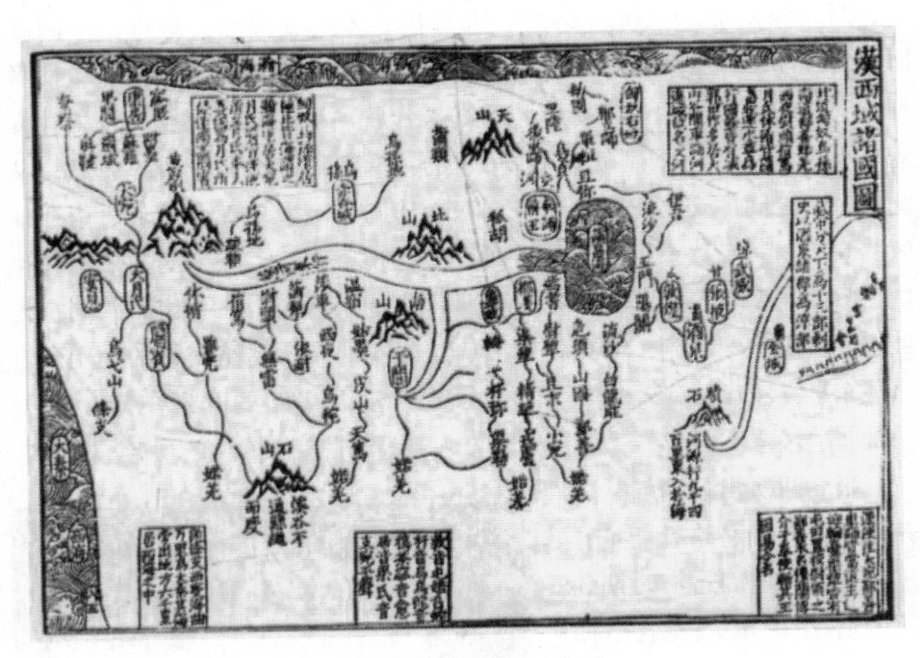

（南宋）汉西域诸国图

魏晋南北朝时期，既是分裂割据、战火纷飞、政权更迭的时代，也是经济发展、文化繁荣、民族融合的时代。这一时期，北方边疆的游牧民族持续迁入中原地区，并定居下来，在与汉民族的深入交往中，陆续建立寿命或长或短的割据政权，最终与汉民族融合在一起。此前的两汉时期，北方游牧民族已经开始较大规模的内迁，主要表现为匈奴及其属部的归降。迄于魏晋南北朝时期，由于中原战乱不断，游牧民族的内迁活动愈演愈烈。据《晋书·文帝纪》记载，当时内迁的人口达870余万。晋惠帝时代，江统的《徙戎论》估计，当时关中地区有百余万人口，其中迁入的游牧民族已占其中之半。内迁的北方民族一般呈现大杂居、小聚居的居住状态，与汉族人民的居住处犬牙交错。尤其是北魏迁都洛阳后，西域商人、艺人、僧人、学者到洛阳者剧增。为此，北魏政权还专门在洛阳设立“慕义里”，供西域人经商。《洛阳伽蓝记》对此有生动的描写：“自葱岭以西，至于大秦，百国千城，莫不欢附，胡商贩客，日奔塞下，所谓尽天地之区已。乐中国土风，因而宅者，不可胜数。”① 足见当时陆上丝绸之路商贸的繁荣。

随着北方地区少数民族的大量南迁，尤其是鲜卑人在中原地区建立大大小小的割据政权，使鲜卑人成为中原地区享有特权的民族，刺激了塞外鲜卑部落的内迁。大量鲜卑人内迁造成了草原地区的真空，但这种真空很快又被其他民族所填补。北魏建立后，蒙古高原与欧亚草原的形势发生了很大变化。漠北地区兴起了新的游牧强国柔然，它的西面即天山南北地区是高车国，高车国之西则是嚈哒。② 这三个游牧民族组成了这一时期草原商路的链环，东连控制中原的北魏政权，西接波斯，南通印度，成为陆上丝绸之路的重要组成部分。

在汉代西北陆上丝绸之路渐趋繁荣的同时，海上丝绸之路也在逐步展开。从考古资料来看，我国先民早在先秦时期已经开始扬帆出海贸易。距今七千年前的浙江余姚河姆渡新石器遗址中，出土了六支雕花木浆和一只“夹碳黑陶舟”，说明早在新石器时代，百越民族就已经开始了海上航行活动。从在浙江沿海、舟山群岛、台湾岛以及太平洋一些岛屿所发现的同属河姆渡文化类型的人类活动遗址来看，很有可能这一时期中国大陆和各海岛之间已经建立了海洋性的经济和文化联系。商周时期，中国内陆与周边海岛地区的交往进一步加强。安阳殷墟妇好墓出土了来自东南亚海域作为实物货币的海贝七千余枚，说明殷商王朝与南海地区已经有经济或政治性质的往来联系。春秋时期，中国的造船技术和航海技术都有所提高，中国东南沿海地区的吴国、越国，已经拥有了海上船队。战国时期，燕国与日本民间已经有了海上交通贸易联系。先秦时期，中国沿海先民虽然与周边海岛地区开始了海上交往，但这种交往更多的是零星的、小规模的或是偶然性的越海漂航。

公元前 221 年，秦始皇统一中国，结束了长期以来群雄割据的分裂局面。秦始皇虽然是西北农业社会中成长起来的帝王，却对海洋具有极大的兴趣。统一六国后，他曾四次到琅琊（今山东胶南县境内）、碣石

① 杨炫之：《洛阳伽蓝记》卷三《城南》，周祖谟校释，中华书局，1963，第 132 页。

② 刘迎胜：《丝绸之路》，江苏人民出版社，2014，第 97—98 页。

（今河北昌黎西北仙台山）等沿海地区巡视，并派徐福发童男童女数千人，入海访求长生不老仙药。秦始皇派遣方士入海，无疑是追求长生不老仙药的私欲驱动，但也反映出他对探求海外世界的强烈愿望。秦始皇三十三年（前214），秦军平定百越，在岭南设立桂林郡、南海郡、象郡三郡。对于此次经略岭南的目的，《淮南子》记载："以利越之犀角、象齿、翡翠、珠玑。"[①] 这些物品主要是由海外输入的奢侈品，可见当时岭南已经与海外有一定的贸易往来。秦末动乱，南海郡尉赵佗起兵，兼并桂林郡、象郡及越南北部地区，建立南越国，都番禺（今广东广州），其统治区域包括今天的广东、广西和越南中、北部。公元前183年，赵佗成功抗击汉朝后，夜郎等西南夷诸国纷纷投靠南越国，并保持一种松散的役属关系。[②] 拥据岭南之地的南越国，大力发展造船业和海军，并充分利用有利的地理条件积极发展与南海地区的关系，推动了这一地区经济的迅速发展，其势力最盛时东到闽越，西抵滇黔，南至今越南中部，与北方的匈奴并称"强胡劲越"。20世纪70年代，在广州象岗山发掘的南越国第二代国王赵眜墓，墓中出土了越南东山文化青铜提梁桶、非洲象牙、阿拉伯乳香、波斯银盒等，说明南越国与印度支那半岛、阿拉伯半岛乃至波斯湾地区都有一定规模的海上贸易。[③]

日本和歌山县新宫市徐福公园内的徐福雕像

西汉元鼎五年（前112），汉武帝乘南越国内乱之际，调遣水陆大军，兵分五路，大举进攻南越国，完成军事征服。平定南越后，汉武帝在原来南越属地置交趾刺史部，下设南海、苍梧、郁林、合浦、交趾、九真、日南、珠崖、儋耳九郡。至此，汉朝有了南方出海的港口。番禺

①《淮南子》卷一八《人间训》，岳麓书社，2015，第187页。

② 冼剑明：《南越国边界考》，《广东社会科学》1992年第3期。

③ 王元林：《秦汉时期番禺等岭南港口与内地海上交通的关系》，《中国古都研究》第二十三辑，三秦出版社，2007，第151—174页。

成为当时海外贸易的中心及奢侈品集散地。据《史记》卷一二九《货殖列传》记载："番禺亦其一都会也，珠玑、犀、玳瑁、果布之凑。"《汉书·地理志》亦称：南越"处近海，多犀、象、玳瑁、珠玑、银、铜、果、布之凑，中国往商贾者多取富焉。番禺，其一都会也。"① 汉武帝兼并南越，为汉朝开展海外交通提供了极其重要的条件。

广州南越王文帝陵出土的波斯银盒

平定南越后，汉武帝感到卫氏朝鲜（汉初由燕人卫满建立）对汉朝的威胁越来越大。他于元封二年（前 109）出动大军，从辽东陆道和山东渤海道兵分两路，灭卫氏朝鲜。汉武帝在该地设立乐浪、临屯、玄菟、真番四郡，管辖区域包括今朝鲜半岛绝大部分。四郡建立后，与朝鲜半岛隔海相望的日本列岛与中国开始了直接交往，"倭在韩东南大海中，依山岛为居，凡百余国。自武帝灭朝鲜，使译通于汉者三十许国"②。至此，到汉武帝时代已经初步形成了东、南两条航线。南方航线，主要从岭南出发，面向南海诸国；东方航线，从渤海湾出发，面向朝鲜半岛和日本。由于陆上丝绸之路和海上航线的出现，中国与世界的交往，开始了一个崭新阶段。

由于西汉时期造船技术尚不发达、航海技术水平较低，船只较小，难以抵御巨大的风浪，加之只能依靠天文导航，故一般是沿近岸航行，最远仅能到达马来半岛。除了使团贸易所走为完整航线外，日常民间贸易中，大多是接力式的就近贸易，华南与印度以西海域的接触基本上以印度为中介地。但从文献记载和出土的众多舶来品仍能看出，南越之地在当时可谓商贾云集，域外物产荟萃。毫无疑问，作为西汉王朝重要的

①《汉书》卷二八下《地理志》，中华书局，1962，第 1670 页。
②《后汉书》卷八五《东夷列传》，中华书局，1965，第 2820 页。

港口和商品集散地，番禺在海上丝绸之路的贸易港中，地位极其显要而不容忽视。西汉与印度、东南亚的海上贸易，一般由官方主持，任命黄门中官为译长，由政府招募人员出海贸易。

中印之间海上贸易通道打开之后，中国丝绸源源不断地运到印度，在那里同来自地中海地区的罗马商人进行贸易。至东汉时，随着海外贸易的发展和航海技术的提高，中国除了与南方航路上的国家继续保持联系外，又与罗马之间建立了海上交往关系。罗马在东汉时称为“大秦”，其国人酷爱丝绸。但这些中国丝绸因几经转手到达罗马后，价格异常昂贵。至166年，中国与罗马的海上直接交通才正式开始。东汉桓帝延熹九年（166），“大秦王安敦遣使自日南徼外，献象牙、犀角、玳瑁，始乃一通焉。其所表贡，并无珍异，疑传者过焉”①。中国与罗马的航道打通后，罗马商人即频繁地来到扶南、日南、交趾等地贸易，他们从罗马运来金、银、玻璃、珊瑚、象牙等奇珍异物，从中国贩运回去的货品以丝绸、铁器为大宗。

秦汉时期的中国，海上交通路线和对外贸易港口初具规模。至魏晋南北朝时期，在前代六朝统治者努力经营的基础上，取得了较快发展。自东汉时期与罗马建立直航贸易后，中国与罗马的海上联系继续保持。东吴黄武五年（226），大秦商人秦论来到交趾，并随交趾太守的使者来到东吴且受到孙权接见，后返回本国。西晋太康二年（281），安南将军广州牧腾候作镇南方，据《艺文类聚》卷八五《布类》记载：“大秦国奉献琛，来经于广，众室既丽，火布尤奇。”除大秦使者、商人外，各政权也积极建立与海外诸国的关系。黄龙二年（230），孙权派遣将军卫温、诸葛直率领甲士万人出海，寻访夷洲和亶洲。大约在黄武五年至黄龙三年（226—231）间，孙吴派遣宣化从事朱应、中郎康泰出使扶南，以了解南海诸国及印度风俗，开辟贸易航线，加强与南海诸国的联系。北方的曹魏政权，消灭了割据辽东的公孙氏政权后，不仅直接控制了朝鲜半岛，而且与日本建立了密切的往来关系。从魏明帝景初二年（238）开始的十年间，双方共有六次交往。

①《后汉书》卷八八《西域传》，中华书局，1965，第2920页。

两晋时期，由于官吏贪污掠夺，以及与林邑的边境冲突，海外交通的发展相较于孙吴时期稍显逊色。据《晋书·林邑传》记载："初，徼外诸国尝赍宝物自海路来贸货，而交州刺史、日南太守多贪利侵侮，十折二三。至刺史姜壮时，使韩戢领日南太守，戢估较太半，又伐船调桴，声云征伐，由是诸国恚愤。"① 广州"包带山海，珍异所出，一箧之宝，可资数世。然多瘴疫，人情惮焉。唯贫窭不能自立者，求补长史，故前后刺史皆多黩货"②，贪污腐败现象同样存在。官员的贪腐与掠夺，导致两晋时期来交州、广州的贸易者日减。此外，位于越南中部的林邑，在东晋时期多次出兵侵扰交州的日南、九真之地，"杀伤甚多，交州遂至虚弱，而林邑亦用疲敝"③。林邑多次侵扰日南、九真地区，主要目的并不在于侵占领土，而是为了抢夺贸易之利。因南海航线途经日南，而不经过林邑，林邑除了侵扰日南等地外，还抢劫来往船只货物，导致很多船只不敢来此贸易，对海上贸易造成极大影响。

降及南北朝时期，中国与海外诸国的交通往来相较于两晋时期有了较大改观。南朝宋、齐时，扶南、林邑、婆皇、盘盘、诃罗单、阇婆婆达、干陀利、苏摩黎、婆利、天竺、狮子国等十余国沿海路入华，当时"商舶远届，委输南州，故交、广富实，牣于王府"④。梁时许多海外番国奉中国南部政权为宗主国，"其奉命正朔，修贡职，航海岁至，逾于前代矣"⑤。陈朝国势衰微，统治区域缩减，与海外诸国的交往大不如前。但前来通好的国家仍有不少，如扶南、林邑、盘盘、丹丹、狼牙修、天竺等。日益增多的海上交往，使中国人对海外诸国的了解进一步加深，对前往西亚的海路和各国地理方位有了更为准确的整体认识，即所谓"海南诸国大抵在交州南及西南大海州上，相去近者三五千里，远者二三万里，其西与西域诸国接"。⑥ 这一时期，中国与大秦、波斯的海

①《晋书》卷九七《林邑传》，中华书局，1974，第2546页。

②《晋书》卷九〇《吴隐之传》，中华书局，1974，第2341页。

③《晋书》卷九七《林邑传》，中华书局，1974，第2546页。

④《南齐书》卷五八《东南夷传》，中华书局，1972，第1018页。

⑤《梁书》卷五四《海南诸国传》，中华书局，1973，第783页。

⑥《梁书》卷五四《海南诸国传》，中华书局，1973，第783页。

上交往关系发生相应变化。4 世纪末，大秦分裂为东、西两部分。与此同时，萨珊波斯王朝兴起，并逐渐操控了东西方海上贸易。大秦虽与中国仍有海上联系，但主要是通过天竺或狮子国转运的。波斯与中国的海上交往开始逐步展开，20 世纪 60 至 80 年代，广东英德、曲江、遂溪三地出土的波斯金银器和银币，证明了波斯与南朝已经开始了贸易往来，但这种交往仍是零星的。这些波斯金银器和银币可能是从事中转贸易的商人携带之物，也可能由个别波斯商人携带而来。总体而言，南北朝时期与中国建立较为稳定的海上交通关系的国家和地区，主要包括中南半岛、马来半岛、印度尼西亚群岛和印度次大陆。

二、海丝贸易的萌芽与发展

诚如前揭，汉晋时期海丝贸易逐渐萌芽、发展。自西汉开始，已有关于海外国家遣使来献和国人浮海远航的官方记录，中国不仅开启了与东南亚、印度之间的海上交通，而且与罗马有了直接交往。魏晋南北朝时期，南北各政权之间相互对立，频繁征伐。为了拓展生存空间，不少政权，尤其是南方六朝政权积极经略海洋，海丝贸易取得了较快发展，海外各国亦纷纷遣使来华。在海丝贸易群体中，既有官方使者，亦有民间海商、佛教僧侣。在海丝贸易商品中，香药、犀角、象牙、翡翠、明珠、琉璃等地方土产、珍奇异物占据主导地位。

西汉时期，中国已开始了与东南亚、印度的海上贸易交往。据《汉书·地理志》记载：

> 自日南障塞、徐闻（今广东徐闻县）、合浦（今广西合浦县）船行可五月，有都元国；又船行可四月，有邑卢没国；又船行可二十余日，有谌离国；步行可十余日，有夫甘都卢国。自夫甘都卢国船行可二月余，有黄支国，民俗略与珠崖相类。其州广大，户口多，多异物，自武帝以来皆献见。有译长，属黄门，与应募者俱入海市明珠、璧流离、奇石异物，赍黄金杂缯而往。所至国皆禀食为耦，蛮夷贾船，转送致之。亦利交易，剽杀人。又苦逢风波溺死，

不者数年来还，大珠至围二寸以下。平帝元始中，王莽辅政，欲耀威德，厚遗黄支王，令遣使献生犀牛。自黄支船行可八月，到皮宗；船行可二月，到日南、象林界云。黄支之南，有已程不国，汉之译使自此还矣。①

此段文字记述了西汉时期初步开通的南方航路的交通状况，关于沿途所经国家或部族的具体位置，中外学者虽经反复考证，仍多有异议。目前，夫干国即缅甸的蒲甘，黄支国即印度康契普腊姆，已程不国即斯里兰卡，中外学者认识基本一致。② 而其他地名的确切位置，至今仍有争议，但大多数学者较为认可韩振华先生的观点，即都元国位于今越南南圻。邑卢没国即泰国的华富里，谌离在暹罗湾头的佛统，皮宗指苏门答腊岛。③ 值得注意的是，短短一段话中四次提及黄支国，足见这是一个在当时海上交通中具有重要地位的国家，以及西汉航海者对该国的熟悉，也间接说明了西汉与该国已建立了较为密切的交往关系。通过对这些地名的大致确认，可以发现，早在西汉时期，中国已通过海路与东南亚和印度建立了贸易关系。当时的南方海上航线，分为南、北两道。北道经过都元、邑卢没、谌离后，下船登陆，陆行至夫甘都卢，再乘船到黄支。南道是由黄支到已程不，过皮宗后，北上日南。北道是汉使南下的路线，南道则是回程的路线。从文献内容来看，西汉时期，中国人对于南方航路所经过的地区、具体航线、航行所需时间、距离已有较为清晰的认识，而这种认识是需要一定航行经验的积累才能够形成的。这也恰好说明在西汉时期南方航路上的交通往来已经相当频繁。从所列船只的航行时间来看，海船从日南到谌离，一直沿海岸线航行，速度比较缓慢，而自夫甘都卢到黄支跨海的航行速度则较快，很可能因为当时人们

① 《汉书》卷二八下《地理志》，中华书局，1962，第1671页。

② 藤田丰八：《中国南海古代交通丛考》，何健民译，商务印书馆，1936，第87、108、114页；张星烺：《中西交通史料汇编》（第四册），中华书局，1979，第39—40页。

③ 韩振华：《公元前二世纪至公元一世纪间中国与印度东南亚的海上交通——汉书地理志粤地条末段考释》，《厦门大学学报（社会科学版）》1957年第2期。

已经懂得利用季风航行。从贸易性质来看，主要由官方主持，任命隶属少府机构的黄门中官为译长，但允许招募普通民众应征参与。西汉政府派遣使者出海，主要是为了进行贸易活动。从贸易的物品来看，中国使团带去的为黄金、丝绸，换回的为明珠、琉璃、犀角等奇珍异物。

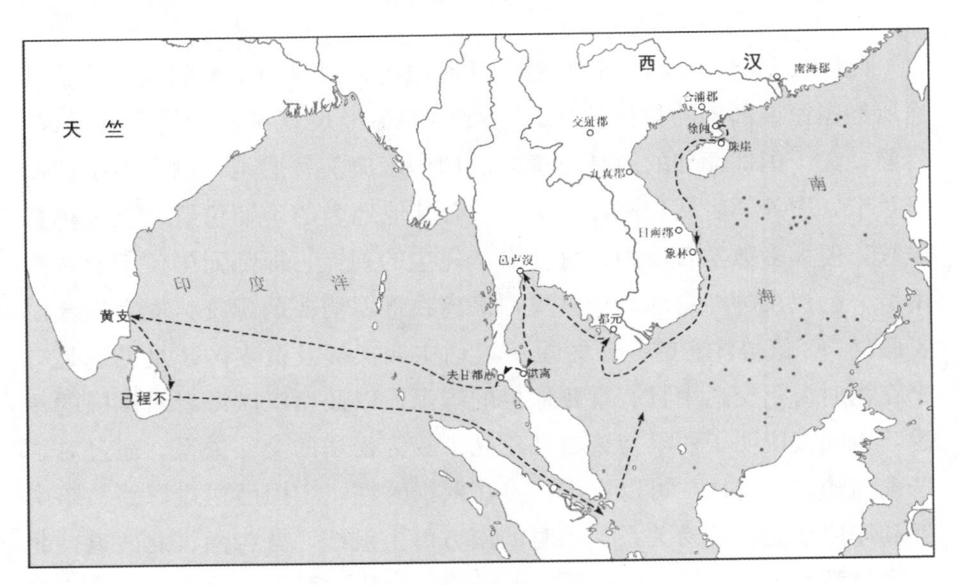

汉代海上丝绸之路示意图

东汉时期，中国与东南亚和印度的海上交往进一步拓展。汉顺帝永建六年（131）十二月，“日南徼外叶调国、掸国遣使奉献”①。“叶调”一名源于梵文“yavadhipa”，位于今印度尼西亚爪哇岛（也有学者认为，在苏门答腊岛，或兼有二岛），“掸国”一般认为在今缅甸东北部，而日南是汉武帝取南越后设置的郡，位于今越南中部。在日南边境之外的叶调国、掸国，无疑是通过陆路来华的。关于来华使者进献之物，《后汉书》卷八六《南蛮西南夷列传》记载：永元九年（97），“徼外蛮及掸国王雍由调遣重译奉国珍宝，和帝赐金印紫绶，小君长皆加印绶、钱帛”。永宁元年（120），“掸国王雍由调复遣使者诣阙朝贺，献乐及幻人，能变化吐火，自支解，易牛马头，又善跳丸，数千乃止……明年元会，安帝

①《后汉书》卷六《顺帝纪》，中华书局，1965，第258页。

作乐于庭，封雍由调为汉大都魏，赐印绶、金银、彩缯各有差也”。[①] 可见，掸国使者进献给东汉朝廷的主要是珍宝及具有特殊技能的杂耍艺人。汉和帝时，印度曾多次派遣使者来朝，但多走西北路上通道。此后，西域动乱，陆上交通断绝，印度人开始从海路来华，汉桓帝“延熹二年（159）、四年，频从日南徼外来献”[②]，而桓帝亦派出使者到印度，求取佛法，中印文化交流逐步展开。

中印之间海上通道打开之后，中国丝绸源源不断地运到印度，并同在印度的罗马人进行交易。汉朝商人到达印度后，发现印度有海道通往大秦，遂有好奇者跟随印度商使远赴罗马。据罗马帝国时代史学家福罗鲁斯于公元1世纪末成书的《史纲》中《安息人的和平与奥古斯都的加冕礼》一章记载，公元前30年代，有赛里斯人与印度使臣一同来到罗马宫廷，进献象、宝石与珍珠。这些使臣在旅途中度过了长达4年之久的时间。福罗鲁斯又说，仅从他们的肤色“就可以看出他们来自另一个天地”[③]。这次出使不见于汉籍记载，大约是中国商人冒使臣之名私下前往罗马。[④] 东汉和帝永元九年（97），班超派遣甘英“使大秦，抵条支（波斯湾幼发拉底河与底格里斯河汇合入海口处的安提阿克城），临大海欲渡。而安息西界船人谓英曰：‘海水广大，往来者逢善风三月乃得渡，若遇迟风，亦有二岁者，故入海人皆赍三岁粮。海中善使人思土恋慕，数有死亡者。’英闻之乃止”[⑤]。甘英此次率使团到达波斯湾沿岸，但未能实现航往大秦的计划，失去了与罗马帝国直接接触的机会。这一时期，在印度人和安息人的中转下，中国丝绸源源不断的运往罗马，引起了罗马人的极大兴趣。他们迫切地希望与中国建立直接的联系，努力寻找通往中国的航路，最终航行至中南半岛的越南，并从此地到达中国。东汉桓帝延熹九年（166），“大秦王安敦遣使自日南徼外，献象牙、犀

---

①《后汉书》卷八六《南蛮西南夷列传》，中华书局，1965，第2851页。

②《后汉书》卷八八《西域传》，中华书局，1965，第2922页。

③ 戈岱司：《希腊、拉丁作家远东古文献辑录》，耿昇译，中华书局，1987，第16页。

④ 刘迎胜：《丝绸之路》，江苏人民出版社，2014，第349页。

⑤《后汉书》卷八八《西域传》，中华书局，1965，第2919页。

角、玳瑁，始乃一通焉”①。但此事在有关罗马历史的西方文献中却未提及，而且通过《后汉书·西域传》的记载可知，此次罗马人向东汉朝廷进献之物为象牙、犀角和玳瑁，但这些物品并非大秦出产，而是来自东南亚和印度洋地区的物产。因此，不少研究者认为此次出使很可能是罗马商人借用皇帝之名而进行的，意在建立罗马与汉朝之间的海上贸易往来关系。总体来看，两汉时期，中国与印度、东南亚、罗马之间的海上通道虽已开启，但贸易商品主要是象牙、犀角等奇珍异物，且数量和品种较少。

两汉时期，中国与朝鲜半岛、日本的海上交通得以开拓、发展。元封二年（前109），汉武帝派大军灭卫氏朝鲜后，在朝鲜半岛设置乐浪、临屯、玄菟、真番四郡，并与日本列岛上三十多个国家建立了海上交往关系。至东汉时期，日本列岛诸国与中国的海上交往进一步加强。建武中元二年（57），“东夷倭奴国王遣使奉献”，汉光武帝“赐以印绶”。②这枚金印于1784年在日本九州福冈县被重新发现，印上刻有“汉委奴国王”字样，成为中、日两国东汉时期友好往来的重要物证。据《后汉书》卷五《安帝纪》记载，汉安帝永初元年（107）冬十月，倭国再次“遣使奉献”③，说明这一时期中日两国交往已较为密切。由于汉代造船技术和航海技术尚不发达，直接横渡黄海具有极大风险，所以日本使节来华主要是沿近岸航行，即先由日本渡海到朝鲜半岛南部，再沿朝鲜半岛西部及辽东半岛海岸线南下，最后到达中国内陆。

魏晋南北朝时期，中国虽处于四分五裂状态，但海丝贸易活动取得了较大发展。一方面，各个政权，尤其是地处江南的六朝政权，为扩充自己的实力，拓展新的贸易通道，积极建立与海外各国的联系。三国时期，孙吴政权曾于黄龙二年（230）“遣将军卫温、诸葛直将甲士万人浮海求夷洲及亶洲”④；黄武五年至黄龙三年（226—231）之间，交州刺史

①《后汉书》卷八八《西域传》，中华书局，1965，第2920页。

②《后汉书》卷一下《光武帝纪下》，中华书局，1965，第84页。

③《后汉书》卷五《安帝纪》，中华书局，1965，第208页。

④ 陈寿：《三国志》卷四七《吴书·吴主传第二》，中华书局，1959，第1136页。

吕岱“遣宣化从事朱应、中郎康泰使诸国”，“南宣国化”①，远至林邑、扶南等国。朱应撰写《扶南异物志》，康泰作《扶南传》，均记录了他们出使扶南等国的所见所闻。北方的曹魏政权，对海洋的经略虽不如孙吴政权积极，但对于倭国的遣使来访仍报以欢迎态度，并两次遣使赴日，以示友好。另一方面，随着造船技术和航海技术的不断进步，海船离开中国大陆赴东南亚、日本时，已经不再仅仅靠近大陆航行，航行速度大大提高，航行区域进一步扩大。孙吴政权地处东南沿海，对造船业和发展海上交通十分重视。孙权曾在福建建安郡设置造船厂，并设立专门管理船舶的典船校尉。东吴所造船只既有灵活小巧、调转自如的“舸”，亦有规模较大的战船，如“斗舰”“艨艟”“飞云”“楼船”等。左思《吴都赋》中有如下描述：“弘舸连舳，巨舰接舻，飞云盖海，制非常模。”足见东吴造船业之兴盛。东吴所造船只不仅种类多，而且数量大。东吴亡国时，晋军缴获吴船多达5000余艘。综上可知，这一时期，人们对海洋区域、海洋气象和海洋水文的认识不断丰富，其中不乏科学性的真知灼见。例如，吴国的严峻曾撰有《潮水论》，这是目前所知最早的一篇潮论。使者的派遣、造船技术和航海技术的提高，使时人所认识的海洋区域进一步扩大，对南海诸国、朝鲜半岛和日本的风俗、土产及贸易情况有了进一步的了解，为开辟新的贸易航道、扩大海外贸易规模积累了条件。

官方在经略海外贸易上的积极主动，不仅带动了民间海外贸易的发展，也在很大程度上推动了来华朝贡国家及朝贡次数的增多。据《宋书》卷九七《夷蛮传》记载，两晋时期的南海贸易，可谓“舟舶继路，商使交属”，足见民间浮海贸易者之多。南北朝时期，商人出海贸易的规模进一步扩大，史称“商舶远届，委输南州，故交广富实，牣积王府”②。在外国使者来华朝贡方面，无论是朝贡国家，还是朝贡频率，较之前代皆有大幅增加。“其中如赤乌六年（243），扶南王范旃遣使献乐人及方物；泰始四年（268），扶南、林邑各遣使来献；太康六年（285），

① 姚思廉：《梁书》卷五四《海南诸国传》，中华书局，1973，第783页。

② 萧子显：《南齐书》卷五八《东南夷传》，中华书局，1972，第1022页。

扶南等十国来献；太康七年（286），扶南等二十一国遣使来献；等等”①。东晋时期，因“通中国者盖鲜”，故未被史官载入历史。至南北朝时期，“及宋、齐至者有十余国，始为之传，自梁革运，其奉正朔，修贡职，航海岁至，逾于前代矣”②。

随着来华使团的增多，关于海外诸国所贡献物品的记载也由笼统渐趋详细。魏晋时期，扶南、林邑等国使者曾数次来献，史书对其所携带贡品并无过多介绍，仅以“方物”记之。但通过对该国物产的分析，我们仍能推测出其所带贡品大致包含何物。据《梁书》卷五四《海南诸国传》记载，林邑国“出玳瑁、贝齿、吉贝、沉木香……沉木者，土人斫断之，积以岁年，朽烂而心节独在，置水中则沉，故名曰沉香。次不沉不浮者，曰笺香”；扶南国，“出金、银、铜、锡、沉木香、象牙、孔翠、五色鹦鹉”。③ 细考其中含义可见，林邑、扶南两国作为香料出产国，沉香是其主要贡品。此外，象牙、犀角、翡翠、明珠、玳瑁等珍品也是这一时期海外贸易的重要物品。据《太平御览·布帛部》记载，魏文帝曹丕曾于黄初元年（220）遣使至东吴，希望“与孙骠骑和，通商旅，求雀头香、大贝、明珠、象牙、犀角、玳瑁、孔雀、翡翠、斗鸭、长鸣鸡”，孙权应允。嘉禾四年（235），魏国再次派遣使者到孙吴，提出“以马求易珠玑、翡翠、玳瑁”，孙权再次同意。曹丕之所以两次派遣使者至东吴，希望与其通商，以求取来自南海诸国的香料、象牙、犀角、珠玑、翡翠、玳瑁等物。这无疑说明，孙吴政权与南海诸国之间海洋贸易的频繁。

南北朝时期，南海诸国入华朝贡的次数进一步增多，其所贡方物的记载也更为详细。如梁天监十七年（518），干陀利国“遣长史毗员跋摩奉表，献金芙蓉，杂香药等”；普通三年（522），婆利国国王频伽“复遣使珠智献白鹦鹉、青虫、兜鍪、琉璃器、古贝、螺杯，杂香药等数十种”；中大通元年（529）五月，盘盘国“累遣使贡牙像及塔，并献沉、

① 李金明、廖大珂：《中国古代海外贸易史》，广西人民出版社，1995，第 15 页。

② 姚思廉：《梁书》卷五四《海南诸国传》，中华书局，1973，第 783 页。

③ 姚思廉：《梁书》卷五四《海南诸国传》，中华书局，1973，第 784、787 页。

檀等香数十种。六年八月，复使送菩提国真舍利及画塔，并献菩提树叶、詹糖等香”；中大通二年（530），丹丹国“奉送牙像及塔各二躯，并献火齐珠、古贝杂香药等。大同元年（535），复遣使献金银、琉璃、杂宝、香药等物”。[①] 在不足20年间里，南海诸国赴梁朝进献方物就达6次之多，其进贡物品主要是古贝、香药、牙像及塔等，且尤以香药为主，包含沉香、檀香、詹糖香等香药至少数十种。频繁的香药入贡，很大程度上刺激了统治者们对香药的热衷，并由此引发了社会上层用香风气的盛行。香药需求的大增，进一步推动了海丝贸易的发展。这一时期，中国向海外诸国输出的货物主要是绫、绢、丝、锦等丝织品。法显在狮子国居留期间，曾看到商人在玉佛像前供着一把中国晋代出产的白绢扇，思乡之情油然而生。这一记载证实了中国的丝织品已经贩卖至狮子国。位于印度洋上的狮子国，是南方航路的重要港口，商业繁荣，从中国及其他地方运来的丝绸、香料、珠玑等物，经此地转运至东西方各国。6世纪时，希腊人描述说，世界各地商人历经艰险，远赴天涯海角购买中国的丝绸，足见丝绸在当时世界范围内的受欢迎程度。从上述记载可见，无论是贸易品的种类，还是贸易国家的数量，相较于前代都进一步增加，海丝商贸活动渐趋兴盛。

除朝贡贸易和民间海外贸易外，中印之间的宗教交流也是域外物品输入中国的重要途径之一。通过宗教交流，香药、琉璃、佛像等物品不断输入中国，其中香药所占比重最大。印度地处中国西南方向，主要出产胡椒、荜茇、檀香等多种香药。香药在古印度人的生活中占据十分重要的地位，是他们宗教祭祀、饮食调味、治病疗疾、防治暑热的必备之物。魏晋南北朝时期，佛教成为沟通中印关系的重要桥梁。伴随着佛教的传入，其用香习俗一并传入。赤乌十年（247），天竺康僧会赴东吴传扬佛法。孙权以为荒诞，谓曰：“若能得舍利，当为造塔，如其虚妄，国有常刑。”康僧会以“铜瓶加几烧香礼”之法，终让舍利现于瓶中。孙权大服，乃遵其诺言，即在江左为其建造佛教塔寺。[②] 至南北朝时期，

① 姚思廉：《梁书》卷五四《海南诸国传》，中华书局，1973，第793—796页。

② 释僧佑：《出三藏记集》卷一三《康僧会传第四》，中华书局，1995，第92—96页。

佛教在中国得到迅速发展，上至帝王，下至百姓，莫不崇信佛法，“佛道自后汉明帝，法始东流，自此以来，其教稍广，自帝王至于民庶，莫不归心……元嘉十二年（435），丹阳尹萧摹之奏曰：‘佛法被于中国，已历四代，形像塔寺，所在千数’”①。得知中土佛法广布后，诸国各以“梁朝圣主至德至仁、信重三宝、佛法兴显”，纷纷来朝进献香药、琉璃、佛像等物。例如，天监初，天竺国王屈多遣长史竺罗达，“奉献琉璃、唾壶、杂香、吉贝等物”②。天监十八年（519），扶南王“复遣使送天竺旃檀瑞像、婆罗树叶，并献火齐珠、郁金、苏合等香”③。除各国进献外，来往中印两国间的僧侣在学习、弘扬佛法的同时，亦将部分香药带入中国。如前文提到的康僧会之所以能在东吴施“铜瓶加几烧香礼”，其必然从本国携带有香药入华。同时，赴印度学习佛法的僧侣在归国时亦很有可能带回一定数量的香药。因印度僧人有使用胡椒、荜茇等香药的习惯，据《摩诃僧祇律》记载：胡椒与荜茇等药，常被“受病比丘终身服”④，且“胡椒荜茇粥”⑤ 为僧人日常所食之物，远赴印度学习佛法的法显等人，自然对上述情况不会陌生，学成归国后携带一定数量的胡椒、荜茇自在情理之中。总体而言，这一时期的宗教文化交流带回了较多以香药、琉璃等为代表的物品，亦可构成海丝贸易的一部分，其虽不具有贸易性质，却加速了中外商品的互通有无。

---

① 沈约：《宋书》卷九七《夷蛮》，中华书局，1974，第 2386 页。

② 姚思廉：《梁书》卷五四《海南诸国传》，中华书局，1973，第 799 页。

③ 姚思廉：《梁书》卷五四《海南诸国传》，中华书局，1973，第 790 页。

④ 佛陀跋陀罗、法显：《摩诃僧祇律》卷三《明四波罗夷法之三》，大正新修大藏经本。

⑤ 佛陀跋陀罗、法显：《摩诃僧祇律》卷二九《明杂诵跋渠法之七》，大正新修大藏经本。

第二节　隋唐海丝贸易对宋元的影响

宋元时期，中国古代海外贸易取得了极大发展，无论是从贸易规模，还是从贸易范围来看，都进入了一个空前繁荣、开放的新阶段。这一时期海外贸易之所以发展迅速，不仅离不开社会经济的发展、航海技术的提高等客观因素的推动，以及统治者积极、开放的对外态度和贸易政策，更离不开隋唐时期海丝贸易的积淀。同时，有利的国际形势也为海丝贸易的发展提供了有力保障。

一、内河航运及其在宋元海丝贸易中的带动作用

隋唐时期，以大运河为代表的内河航运的发展，不仅沟通了南北经济，推动了江南地区的快速发展，带动了一批运河沿岸商业城市的兴起，而且为海丝贸易的发展提供了强大助力。大运河的开凿，沟通了全国大部分的水运网，并通过长江水系与海外贸易港口连接起来，形成辐射全国南北的贸易网络，以更为便捷、高效的方式建立起海丝贸易与内陆经济的联系。在大运河的沟通连接之下，运河沿岸城市逐步建立起与海外市场的联系，丝绸、瓷器等中国商品通过大运河运输至对外贸易港口，进而行销海外。大量的海外珍品亦通过大运河转运至全国各地，有效推动了海丝贸易活动的活跃与繁荣。

在隋唐时期内河航运发展的基础上，宋元时期的内河航运进一步繁荣，无论是官办航运，还是民间商贸航运，皆承担了国内物资转运的重要职能。漕运作为中国古代内河航运史上规模最大的官办水上运输，在北宋时期，每年运输漕粮高达600余万石，远远超过唐代。乾德三年(965)，宋灭蜀后，孟蜀府库中的财宝尽为“王师取之，其重货、铜、布

即载自三峡而下，储于江陵，调发舟船，转运京师”①，这批财物经数年才运输完成。南宋时期，年漕运量依然相当可观，中国东南丰富的粮食产量、便捷的水运条件、就近的漕运优势，使南宋在仅半壁江山上征集的漕粮数量就与北宋基本相同。② 除漕粮外，两宋内河承运的官物还包括食盐、茶叶、丝绸、马匹、钱币、香药、奇花异草、珍宝奇石等，种类繁多，数量庞大。元朝时，大都“去江南极远，而百司庶府之繁，卫士编民之众，无不仰给江南”③，南方仍是漕粮的主要征集地。但由于大都距离江南较远，无论是内河还是泛海北运，难度都较大，故元代漕粮北运数量远不及北宋。

民间商贸航运呈蓬勃发展之状。对于民间商贸活动，宋政府采取了建立榷场，促进贩运发展；整顿税制，严禁横征苛留；物货征税，统一量船方法等一系列较为宽松的政策。在两宋政府适度宽松政策的推动下，内河商船贩运呈现一派繁荣景象。成都一带，舟楫相聚多如蚁；沙市江畔，万商落日船交尾；鄂州岸边，商旅辐辏船连帆；江州港口，泊船万艘映朝晖。江宁、淮安也经常看到舟船川流不息的景象。多数商人自备巨舟，如商人莫寅费钱 3000 贯在抚州建造大船往来于江淮之间，零陵商人吕绚用钱 2000 贯造了一艘船经商于浙江一带。长江流域的舟船贩运达到前所未有的规模，一些商贾拥有相当大的经济实力和航运力量，

---

① 杨仲良：《皇宋通鉴长编纪事本末》卷一三《李顺之变》，影印《续修四库全书》，上海古籍出版社，2000，第 386 册，第 82 页。

② 全汉昇：《唐宋帝国与运河》，重庆商务印书馆，1944；台北“中研院”历史语言研究所，1995。全汉昇：《南宋杭州的消费与外地商品之输入》，《“中研院”历史语言研究所集刊》7 卷 1 分，1936。全汉昇：《南宋稻米的生产与运销》，《“中研院”历史语言研究所集刊》10，1942。陈峰：《北宋东南漕运制度的演变及其影响》，《河北学刊》1991 年第 2 期。陈峰：《唐宋时期漕运的主要沿革与变迁》，《中国经济史研究》1999 年第 3 期。陈峰：《漕运与古代社会》，陕西人民教育出版社，2000。张晓东：《汉唐漕运与军事》，上海书店出版社，2010。张晓东：《隋唐海上力量与东亚周边关系》，台北花木兰文化事业有限公司，2021。

③《元史》卷九三《食货志一・海运》，中华书局，1976，第 2364 页。

如湘潭船商李迁一年获利数千万贯。[①] 鉴于内河航运有利可图，两宋时期不少官僚也参与到舟船贩运的行列之中，他们或亲自出资，或勾结富商大贾，或以政策作掩护，从中牟取暴利。例如，建炎元年（1127），曾任提举湖南茶盐的郑畯“买巨杉数千枚如维扬，时方营行在官府，木价踊贵，获息十倍”[②]。郑畯若要将数千枚巨杉运往扬州，必然是走水运。又如，被朱熹反复论奏的江西提刑唐仲友，曾利用职权垄断经营，强买强卖，“仲友在乡开张鱼鲞铺，去年有客人贩到鲞鲑一船，凡数百篰，更不容本州人户货买，并自低价贩般，归本家出卖，并差本州兵级般运。其他海味，悉皆称是，至今逐时贩运不绝”[③]。对于官员参与民间贸易，与民争利的情况，《庆元条法事类》对各级官员乘用官船进行了严格限制，但仍有不少官员擅用州郡官船贩运私货。至元朝时期，作为政治中心的大都（今北京），由于距离南方经济中心较远，难以满足北方钱粮、物资需求。为了巩固统治和促进南北经济文化交流，元政府先后开通会通河、济州河、通惠河等河段，形成了从北至南连接北京与杭州的大运河。京杭大运河的畅通，使得“江淮、湖广、四川、海外诸番土贡粮运，商旅懋迁，毕达京师”[④]。通过大运河，南方的丝绸、瓷器、茶叶、食盐等特产和手工艺品，甚至包括香药、珠玑、象牙、犀角、翡翠等海外物品，大量输入北方。

宋元时期发达的内河航运，构成了辐射全国的水运交通网。北宋时期，以都城汴梁为中心，形成了放射状向外分布的水运网络。汴河向东南连接淮河，并通过扬楚运河、江南运河和浙东运河将长江、松江、钱塘江连接起来。广济河向东北沟通济水（即南北清河）。向西则与惠民河、蔡河与颍水、涡水等淮河上游支流相连。西北有汴河与黄河相接，并通过御河和渭水分别向北、向西延伸。其中汴河作为北宋内河航运的

① 孙光圻、张后铨、孙夏君、姜柯冰：《中国古代航运史》（下卷），大连海事大学出版社，2015，第535—537页。

② 洪迈：《夷坚志·甲志》卷一六《郑畯妻》条，中华书局，1981，第143页。

③ 朱熹：《朱子全书》第20册《晦庵先生朱文公文集》卷一八《按唐仲友第三状》，上海古籍出版社，2010，第835—836页。

④ 苏天爵：《元朝名臣事略》卷二《丞相淮安忠武王》，中华书局，1996，第20页。

枢纽，地位最为重要。宋太宗至道元年（995），参知政事张洎指出："惠民、金水、五丈、汴水等四渠，派引脉分，咸会天邑，舳舻相接，赡给公私，所以无匮乏。唯汴水横亘中国，首承大河，漕引江、湖，利尽南海，半天下之财赋，并山泽之百货，悉由此路而进。"① 通过汴河，江南的米粮、物资，海外诸国的香药、象牙、犀角、珠玑等奇珍异宝，源源不断地输往都城汴梁。宋室南渡后，宋金以淮河为界，南北对峙，造成大运河南北断航。南宋内河航运系统以临安为中心，通过江南运河连接长江，沟通川峡、东西和荆湖南北等路漕运，通过浙东运河和钱塘江连接大海和两浙水系，沟通福建、广南及两浙地区的水运。通过江南运河与长江、两浙、福建、广南水运的沟通，内河航运与海运得以连接起来，国内市场与海外市场的联系进一步加强，有效推动了海丝贸易活动的持续与繁荣。②

降及元朝时期，内河航运在前代的基础上进一步发展。其一，长江水运呈现蓬勃兴盛之状。宋元战争中，南方一些沿河城市因遭受战乱而萧条的景象很快得以恢复，长江沿线水运繁忙，经济繁荣。据《马可波罗行纪》记载，长江中游的新州（据冯承钧考订为"荆湖"之转音，也有人认为是江州，即今江西九江），"城不甚大，然商业繁盛，舟船往来不绝"；原为南宋都城的临安，繁华程度虽不如往昔，但船舶依旧往来不绝，"城之位置，一面有甘水湖，水极澄清，一面有一甚大河流。河流之水流入不少河渠，河渠大小不一，流经城内诸坊……赖此河渠与夫街道，行人可以通行城中各地。街渠宽广，车船甚易往来，运载居民必须之食粮"；位于江北运河与黄河交汇处的淮安，"其城有船舶甚众，并在黄色大河之上"，"此城为府治所在，故有货物甚众，辐辏于此。缘此城位置此河之上，有不少城市货运来此，由此运往不少城市"。③ 当时元

①《宋史》卷九三《河渠志三·汴河上》，中华书局，1977，第2321页。

② 参阅前揭全汉昇《唐宋帝国与运河》，重庆商务印书馆，1944；今据台北"中研院"历史语言研究所，1995。

③《马可波罗行纪》，沙海昂注，冯承钧译，中华书局，2004，第554、578、535页。谢和耐：《蒙元入侵前夜的中国日常生活》，刘东译，江苏人民出版社，1995；北京大学出版社，2008。

朝政府曾在长江沿岸及邻近各港口设立钞关，征收过境商课、船料税，“计岁征钞五千锭以上的有扬州和武昌，三千锭以上的有建康、江陵、镇江，千锭以上的有和州、公安、江州、重庆，五百锭以上的有芜湖、江阴、池州、岳州、安庆、蕲州、黄州、汉阳”。[①] 通过征税情况可见，元代长江航运之兴盛。其二，京杭大运河的调整、疏浚与繁荣。元灭宋建都大都，为调运江南钱粮、货物至大都，重修大运河。开济州河、会通河与通惠河，改隋唐运河之弯曲为直道，经河南和安徽北部的河段被废弃，使大运河从北京开始由河北入山东，经江苏直达浙江杭州。由此大运河真正形成了南北直行的走向，航程大大缩短，并把钱塘江、太湖、长江、淮河、黄河、海河六大水系一脉贯通，在全国形成了以大运河为连线的水上交通网。京杭大运河虽然实现了由杭州至北京的南北贯通，但由于大运河北段的通惠河、会通河经常发生河道淤塞、水源不足等问题，致使航运十分艰难，严重影响了“漕运粮储及南来诸物商贾舟辑”的顺畅，造成京师“物价翔涌”[②]。为解决大运河运输问题，元政府除经常征发役夫改造疏浚外，还在南北沽头（今江苏沛县东南）、临清（今山东省临清市）建小石闸，以限制150料至200料以上船只入河行运，但仍无法满足京师需求。因此，元代京师漕粮运输需要海运的加入，才能得到确实保证。[③] 内河航运与海运的相互连通，不仅有效沟通了南北经济，而且为海丝贸易的发展提供了有效的国内市场支撑。

宋元时期内河航运的发达，不仅提高了国内不同地区之间商品流通的速度，促进了经济的繁荣和政治的稳定，而且由于内河航运与海运的沟通连接，将国内市场与海外市场密切联系起来，有效推动了海丝贸易活动的持续与繁荣。

两宋时期海丝贸易取得空前发展，呈现出千帆竞发的繁荣景象。宋代以来，中国经济重心南移东倾，东南沿海经济腾飞，商品经济活跃，成为海外贸易发展的内在驱动力。美国学者斯塔夫里阿诺斯在《全球通

① 郭松义、张泽咸：《中国航运史》，台北文津出版社，1997，第227—228页。

②《元史》卷六四《河渠志一·白河》，中华书局，1976，第1598页。

③ 高荣盛：《元代海外贸易研究》，四川人民出版社，1998。

史》一书中对宋代高度发展的经济文化做了如下描述："中世纪时期，中国则突飞猛进，仍是世界上最富饶、人口最多，在许多方面最先进的国家"，并指出这些因素使"海港而不是古老陆地的陆地，首次成为中国同外界联系的主要媒介"。[①] 宋代以前，中国在海丝贸易的商品结构中虽然占据优势，但来往于中国东南沿海至东南亚、印度洋、波斯湾航线的主要是波斯和阿拉伯商船。迄至宋代，由于制瓷业和纺织业的不断发展，中国在海丝贸易中的商品结构优势进一步扩大。中国的丝绸、瓷器、铜器、茶叶、药材、书籍等商品大量销往海外。考古发现，在东起菲律宾群岛、中南半岛，西抵阿拉伯半岛、非洲东北岸的广大地区内，到处可见宋代瓷器的遗迹，且出土数量巨大。日本学者三上次男曾十分形象地描述道："中国瓷器自九至十世纪起，就像水的渗透似的扩散到美索不达米亚的各个城市。"[②] 同时，中国海商逐步取代波斯和阿拉伯商人的地位，成为中外贸易的主导力量，海商成员几乎囊括社会各阶层。在宋政府对出海贸易的鼓励下，沿海居民经营海上贸易者日渐增多，"贩海之商……江淮闽浙处处有之"。[③] 这些海商中，有不少人资财雄厚，动辄万计，船舶数量百计。如"泉州杨客为海贾十余年，到赀二万万"；舶主王仲圭一次能"差拨海船百艘"，出海商舶近到中南半岛，远至印度洋、波斯湾地区。2003 年，印度和英国联合考古队在南印度西海岸的科罗拉邦科钦市南边的泰加勒·迦达克

北京明城墙遗址东便门角楼

① 斯塔夫里阿诺斯：《全球通史：1500 年以前的世界》，吴象婴、梁赤民译，上海社会科学院出版社，1988，第 429、438 页。

② 三上次男：《陶瓷之路》，李锡经等译，文物出版社，1984，第 82 页。

③ 包恢：《敝帚稿略》卷一《禁铜钱申省状》，文渊阁《四库全书》影印本，台北商务印书馆，1986，第 1178 册，第 714 页。

拉帕里发现了一条中世纪沉船。根据船舶构造、形制和碳-14年代数据，判定该船沉没于11世纪，说明北宋年间中国海船已经开始参与争夺印度洋海上霸权。[①] 宋朝在商品结构和海商实力等方面的优势，有力地巩固了中国在南方航路上的贸易主导地位。

两宋时期北方沿海及近洋航运活动，因受政治局势的影响，在一定时期内存在时断时续的情况，但总体来看相较于前代仍有显著进步。北宋时期，女真族与中原素有航运联系，他们由辽阳迁入辽东半岛的金州后，迅速与北宋进行海上往来。建隆二年（961）八月，"女真国遣使温突刺来贡名马"[②]，此后又屡至宋献方物。宋太祖为了使"远隔鲸波"的女真族能够多输骏马，于建隆四年（963）八月，下诏免去登州沙门岛居民租赋及州县差徭，"止令多置舟楫，济渡女真马来往"[③]。由此可见，宋、金之间很早已有了官方的海上交往。两宋与朝鲜半岛的关系，由于先后受到辽、金政权的威胁，双方的官方贸易活动时断时续，但民间交往十分频繁。大量中国海商从明州和登州启航赴高丽贸易，甚至以面向南洋贸易为主的泉州商人与高丽也有不少商贸往来。元祐四年（1089）十二月，担任杭州知州的苏轼曾奏称："窃闻泉州多有海舶入高丽往来买卖。"[④]《宋史》卷四八七《高丽传》亦记载："王城有华人数百，多闽人因贾舶至者。"就此可见，北宋时期自泉州赴高丽贸易的商人不在少数。随着赴高丽的中国商舶日益增多，高丽政府制定了相应的优待政策，规定"贾人之至境"，则"遣官迎劳"，且在贸易中，时予优惠，"计其值以方物数倍偿之"。与此同时，高丽海舶也纷纷来到中国，北宋政府对其也是关怀备至。如天禧三年（1019），因"明州、登州屡言有高丽

---

① 林梅村：《丝绸之路考古十五讲》，北京大学出版社，2006，第245—249页。

②《续资治通鉴长编》卷二，建隆二年八月，中华书局，2004，第52页。

③《宋会要辑稿·蕃夷》三之一，建隆四年八月，中华书局影印本，1957，第7711页。

④ 苏轼：《苏东坡全集》卷六《奏议集·乞令高丽僧从泉州归国状》，中国书店，1986，第475页。今据《苏轼文集》卷三〇《奏议·乞令高丽僧从泉州归国状》，中华书局，1986，第859页。

海船遇风漂至境上"，宋真宗"诏令存问，给度海粮遣还，仍为著例"①。南宋时期，因与女真金朝对峙，南宋政府担心高丽与金朝互通消息，故与高丽关系一度疏远，后来又逐渐密切起来。"仅据朝鲜史料的不完全统计，前往高丽的宋代航运者，有记载可考的即达5000余之众"②。宋朝与日本之间的海上贸易，由于受到日本闭关锁国政策的影响，在中、日航路上，日本海船几乎销声匿迹。与之相反，中国对日本的民间海外贸易在宋政府的支持下，显得十分活跃。据日本学者木宫泰彦《日中文化交流史》一书统计，从太平兴国三年至政和六年（978—1116）的一百多年间，往来中日两国之间的宋人航运活动，仅有案可查的就有70次之多。在这些前往日本的宋朝海商中，有姓名可考的有20余人。其中，有人数次来往两国之间从事商贸往来。至南宋时期，日本摒弃了闭关锁国的保守政策，日本商舶相继来到中国。南宋中期以后，在日本政府的支持下，驶往南宋的日本海船与日俱增，他们"冒鲸波之险，舳舻相衔，以其物来售"③，多时一年达四五十艘，中、日之间航运由此日趋繁盛。

元代的海上交通往来相较于宋代进一步拓展，东至琉球、日本，南至东南亚，西南通印度半岛和阿拉伯地区，甚至远至非洲和地中海各国。汪大渊《岛夷志略》涉及国家和地区多达220余个，虽不能完全确定元朝与这些国家是否皆已通商贸易，但目前所知史实已足以显示元代南方航路贸易范围之广。元朝时，中国与阿拉伯的贸易往来继续保持，泉州港汇集了大量来华贸易的阿拉伯人。据伊本·白图泰描述，泉州是"世界大港之一，甚至是最大的港口。我看到港内停有大艟克约百艘，小船更多的无数……穆斯林单住一城"④。据此足见来泉州贸易的阿拉伯商人之多。元朝除继续保持与阿拉伯等国的海外贸易外，与东南亚地区

---

①《文献通考》卷三二五《四裔考二·高句丽》，中华书局，2011，第8955页。

② 金库基：《丽宋贸易小考》。参阅孙光圻、张后铨、孙夏君、姜柯冰《中国古代航运史》（下卷），大连海事大学出版社，2015，第576页。

③《开庆四明续志》卷八《蠲免抽博倭金》，中华书局《宋元方志丛刊》影印本，1990，第6011页。

④ 伊本·白图泰：《伊本·白图泰游记》，马金鹏译，宁夏人民出版社，1985，第551页。

的贸易发展尤为迅速。如与元朝相邻的交趾，虽规定“不得至其官场，恐中国人窥见其国虚实”，然则民间“偷贩之舟”往来不已；[①] 真腊不仅与元朝互遣使者，且民间贸易十分活跃，唐人及唐货在此地颇受欢迎；[②] 地处苏门答腊岛上的龙牙门，不仅与泉州相互贸易，且已有中国人在此居住；[③] 爪哇国虽在元初与中国发生过战争，曾“暂禁两湖、广东、福建航海者”，但很快重新修好。据《爪哇史颂》记载：“在满者伯夷港口，来自中国等国商人络绎不绝，运来各种各样的货物进行交易。”[④] 与中国有着悠久贸易往来历史的渤泥，“尤敬爱唐人”赴本地交易。[⑤] 由此可见，交趾、真腊、爪哇、渤泥等南海国家和地区皆以一种积极的态度与元朝互通有无，发展海外贸易。

元朝与朝鲜半岛、日本的海上贸易继续保持。作为元朝藩属的高丽，与元朝之间的官方海上贸易规模较大。元朝曾组织几次大规模的海上运输，将粮食从中国江南运往高丽，有的作为军事储备，有的供救荒之用。至元二十八年（1291），元政府“以船四十七艘载江南米十万石”到高丽“赈饥”，次年又运米十万石，但“遭风漂失，唯来输四千二百石”。至元三十年（1293），元政府又遣千户陈勇等载米二十艘及其他货物与高丽王室贸易。元贞元年（1295），高丽政府又派人“航往益都府，以麻布一万四千匹，市楮币”[⑥]。两国之间的民间贸易更加活跃。每年东北季风时节，高丽商船纷纷到庆元（今宁波）、泉州等港口贸易；而在西南季风时节，元朝的商船也成群结队地北上高丽。元朝与日本的交往，曾因忽必烈两次出兵东征而受到一定损害，两国之间贸易往来曾短

---

① 汪大渊著，苏继庼校释：《岛夷志略校释》，中华书局，1981，第51页。

② 周达观著，夏鼐校注：《真腊风土记校注》，中华书局，1981，第146—148页。

③ 汪大渊著，苏继庼校释：《岛夷志略校释》，中华书局，1981，第213—214页。

④ Dr. Th. Pigeaud, *Java in the Fourteenth Century*, *Vol. II*, The Hague-Mart inns, Nijhoff, 1960, pp.18, 98. 请参阅李金明、廖大珂《中国古代海外贸易史》，广西人民出版社，1995，第170页。

⑤ 汪大渊著，苏继庼校释：《岛夷志略校释》，中华书局，1981，第148页。

⑥ 郑麟趾：《高丽史》卷八〇《食货志·赈恤》、卷二八《忠烈王世家一》、卷三一《忠烈王世家四》，朝鲜平壤1957年本。

暂中断，但不久即告修复。至元二十九年（1292），日本商船重新来到庆元交易，随后来华商船数量越来越多。木宫泰彦曾言："元末六七十年间"，乃是"日本各个时代中商船开往中国最盛的时代"①。中国前往日本的商船，由于元朝政府的限制，虽然数量不多，但并未断绝。据刘岳申《邓克顺墓志铭》记载，江西吉水人邓恺"尝泛海东至日本"。值得一提的是，在元代众多的来华日本商人中，不少人具有亦商亦盗的身份。② 自元中后期开始，中国沿海地区倭患已起，尤其是元末社会动荡之际，倭寇在沿海一带的破坏活动十分猖獗，甚至攻陷州、县。

二、新航线、新港口、新物品、新群体的迅猛发展

中国历史发展至宋元时期，海丝贸易呈现前所未有的兴盛局面。无论是贸易航线、贸易港口，还是贸易物品和贸易群体，在隋唐两代发展的基础上都有了极大飞跃。从长期以来的沿海岸线航行发展到横渡海洋的航行，泉州、明州、杭州等新兴贸易港如雨后春笋般涌现，香料和瓷器成为超越丝绸和珠宝的最大宗贸易品。中外海商在东西洋上往来如织、棹声影帆，由此开启了中国海洋开放时代的到来。

宋元时期中国的海外贸易航线相较前代，有了新的发展。前代已经形成的横贯东西的南海航线，仍然具有旺盛生命力，但随着航海技术和造船工艺的进步，船只由沿海岸线航行发展到横渡海洋的航行，航程因此缩短，中转地也发生相应改变，由此改变了航线，扩大了贸易区域。

两宋时期中国与南海诸多国家和地区都有密切往来。据周去非《岭外代答》记载："三佛齐之来也，正北行，舟历上下竺（今马来半岛东南奥尔岛）与交洋（即交阯洋，指中国海南岛与越南之间海域），乃至中国之境。其欲至广者，入自屯门（广东宝安县西南）。欲至泉州者，入自甲子门（今广东陆丰市东南甲子港）。阇婆之来也，稍西北行，舟

① 木宫泰彦：《日中文化交流史》，胡锡年译，商务印书馆，1980，第 394 页。

② 参阅马光《开海贸易、自然灾害与气候变迁——元代中国沿海的倭患及其原因新探》，《清华大学学报（哲学社会科学版）》2018 年第 5 期。

过十二子石（位于加里曼丹岛西卡里马塔岛北部）而与三佛齐海道合于竺屿（即上下竺）之下。大食国之来也，以小舟运而南行，至故临国（今印度西南奎隆）易大舟而东行，至三佛齐国，乃复如三佛齐之入中国。其他占城、真腊之属，皆近在交阯洋之南，远不及三佛齐、阇婆之半，而三佛齐、阇婆又不及大食国之半也。诸蕃国之入中国，一岁可以往返，唯大食必二年而后可。”① 在这条东起中国、西抵大食的航线上，三佛齐、阇婆、故临的位置最为重要。三佛齐，“在南海之中，诸蕃水道之要冲也。东自阇婆诸国，西自大食、故临诸国，无不由其境而入中国者”②。由三佛齐出发，“泛海便风二十日至广州，如泉州，舟行顺风，月余亦可到”③。据此可见，三佛齐作为海上丝绸之路要冲，东来的大食、印度商人，若要赴中国贸易，皆须在此停留，而赴印度、大食贸易的中国海商，也需在此修船转易货物。阇婆在三佛齐附近，从泉州出发，“率以冬月发船，盖借北风之便，顺风昼夜行月余可到”④。故临是重要的中转站，“中国舶商欲往大食，必自故临易小舟而往”⑤。从《诸蕃志》《岭外代答》等宋代史料记载来看，当时南行的主航线，东起中国的泉州、广州，中经今印度尼西亚爪哇岛、苏门答腊岛，出马六甲海峡，进入印度洋，在印度西部停泊以后，直趋波斯湾、红海等处。在前代作为重要中转站的狮子国、个罗国，到了宋代已失去了原本举足轻重的地位。⑥ 元代的南海主航线与宋代大体相同，但航船所至范围更广。从汪大渊《岛夷志略》所记的北溜（即马尔代夫）、忽斯离、挞吉那等地情况来看，除自印度半岛至波斯湾地区外，元代中国海商还开辟了自印度南部，经过北溜至红海、东北非的航线，忽鲁谟斯（即霍尔木兹）

---

① 周去非著，杨武泉校注：《岭外代答校注》，中华书局，1999，第126—127页。

② 周去非著，杨武泉校注：《岭外代答校注》，中华书局，1999，第86页。

③ 马端临：《文献通考》卷三三二《四裔考九·三佛齐》，中华书局，2011，第9163页。

④ 赵汝适著，杨博文校释：《诸蕃志校释》，中华书局，2000，第52页。

⑤ 周去非著，杨武泉校注：《岭外代答校注》，中华书局，1999，第91页。

⑥ 陈高华、陈尚胜：《中国海外交通史》，中国社会科学出版社，2017，第70—71页。

成为元代东西洋贸易的主要交通港。同时，中国商船可直航至波斯湾地区，不再需要在故临中转，换小舟前往。可以说，宋元时期中国商舶在南海航路上已频繁往来，且实现了从中国东南沿海至波斯湾真正意义上的直航。

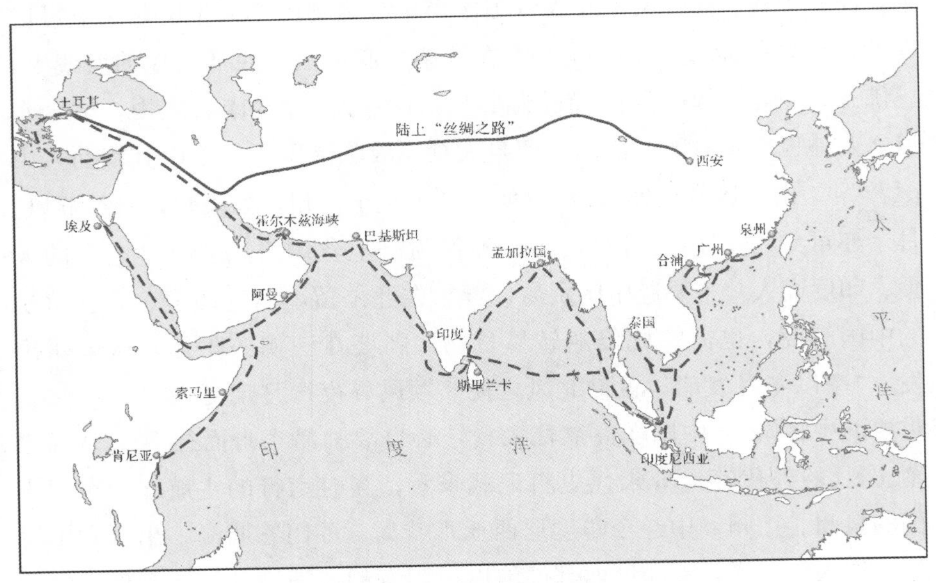

南宋时期的中国与海上丝绸之路

在南海航线不断拓展、繁荣的同时，宋元时期的东方航线也出现了诸多新的变化。尤其是元代东西洋观念形成之后，传统的东方航线有了极大拓展，新的东洋航线不断开辟。两宋时期东方航线通往的国家与地区和隋唐时期一样，依然是朝鲜半岛和日本。宋朝与高丽之间的航路有两条主要航线和两条次要航线。两条主要航线分别是从登州和明州起航，两条次要航线是从密州板桥镇和泉州出航。北宋前期高丽来华使团主要沿用前代航线，从登州上岸。北宋中期以后，由于受到辽政权的威胁，明州取代登州，成为中国与高丽两国海上交通的主要港口。北宋著名航海家徐兢于宣和五年（1123）奉命出使高丽时，便是从明州出航的。其所撰《宣和奉使高丽图经》详细记录了此次出使的航行路线。在这条航路上高丽以礼成江口的碧澜渡，以及介于礼成江、临津江之间的贞州作为对宋贸易的主要港口，日本的主要港口则为博多港（今福冈）。由日本的东海航路到达中国，一般在三四月份东北季风时节起航；由中国至日本，则多在五六月间的西南季风时节起航，顺风时航程仅需五六天时间，一般情况下十天左右即可到达。

《宣和奉使高丽图经》扉页

元代的东洋航线，除通往高丽、日本的传统航线外，还开辟了经由泉州、澎湖、琉球（台湾）至三岛、麻逸（菲律宾）的航线，以及由泉州出发，向西南经过广东沿海、南海诸岛直航爪哇的航线。宋代以前，中国东南沿海港口至爪哇岛的传统航线是绕道马六甲海峡，至苏门答腊岛，然后东航到达爪哇。元代开辟了由泉州或广州穿越南海诸岛直达爪哇岛北部的新航线。整个航程所需时间大大缩短，从泉州到爪哇所需时间为一个月，广州至爪哇仅需半个月，而宋代自广州至阇婆所需时间是一个月，自泉州至阇婆则需一个多月。[①] 元代直航爪哇的这条航线是至元三十年（1293）元朝军队远征爪哇时，出于军事目的，为达到兵贵神速的效果，避免绕道马六甲海峡和苏门答腊岛的曲折而漫长的海岸线所开辟的，几乎缩短了三分之二的航程。

在新航线不断开辟的同时，宋元时期的海外贸易港也有了很大发展，新兴港口不断涌现。唐代的对外贸易港有交州、广州、泉州、扬州四大港。而宋代北自京东路，南至海南岛，分布有登州、密州板桥镇、江阴军、温州、明州、杭州、青龙镇、福州、泉州、广州等数十个港口，数量明显增长，且这些港口不再是零星的点状分布，而是初步形成了广南、福建、两浙三个相对自成体系的区域性港口群。元代的对外贸

① 喻常森：《元代海外贸易》，西北大学出版社，1994，第 34 页；高荣盛：《元代海外贸易研究》，四川人民出版社，1998，第 65—70 页。

易港在两宋的基础上又有新的发展变化。广州港因遭宋末元初的战乱打击，贸易日渐衰微。泉州港则繁华依旧，成为东方第一大港。庆元（即明州，今浙江宁波市）、杭州、温州、上海、澉浦、太仓等也是当时有名的港口。总体来看，宋元时期以泉州、广州、明州（即庆元）三处海港最为兴旺发达，尤以新兴的明州、泉州两港的发展最为迅速，其他港口则兴废不常。广州港主要面向南海航线，明州港主要面向朝鲜半岛和日本，泉州港同时面向南海和东洋，元代则以南海为主。为适应海外贸易的发展需求，宋元两朝继承和发展了唐代的市舶使制度，在重要港口设立市舶司，并颁布市舶条例，以加强对进出口船只、人员和货物的管理。由于宋元时期新兴的对外贸易港口数量较多，下文仅对规模和影响较大的泉州港和明州港进行介绍。[①]

泉州因港口条件优良，“其地濒海，远连二广，川逼溟、渤”，交通便达，而被称为“闽粤领袖”。[②] 泉州港自唐五代开始逐渐兴起，入宋以后进一步发展，至北宋前中期泉州已是一个“有蕃舶之饶，杂货山积”[③] 的繁华港口。泉州海商纷纷前往南海诸国和高丽贸易。但由于当地没有市舶机构，泉州商人出海或归国必须到广州和明州办理手续，而外国商舶也须先到这两个地方，然后再至泉州。这一情况给海商活动造成极大不便，导致走私

泉州九日山祈风石刻

① 喻常森：《元代海外贸易》，西北大学出版社，1994，第 34 页；孙光圻、张后铨、孙夏君、姜柯冰：《中国古代航运史》，大连海事大学出版社，2015，第 649—663 页。

②《方舆胜览》卷一二《泉州》，中华书局，2003，第 208 页。

③《宋史》卷三三〇《杜纯传》，中华书局，1977，第 10632 页。

频发。为适应海外贸易的发展，宋神宗熙宁五年（1072），皇帝下诏："东南之利，舶商居其一，比言者请置市舶司泉州，其创法讲求。"[①] 宋哲宗元祐二年（1087），在泉州正式设置市舶司，总领福建一带海外贸易，泉州港进入全面繁荣发展时期。至南宋时，泉州港在海外贸易中的地位迅速赶上广州。《梦粱录》卷一二《江海船舰》曾记载："若欲船泛外国卖买，则是泉州便可出洋。"由于对外贸易的兴盛，泉州经济呈现繁盛景象，"况今闽粤，莫盛于泉州"[②]，大量外国商船在泉州港停泊，城南逐渐成为外国商人和水手的集中居住地。据赵彦卫《云梦漫钞》记载，南宋中期常到泉州贸易的海外国家和地区有30多个。另据曾于嘉定至宝庆年间（1208—1227）担任泉州市舶提举的赵汝适所撰《诸蕃志》记载，这一时期与泉州发生贸易关系的国家和地区不下60个，范围包括东亚、东南亚、南亚、西亚以及非洲的广大地区。南宋后期，泉州的海外贸易，因税收过重和官吏敲诈勒索等原因，一度凋敝。南宋末年，阿拉伯人后裔蒲寿庚出任泉州市舶提举官，从海外贸易中获取资财巨万。蒙元军队南下时，蒲寿庚归顺元朝，泉州港在宋末元初的战乱中不仅未受太大的影响，而且受战火波及的两浙海商纷纷聚集泉州，更推动了泉州港的进一步繁荣。

入元以后，泉州港获得了更大发展，受到元政府的重视，并达到历史上最辉煌的时代，不仅发展成为中国对外贸易第一大港，而且是世界上最著名的国际贸易港，史称"刺桐港"。至元十四年（1277），元政府在泉州设立行宣慰司，兼行征南元帅府事，次年改宣慰司为行中书省，开泉州路总管府，将泉州从府治提升为福建行省的首府。正如时人庄弥邵在《罗城外壕记》一文中所言："泉本海隅偏藩，世祖皇帝混一区宇，梯航巨国，此其都会，始为东南巨镇。或建省，或立宣慰司，所以重其镇也。"至元三十年（1293），元政府制定市舶法规，参照的就是泉州定利。据《元史》卷九四《食货二·市舶》记载："泉州、上海、澉浦、

①《宋史》卷一八六《食货志·互市舶法》，中华书局，1977，第4560页。

② 王象之：《舆地纪胜》卷一三〇《福建路·泉州府》，中华书局影印本，1990，第3733页。

温州、广东、杭州、庆元市舶司七所，独泉州于抽分之外，又取三十分之一为税，自今诸处，悉依泉州例取之。”① 元政府的这些规定不仅将泉州的政治地位和海外贸易地位一步步提升，同时也暗示此时泉州已经取代广州长期以来在海外贸易中的地位。泉州港地位的提升进一步推动了海外贸易的繁盛，大量香药、珍宝等物汇集于此。关于泉州港的繁盛程度，时人曾言：“泉，七闽之都会也。番货远物、异宝奇玩之所渊薮，殊方别域富商巨贾之所窟宅，号为天下最。其民往往机巧趋利，能喻于义者鲜矣，而近年为尤甚，盖非自初而然也。”② 来华的外国旅行家对泉州港贸易之繁荣也有过生动记录。马可·波罗曾详细描述：“印度一切船舶运载香料及其他一切贵重货物咸莅此港……由是商货宝石珍珠输入之多竟至不可思议……我敢说亚历山大或他港运载胡椒一船赴诸基督教国，乃至此刺桐港者，则有船舶百余，所以大汗在此港征收税课，为额极巨。”③ 摩洛哥旅行家伊本·白图泰也曾言：“该城的港口是世界大港之一，甚至是最大的港口。我看到港内停有大艟克约百艘，小船更多的无数。这个港口是一个伸入陆地的巨大港湾，以至与大江会合。该城花园很多，房舍位于花园中央，这很像我国希哲洛玛赛城的情况。”④ 这些描述不仅呈现了泉州港商舶辐辏、珍品荟萃的

六胜塔

该塔位于泉州石狮市石湖村金钗山上，始建于北宋政和年间，元代重修。元代该塔屹立海滨，是海船进出泉州湾的重要航标。

①《元史》卷九四《食货二·市舶》中华书局，1976，第2402页。

② 吴澄：《吴文正公集》卷二八《送姜曼卿赴泉州路录事序》，文渊阁《四库全书》影印本，台北商务印书馆，1986，第1197册，第299页。

③《马可波罗行纪》，沙海昂注，冯承钧译，中华书局，2004，第609页。

④ 伊本·白图泰：《伊本·白图泰游记》，马金鹏译，宁夏人民出版社，1985，第551页。

贸易繁盛图景，也反映了元代泉州港的国际化程度之高。①

明州即今浙江宁波，宋代称明州，后改称庆元。南宋庆元元年(1195)，明州升格为庆元府，元代改庆元府为庆元路。元至正二十七年(1367)，朱元璋攻占庆元，恢复明州旧称；明洪武十四年（1381），为避“明”国号讳，改明州为宁波，因明州下辖定海县，取其“海定则波宁”之意。唐五代时期，明州即为重要的对外贸易港口之一。宋元时期，明州与广州、泉州并称为全国三大港。明州地处东海之滨，有甬江、姚江通杭州，航路宽广，四通八达。宋人张津曾这样描述当时的明州：“明之为州，实越之东郊，观舆地图则僻在一隅。虽非都会，乃海道辐辏之地，故南则闽广，东则倭人，北则高句丽，商舶往来，货物丰衍。”② 元丰三年（1080），北宋政府正式规定开往日本、高丽等国的商船，必须向明州市舶使办理手续。由于地理位置的重要和贸易地位的提升，明州是宋朝同日本、高丽交通的重要港口，两浙商人多“以泛海贸易为业，往来高丽、日本”。此外，福建、广东等地赴日本、高丽贸易的商人也多以明州为始发港。而至明州贸易的外国商人也主要是高丽人和日本人。随着宋代明州对外贸易港地位的确立，部分东南亚、阿拉伯商人也偶尔到明州港进行贸易。南宋初，明州遭受战乱，贸易一度萎缩，但不久即得恢复。至绍兴七年（1137），该港又是一派“风帆海舶，夷商越贾，利原懋化，纷至沓来”的盛景。庆元元年（1195）后，明州改称庆元，且两浙其他各港的市舶机构均已撤销，仅庆元一处尚有市舶司，“凡中国之贾高丽，与日本诸蕃之至中国者，惟庆元得受而遣焉”③。庆元在两浙诸港中稳固占据鳌头位置，“万里之舶，五方之贾，南金大贝，委积市

---

① 李东华：《泉州与我国中古的海上交通》，台北学生书局，1986。苏基朗：《刺桐梦华录：近世前期闽南的市场经济，（946—1368）》，李润强译，浙江大学出版社，2012。

② 张津：《乾道四明图经》卷一《分野》，《宋元方志丛刊》本，中华书局，1990，第4877页。

③《宝庆四明志》卷六《叙赋下·市舶》，《宋元方志丛刊》本，第5054页。

肆，不可知数”[①]，庆元港愈发繁荣，被誉称“东南之要会”。[②]

元朝时期，庆元港为重要的军港和商港。忽必烈时期的几次越海远征均与该港关系密切。在海外贸易方面，庆元港较之南宋时期有进一步发展。作为当时的三大贸易港之一，庆元港呈现一派兴旺繁忙的景象，元代诗人张翥曾称赞之：“是邦控岛夷，走集聚商舸。珠香杂犀象，税入何其多。”[③] 据此足见，庆元港所汇集的中外商舶数量之多，进口货物品种之丰富。据《至正四明续志》卷5《土产·市舶物货》记载，庆元进口的舶货达二百二十余种，比南宋时多出六十余种。元代，庆元继续保持与日本和高丽的贸易关系。同时，东南亚、南亚、西亚及北非等众多国家和地区也与庆元建立了直接或间接的贸易往来。至元十一年(1274)、十八年（1281)，忽必烈两次东征日本。终元一世，两国虽没有正式的官方建交，但民间海外贸易表现出蒸蒸日上的势头。至元二十九年（1292）六月，日本4艘商船赴元途中遇到风暴，3艘破损，仅1艘到达庆元交易。元末的六七十年间，元日贸易盛况空前，日本民间商船到元朝贸易极为频繁，几乎年年不断。[④] 这些赴元商船，几乎都是驶向庆元港。与此同时，庆元与高丽也继续保持频繁的贸易往来关系，“中国人所喜欢的高丽镶嵌的青瓷、铜器、纸张和蒙古人喜欢吃的新罗参、高丽松子、鹞鸪肉等高丽食品，更大量运来，而中国的茶、瓷器、丝绸、书籍也增加对高丽的输出数字”[⑤]。《至正四明续志》的“市舶物货条”中，记录有人参、松子、榛子、新罗漆、高丽青瓷器、高丽铜器等从高丽输入的货品，这些货物在中国深受欢迎。1976年，在韩国新罗道新安海底出土了一艘元代沉船，该船是一艘满载瓷器（包括青瓷、黑

---

① 陆游：《渭南文集》卷一九《明州育王山买田记》，《陆游集》第五册，中华书局，1976，第2148页。

② 唐宋时期明州的经济发展，请参阅陆敏珍《唐宋时期明州区域社会经济研究》，上海古籍出版社，2007。

③ 张翥：《送黄中玉之庆元市舶》，收入《元音》卷九，文渊阁《四库全书》影印本，台北商务印书馆，1986，第1370册第524页。

④ 木宫泰彦：《日中文化交流史》，胡锡年译，商务印书馆，1980，第389—392页。

⑤ 张政烺等：《五千年来的中朝友好关系》，开明书店，1951，第52页。

瓷、钧窑瓷等两万余件）、铜钱（数百公斤）等货物的元朝商船。因船中有“庆元”字样的器物，推测该船极有可能是从庆元港出发，开往高丽或日本途中遇难的。① 该艘元代沉船的发现，进一步证明了庆元港与高丽、日本间海上贸易的频繁。

宋元时期海丝贸易活动空前繁荣，通过海道进出口的物品不仅数量大增，种类更为丰富，而且主要进出口物品种类较之前代出现了新的变化。就出口商品而言，除丝绸外，瓷器的比重大大增加；就进口商品而言，象牙、犀角、翡翠、珠玑等奇珍异宝的比重逐渐减少，乳香、檀香、片脑等香药逐渐占据主导。出口瓷器，进口香药，成为宋元时期海外贸易的显著特点。因此，这一时期的南海丝路又被称为“香瓷之路”。

瓷器作为宋元时期出口物品的代表，在海外贸易中占有重要地位。中国瓷器外销始于唐代，但直到宋代，其在海外贸易中的重要性才与丝绸并驾齐驱。宋元时期的外销瓷器品种丰富，数量巨大。从种类来看，包括碗、碟、壶、盘、罐、瓶、瓮、坛等各种器型，且主要以越窑青瓷和景德镇青白瓷（青花瓷）为主。如《岛夷志略》中记载有处州瓷器、青白花碗、瓦坛、大小埕、粗碗、瓷器盘、大瓮、瓷壶、青器、小罐、瓦瓶等。关于瓷器的外销数量，“南海一号”出水的大量瓷器即是明证。1987 年，在广东上川岛海域发现的南宋沉船“南海一号”，截至 2016 年 1 月 5 日，出水文物共计 14000 余件套。其中，瓷器就有 13000 余件套，所占比重最大。足见这一时期外销瓷数量之多。关于宋元瓷器外销的国家及地区，《真腊风土记》记载，“泉、处之青瓷器”行销真腊；伊本·白图泰曾言，中国瓷器品质最佳，远销印度及其他国家，直至他的家乡。② 从考古发掘来看，在东起菲律宾群岛、中南半岛，西抵阿拉伯半岛、非洲东北岸的广大地区内，到处可见宋元瓷器的遗迹，以越窑青瓷和龙泉窑青瓷为主，也有其他窑系的青白瓷、白瓷、青花瓷等。除南海诸国外，宋元瓷器也大量出口至近邻朝鲜半岛和日本。例如，前文所述 1976 年在韩国附近海域发掘的元代沉船，截至 1984 年，共出水各类瓷

① 李德全：《朝鲜新安海底沉船中的中国瓷器》，《考古月报》1979 年第 2 期。

② 张星烺编注：《中西交通史料汇编》第二册，中华书局，1977，第 69 页。

器20691件。按窑系分，数量最多的是龙泉青瓷，约占60%，其次为景德镇窑影青瓷、枢府瓷、磁州窑、吉州窑、建窑（天目窑）、钧窑等产品。① 在日本博多港及其所在的北九州地区，到处都可以发现宋代瓷器，其中有越窑、龙泉窑、同安窑、景德镇窑等窑系的产品。② 值得注意的是，这一时期有大量专为外销出产的瓷器，如军持、贴花青瓷碗等。军持为盛水瓶，行销于印度及其以西地区。贴花青瓷碗即碗心贴有一块大菊花纹用作装饰，而贴花的反面即碗的圈足底部中央则有一孔，这种瓷器在土耳其、伊朗、埃及等地均有发现。③ 综合来看，中国瓷器的外销始于唐中后期，至宋元时期达到兴盛。宋元时期，中国瓷器外销东南亚、西亚的路线主要以泉州、广州为始发港，而销往日本、朝鲜半岛的主要以明州（庆元）为出发港。

青花龙纹象耳瓶

该瓶于元至正十一年(1351)烧造，是当今世界上最著名的青花瓷器之一。现由英国Perceival David基金藏。

除越窑青瓷和景德镇青白瓷外，景德镇出产的青花瓷亦是元代外销瓷的代表。青花瓷又称白地青花瓷，常简称青花，是一种以钴矿为原料制成的釉下彩瓷器。所谓“釉下彩”，是指在陶瓷坯体上描绘纹饰，并罩上一层透明釉，经高温还原而一次烧成。原始青花瓷早在唐代已有零星生产，用于出口。成熟的青花瓷，则出现在元代，主要产地是景德镇。这种瓷器含有氧化钴的钴料，烧成后呈蓝色，着色鲜艳，色性稳定。而钴需要大量进口，这就使得青花瓷的贸易，成为双向的商品和文化交

---

① 李庆新：《海上丝绸之路》，黄山书社，2016，第158—159页。

② 岡崎敬：《福冈市圣福寺发现的遗物》，严晓辉译，《海交史研究》1989年第1期。

③ 三上次男：《陶瓷之路》，李锡经等译，文物出版社，1984，第62—66页。

流过程。宋元以来烧造青花瓷所使用的进口钴料，即釉下青料，又称“苏麻离青”或“苏泥勃青”等，主要来自伊拉克首都巴格达以北的古老城市萨迈拉。伊斯兰地区不仅向中国出口“苏麻离青”优质钴料，还往往提供青花瓷纹饰图案，深深影响了元代青花瓷的烧造技艺。[①] 因此，元代的典型青花瓷器，在装饰和造型上带有明显的伊斯兰风格，且以大罐、大瓶、大盘、大碗等大型器皿为主，这类瓷器主要外销至中东、西亚和埃及等地区。而以国产青料生产的中小型器物，如小罐、小瓶、小壶等则多销往东南亚地区。[②]

就输入品方面，宋元时期，中国进口最大宗且对中国社会影响最大的物品非香药莫属。“香药”往往被称为这一时期舶货的代名词。宋元两代，进口香药不下百余种，较重要的有二三十种，如乳香、沉香、檀香、速香、丁香、木香、龙脑香、奇楠香、降真香、安息香、苏合香、蔷薇水、血竭、没药、阿魏、胡椒、豆蔻、荜茇等。1974 年于泉州湾后渚港发掘的宋代沉船出水的大量香料，为宋代进口香料提供了实物证据。据考古学家发现，该沉船应为南宋时期的一艘远洋货船，在返航时遭遇意外沉没。船舱出水的遗物十分丰富，“有香料木、药物、木牌（签）、铜钱、陶瓷器、竹木藤器等，以香料木、药物为最多”，香料木主要包括降真香、檀香、沉香等多种，“重量（未经完全脱水）达 4700 多斤”，“胡椒次之”，此外还有乳香、龙

泉州湾后渚港出土的宋代海船

① 张国刚：《胡天汉月映西洋：丝路沧桑三千年》，生活·读书·新知三联书店，2019，第 128—129 页。

② 刘恒武在这一领域研究有素，成果较多，参阅前揭已注，兹不赘。

涎等香药。① 从出水的船舱遗物看，香药为该船进口的最大宗商品。②

关于域外香药的输入，宋元时期史料记载颇多。其进口方式主要有官方朝贡贸易和民间海外贸易两条途径。由于两宋统治者采取怀柔远夷的政策，海外诸国纷纷来贡，其中香药为主要贡品之一。例如，北宋立国之初，三佛齐国王、安南都护丁连、交趾将军赵子爱纷纷遣使来贡乳香、蔷薇水等香药；淳化四年（993），大食国来进“象牙五十株，乳香千八百斤，宾铁七百斤，红丝吉贝一段，五色杂花蕃锦四段，白越诺二段，都爹一琉璃瓶，无名异一块，蔷薇水百瓶”。③ 据《宋会要辑稿·蕃夷四·占城》记载，绍兴二十五年（1155）十一月十四日，占城“贡附子沉香一百五十斤，沉香三百九十斤，沉香头二块一十二斤，上笺香三千六百九十斤，中笺香一百二十斤，笺香头块四百八十斤，笺香头二百三十九斤，澳香三百斤，上速香三千四百五十斤，中速香一千四百四十斤，象牙一百六十八株，犀二十株，玳瑁六十斤，暂香一百二十斤，细割香一百八十斤，翠毛三百六十只，蕃油一十灯，乌里香五万五千二十斤”。从上述事例可见，两宋时期，海外诸国所进贡方物中香药所占比重最高，且数量较大，种类颇多。然而，两宋时期，海外诸国进奉香药次数远不止此。据刘静敏统计，“安南朝贡四次，交趾六次，占城高达二十八次。注辇（含一次撒殿），蒲端三次，三麻兰一次，三佛齐十次，渤泥两次，阇婆与丹流眉各一次”，“来自阿拉伯半岛的大食，也是重要的香药输入国，宋代便有十一次进贡记录”，此外，“天竺与非洲东岸的

① 泉州湾宋代海船发掘报告编写组：《泉州湾宋代海船发掘简报》，《文物》1975 年第 10 期。庄为玑：《古刺桐港》，厦门大学出版社，1989；庄为玑、庄景辉、王连茂：《海上丝绸之路的著名港口——泉州》，海洋出版社，1989。傅宗文：《沧桑刺桐》，厦门大学出版社，2011。

② 林天蔚：《宋代香药贸易史稿》，香港中国学社，1960；台北中国文化大学出版部，1986。另请参阅关履权《宋代广州香药贸易史述》，《文史》1963 年第 3 期，及其《宋代广州的海外贸易》，广东人民出版社，1994。李玉昆：《宋元时期泉州的香料贸易》，《海交史研究》1998 年第 1 期。

③《宋史》卷四九〇《外国六·大食》，中华书局，1977，第 14118 页。

层檀也来朝贡香药各一次”。[1] 从朝贡区域来看，东南亚地区最多，大食次之。

相较于官方朝贡贸易，两宋时期通过商舶贩运香药的数量更为庞大。宋代，从事商舶贸易的主要有海外商人和本国商人。本国商人主要有绅商、舶商和散商，沿海地区泛海之商，“江淮闽浙，处处有之”，且贸易总量很大。据《中书备对》卷三下《大礼赏赐》记载，熙宁十年(1077)，“明、杭、广州市舶司，博到乳香，计三十五万四千四百四十九斤”[2]。又据《宋会要辑稿·蕃夷四·占城》记载，绍兴二十五年(1155)，仅从占城输入泉州的沉香就达63334斤。一年之中，仅宁波、杭州、广州三地市舶司博买乳香一种就达30多万斤，从占城一国输往泉州的沉香亦达6万多斤，足见商舶贸易之繁盛。香药贸易之所以如此繁盛，一方面因市场需求旺盛，另一方面因丰厚利润的驱使。两宋时期，皇室权贵以用香为尚，文人爱香成风，整个社会对香药需求殷切。不少商人皆浮海贩运，以追求高额利润。如泉州杨客“为海贾十余年，致赀二万万”[3]；淳熙十五年（1188），王元懋从占城归帆，所载“货物、沉香、真珠、脑麝价值数十万”[4]。又据《鹤林玉露》记载：“一老卒浮海贩运，逾岁而归，以美女、绫锦、奇玩易得珠、犀、香药、骏马，获利几十倍。”[5] 这些记载足以表明，两宋时期海外贸易的繁荣景象。

元代的海外贸易政策基本沿袭了宋代，立国之初便立即着手组织海外贸易，同时以一种积极、开放的心态对待海外朝贡使团及往来商舶。至元十四年（1277），当元军取得浙、闽等地后，便在泉州、庆元、上海、澉浦四地设立市舶司。次年，忽必烈通过福建行省向外诏谕：“诚能慕义来朝，朕将宠礼之；其往来互市，各从所欲。”[6] 由于元统治者的

① 刘静敏：《宋代〈香谱〉之研究》，台北文史哲出版社，2007，第124页。

② 毕仲衍撰，马玉臣辑校：《〈中书备对〉辑佚校注》，河南大学出版社，2007，第226页。

③ 洪迈：《夷坚志·丁志》卷六《泉州杨客》，中华书局，1981，第588页。

④ 洪迈：《夷坚志·三志已》卷六《王元懋巨恶》，中华书局，1981，第1345页。

⑤ 罗大经：《鹤林玉露·丙编》卷二《老卒回易》，中华书局，1983，第269页。

⑥《元史》卷一〇《世祖纪七》，中华书局，1976，第206页。

积极提倡，海外诸国纷纷与元朝建立朝贡关系，来朝使者“府无虚日，史不绝书”[①]。仅据史籍记载，在元世祖至元十六年至至元三十一年（1279—1294）的15年里，海外朝贡达90余次，入贡国20余个。据不完全统计，有元一代海外国家入贡：高丽44次，安南36次，缅与骠20次，占城16次，马八儿13次，爪哇11次，西域诸王11次，暹罗12次，八百媳妇7次，俱兰5次，真腊4次，苏木达4次，木罗夷4次，南巫里3次，苏木都拉3次，木速蛮2次，拂郎2次，信合纳贴普2次，龙牙门、占塔奴因、别里刺、大力、马兰丹、那旺、丁呵儿、来来、急兰亦带、没剌予、须门那、押洛恩、速龙探、奔奚里、僧急里、吊吉尔、女人、宾丹、马法、马答、毯阳各1次。[②] 根据《诸蕃志》和《岛夷志略》对海外诸国土产的介绍，上述朝贡国家和地区，除高丽外，大部分为香药出产国或邻近香药出产地，其在朝贡时携带深受元朝欢迎的香药自在情理之中。如至元十二年（1275），八罗孛以“名药来献”，至大二年（1309），占城国王“遣其弟扎剌奴等来贡白面象、伽兰木”[③]，等等。此外，元统治者为获取更多的珍奇异物、香料药材，官方常以使臣贸易、官本船贸易等多种形式大规模介入海外贸易。

相较于官方贸易，元代民间的海外香药贸易更为活跃。广州、泉州等港海舶频至，香药充溢。时人对广州港的繁盛有如下描述：“海外大蛮夷岁时蕃舶金、珠、犀象、香药、杂产之富，充溢耳目，抽赋帑藏，盖不下巨万计。”[④] 泉州港作为当时国内最大的海外贸易港，其繁盛程度更是可见一斑，时人吴澄曾说：“泉，七闽之都会也。番货远物，异宝珍玩之所渊薮，殊方别域、富商巨贾之所窟宅，号为天下最。”[⑤] 在海外

---

① 黄淮、杨士奇：《历代名臣奏议》卷一九五《戒佚欲》，台湾学生书局，1985，第2739页。

② 李金明、廖大珂：《中国古代海外贸易史》，广西人民出版社，1995，第180页。

③《元史》卷二三《武宗纪二》，中华书局，1976，第517页。

④ 吴莱：《渊颖集》卷九《南海山水人物古迹记》，上海古籍出版社，1987，第168页。

⑤ 吴澄：《吴文正公集》卷二八《送姜曼卿赴泉州路录事序》，文渊阁《四库全书》本，台湾商务印书馆，1986，第1197册第299页。

贸易的众多舶货中，香药占据极大比重，且种类繁多。陈高华、吴泰通过对宋元志书中的相关记载进行统计，得出“广州的方志登录‘舶货’不过七十余种”的论断，其中香药已有近四十种，占整个进口品的一半以上。[①] 万明根据《四明续志》统计输入宁波的“舶货”共 223 种，其中香药达 70 余种。[②] 泉州虽未留下进口货物种类的记载，但仅从宋代即以经营香药贸易为业的蒲氏家族来看，作为当时最大海外贸易港的泉州，输入的香药种类和数量并不低于广州、宁波两港。可见，香药已成为当时海外贸易中最重要的进口商品，故时人常以“香药”作为“舶货”的代名词。

随着贸易航线的扩大、沿海港口的发展以及贸易产品的丰富，宋元两代从事海外贸易的本国商人和来华外商较之隋唐时期有显著增加。苏浙闽广等沿海地区，不仅涌现出大批从事海外贸易的本国富商巨贾和中小海商，而且越来越多的“蛮贾蕃商”在广州、泉州、明州等港口城市定居。中外海商频繁往来于中国、东南亚、印度洋至波斯湾的航线，为海丝商贸活动的繁荣发展注入了巨大活力。

宋代以前，来往于东南亚、印度洋至中国航线上的主要是波斯和阿拉伯商船。但至宋代，中国商队逐渐与阿拉伯商队一道成为世界贸易的两大轴心，雄踞于太平洋西岸和印度洋地区。在宋元政府的支持鼓励及丰厚利润的刺激下，沿海商民经营海上贸易者日渐普遍。富至百万之家，穷至如洗之民，贵至王公大臣，重至拥兵大将，或亲自扬帆出海，或与人合股，或租船募人，皆远赴海外从事贸易。据《宋会要辑稿·刑法二》记载：“漳、泉、福、兴化，凡滨海之民所造舟船，乃自备财力，兴贩牟利而已。”由于出洋贩运所需资财庞大，加之海洋贸易风险性极高，非富商巨贾、官员贵胄者往往组成商队结伴而航。例如，“泉州商客七人：曰陈、曰刘、曰吴、曰张、曰李、曰余、曰蔡，绍兴元年

① 陈高华、吴泰：《宋元时期的海外贸易》，天津人民出版社，1981，第 47—48 页。

② 万明：《明初“贡市”新证——以〈敬止录〉引〈皇明永乐志〉佚文、外国物品清单为中心》，《明史研究论丛》（第七辑）。

(1131) 二月，同乘一舟浮海”[①]。对于官员经营海外贸易，宋政府虽对现任官员予以明令禁止，但三令五申仍难遏止丰厚利润的诱惑，经商的官吏和军将时时有之，“边关重车而出，海舶饱载而回”[②] 的局面，在两宋三百年间从未停止。例如，郑公明知雷州时“三次搬运铜钱下海，博易蕃货”[③]；南宋大将张俊曾派一老卒以五十万贯为本，出海贸易，“逾岁而归，珠犀香药之外，且得骏马，获利几十倍”[④]。元代例不禁商，权贵官僚从事海外贸易之风愈演愈烈。当时沿海地区各级官僚“行省官人每，行泉州府司官人每，市舶司官人每，不拣什么官人每，权豪富户每”，或“自己的船只做买卖去”，或“勒令舶商户计稍带钱本下番”，[⑤]从事海外贸易甚为普遍。例如，太仓的朱清、张瑄原为海盗，后降于元，以创办海运起家，“田园馆宅遍天下，库藏仓庾相望，巨艘大舶交番夷中”[⑥]，一时权倾朝野。色目人蒲寿庚利用掌管泉州市舶大权之便，“擅蕃舶利者三十年”[⑦]，风光一时。鉴于海外贸易的丰厚利润，以及元初权势豪臣独揽海舶贸易的情况，元世祖时期开始推行官本船贸易，实行官商合办，朝廷得以操纵海外贸易之利薮。

宋元时期商人出海贸易往往结成商队。通常情况下，一艘海船即是一个商队，少则百余人，多则数百人。这些出洋商队往往组织严密，其内部人员组织结构大体由海舶纲首、中小货主和船员水手组成。纲首作为成千上万缗之海舶的主人，一般由沿海港口资产丰厚的富商巨贾担任；货主，一船有数十至上百人不等；船员，也有十至数十人之多，船员中有部领、水手长、杂事、直库（货舱主管）、火长（执罗盘领航者）等不同职务。此外，还有舱工、梢工、旋工、缆工等水手。这些船员和水手在一定程度上也是外贸商人。因为按宋代贸易法条，船上所载出口

---

① 洪迈：《夷坚志·三志已》卷二《余观音》，中华书局，1981，第1318页。

②《宋史》卷一八〇《食货志·二下》，中华书局，1977，第4384页。

③《宋会要辑稿·职官》七四之四三，中华书局影印本，1957，第4072页。

④ 罗大经：《鹤林玉露·丙编》卷二《老卒回易》，中华书局，1983，第269页。

⑤《元典章》卷二二《户部八·市舶》，光绪三十四年沈刻本，第74页。

⑥ 陶宗仪：《南村辍耕录》卷五《朱张》，上海古籍出版社，2012，第59页。

⑦《元史》卷四七《瀛国公本纪》，中华书局，1976，第942页。

货物中有20%为船员和水手的私货，贩易所得（一般是以出口货物换易所得的蕃货即进口商品）作为其劳动报酬，回航入境时不在抽税范围之内。[①] 这些商队规模大小不一，大者一般五六百人，小者也有百余人。据宋人吴自牧记载："且如海商之舰，大小不等，大者五千料，可载五六百人；中等二千料至一千料，亦可载二三百人；余者谓之'钻风'，大小八橹或六橹，每船可载百余人。"[②] 中国海舶与阿拉伯人使用的蕃舶则要大上许多。据《宋史》卷一八六《食货志》记载："胡人谓三百斤为一婆兰，凡舶舟最大者曰独樯，载一千婆兰；次者曰牛头，比独樯得三之一；又次曰木舶，曰料河，递得三之一。"[③] 其最大的船只"独樯"，载重仅一千婆兰，即为二三千料，仅相当于南宋的中型海舶，次等的"牛头"不足一千料，"木舶""料河"就更小了。从海舶的载重量来看，中国的商船规模远远超出阿拉伯海船，可见这一时期海丝商贸的主导确非中国海商莫属。

随着海丝商贸活动的不断繁荣，以及中国海商在亚洲海域主导地位的确立，中国人出海定居者逐渐增多，日本、高丽及东南亚诸多国家都有中国人侨居。宋神宗曾言："福建、广南人因商贾至交趾，或闻有留彼用事者。"[④] 高丽王城有"华人数百，多闽人因贾至者"。这些定居海外者，除出海贸易的商贾外，亦有失意士人或罪犯。宋徽宗政和二年(1112)，曾有官员上奏："访闻入蕃海商，自元祐以来，押贩海船人，时有附带曾经赴试士人及过犯停替胥吏，过海入蕃，或名为住冬，留在彼国，数年不回，有二十年者，娶妻养子，转于近北蕃国，无所不至。"[⑤] 南宋时，出海定居者仍有不少。时有不少中国僧侣、商人、工匠等在日本镰仓侨居，铸造著名的东大寺大佛时，就有中国铸造师参与。[⑥] 另据

① 葛金芳、汤文博：《南宋海商群体的构成、规模及其民营性质考述》，《中华文史论丛》2013年第4辑。

② 吴自牧：《梦粱录》卷一二《江海船舰》，中国商业出版社，1982，第102页。

③《宋史》卷一八六《食货志·下八》，中华书局，1977，第4565页。

④《续资治通鉴长编》卷二七三，熙宁九年三月壬申，中华书局，2004，第6692页。

⑤《宋会要辑稿·刑法》二之五七，中华书局影印本，1957，第6524页。

⑥ 木宫泰彦：《日中文化交流史》，胡锡年译，商务印书馆，1980，第386页。

周达观《真腊风土记》记载，温州人薛氏，曾于宋理宗景定初年到真腊定居落户。南宋末年，为避战祸，不少宋人逃亡海外。据《大越史记全书·本纪》卷五《陈纪一》记载，咸淳十年（1274）十月，有宋人“以海船二十艘载其妻子货物，浮海”到交趾避难。元朝时期，海外交通空前繁荣，中国人移居海外者大大增加。《真腊风土记》《岛夷志略》等均记载有诸多唐人在海外生活的情况。如，在真腊“唐人之为水手者，利其国中不着衣裳，且米粮易求，妇女易得，屋室易办，器用易足，买卖易为，往往皆逃逸于彼”[①]；在加里曼丹岛西南端附近海岛的勾栏山，有“唐人与番人丛杂而居之”[②]。元朝末年，战乱频仍，又有不少人移居海外。总体来看，移居海外的这些中国人，有的因经商暂住海外数十年，但大部分终生居留，并逐渐形成华人聚落。这些华侨及华人聚落的存在，不仅推动了海丝商贸活动的进一步繁荣，而且为中外政治经济文化交流作出了巨大贡献。

在中国海商扬帆远航，远涉高丽、日本、东南亚、南亚、西亚、北非等海外诸国时，各国海商亦纷纷来华贸易、定居。据《诸蕃志》记载，与宋朝有贸易往来的海外国家共有五六十个，其中很多国家都有商人来华贸易。《宋史》卷四八五《夏国上》亦记载：“东若高丽、渤海，虽阻隔辽壤，而航海远来，不惮跋涉；西若天竺……大食……拂林等国……（南若）交趾、占城、真腊、蒲耳、大理滨海诸蕃，自刘张、陈洪进来归，接踵修贡。”外商来华最多、最频繁的国家有高丽、日本（主要在南宋时期）、交趾、占城、三佛齐、大食、注辇、真里富、真腊等。[③]《宝庆四明志》和《开庆四明志》中有许多关于日本海商贩运木材、硫黄、黄金等货物来华的记录。曾经一度控制马六甲海峡的三佛齐商人，也纷纷来华贸易。据《建炎以来系年要录》卷一七五“绍兴二十六年十二月壬戌、癸亥”条记载，三佛齐商人蒲晋和蒲遐一行携带的货物中仅乳香就达八万斤、“胡椒万升、象牙四十斤，名香、宝器甚众”，

① 周达观著，夏鼐校注：《真腊风土记校注》，中华书局，1981，第180页。
② 汪大渊著，苏继庼校释：《岛夷志略校释》，中华书局，1981，第248页。
③ 黄纯艳：《宋代海外贸易》，社会科学文献出版社，2003，第113页。

足见其贸易规模之大。这些来华贸易的三佛齐商人中有不少人留居中国，“三佛齐之海贾，以富豪宅生于泉者，其人以十数”①。大食商人也是来宋次数最多者之一。据统计，在宋太祖开宝元年（968）至宋孝宗乾道四年（1168），大食来华贸易有史可考的达 49 次。② 这些来华商贾大多拥有雄厚资本。例如，定居广州的大食蕃客辛押陁啰，“居广州数十年矣，家赀数百万缗”③；乾道四年（1168），有一真里富商死于明州城下，“囊资巨万”④，等等。总体而言，两宋时期来华海商国别众多，人数庞大，资财雄厚，是海丝贸易的重要力量。

宋碑《重修天庆观记》

此碑原立于广州海珠北路天庆观内，碑文记录了三佛齐国与中国的交往，以及三佛齐商人捐资修建天庆观的事迹。

元代的统治者推行积极的海外贸易政策，热情招徕外商来华。早在至元十五年（1278），元世祖忽必烈曾指示东南沿海各省地方官：“诸蕃国列居东南岛屿者，皆有慕义之心，可因蕃舶诸人宣布朕意，诚能慕义来朝，朕将宠礼之，其往来互市，各从所欲。”⑤ 在元朝开放的海洋政策

---

① 林之奇：《拙斋文集》卷一五《泉州东坂葬蕃商记》，文渊阁《四库全书》本，第 1140 册，第 490 页。

② 林松：《泉州——我国伊斯兰教和回回民族的主要发祥地》，《海交史研究》1988 年第 2 期。

③ 苏辙：《龙川略志》卷五《辨人告户绝事》条，中华书局，1956，第 28 页。

④ 楼钥：《攻媿集》卷八六《皇伯祖太师崇宪靖王行状》，四部丛刊本。

⑤《元史》卷一〇《世祖纪七》，中华书局，1976，第 206 页。

的吸引下，海外诸国纷纷遣使来华。仅据《元史·本纪》部分的文献记载，与元朝建立朝贡关系的海外国家就达30多个，朝贡贸易次数累计达200多次。除官方朝贡使团外，还有大量外国商人跨海来到中国。作为东方第一大港的泉州，以梯航万国、舶商云集、民夷杂处著称，外国商旅来此经商者数以万计，其中以色目商人势力最大，人称泉州“缠头赤脚半蕃商，大舶高樯多海宝”。如，泉南巨贾“南蕃回回佛莲者，蒲氏之婿也，其家富甚，凡发海舶八十艘”[①]。元中叶以后，蒲氏集团势力渐不如昔，泉州巨商几乎皆是新来的色目人，如先有合只铁即剌和马合马丹等，后有赛甫丁、阿里迷丁和那兀纳等。其中“西域那兀纳者，以总诸番互市至泉”[②]，控制着泉州的海外贸易。及至元末，泉州色目人组成义兵，谓之“亦思巴奚”，由赛甫丁、阿里迷丁任万户，遂“日肆暴横”，最后竟发动叛乱，祸害泉州、兴化、福州等地达十年之久。色目商人充当元朝统治者的帮手，备受优渥，“持玺书，佩虎符，乘驿马，名求珍异，既而以一豹上献，复邀回赐，似此甚众”[③]，并且操纵、控制海外贸易，凌驾于一般海商之上，是元代所特有的一种权贵商人。[④] 除色目商人外，日本商人亦频繁来元朝贸易，但并未出现过大批在中国定居的现象。在两次元日战争期间，至元十六年（1279），就有“日本商船四艘，篙师二千至庆元港口”[⑤]。自14世纪开始至元末灭亡的68年间，日本海商来华人数和规模达到历史空前。与此同时，倭寇侵扰中国沿海的情形愈演愈烈。这些倭寇大多由日本来华商人转化，他们在东亚海域及朝鲜半岛和中国沿海杀人越货、四处掠夺，不仅极大地破坏了原本繁荣稳定的东海丝路，而且影响了明初乃至整个明代海洋政策的制定。

---

① 周密：《癸辛杂识·续集》卷下《佛莲家赀》，中华书局，1997，第193页。

② 阳思谦：（万历）《泉州府志》卷二四《盗贼类》，泉州府志编纂委员会办公室1985年重印版明万历四十年刻本，第32页。

③《元史》卷二二《武宗纪一》，中华书局，1976，第505页。

④ 廖大珂：《福建海外交通史》，福建人民出版社，2002，第72—73页。

⑤《元史》卷一三二《哈剌觞传》，中华书局，1976，第3217页。

结 语

中国历史进入魏晋隋唐时期，社会经济的持续发展，以及统治者有意无意的海外经营举措，大大促进海外交通的繁荣，进而有利于海上丝绸之路的进一步发展。

魏晋隋唐时期的政治空间已经相当辽阔，政局的动荡是任何时代都难以避免的事情，我们端看那些事件究竟对历史整体的走向产生了怎样的影响，不能只看到动荡的记载，就想当然地认为所有的一切都随之打乱了脚步。这一时期的社会经济持续发展，就寓目历史资料而言，传统农业、手工业、矿冶业和商业等领域，都呈现出平稳发展的迹象。而大运河的开凿，是这一时期的重大事件。它就此打通了南北交通的命脉，给南北社会经济的发展带来了更大的契机，从而也推动了海上丝绸之路的进一步发展。

政局的相对稳定，社会经济的持续发展，给探索海外世界提供了新的契机。陆路上的丝绸之路，虽从汉晋以来时断时续，但我们仍能通过存留的不少残简断篇、吉光片羽，窥探其大致全貌。其中较大规模的活动，展示了商人和粟特等少数民族群体的人生轨迹。只不过，他们并不像文人墨客那样善于炫示，抑或他们并不能很好地书写自己的人生旅程，也可能是他们书写了却被历史烟尘湮没，今人便因之而无从闻见了。

在这一时期，杨良瑶出使黑衣大食国的历程及其记载，打破了此前隋唐时期自海路远航之历程的缺载，使我们足以自此稍窥在遥远的大唐

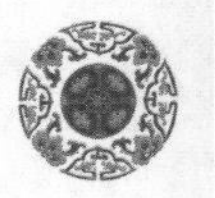

时代，扬帆远航的海丝之路之历史真相。这一坚实的历史记载，在更广阔的视域内彰显了中古中国对于世界的认识。

大运河航线上的扬州、宁波、广州和作为首善之地的长安、洛阳等地，都留下了商人、粟特人等为了经商而走过的海上丝绸之路的痕迹。部分僧侣或取道东海，与日本、朝鲜半岛等地多有交通往来，抑或经过广州南下，在南海及其可达的海域，存留下若干探索的印迹。无论是官方还是民间，这样的探索和海外活动，都为宋元时代的人们进一步探索湛蓝的海洋世界奠定了基础，开启了新篇章。

中唐以降，经济重心南移的步伐加快，历经晚唐五代十国，迄于两宋。虽然自朝廷的视角看，重农轻商的基调似乎无大改变，但是这一时期中原农耕文明与周边游牧文明之间的两强之争变为工商业文明、农耕文明和游牧文明之间的三足鼎立。历史的架构确于此时发生了改变：中原农耕文明渐次退出了此前千百年来占据的国家关键性地位，开始让位于刚刚勃兴而起的商业文明和海洋文明。宋代“南重北轻”的经济格局、雄厚的手工业制造实力，以及世界领先的造船与航海技术[①]，为海上丝路的繁盛提供了物质支撑和内在动力。自此之后，中华文明的立国态势，便由汉唐之“头枕三河、面向西北（草原）”，转向两宋，特别是南宋的“头枕东南，面向海洋”。[②] 不得不说，这一历史转变，其来有自：魏晋隋唐时代的探索与积淀。伴随着两宋地理疆域和国际局势的变化，也带来了历史发展的新格局、新起点：南宋迄于元中国的大航海时代、海上丝绸之路盛大兴隆的帷幕，即将开启。

---

① 有关宋朝造船业的繁荣和发展的研究，先驱性成果有漆侠《宋代经济史》，上海人民出版社，1987—1988 年，今据中华书局，2009，第 681—688 页；郑学檬：《中国古代经济重心南移和唐宋江南经济研究》，岳麓书社，2003，第 139—147 页。最近成果参阅黄纯艳《造船业视域下的宋代社会》，上海人民出版社，2017。

② 葛金芳：《大陆帝国与海洋帝国》，《光明日报》2004 年 12 月 28 日。柳平生、葛金芳：《试析宋代海上丝绸之路勃兴的内在经济动因——兼论两宋经济结构变迁与三大文明竞争格局形成》，《文史哲》2021 年第 1 期。张邦炜先生认为，南宋朝廷是被“逼向海洋”的，甚是，参阅张邦炜《恍惚斋两宋史论集》，河北大学出版社，2020，第 152—153 页。

主要参考文献

一、古籍

[1] 班固. 汉书 [M]. 北京：中华书局，1962.

[2] 毕仲衍撰，马玉臣辑校.《中书备对》辑佚校注 [M]. 开封：河南大学出版社，2007.

[3] 陈寿. 三国志 [M]. 北京：中华书局，1959.

[4] 董诰，等. 全唐文 [M]. 北京：中华书局，1983.

[5] 杜牧. 樊川文集 [M]. 上海：上海古籍出版社，2007.

[6] 杜佑. 通典 [M]. 北京：中华书局，1982；王文锦等整理本，北京：中华书局，1988.

[7] 法显撰，章巽校注. 法显传校注 [M]. 上海：上海古籍出版社，1985.

[8] 方回. 瀛奎律髓 [M]. 上海：上海古籍出版社，1993.

[9] 范晔. 后汉书 [M]. 北京：中华书局，1965.

[10] 房玄龄，等. 晋书 [M]. 北京：中华书局，1974.

[11] 黄淮，杨士奇. 历代名臣奏议 [M]. 台北：台湾学生书局，1985.

[12] 葛洪著，王明校释. 抱朴子内篇校释 [M]. 北京：中华书局，1980.

[13] 韩愈撰，马其昶校注，马茂元整理. 韩昌黎文集校注 [M]. 上海：上海古籍出版社，1986.

[14] 洪亮吉. 东晋疆域志 [M]. 北京：中华书局，1991.
[15] 洪迈. 夷坚志 [M]. 北京：中华书局，1981.
[16] 李昉，等. 太平御览 [M]. 北京：中华书局，1960.
[17] 李昉，等. 太平广记 [M]. 北京：中华书局，1961.
[18] 李昉，等. 文苑英华 [M]. 北京：中华书局，1966.
[19] 李观. 李元宾文编 [M]. 四部丛刊初编本.
[20] 李延寿. 南史 [M]. 北京：中华书局，1975.
[21] 李延寿. 北史 [M]. 北京：中华书局，1974.
[22] 李吉甫著，贺次君点校. 元和郡县图志 [M]. 北京：中华书局，1983.
[23] 李林甫，等. 唐六典 [M]. 北京：中华书局，1992.
[24] 李焘. 续资治通鉴长编 [M]. 北京：中华书局，2004.
[25] 李心传著，胡坤点校. 建炎以来系年要录 [M]. 北京：中华书局，2013.
[26] 李肇. 唐国史补 [M]. 上海：上海古籍出版社，1979.
[27] 柳宗元. 柳宗元文集 [M]. 北京：中华书局，1979.
[28] 陆游. 陆游集 [M]. 北京：中华书局，1976.
[29] 罗大经. 鹤林玉露 [M]. 北京：中华书局，1983.
[30] 令狐德棻. 周书 [M]. 北京：中华书局，1971.
[31] 刘昫，等. 旧唐书 [M]. 北京：中华书局，1975.
[32] 陆云. 陆云集 [M]. 北京：中华书局，1988.
[33] 马端临. 文献通考 [M]. 北京：中华书局，2011.
[34] 梅应发，刘锡. 开庆四明续志 [M]. 北京：中华书局《宋元方志丛刊》影印本，1990.
[35] 欧阳脩，宋祁. 新唐书 [M]. 北京：中华书局，1975.
[36] 沈约. 宋书 [M]. 北京：中华书局，1974.
[37] 释僧佑. 出三藏记集 [M]. 北京：中华书局，1995.
[38] 司马光. 资治通鉴 [M]. 北京：中华书局，1956；北京：中华书局，2012.
[39] 宋濂，等. 元史 [M]. 北京：中华书局，1976.
[40] 苏敬，等. 新修本草（辑复本）[M]. 合肥：安徽科学技术出版

社，2005.
［41］苏天爵. 元朝名臣事略［M］. 北京：中华书局，1996.
［42］苏轼. 苏东坡全集［M］. 北京：中国书店，1986.
［43］孔凡礼点校. 苏轼文集［M］. 北京：中华书局，1986.
［44］苏辙. 龙川略志［M］. 北京：中华书局，1956.
［45］陶宗仪. 南村辍耕录［M］. 上海：上海古籍出版社，2012.
［46］唐慎微. 证类本草［M］. 北京：华夏出版社，1993.
［47］脱脱，等. 宋史［M］. 北京：中华书局，1977.
［48］王溥. 唐会要［M］. 北京：中华书局，1955.
［49］王仁裕. 开元天宝遗事［M］. 北京：四部丛刊初编本.
［50］王象之. 舆地纪胜［M］. 北京：中华书局，1992.
［51］王钦若. 册府元龟［M］. 南京：凤凰出版社，2006.
［52］王元恭. 至正四明续志［M］. 台北：成文出版社，1983.
［53］汪大渊著，苏继庼校释. 岛夷志略校释［M］. 北京：中华书局，1981.
［54］魏收. 魏书［M］. 北京：中华书局，1974.
［55］魏徵，等. 隋书［M］. 北京：中华书局，1973.
［56］吴澄. 吴文正公集［M］. 文渊阁《四库全书》本，台北：台湾商务印书馆，1986.
［57］吴兢. 贞观政要［M］. 北京：中华书局，2011.
［58］吴莱. 渊颖集［M］. 上海：上海古籍出版社，1987.
［59］吴自牧. 梦粱录［M］. 北京：中国商业出版社，1982.
［60］萧子显. 南齐书［M］. 北京：中华书局，1972.
［61］徐松辑. 宋会要辑稿［M］. 北京：中华书局，1957.
［62］杨衒之. 洛阳伽蓝记［M］. 北京：中华书局，1963.
［63］杨仲良. 皇宋通鉴长编纪事本末［M］. 上海：上海古籍出版社，2000.
［64］姚思廉. 梁书［M］. 北京：中华书局，1973.
［65］元结. 元次山集［M］. 北京：中华书局，1960.
［66］义净撰，王邦维校注. 大唐西域求法高僧传校注［M］. 北京：中华书局，1988.
［67］长孙无忌，等. 唐律疏议［M］. 北京：中华书局，1983；刘俊文整

理，北京：法律出版社，1998.

[68] 张鷟. 朝野佥载［M］. 北京：中华书局，1979.

[69] 赵汝适著，杨博文校释. 诸蕃志校释、职方外纪校释［M］. 北京：中华书局，2000.

[70] 周达观著，夏鼐校注. 真腊风土记校注［M］. 北京：中华书局，1981.

[71] 周密. 癸辛杂识［M］. 北京：中华书局，1997.

[72] 周去非著，杨武泉校注. 岭外代答校注［M］. 北京：中华书局，1999.

[73] 朱熹. 朱子全书［M］. 上海：上海古籍出版社，2010.

[74] 祝穆撰，祝洙增订，施和金点校. 方舆胜览［M］. 北京：中华书局，2003.

[75] 中华书局编辑部点校. 全唐诗（增订本）[M]. 北京：中华书局，1999.

[76] 佛陀跋陀罗，法显. 摩诃僧祇律［M］. 大正新修大藏经本.

[77] 慧超著，张毅笺释. 往五天竺国传笺释［M］. 北京：中华书局，2000.

[78] 金富轼. 三国史记［M］. 孙文范校勘. 长春：吉林文史出版社，2003.

[79] 马可波罗. 马可波罗行纪［M］. 沙海昂注，冯承钧译. 北京：中华书局，2004.

[80] 穆根来，汶江，黄倬汉译. 中国印度见闻录［M］. 北京：中华书局，1983.

[81] 苏莱曼. 苏莱曼东游记［M］. 刘半农，刘小蕙译. 北京：华文出版社，2016.

[82] 伊本·白图泰. 伊本·白图泰游记［M］. 马金鹏译. 银川：宁夏人民出版社，1985.

[83] 伊本·胡尔达兹比赫. 道里邦国志［M］. 宋岘译注. 北京：华文出版社，2017.

[84] 释圆仁著，白化文，李鼎霞，许德楠校注. 入唐求法巡礼行记校注［M］. 石家庄：花山文艺出版社，2007.

[85] 郑麟趾. 高丽史［M］. 朝鲜平壤，1957.

[86] 真人元开. 唐大和上东征传［M］. 汪向荣校注. 北京：中华书局，2000.

二、著作

［1］白钢主编，俞鹿年著. 中国政治制度通史·隋唐五代卷［M］. 北京：人民出版社，1996.

［2］拜根兴. 七世纪中叶唐与新罗关系研究［M］. 北京：中国社会科学出版社，2003.

［3］拜根兴. 唐代高丽百济移民研究·以西安洛阳出土墓志为中心［M］. 北京：中国社会科学出版社，2012.

［4］拜根兴. 石刻墓志与唐代东亚交流研究［M］. 北京：科学出版社，2015.

［5］陈璧显主编. 中国大运河史［M］. 北京：中华书局，2001.

［6］陈高华，陈尚胜. 中国海外交通史［M］. 北京：中国社会科学出版社，2017.

［7］陈高华，吴泰. 宋元时期的海外贸易［M］. 天津：天津人民出版社，1981.

［8］陈高华，吴泰，郭松义. 海上丝绸之路［M］. 北京：海洋出版社，1991.

［9］陈佳荣. 中外交通史［M］. 香港：学津书店，1987.

［10］陈佳荣，谢方，陆峻岭. 古代南海地名汇释［M］. 北京：中华书局，1986.

［11］陈佳荣，朱鉴秋. 中国历代海路针经［M］. 广州：广东科技出版社，2016.

［12］陈春声主编. 海陆交通与世界文明［M］. 北京：商务印书馆，2013.

［13］陈明光. 寸薪集：陈明光中国古代史论集［M］. 厦门：厦门大学出版社，2017.

［14］陈明光. 唐代财政史新编［M］. 北京：中国财政经济出版社，1991.

［15］陈学军. 古代广州的外国商人［M］. 广州：广东人民出版社，2002.

［16］陈希育. 中国帆船与海外贸易［M］. 厦门：厦门大学出版社，1991.

［17］陈炎：海上丝绸之路与中外文化交流［M］. 北京：北京大学出版社，1996.

[18] 陈仲安，王素. 汉唐职官制度研究 [M]. 北京：中华书局，1993.
[19] 陈巍. 古代丝绸之路与技术知识传播 [M]. 广州：广东人民出版社，2018.
[20] 陈支平，詹石窗主编. 透视中国东南·文化经济的整合研究 [M]. 厦门：厦门大学出版社，2003.
[21] 常青. 长安与洛阳——五至九世纪两京佛教艺术研究 [M]. 北京：文物出版社，2020.
[22] 常任侠. 海上丝路与文化交流 [M]. 北京：海洋出版社，1985.
[23] 池步洲. 日本遣唐使简史 [M]. 上海：上海社会科学院出版社，1983.
[24] 殷晴. 丝绸之路经济史研究 [M]. 兰州：兰州大学出版社，2012.
[25]《登州古港史》编委会. 登州古港史 [M]. 北京：人民交通出版社，1994.
[26]《地图的见证——中国疆域变迁与地图发展》编辑委员会. 地图的见证——中国疆域变迁与地图发展 [M]. 北京：中国地图出版社，2012.
[27] 冻国栋. 唐代商品经济与经营管理 [M]. 武汉：武汉大学出版社，1990.
[28] 杜文玉，王丽梅. 隋唐长安：隋唐时代丝绸之路起点 [M]. 西安：三秦出版社，2015.
[29] 房仲甫，李二和. 中国水运史 [M]. 北京：新华出版社，2003.
[30] 方亚光. 唐代对外开放初探 [M]. 合肥：黄山书社，1998.
[31] 方豪. 中西交通史 [M]. 长沙：岳麓书社，1987.
[32] 冯承钧. 西域地名 [M]. 北京：中华书局，1982.
[33] 冯立军. 海上丝绸之路与中医药文化的海外传播——以中医药文化在东南亚的传播和影响为中心 [M]. 哈尔滨：黑龙江教育出版社，2019.
[34] 高荣盛. 元代海外贸易研究 [M]. 成都：四川人民出版社，1998.
[35] 葛承雍. 唐韵胡音与外来文明 [M]. 北京：中华书局，2006.
[36] 葛承雍. 大唐之国·1400 年的记忆遗产 [M]. 北京：生活·读书·新知三联书店，2018.

[37] 葛承雍. 胡汉中国与外来文明（五卷本）[M]. 北京：生活·读书·新知三联书店，2020.

[38] 葛剑雄. 中国历代疆域的变迁 [M]. 北京：商务印书馆，1997.

[39] 葛金芳. 南宋全史·社会经济与对外贸易 [M]. 上海：上海古籍出版社，2016.

[40] 戈岱司. 希腊、拉丁作家远东古文献辑录 [M]. 耿昇译. 北京：中华书局，1987.

[41] 关履权. 宋代广州的海外贸易 [M]. 广州：广东人民出版社，2013.

[42] 广东省文物管理委员会，广东博物馆. 南海丝绸之路文物图集 [M]. 广州：广东科技出版社，1991.

[43] 龚缨晏主编. 中国"海上丝绸之路"研究百年回顾 [M]. 杭州：浙江大学出版社，2011.

[44] 龚缨晏主编. 20世纪中国"海上丝绸之路"研究集萃 [M]. 杭州：浙江大学出版社，2011.

[45] 顾涧清，等. 广东海上丝绸之路研究 [M]. 广州：广东人民出版社，2008.

[46] 郭松义，张泽咸. 中国航运史 [M]. 台北：文津出版社，1997.

[47] 郭声波. 中国行政区划通史·唐代卷 [M]. 上海：复旦大学出版社，2017.

[48] 国家文物局. 海上丝绸之路 [M]. 北京：文物出版社，2014.

[49] 韩槐准. 南洋遗留的中国古外销陶瓷 [M]. 新加坡：新加坡青年书局，1960.

[50] 韩振华. 中国与东南亚关系史研究 [M]. 南宁：广西人民出版社，1992.

[51] 胡阿祥，孔祥军，徐成. 中国行政区划通史·三国两晋南朝卷 [M]. 上海：复旦大学出版社，2017.

[52] 胡戟，荣新江主编. 大唐西市博物馆藏墓志 [M]. 北京：北京大学出版社，2012.

[53] 胡蝦. 中国历代疆域与政区 [M]. 沈阳：辽海出版社，2012.

[54] 黄纯艳. 宋代海外贸易 [M]. 北京：社会科学文献出版社，2003.

[55] 黄启臣主编. 广东海上丝绸之路史［M］. 广州：广东经济出版社，2003.

[56] 黄启臣. 海上丝路与广东古港［M］. 香港：中国评论学术出版社，2006.

[57] 黄宇鸿，李志俭. 广西海上丝绸之路史·古近代［M］. 北京：中国社会科学出版社，2018.

[58] 李金明，廖大珂. 中国古代海外贸易史［M］. 南宁：广西人民出版社，1995.

[59] 李季. 二千年中日关系发展史（第二册）［M］. 柳州：广西学用社，1940.

[60] 李庆新. 海上丝绸之路［M］. 北京：五洲传播出版社，2006；合肥：黄山书社，2016.

[61] 李庆新. "南海Ⅰ号"与海上丝绸之路［M］. 北京：五洲传播出版社，2010.

[62] 李叶宏. 唐朝丝绸之路贸易管理法律制度研究［M］. 北京：中国社会科学出版社，2014.

[63] 李晓杰. 疆域与政区［M］. 南京：江苏人民出版社，2010.

[64] 李健超. 汉唐两京及丝绸之路历史地理论集［M］. 西安：三秦出版社，2007.

[65] 李燕. 古代中国的港口——经济、文化与空间嬗变［M］. 广州：广东经济出版社，2014.

[66] 李燕. 广州港与海上丝绸之路［M］. 广州：广东经济出版社，2019.

[67] 廖大珂. 福建海外交通史［M］. 福州：福建人民出版社，2002.

[68] 林梅村. 汉唐西域与中国文明［M］. 北京：文物出版社，1998.

[69] 林梅村. 丝绸之路考古十五讲［M］. 北京：北京大学出版社，2006.

[70] 林梅村. 观沧海——大航海时代诸文明的冲突与交流［M］. 上海：上海古籍出版社，2018.

[71] 林仁川. 福建对外贸易与海关史［M］. 厦门：鹭江出版社，1991.

[72] 林仁川. 大航海时代·私人海上贸易的商贸网络［M］. 厦门：鹭江出版社，2018.

[73] 刘恒武. 宁波古代对外文化交流——以历史文化遗存为中心 [M]. 北京：海洋出版社，2009.
[74] 刘静敏. 宋代《香谱》之研究 [M]. 台北：文史哲出版社，2007.
[75] 刘勤，周静. 以海为生·社会学的探析 [M]. 北京：海洋出版社，2015.
[76] 刘迎胜. 丝绸之路 [M]. 南京：江苏人民出版社，2014.
[77] 刘迎胜. 从西太平洋到北印度洋——古代中国与亚非海域 [M]. 南京：南京大学出版社，2017.
[78] 刘义杰. 中国古代海上丝绸之路 [M]. 深圳：海天出版社，2019.
[79] 刘玉峰. 唐代工商业形态研究 [M]. 济南：山东大学出版社，2012.
[80] 刘永连. 陆海丝路与文化交流 [M]. 北京：中国社会科学出版社，2019.
[81] 刘凤鸣. 山东半岛与东方海上丝绸之路 [M]. 北京：人民出版社，2007.
[82] 蓝勇. 南方丝绸之路 [M]. 重庆：重庆大学出版社，1992.
[83] 罗丰. 胡汉之间——"丝绸之路"与西北历史考古 [M]. 北京：文物出版社，2004.
[84] 马文宽，孟凡人. 中国古瓷在非洲的发现 [M]. 北京：紫禁城出版社，1987.
[85] 毛阳光. 隋唐洛阳——隋唐时代丝绸之路起点 [M]. 西安：三秦出版社，2015.
[86] 牟发松，毋有江，魏俊杰. 中国行政区划通史·十六国北朝卷 [M]. 上海：复旦大学出版社，2017.
[87] 荣新江. 中古中国与外来文明 [M]. 北京：生活·读书·新知三联书店，2001.
[88] 荣新江. 中古中国与粟特文明 [M]. 北京：生活·读书·新知三联书店，2014.
[89] 荣新江. 丝绸之路与东西文化交流 [M]. 北京：北京大学出版社，2015.
[90] 芮传明. 丝绸之路研究入门 [M]. 上海：复旦大学出版社，2009.

[91] 屈小玲. 南方丝绸之路沿线古国文明与文明传播［M］. 北京：人民出版社，2016.

[92] 王杰. 中国古代对外航海贸易管理史［M］. 大连：大连海事大学出版社，1994.

[93] 彭德清主编. 中国航海史·古代航海史［M］. 北京：人民交通出版社，1988.

[94] 施和金. 中国行政区划通史·隋代卷［M］. 上海：复旦大学出版社，2009.

[95] 孙光圻，张后铨，孙夏君，姜柯冰. 中国古代航运史［M］. 大连：大连海事大学出版社，2015.

[96] 孙玉琴. 中国对外贸易史［M］. 北京：清华大学出版社，2008.

[97] 石云涛. 唐诗镜像中的丝绸之路［M］. 北京：中国社会科学出版社，2015.

[98] 沈福伟. 丝绸之路中国与西亚文化交流研究［M］. 乌鲁木齐：新疆人民出版社，2010.

[99] 沈福伟. 中西文化交流史［M］. 上海：上海人民出版社，2006.

[100] 唐长孺. 魏晋南北朝隋唐史三论［M］. 北京：中华书局，2011.

[101] 王仲荦. 魏晋南北朝史［M］. 上海：上海人民出版社，2016.

[102] 王仲荦. 隋唐五代史［M］. 上海：上海人民出版社，2016.

[103] 王元林. 海陆古道——海陆丝绸之路对接通道［M］. 广州：广东经济出版社，2015.

[104] 孟昭锋，王元林. 隋唐五代海上丝绸之路史［M］. 北京：世界图书出版公司，2020.

[105] 薛瑞泽，徐金星，许智银. 河洛文化的对外传播与交流［M］. 郑州：河南人民出版社，2018.

[106] 熊昭明，韦莉果. 广西古代海上丝绸之路［M］. 南宁：广西科学技术出版社，2019.

[107] 夏应元. 海上丝绸之路的友好使者·东洋篇［M］. 北京：海洋出版社，1991.

[108] 徐宗懋. 海上丝路与世界文明［M］. 台北：商周出版社，2018.

[109] 严耕望. 中国地方行政制度史·魏晋南北朝地方行政制度［M］. 上海：上海古籍出版社，2007.
[110] 杨志玖. 隋唐五代史纲要·外三种［M］. 北京：中华书局，2015.
[111] 杨巨平. 碰撞与交融：希腊化时期的历史与文化［M］. 北京：中国社会科学出版社，2018.
[112] 杨巨平主编. 古国文明与丝绸之路［M］. 北京：中国社会科学出版社，2021.
[113] 余太山. 早期丝绸之路文献研究（增订本）［M］. 北京：商务印书馆，2018.
[114] 余又荪. 隋唐五代中日关系史［M］. 台北：台湾商务印书馆，1964.
[115] 叶文程. 中国古代外销瓷研究论文集［M］. 北京：紫禁城出版社，1988.
[116] 喻常森. 元代海外贸易［M］. 西安：西北大学出版社，1994.
[117] 张明华. 海上丝绸之路·宁波的历史与未来［M］. 杭州：浙江大学出版社，2018.
[118] 张国刚. 胡天汉月映西洋：丝路沧桑三千年［M］. 北京：生活·读书·新知三联书店，2019.
[119] 张国刚. 中西文化关系通史：从张骞到郑和［M］. 北京：北京大学出版社，2019.
[120] 张国刚. 文明的边疆：丝路文明新解［M］. 北京：中信出版社，2020.
[121] 张星烺编注. 中西交通史料汇编［M］. 北京：中华书局，1977.
[122] 张泽咸. 唐代工商业［M］. 北京：中国社会科学出版社，1995.
[123] 张政烺，等. 五千年来的中朝友好关系［M］. 上海：开明书店，1951.
[124] 张政烺主编，陈凌，陈奕玲编著. 中国古代历史图谱·魏晋南北朝卷［M］. 长沙：湖南人民出版社，2016.
[125] 张政烺主编，黄正建编著. 中国古代历史图谱：隋唐五代卷［M］. 长沙：湖南人民出版社，2016.
[126] 张政烺主编，沈冬梅，梁建国编著. 中国古代历史图谱·宋代卷［M］. 长沙：湖南人民出版社，2016.

[127] 张政烺主编，党宝海，刘晓编著：中国古代历史图谱·元代卷[M]. 长沙：湖南人民出版社，2016.

[128] 赵莹波. 唐宋元东亚关系研究［M］. 上海：上海社会科学院出版社，2016.

[129] 赵丰. 唐代丝绸与丝绸之路［M］. 西安：三秦出版社，1992.

[130] 赵振华，孙红飞. 汉魏洛阳城——汉魏时代丝绸之路起点［M］. 西安：三秦出版社，2015.

[131] 郑学檬. 中国古代经济重心南移和唐宋江南经济研究［M］. 长沙：岳麓书社，2003.

[132] 郑学檬. 点涛斋史论集：以唐五代经济史为中心［M］. 厦门：厦门大学出版社，2016.

[133] 周运中. 中国南洋古代交通史［M］. 厦门：厦门大学出版社，2015.

[134] 朱建君，修斌主编. 中国海洋文化史长编：魏晋南北朝隋唐卷[M]. 青岛：中国海洋大学出版社，2013.

[135] 朱江. 远逝的风帆［M］. 南京：东南大学出版社，2014.

[136] 朱江. 海上丝绸之路的著名港口——扬州［M］. 北京：海洋出版社，1986.

[137] 朱德军，王凤翔. 长安与西域之间丝绸之路走向研究［M］. 西安：三秦出版社，2015.

[138] 庄为玑. 古刺桐港［M］. 厦门：厦门大学出版社，1989.

[139] 庄维民主编. 山东海上丝绸之路历史研究［M］. 济南：齐鲁书社，2017.

[140] 伯希和. 交广印度两道考［M］. 北京：中华书局，1955.

[141] 彼得·弗兰科潘. 丝绸之路：一部全新的世界史［M］. 杭州：浙江大学出版社，2016.

[142] 布尔努瓦. 丝绸之路［M］. 济南：山东画报出版社，2001.

[143] 白桂思. 丝绸之路上的帝国：青铜时代至今的中央欧亚史［M］. 北京：中信出版社，2020.

[144] 费琊. 昆仑及南海古代航行考、苏门答腊古国考［M］. 北京：中华书局，2002.

[145] 费瑯辑注. 阿拉伯波斯突厥人东方文献辑注 [M]. 耿昇，穆根来译. 北京：中华书局，1989.
[146] F·B. 于格，E·于格. 海市蜃楼中的帝国：丝绸之路上的人，神与神话 [M]. 北京：中国藏学出版社，2013.
[147] 黑板胜美. 新订增补国史大系 [M]. 东京：吉川弘文馆，1966.
[148] 康马泰. 唐风吹拂撒马尔罕：粟特艺术与中国、波斯、印度、拜占庭 [M]. 桂林：漓江出版社，2016.
[149] 林肯·佩恩. 海洋与文明 [M]. 陈建军，罗燚英译. 天津：天津人民出版社，2017；成都：四川人民出版社，2019.
[150] L·布尔努娃. 丝绸之路·神祇、军士与商贾 [M]. 耿昇译. 昆明：云南人民出版社，2015.
[151] 罗德里希·普塔克. 海上丝绸之路 [M]. 史敏岳译. 北京：中国友谊出版公司，2019.
[152] 让·诺埃尔·罗伯特. 从罗马到中国——恺撒大帝时代的丝绸之路 [M]. 马军，宋敏生译. 桂林：广西师范大学出版社，2005.
[153] 拉乌尔·麦克劳克林. 罗马帝国与丝绸之路：古代世界经济·帕提亚帝国·中亚·汉朝 [M]. 广州：广东人民出版社，2019.
[154] 罗德里希·普塔克. 海上丝绸之路 [M]. 北京：中国友谊出版公司，2019.
[155] 堀敏一：隋唐帝国与东亚 [M]. 韩昇，等译. 昆明：云南人民出版社，2002.
[156] 阿里·玛扎海里. 丝绸之路：中国—波斯文化交流史 [M]. 耿昇译. 北京：中华书局，1993；今据乌鲁木齐：新疆人民出版社，2006.
[157] 木宫泰彦. 中日交通史（上卷） [M]. 陈捷译. 上海：商务印书馆，1931.
[158] 木宫泰彦. 日中文化交流史 [M]. 胡锡年译. 北京：商务印书馆，1980.
[159] 气贺泽保规. 绚烂的世界帝国：隋唐时代 [M]. 桂林：广西师范大学出版社，2014.
[160] 芮乐伟·韩森. 丝绸之路新史 [M]. 北京：北京联合出版公

司，2015.

[161] 三上次男. 陶瓷之路［M］. 李锡经，高喜美译. 北京：文物出版社，1984.

[162] 桑原骘藏. 唐宋贸易港研究［M］. 上海：商务印书馆，1935.

[163] 桑原骘藏. 中国阿剌伯海上交通史［M］. 冯攸译. 台北：台湾商务印书馆，1985.

[164] 森安孝夫. 丝绸之路与唐帝国［M］. 北京：北京日报出版社，2020.

[165] 斯塔夫里阿诺斯. 全球通史：1500年以前的世界［M］. 吴象婴，梁赤民译. 上海：上海社会科学院出版社，1988.

[166] 松浦章. 清代华南帆船航运与经济交流［M］. 杨蕾译. 厦门：厦门大学出版社，2017.

[167] 藤田丰八. 中国南海古代交通丛考［M］. 何健民译. 上海：商务印书馆，1936.

[168] 谢弗. 唐代的外来文明［M］. 吴玉贵译. 北京：中国社会科学出版社，1995（即薛爱华. 撒马尔罕的金桃：唐代舶来品研究［M］. 吴玉贵译. 北京：社会科学文献出版社，2016).

[169] C. G. F. Simkin. *The Traditional Trade of Asia*，*London*［M］. London：Oxford University Press，1968.

[170] Dr. Th. Pigeaud. *Java in the Fourteenth Century*，*Vol. II*［M］. The Hague-Mart Inns，Nijhoff，1960.

[171] O. W. Wolters. *Early Indonesian Commerce*：*A Study of the Origins of Srivijaya*［M］. Ithaca，New York：Cornell University Press，1967.

[172] Philip D. Curtin. *Cross-Cultural Trade in World History*［M］. Cambridge：Cambridge University Press，1984.

[173] Billy K. L. So. *Prosperity*，*Region*，*and Institutions in Maritime China*：*The South Fukien Pattern*，946—1368［M］. Cambridge：Harvard University Asia Center，2001.

三、期刊论文

［1］曹家齐. 宋朝限定沿海发舶港口问题新探［J］. 上海交通大学学报（哲学社会科学版），2013（3）.

［2］车垠和. 明州出海唐商的兴起与东亚贸易格局［J］. 社会科学辑刊，2008（5）.

［3］陈国保. 王朝经略与隋唐南疆商业贸易的发展［J］. 中国边疆史地研究，2016（4）.

［4］陈克伦. 印尼“黑石号”沉船及其文物综合研究［J］. 文物保护与考古科学，2019（4）.

［5］陈明.“胡商辄自夸”·中古胡商的药材贸易与作伪［J］. 历史研究，2007（4）.

［6］陈明光，靳小龙. 论唐代广州的海外交易、市舶制度与财政［J］. 中国经济史研究，2005（1）.

［7］陈支平. 福建客家的从商性格与连城海丝之路［J］. 历史教学，2016（2）.

［8］陈支平. 关于“海丝”研究的若干问题［J］. 文史哲，2016（6）.

［9］陈尚胜. 东亚贸易体系形成与封贡体制衰落——以唐后期登州港为中心［J］. 清华大学学报（哲学社会科学版），2012（4）.

［10］陈炎. 略论“海上丝绸之路”［J］. 历史研究，1982（3）.

［11］陈炎. 唐代中国日本之间的海上交通［J］. 青海师范大学学报（哲学社会科学版），1985（1）.

［12］陈炎. 海上丝绸之路对世界文明的贡献［J］. 今日中国，2001（12）.

［13］程玉海. 中国大运河的形成、发展与繁荣［J］. 聊城大学学报（社会科学版），2008（3）.

［14］樊文礼. 唐代“登州海行入高丽道”的变迁与赤山法华院的形成［J］. 中国地理历史论丛，2005（2）.

［15］樊文礼. 登州与唐代的海上交通［J］. 海交史研究，1994（2）.

［16］方铁. 论中国的历史疆域与边疆［J］. 玉溪师范学院学报，2016

(5).

[17] 冯兵，黄俊棚. 水与城的双向互动：隋唐五代时期运河变迁与城市兴衰 [J]. 学习与实践，2017 (2).

[18] 冯先铭. 元以前我国瓷器销行亚洲的考察 [J]. 文物，1981 (6).

[19] 冯相磊. 唐代海上丝绸之路上的高僧义净西行求法研究 [J]. 德州学院学报，2019 (5).

[20] 高建新. 唐代来自“海上丝绸之路”的“昆仑儿”——以张籍诗作为考察对象 [J]. 民族文学研究，2021 (2).

[21] 葛金芳，汤文博. 南宋海商群体的构成、规模及其民营性质考述 [J]. 中华文史论丛，2013 (4).

[22] 关双喜. 西安东郊出土唐李敬实墓志 [J]. 考古与文物，1985 (6).

[23] 韩春鲜，光晓霞. 唐代扬州海上丝绸之路的商贸与文化交流 [J]. 唐都学刊，2019 (2).

[24] 韩香. 唐朝境内的波斯人及其活动 [J]. 中国边疆学，2016 (1).

[25] 韩香. 唐代来华波斯商贾与海上丝绸之路 [J]. 西北民族论丛，2018 (3).

[26] 韩振华. 唐代南海贸易志 [J]. 福建文化（第二卷），1945 (3).

[27] 韩振华. 公元六、七世纪中印关系史料考释三则 [J]. 厦门大学学报（文史版），1954 (1).

[28] 韩振华. 公元前二世纪至公元一世纪间中国与印度东南亚的海上交通——汉书地理志粤地条末段考释 [J]. 厦门大学学报（社会科学版），1957 (2).

[29] 黄启臣. 阿拉伯沉船的唐代商货文物实证海上丝路繁盛发展 [J]. 岭南文史，2015 (3).

[30] 贾志刚. 隋唐时期中外贸易纠纷及其解决 [J]. 陕西师范大学学报（哲学社会科学版），2011 (3).

[31] 井红波，杨钰侠. 古代中国运河的交通运输地位——以唐代汴河为中心的考察 [J]. 淮北师范大学学报（哲学社会科学版），2011 (4).

[32] 雷国强，李震. 韩国新安海沉船出水的元代龙泉青瓷茶具鉴赏与研究 [J]. 东方收藏，2019 (9).

[33] 黎虎. 唐代的市舶使与市舶管理 [J]. 历史研究，1998 (3).
[34] 李大伟. 唐代海上丝绸之路 [J]. 学习时报，2017 年 12 月 8 日第 3 版.
[35] 李德全. 朝鲜新安海底沉船中的中国瓷器 [J]. 考古月报，1979 (2).
[36] 李海英. 张保皋商团与 9 世纪东亚海上丝绸之路——以《入唐求法巡礼行记》为例 [J]. 哈尔滨学院学报，2016 (4).
[37] 李鸿宾. 有关唐朝疆域问题的若干思考 [J]. 中央民族大学学报 (哲学社会科学版)，2017 (1).
[38] 李金明. 魏晋南北朝时期的海外贸易 [J]. 南洋问题研究，1993 (4).
[39] 李金明. 隋唐时期的中日贸易与文化交流 [J]. 南洋问题研究，1994 (2).
[40] 李金明. 唐代中国与阿拉伯的海上贸易 [J]. 南洋问题研究，1996 (1).
[41] 李金明. 唐代中国与阿拉伯海上交通航线考释 [J]. 广州社会科学，2011 (2).
[42] 李锦绣. 押蕃舶使、阅货宴与唐代的海外贸易管理 [J]. 隋唐辽金元史论丛 (第六辑)，2016.
[43] 李庆新. 论唐代广州的对外贸易 [J]. 中国史研究，1992 (4).
[44] 李庆新. 唐代市舶使若干问题的再思考 [J]. 海交史研究，1998 (2).
[45] 李瑞哲. 古代丝绸之路胡商的主要交易品浅析 [J]. 西部考古 (第七辑)，2014.
[46] 李世龙. 试论中国古代的海外贸易 [J]. 河南大学学报 (社会科学版)，2003 (1).
[47] 李孝聪. 中外古地图与海上丝绸之路 [J]. 思想战线，2019 (3).
[48] 李宗俊. 隋唐时期北部疆域的开拓变迁 [J]. 陕西师范大学学报 (哲学社会科学版)，2011 (6).
[49] 廖大珂. 元代私人海商构成初探 [J]. 南洋问题研究，1996 (2).

[50] 林松. 泉州——我国伊斯兰教和回回民族的主要发祥地 [J]. 海交史研究，1988 (2).

[51] 林荫. 关于唐、五代市舶机构问题的探讨 [J]. 海交史研究，1982 (00).

[52] 刘凤鸣. 唐中后期东方海上丝绸之路繁荣原因探析 [J]. 中国高校社会科学，2015 (6).

[53] 刘进宝. "丝绸之路" 概念的形成及其在中国的传播 [J]. 中国社会科学，2018 (11).

[54] 刘进宝. 丝路交流的功能和特征：双向交流与转输贸易 [J]. 中国史研究，2019 (1).

[55] 刘庆柱. 丝绸之路：中国走向世界与世界走进中国之路 [J]. 人民政协报，2015-4-20.

[56] 刘清涛. 唐宋时期海上丝绸之路上的古罗国——基于中文史料的探查 [J]. 海交史研究，2018 (2).

[57] 刘有延. 唐代广州蕃舶数以及城区人口和蕃客数量估计 [J]. 回族研究，2015 (2).

[58] 刘玉峰. 试论唐代海外贸易的管理 [J]. 山东大学学报（哲学社会科学版），2000 (6).

[59] 马光. 开海贸易、自然灾害与气候变迁——元代中国沿海的倭患及其原因新探 [J]. 清华大学学报（哲学社会科学版），2018 (5).

[60] 马建春. 公元 7—15 世纪 "海上丝绸之路" 的中东商旅 [J]. 中国史研究，2019 (1).

[61] 马建春，李蒙蒙. 9—13 世纪朝鲜半岛大食蕃商行迹钩沉 [J]. 中国经济史研究，2021 (4).

[62] 牟发松. 唐代草市略论 [J]. 中国经济史研究，1989 (4).

[63] 马越. 隋唐时期扬州佛教文化沿海上丝绸之路的传播 [J]. 文化学刊，2019 (3).

[64] 南京博物院. 如皋发现的唐代木船 [J]. 文物，1974 (5).

[65] 宁志新. 试论唐代市舶使的职能及其任职特点 [J]. 中国社会经济史研究，1996 (1).

［66］宁志新. 唐代市舶使设置地区考辨，海交史研究，1996（2）.
［67］宁志新. 唐代市舶制度若干问题研究［J］. 中国经济史研究，1997（1）.
［68］齐东方. “黑石号”沉船出水器物杂考［J］. 故宫博物院院刊，2017（3）.
［69］钱江. 古代波斯湾的航海活动与贸易港埠［J］. 海交史研究，2010（2）.
［70］钱江. 波斯人、阿拉伯商贾、室利佛逝帝国与印尼 Belitung 海底沉船：对唐代海外贸易的观察和讨论［J］. 国家航海（第一辑），2011（1）.
［71］泉州湾宋代海船发掘报告编写组. 泉州湾宋代海船发掘简报［J］. 文物，1975（10）.
［72］荣新江. 唐朝与黑衣大食关系史新证——记贞元初年杨良瑶的聘使大食［J］. 文史，2012（3）.
［73］荣新江. 唐朝海上丝绸之路的壮举——再论杨良瑶的聘使大食［J］. 新丝路学刊，2020（9）.
［74］石云涛. 汉代南方丝绸之路的开拓［J］. 人文丛刊（第十一辑），2016.
［75］史念海. 隋唐时期域外地理的探索及世界认识的再扩大［J］. 中国历史地理论丛，1988（2）.
［76］史念海. 隋唐时期运河和长江的水上交通及其沿岸的都会［J］. 中国历史地理论丛，1994（4）.
［77］孙光圻. 公元 8—9 世纪新罗与唐的海上交通［J］. 海交史研究，1997（1）.
［78］唐任伍. 论隋唐对外贸易的发展［J］. 史学月刊，1993（6）.
［79］王瑟. 唐朝墩古城遗址见证了东西方文化的交流与交融［J］. 光明日报，2021-10-12.
［80］王侠. 唐代渤海人出访日本的港口和航线［J］. 海交史研究，1981.
［81］王秀丽. 海商与元代东南社会［J］. 华南师范大学学报（社会科学版），2003（5）.

[82] 王元林. 秦汉时期番禺等岭南港口与内地海上交通的关系［J］. 中国古都研究（第二十三辑），西安：三秦出版社，2007.

[83] 王元林. 六朝岭南海陆丝路变迁与苍梧郡地位的变化［J］. 广西民族大学学报（哲学社会科学版），2016（4）.

[84] 王子今. 秦汉时期渤海航运与辽东浮海移民［J］. 史学集刊，2010（2）.

[85] 王仲殊. 试论鄂城五里墩西晋墓出土的波斯萨珊朝玻璃碗为吴时由海路传入［J］. 考古，1995（1）.

[86] 万明. 明初"贡市"新证——以"敬止录"引"皇明永乐志"佚文外国物品清单为中心［J］. 明史研究论丛（第七辑）.

[87] 魏建钢. 越窑区位东扩及其原因探析［J］. 社会科学战线，2013（7）.

[88] 魏建钢. 唐代"海上丝绸之路"兴起的原因分析——以越窑"秘色瓷"出口为例［J］. 世界地理研究，2019（5）.

[89] 温翠芳. 汉唐时代南海诸国香药入华史［J］. 贵州社会科学，2013（3）.

[90] 汶江. 唐代的开放政策与海外贸易的发展［J］. 海交史研究，1988（2）.

[91] 吴泰. 试论汉、唐时期海外贸易的几个问题［J］. 海交史研究，1981.

[92] 吴志坚（采访整理）. 全球视野下的海上丝绸之路研究——访高荣盛先生［J］. 中国史研究动态，2017（2）.

[93] 吴玉贵. 唐代长安与丝绸之路［J］. 西北大学学报（哲学社会科学版），2015（1）.

[94] 乌廷玉. 隋唐时期的国际贸易［J］. 历史教学，1957（2）.

[95] 冼剑明. 南越国边界考［J］. 广东社会科学，1992（3）.

[96] 辛德勇. 隋唐时期陕西航运之地理研究［J］. 陕西师范大学学报（哲学社会科学版），2008（6）.

[97] 薛瑞泽，王彦霖. 隋唐大运河所运物品与南北经济交流［J］. 河南社会科学，2018（12）.

[98] 徐朗. "丝绸之路"概念的提出与拓展［J］. 西域研究，2020（1）.

[99] 杨国桢，王鹏举. 中国传统海洋文明与海上丝绸之路的内涵 [J]. 厦门大学学报（哲学社会科学版），2015 (4).
[100] 杨际平. 隋唐均田、租庸调制下的逃户问题——兼谈宇文融括户 [J]. 中国社会经济史研究，1986 (4);
[101] 杨际平. 论北朝隋唐的土地法规与土地制度 [J]. 中国社会科学，2021 (2).
[102] 杨巨平. 亚历山大东征与丝绸之路开通 [J]. 文明，2018 (7).
[103] 杰弗里·勒纳. 希腊—巴克特里亚时期的瓦罕城堡与丝绸之路 [J]. 庞霄骁，杨巨平译. 西域研究，2017 (3).
[104] 王坤霞，杨巨平. 流动的世界.《厄立特里亚航海记》中的海上贸易 [J]. 西域研究，2017 (1).
[105] 杨巨平. 希腊化文明与丝绸之路关系研究的回顾与展望 [J]. 北京师范大学学报（社会科学版），2016 (6).
[106] 杨巨平. 两汉中印关系考——兼论丝路南道的开通 [J]. 西域研究，2013 (4).
[107] 杨巨平. 希腊式钱币的变迁与古代东西方文化交融 [J]. 北京师范大学学报（社会科学版），2007 (6).
[108] 杨巨平. 亚历山大东征与丝绸之路开通 [J]. 历史研究，2007 (4).
[109] 张国刚. “丝绸之路”与中国式“全球化” [J]. 读书，2018 (12).
[110] 张世民. 中国古代最早下西洋的外交使节杨良瑶 [J]. 唐史论丛（第7辑），1998.
[111] 张兴兆. 魏晋南北朝时期的北方近海水运 [J]. 青岛大学师范学院学报，2008 (2).
[112] 张玉霞，景兆玺. 唐代中国入阿海路贸易品论述 [J]. 宁夏社会科学，2008 (6).
[113] 郑民德. 中国大运河的历史变迁、功能及价值 [J]. 西部学刊，2014 (9).
[114] 郑学檬. 唐五代海上丝路研究的若干问题补论 [J]. 历史教学，2016 (12).
[115] 郑学檬. 唐宋元海上丝绸之路和岭南、江南社会经济研究 [J]. 中

国经济史研究，2017（2）.

［116］朱江．扬州海外交通史略［J］．海交史研究，1982（4）.

［117］邹逸麟．历史时期黄河流域的环境变迁与城市兴衰［J］．江汉论坛，2006（5）.

［118］加法尔·卡拉尔·阿赫默德．唐代中国与阿拉伯世界的关系［J］．金波，俞燕译．新疆师范大学学报，2004（2）.

［119］冈崎敬．福冈市圣福寺发现的遗物［J］．严晓辉译．海交史研究，1989（1）.

［120］森达也．宋元外销瓷的窑口与输出港口［J］．考古与文物，2016（6）.

［121］苏莱曼．东南亚出土的中国外销瓷器［J］．中国古代外销瓷器研究资料（第一辑），1981，中国古瓷器研究会，1983.

［122］朴天伸．8 至 9 世纪“在唐新罗人”在黄海海上的交易活动［D/OL］．北京：北京师范大学，2008．https://kns.cnki.net/kcms/detail/detail.aspx?dbcode=CDFD&dbnamemCDFD9908&filename=2008082232.nh&uniplatform=NZKPT&v=G-61gv74WQRmo3ZZ iEk_Rv4-2O-fU1gfGrScpzXsmXNcTSliEmhBAMtv Pg0xfYc3.

［123］Stephen G. Haw. *Islam in Champa and the Making of Factitious History*［J］. Journal of the Royal Asiatic Society，2017，3.

后　记

接获陈支平先生的编纂委命之后，转请相对熟悉的辽宋金元时期未果，自忖学识浅薄，对魏晋隋唐这一专题积累较少，除了积极大量阅读一手文献和既有成果之外，就是诚邀涂丹博士参与撰写。抑或由于2008年，曾经在河南大学读大学本科的涂丹等六人（其他五位是仝相卿、杨换宇、王凤先、彭斌、李亚楠），因我周旋再三之故而得以调剂到厦大读研，情面所在，涂丹与我的学术合作遂而展开。岁月倥偬，谨此纪念当时急促责命达成此事、英年早逝的好友马玉臣教授（1972—2013）。所以，本卷由第一作者涂丹完成核心的大部分工作，第二作者刁培俊仅做全书框架的确定、统筹、补充学术史和进一步订正完善工作，谨此说明。其中图片，我们曾大量采用由张政烺先生主编，黄正建编著的《中国古代历史图谱：隋唐五代卷》（湖南人民出版社2016年版），但出版方认为涉嫌版权争议从而改之。我们谨将此次编纂当作一次学习的历程，忐忑中呈请识者批评教正。